教育部 财政部高等学校特色专业教材建设

教育学 易连云 总主编

学前教育学

JIAOYUBU CAIZHENGBU GAODENG XUEXIAO TESE ZHUANYE
JIAOCAI JIANSHE JIAOYUXUE

杨晓萍 李 静 主 编
吕 晓 张利洪 副主编

国家一级出版社
全国百佳图书出版单位
西南师范大学出版社
XINAN SHIFAN DAXUE CHUBANSHE

总　序

西南大学教育学院发展历史悠久，学术渊源深厚。其前身西南师范学院教育系始建于1950年。1952年全国院系调整时，复旦大学相辉学院教育系、四川大学教育系、重庆大学教育系、国立女子师范学院教育系、四川省立教育学院教育系、川东教育学部教育系和公民训育系、华西协和大学家政系、昆明师范学院教育系、贵州师范学院教育系等9个高校教育类专业相继并入。2011年7月，为了建设一批国内一流、国际上有影响的高水平学科，推动高水平、研究型综合性大学的建设进程，学校以教育学院为主干、联合教育科学研究所、高等教育研究所、教育部西南基础教育研究中心等教育类教学科研机构进行整合成立了以研究型发展为特色的西南大学教育学部。

2007年原教育学院教育学专业被获准为教育部财政部(教高函[2007]25号)第一批特色专业，教育学这个历史悠久的专业从此具有了新的发展契机进而进入到一个新的发展阶段。4年来，原教育学院认真落实特色专业建设规划，立足学院优秀学术传统，以高水平的教育教学研究为平台，不断铸造新的本科培养模式，彰显出鲜明特色。

经过半个多世纪的发奋图强，教育学部在人才培养、科学研究和学科建设方面取得了卓越的成就。现拥有5个本科专业；教育学博士后科研流动站；教育学一级学科博士学位授权点，涵盖了近20个教育学与心理学二级学科博士学位授权点。

在近几年的特色专业建设中，教育学部成功申报了课程与教学论国家重点学科；重庆市教育学一级学科重点学科；课程与教学论国家级教学团队，教育学、课程与教学论、教师教育基础课程3门重庆市教学团队；课程与教学论、比较教育学、课程教学技术与艺术3门国家级精品课程，课程与教学论、比较教育学、课程教学技术与艺术、大学生心理健康教育、高校美育等5门重庆市精品课程；西南基础教育研究中心、心理健康教育研究中心2个重庆市人文社会科学重点研究基地。

西南大学教育学专业在人才培养方面积累了丰富的经验且取得了较为突出的成绩。在半个多世纪的发展历程中，教育学部构建了从本科生到博士后的人才培养体系，不仅走出了一大批享誉中外的学人大家，而且为国家培养了众多优秀的人民教师、高水平教育管理干部和教育科学研究专门人才，同时也积累了丰富的教育教学经验，探索了一系列教师职前培养与职后培训的新模式。

根据专业建设与发展的需要，学院鼓励教师从事高水平的教育教学科研，特别注重教学科研的成果转化，着力建设高水平的教材、精品课程、高水平的教学团队，同时注意学生的科研意识培养与科研能力的提高。我们组织编写了以教师为主的本科特色专业教材建设和以免费师范生科研为主的学生科研论文系列两套丛书。

本套丛书主要针对特色专业教材建设，我们选择了教育学大类中重要的基础课程进行教材建设和改革，从指导思想到编写体例均试图有所创新，以期适应现代教育理论发展和学生自身发展的需要，同时也为了满足高水平职后教师培养的需要。

我们深深的知道，目标虽然清楚，可要达到它却未必轻松，已经作出的努力也未必尽如人意。瑕疵自然在所难免，望广大同行指正，是为序。

易连云

前　言

学前教育学是一门既古老而又年轻的学科。说它古老是因为从原始社会开始，人类社会就出现了一些关于儿童教育思想的萌芽，伴随着社会的不断进步，人们对儿童教育的认识也在不断向前发展；说它年轻是因为直到19世纪中期学前教育学才成为一门独立的学科。直至今日，学前教育学还处于不断发展的过程中。

学前教育学作为学前专业学生的必修课程，教材的选择是至关重要的，提供给学生一本既有可读性又具有自身理论色彩的教材，是我们从事学前教育研究的学者义不容辞的责任。自20世纪80年代以来，我国学者陆续编写了一些《学前教育学》教材，这些教材的编写不仅为我国学前教育发展作出了很大的贡献，也为我们今后的研究提供了一个坚实的平台。与此同时，我们也应该看到，在取得成绩的同时，我们还有很多问题需要解决。作为一名从事学前教育研究的工作者，编者希望把自己对学前教育这门学科的研究与认识与各位同行交流。

本书立足于本科层次学前教育师资培养的实际，夯实学生的学前教育与课程的基本理论和基本能力，培养和造就符合时代要求、具有良好专业素养的新型幼儿教师。本书既可作为高等学校学前教育专业的教材，也可作为学前教育师资继续教育教材使用。

本书偏重于研究学前儿童教育的宏观问题及其一般活动规律，注重吸纳改革开放以来学前教育的新成果，关注学科发展前沿，反映学前教育领域的基本共识，给学生整体的入门知识和能力训练，使学生了解学前教育在儿童的发展过程及在整个教育系统中的地位与价值，掌握学前教育的先进思想及基本理论，领会科学的教育观念，认识学前教育活动的基本特点等，以增强学生从事幼儿教育工作的职业素质，提高幼儿教育质量。本书注意联系学前教育改革发展的新形势和新要求，强调站在学前教育系统的角度，努力体现学前教育教师职业的事实导向与价值导向的统一，时代性和基础性的统一，树立正确的学前教师观、教育观和形成相应情感、能力和行为的统一，课堂教学生态环境营造和课外教学资源拓展的统一。

本书的完成是基于编者二十多年讲授“学前教育学”这门课程以及近年来

编者对学前教育学的研究，同时参阅和借鉴了国内外许多研究者的研究成果以及与同行、朋友的研讨，他们对本书提出了很多宝贵的意见和建议，并且，在与幼儿园领导和老师的交流和讨论中，编者也受到了很大的启发，在此向他们一并表示感谢。

全书先由杨晓萍教授与李静教授拟定基本框架和撰写提纲，然后分工撰写各章内容。具体分工如下：第一章由张利洪、罗咏梅执笔，第二章由吕晓执笔，第三章由段媛媛执笔，第四章由何叶执笔，第五章由郝安利、黄琴林、汪娟执笔，第六章由李传英执笔，第七章由王善安执笔，第八章由王璟、彭莉洁执笔，结语部分由邵小佩撰写。

我们热忱希望专家、同行不吝指正，期望广大读者对本书的观点与内容提出宝贵的意见和建议，同时也希望本书能对学生的学习有一定的帮助。

编 者

目录 MU LU

总　序

前　言

第一章　学前教育学概述 …… (1)

第一节　学前教育与学前教育学 …… (2)

第二节　学前教育学的研究对象、目的与任务 …… (4)

第三节　学前教育学的学科体系 …… (6)

第四节　学前教育学的产生和发展 …… (7)

第二章　学前教育价值与价值取向 …… (19)

第一节　学前教育价值概述 …… (20)

第二节　学前教育的个体发展价值 …… (28)

第三节　学前教育的社会发展价值 …… (33)

第三章　中外学前教育思想 …… (38)

第一节　中国学前教育思想 …… (39)

第二节　外国学前教育思想 …… (50)

第四章　幼儿教师及其专业发展 …… (64)

第一节　幼儿教师专业化的概念界定 …… (65)

第二节　幼儿教师专业标准 …… (70)

第三节　国内幼儿教师现状分析 …… (78)

第四节　幼儿教师专业发展的路径 …… (83)

第五章　学前儿童的发展 …… (94)

第一节　有关发展的主要理论 …………………………………………… (95)
第二节　学前儿童身心发展的特点和规律 ……………………………… (112)
第三节　学前儿童发展的影响因素 …………………………………… (120)

第六章　学前教育课程与教学 ……………………………………………… (139)
第一节　学前教育课程的含义、特点与框架 …………………………… (140)
第二节　学前教学及其教学决定 ……………………………………… (152)
第三节　游戏活动在学前教育课程与教学中的作用与运用 …… (167)
第四节　基于证据的学前课程与教学 ………………………………… (178)

第七章　学前与小学的衔接 ………………………………………………… (189)
第一节　幼小衔接的含义及意义 ……………………………………… (190)
第二节　幼小衔接的理论基础 ………………………………………… (195)
第三节　幼小衔接的现状考察 ………………………………………… (201)

第八章　学前教育机构与家庭、社区的合作 …………………………… (215)
第一节　学前机构教育、家庭教育和社区教育的性质、特点和功能 ……
……………………………………………………………………………… (216)
第二节　学前教育机构与家庭、社区合作的意义 ……………………… (221)
第三节　学前教育机构与家庭、社区合作的方式方法 ………………… (223)
第四节　教师与家长、社区成员沟通的方法与技巧 …………………… (228)

后记　学前教育展望:未来学前教育发展的走向 ……………………… (232)

第一章

学前教育学概述

【本章知识结构图】

- 学前教育与学前教育学
- 学前教育学的研究对象、目的与任务
- 学前教育学的学科体系
- 学前教育学的产生和发展
  - 作为制度化的学前教育的演变
  - 作为一门学科的学前教育学的形成和发展
    - 社会历史条件
    - 有一定规模的研究队伍(学会、研究会等)
    - 有一定规模的相关知识的生产系统
    - 有一定规模的研究生教育
    - 有一定的学术研究成果
    - 有相当稳定、且不断演进的理论体系

【学习目标】

1. 了解学前教育与学前教育学的关系、学科体系和学前公共教育制度的演变历史。

2. 掌握学前教育学的定义,知道学前教育学发展的基本概况。

3. 能简单地分析学前教育学的研究对象。

第一节 学前教育与学前教育学

一、学前教育是什么

什么是学前教育？就字面意思讲，“学”可以理解为“学龄”或者说“学校”，那么学前教育即学龄前的教育或前学校教育。“学龄”是一个时间概念，“学校”则是一个空间概念。遵循一般意义上的用法，这里着重从时间的跨度去讨论学前教育的内涵。有人认为：“对出生至入学前儿童的教育。……1981 年在巴黎举行的国际学前教育协商会议上，将学前教育概念解释为：‘能够激起出生至入学前儿童的学习愿望，给他们学习体验，且有助于他们整体发展的活动总和。’”[①]有人认为：“学前教育是以学龄前儿童为对象的教育”。[②] 下面我们尝试从分析这两个定义出发引出我们理解。

依据对第一种定义的理解，学前教育就不应该包括胎教。遗传学、优生学的研究表明，胎教和婴儿教育、幼儿教育密切相联，实施胎教，有利于提高下一阶段的教育质量。据此，这种定义不够全面。第二种定义十分简练，但也有不足。给基本概念下定义时应尽量避免使用内涵不清，有可能产生歧义的词语。在这个表达中，“学龄前”就是一个不甚清楚的概念。“学龄前”既可以理解成“从出生到入学前”，也可以理解成“从胎儿到入学前”。因此，第二种定义就有了歧义。综上，我们认为，学前教育是指从受精卵形成到正式进入学校教育之前的时段内通过以游戏为基本活动的方式影响儿童的系列活动。这个定义基本上克服上面两种定义的不足，虽然它还有不足之处，但是只要我们的认识能够更加接近事物的真相，那么这样的定义也可以成立了。

这里，对这个定义作几点说明。第一，从时间的维度来看，把学前教育分成胎儿教育(受精卵形成到分娩)、婴儿教育(分娩后至 3 岁)和幼儿教育(3 至 6、7 岁)三个时期；第二，从空间的角度来看，可以把学前教育分成学前家庭教育、学前社区教育和学前制度化教育(托儿所和幼儿园)。当前，家庭教育学还未形成一门独立的专业领域，因此学前教育把它纳入到旗下，但是待家庭教育学形成一门独立的研究分支之后，学前教育研究可以让出这份自留地。

学前教育是基础教育的重要组成部分，是我国学校教育和终身教育的奠基阶段，其根本任务是为儿童一生的发展打好基础。学前教育的幼儿园阶段具有不同于小学的特点，它强调幼儿园通过创设健康、丰富的生活和活动环境来帮助幼儿学习，而幼儿通过在环境中与他人共同生活来获得直接经验，他们在生活中发展，在发展中生活，而不像小学阶段那样主要通过学科教学来获得间接知识。

---

① 顾明远主编. 教育大辞典(增订合卷本)[M]. 上海：上海教育出版社，1998：1620.

② 刘晓东，卢乐珍等主编. 学前教育学(第 3 版)[M]. 南京：江苏教育出版社，2009. 引言部分.

二、学前教育学是什么

如果说我们明晰了学前教育的基本含义，那么寻此出发讨论学前教育学的定义。有人认为："学前教育学就是专门研究学前教育的规律的科学。对儿童的教育从出生后就开始，从出生到三岁前这一阶段为婴儿教育，三至六岁前为幼儿教育。三岁前是幼儿发展和教育极为重要时期，婴儿教育和三至六岁前的幼儿教育是相互连接、性质相近又密切联系的。"[①]也有人认为："学前教育学主要是研究学前儿童教育现象揭示学前教育规律的一门科学。"[②]有人认为："学前教育学主要是探讨学前教育的基本概念、基本命题、基本历史及基本理论框架的一门学科。"[③]通过比较得出，学前教育学这样定义似乎更为贴切：学前教育学是一门关于人们观察学前教育现象，探讨学前教育问题，揭示学前教育规律的系统化、理论化的科学。在实际的使用过程中，学前教育学这个概念在不同的场合中它的性质并不相同。因此，我们对学前教育学这个概念从三个层面上去分析，即作为教材的"学前教育学"；作为课程的"学前教育学"和作为学科的"学前教育学"。

作为教材的"学前教育学"也称谓学前教育学教材，顾名思义，就是以学生为对象关于学前教育的知识形态的系统陈述体系。教材的名称主要有"学前教育学"、"学前教育概论"或"学前教育学原理"等。据作者的不完全统计，自我国第一本高等师范学校《学前教育学》教材出版到目前为止，类似的教材有 30 余种。[④] 目前，学前教育学教材的表现形式主要有纸质版和电子版两种。现在一般的电子版形式均为 PDF 格式，这种格式可以通过专门的转换软件把 Word 格式转化为 PDF 格式。

作为课程的"学前教育学"是指在学前教育专业本科(或专科)人才培养方案中所具有的地位和性质。在学前教育专业本科(或专科)人才培养方案中一般表述为，学前教育学为学前教育专业的主干基础性课程。作为教学管理者来说，学前教育学课程改革或学前教育学课程建设都是在这个层面上使用。

作为学科的"学前教育学"是指该学科在教育学知识系谱中的位置和属性。在我国目前的学科建制中，学科门类共有 12 个：哲学、文学、历史学、经济学、法学、教育学、理学、工学、农学、医学、管理学和军事学。这个学科门类与教育部颁布的《授予博士、硕士学位和培养研究生的学科、专业目录》(1997 年，后简称《研究生目录》)和《普通高等学校本科专业目录》(1998 年，后简称《本科目录》)是完全一致的，但是与学科门类以下的学科、专业划分就不一致。在《研究生目录》中，学科门类包括一级学科、二级学科等。在逻辑上可以推演出三级学科的说法；在《本科目录》中，无一级学科、二级学科的提法。在《研究生目录》中，作为学科门类的教育学包括三个一级学科：教育学、心理学和体育学。作为一级学科的教育学下面有 10 个二级学科：教育学原理、课程与教学论、教育史、比较教育学、学前教育学、高等教育学、成人教育学、职业技术教育学、特殊教育学和教育技术学等。在《本科目

① 黄人颂. 学前教育学[M]. 北京：人民教育出版社，1989：1.

② 李生兰. 学前教育学[M]. 上海：华东师大出版社，1999：6.

③ 刘晓东，卢乐珍等主编. 学前教育学(第 3 版)[M]. 南京：江苏教育出版社，2009. 引言部分

④ 通过对国家图书馆的图书查询系统获知。

录》中，教育学类包含教育学、学前教育、特殊教育和教育技术学等四个专业。简言之，学前教育学是《研究生目录》中的一门二级学科；学前教育是《本科目录》中的一个专业。

到此，很有必要简单地区分学科与专业的联系与区别。据《现代汉语词典》的解释，学科为“按照学问的性质而划分的门类，如自然科学中的物理、化学”，[①]而专业为“高等学校的一个系里或中等专业学校里，根据科学分工或生产部门的分工把学业分成的门类”。[②]简单地讲，学科是基于知识生产的内在逻辑来使用的，因此它主要在进行知识创造的研究生教育系统中使用；专业是基于为生产部门培养实用人才来使用的，因此它主要在进行知识传播的本科教育中使用。这也就是“学前教育学”与“学前教育”在两个目录中称呼不同的原因所在。这是学科与专业的不同之处，事实上当他们没有必要区分这两种情况时它们常常互换使用。[③]

第二节 学前教育学的研究对象、目的与任务

学前教育学是一门关于人们观察学前教育现象，探讨学前教育问题，揭示学前教育规律的系统化、理论性的学科。这个定义包含了学前教育学的研究对象和研究目的，下面对此稍加阐述。

一、学前教育学的研究对象

每一门学科都有自己特殊的研究对象。界定研究对象就是确定一门学科的边界，讨论学科的边界就是确定该学科理论有效性的边缘。反之，当理论超出了应有的范畴，那么它的有效性就大大降低或者完全失效。所以，准确地确定好自己的研究对象就是一门学科不得不思考和回答的重大问题。

1.对教育学对象的研究的借鉴

学前教育学是大教育学的一个分支，因此，讨论学前教育学的研究对象不妨从大教育学的相关优秀研究中获取充分的养分。这里，我们列举几种具有代表性的观点：

第一，教育学的对象是教育问题，是在教育实践活动中产生并被意识到的涵盖教育事实和教育价值之统一的教育问题。[④]

第二，教育原理的对象是研究以教育事实为基础的教育中的最一般的问题[⑤]。

---

① 中国社会科学研究院语言研究所词典编辑室编.现代汉语词典(汉英双语版)[M].北京：外语教学与研究出版社，2002：2177.

② 中国社会科学研究院语言研究所词典编辑室编.现代汉语词典(汉英双语版)[M].北京：外语教学与研究出版社，2002：2517.

③ 关于学科与专业的区分，详见刘海燕，曾晓虹.学科与专业、学科建设与专业建设关系辨析[J].高等教育研究学报.2007：12.

④ 成有信主编.教育学原理[M].洛阳：河南教育出版社，1993：16.

⑤ 孙喜亭.教育原理[M].北京：北京师范大学出版社，1999：1.

第三，教育学就是研究教育现象和教育问题，揭示教育规律的科学。[①]

国内教育学的教材在讨论研究对象时主要有四种说(教育现象、教育事实、教育规律与教育问题)或综合说。[②] 关于教育现象、教育事实、教育规律和教育问题的内涵与关系详见上述教材的相关部分。这里，我们简要讨论一下教育现象、教育问题与教育规律。教育现象是教育的外部表现形式，它可能是模糊的、不确定的。教育现象与教育现象之间甚至会出现相互矛盾的情况。观察教育现象是教育研究的源点，但不是教育研究的起点。[③]“对象”始终是被意识到的客观存在。教育对象是客观存在的，只有被研究主体所意识到，它才能进入研究者的视野。教育对象进入研究者的视野后，还需要研究者具有相应的研究能力之时才能真正成为研究对象。此时的教育现象已经掺和了教育价值的因素。当教育现象符合研究主体的目的之后，才真正地进入到研究领域，这时的教育现象已经转变成研究者的教育问题。确定好教育问题之后就意味着研究的正式开始。问题是科学研究的出发点，问题的深入表明科学研究的深入，问题的转化表明科学研究的转化。研究主体运用科学的研究方法，通过各种不同的假设去证实或证伪，证实即为研究教育问题所产生的正向结果(教育规律)，证伪则为研究教育问题所产生的负向结果。无研究过程，则无研究结果。教育规律是研究的结果，不能把研究的结果等同于研究的对象。由此可知，教育学的研究对象定为教育问题更为适宜。

2. 学前教育对象的特点

学前教育的对象是从胚胎形成开始到进入正式学校教育之前这段时间内的儿童。按照时间的跨度，通常把学前教育分为两段：0～3 岁的教育和 3～6 岁的教育。现在的学前教育学对于前半段的研究远逊于对后半段的研究，造成这种现状的原因是在很大程度上前半段的深入研究更有赖于脑科学和儿科学的支持，这就给学前教育研究者提出了更高的要求。既然学前教育的对象是 0～6 岁的儿童，那么我们今后就应该借助脑科学和儿科学等学科的研究成果加大对 0～3 岁教育的研究，逐步形成对 0～6 岁的儿童的各年龄段都有科学和平衡的理论成果。依据相关学科的研究表明，儿童发育和成长的历史就是人进化的全部生命史和人类社会进化的演变史。格赛尔的成熟理论表明儿童发展有一个自然、固有的过程。因此，在确定学前教育学的研究对象时需要考虑到儿童的复杂性、整体性、阶段性和发展性。

综合考虑教育学的相关研究成果和学前教育对象的特点，把学前教育问题定为学前教育学的研究对象是必要的，也是恰当的。具体而言，学前教育学的研究对象乃是从胚胎形成开始到进入正式学校教育之前这段时间内的儿童的一切有价值的教育问题。

二、学前教育学的研究目的

通过研究学前教育发展过程中存在的问题，探索学前教育的原则和特点，掌握学前教育的规律和方法，形成学前教育学的理论体系和研究范式，最终学前教育学的研究目的在

---

① 王道俊，王汉澜主编. 教育学(第 3 版)[M]. 北京：人民教育出版社，1999：1.

② 关于教育现象、教育事实、教育规律和教育问题的内涵与关系详见上述教材的相关部分。

③ 源点指事物发展的最初本源，起点指起步开始的地方。研究的源点只有一个，起点不止一个。

于增强教育者自身的综合素质，提高学前教育事业的质量，办人民满意的学前教育服务。

三、学前教育学的任务

学前教育学的任务在于总结我国的学前教育实践经验，研究学前教育理论，借鉴国外学前教育的先进理论和经验，探讨学前教育的规律及发展趋势。一方面，通过学前教育研究提高学前教育科学的理论水平，增强指导学前教育实践的能力，最终帮助托儿所、幼儿园和家庭科学地对儿童进行教育；另一方面，通过学前教育研究，为国家制定相关教育政策、措施和进行教育改革提供理论依据。

第三节　学前教育学的学科体系

学前教育学的学科体系是指学前教育学的范围和学科，是学前教育学的各个小分支构成的一个有机联系的整体。体系的问题与对象的问题紧密关联。确定一门学科的研究对象就是界定它的研究范围，而一门学科的体系就是其研究范围的具体表现形式。因此，研究学前教育学的学科体系具有重要的意义。

首先，有利于促进学前教育学的学科理论建设。学科理论建设主要是指一门学科的学科定位、学科规划、学科结构与体系、交叉学科的形成等问题的理论研究和知识构建，其目的在于为专业实践建设提供理论指导和知识基础。学前教育学的学科体系建设是学科建设的重要组成部分。因此，做好对学前教育学学科体系的研究，有利于促进学前教育学的学科理论建设。

其次，有助于促进学前教育学的专业实践建设。学科理论建设为专业实践建设提供理论指导和知识基础，而专业实践建设则承担起知识传递和人才培养的使命。就具体某一专业而言，专业建设主要包括社会发展需求的追踪，制定专业培养目标与规格，制定专业教学计划、进行课程建设、教材建设、实训基地建设、教学方法革新等内容。学前教育学的学科体系落实在专业建设上主要指课程建设和教材建设等。如何给学前教育专业的本科学生提供经济合理的知识体系是学前教育专业课程和教材建设需要重点考虑的问题，而学前教育学是否具有科学的学科体系对此有巨大的影响作用。因此，建立科学的学前教育学体系有助于促进学前教育学的专业实践建设。

依据不同的划分标准，学前教育学的体系可分为不同的学科体系。依据学前教育形态在社会生活中存在的空间形式，学前教育学包括学前家庭教育学、学前社区教育学和学前制度化教育学三门分支学科。如果把学前教育研究分为学前基础研究、学前中间研究和学前应用研究的话，我们可以把学前教育学分为基础学前教育学、要素学前教育学和专业学前教育学。基础学前教育学包括学前教育学原理、儿童哲学和学前教育史学；要素学前教育学包括学前教育教师论、学前儿童论、学前教育课程与教学论和学前教育技术学；专业学前教育学包括学前体育学、学前外语教育学、学前音乐教育学、学前美术教育学、学前德育学、学前教育美学等。依据学前教育现象和其他社会现象的关系，学前教育学可以分为学前卫生学、学前健康教育学、学前心理学、学前生理学、学前教育社会学、学前教育管理学、学前教育法学、学前教育评价学等。

第四节　学前教育学的产生和发展

先有学前教育的实践活动，后才有作为理论形态的学前教育学科的产生和发展。人类的教育古已有之，早期的教育活动基本上可以统称为学前教育，但是，作为学前教育学，研究的主要对象是制度化的学前教育。所谓制度化的学前教育，是相对于非制度化的学前教育而言的。非制度化的学前教育是指那些未能形成相对独立的教育形式的学前教育。此时的学前教育所处的社会生产力比较低下，社会生活高度一体化。这种环境下的学前教育不可能从日常的生产或生活中分离出来一种相对独立的社会机构及其制度化行为。这种学前教育从原始的采集社会到农业社会都占据主流，到工业化的社会之后逐渐从主流演变成支流。制度化的学前教育是从非制度化的学前教育中演化而来的，是指由专门的教育人员、机构及其运行规则构成的学前教育形态。制度化的学前教育也可以称为学前教育的公共化，即学前公共教育制度。

一、作为制度化的学前教育的演变

18 世纪，随着工业革命带来的生产力的极大提高，社会生产和生活开始发生明显的分化，同时，学前公共教育制度也随之诞生。纵观学前公共教育制度的发展，我们可以将它划分为三个历史阶段。为了便于比较和分析，先介绍国外的学前公共教育制度，然后介绍国内的学前公共教育制度。

（一）国外的学前公共教育制度

1. 初创阶段

18 世纪末到 19 世纪初，英国、法国和美国等国先后进入大机器生产阶段，大机器生产导致城乡的手工业者和小农遭到大量的破产。妇女和儿童为生活所迫卷入劳动力市场。在许多家庭里，父母外出工作，造成孩子无人照顾，许多孩子被车碾伤，被马踩伤，或者摔伤、淹伤、烧伤、烫伤，有不少孩子甚至死亡。为了解决这个问题，社会不得不为学前儿童设立专门的公共教育机构，以保证资本家获取廉价的劳动力。1771 年，法国的简·奥柏兰(Oberlin)在孚日山创办了“编制学校”，这是法国幼儿学校的开始。1809 年，英国空想社会主义者罗伯特·欧文在苏格兰纽兰纳克的工厂中为工人阶级的子女创设了第一所幼儿学校。美国于 1818 年在波士顿开办“小学校”，收 4 至 7 岁的儿童。以后，德国幼儿教育之父福禄培尔在教育界发起了幼儿园(kindergarten)运动，不少国家先后建立并发展了幼儿园。1855 年，由福禄培尔的学生舒尔茨夫人在奥格顿开设了第一所幼儿园；1866 年，俄国在彼得堡、莫斯科等地开办了幼儿园；1873 年英国创办了第一所幼儿园；1876 年，日本创办了第一所幼儿园。

2. 确立阶段

19 世纪末至第二次世界大战前，西方主要的资本主义国家和苏联已经步入比较发达的阶段，其标志是以第二次工业技术革命为基础的工业电气化和农业机械化。与此同时，学前公共教育制度得到了全面的发展。这一阶段的主要特征是通过立法确立了学前教育的地位。法国政府于1881年明令组织“母育学校”,将原来由私人经办的、带有慈善性质的学前教育机构转成了国民教育事业的一部分。1887年法国教育部又颁布法令,指出:“母育学校是初等教育机构,招收男女儿童,同等地照顾他们体、德、智的发展。满2000居民的市镇设母育学校一所,1200人以下的居民点在小学附设幼儿班。它们招收2～6岁的儿童。”

英国政府于1870年通过《初等教育法》,确定招收5～7岁幼儿的学校为初等教育的组成部分,1918年又颁布了《母亲和儿童福利法》,要求由地方当局为幼儿设立保育学校(招收5岁以下的幼儿)。同年,又颁布了著名的《费希尔法》,要求由地方行政当局出资设立保育学校或保育班,为幼儿提供优良的发展条件。

3.全面普及阶段

(1)制定法律法规,保证和促进学前教育的发展

1944年,英国颁布的《1944年教育法》中规定:“以教育5岁以下儿童为主要目的的初级学校就是保育学校”,其主要目的是“培养全面发展的正常儿童,主要是进行教育,其次是进行补偿”。1968年制定《都市发展纲要》,规定在纲要颁布后的12年中,由政府拨款资助城市贫民子女。1972年英国政府发表白皮书,要求在英国全面推进学前教育事业,并提出了经过10年的努力到1982年使50%的3岁幼儿和90%的4岁幼儿都能够接受幼儿教育的发展规划。

美国在1941年通过了《郎哈姆法案》(Lanham Act),规定联邦政府和地方政府拨专款资助与战争有关的工厂设立幼儿教育机构。1956年,通过的《社会安全法案》修正案中,提出了为职业妇女提供托儿服务的方案。1966年,联邦教育署开展了旨在帮助贫困幼儿的“提前开端计划”(Head Start Program),以期对处境不利者的子女进行补偿教育。1975年,美国通过了《全体残疾儿童教育法》,要求提供专款资助缺陷幼儿。

1946年,日本颁布了《生活保护法》和《儿童福利法》,1947年又颁布了《教育基本法》、《学校教育法》。1961年,日本又通过了振兴幼儿园教育的决议,制定并实施了三次幼儿园振兴计划,旨在通过为适龄幼儿提供奖励和补助费、向幼儿园提供园舍设施完善费、园具设施完善费等一系列措施,创造更多的条件让幼儿进入幼儿园。这些法规和政策的实施,使日本的幼儿教育在第二次世界大战后的废墟上很快复兴并普及,也为日本战后整个教育事业的恢复奠定了强有力的基础。

(2)国际人权理念的普及和国际公约的推动对幼儿教育的发展产生了积极的作用

人权的内容十分广泛。作为人,享有充分的人权,这是全世界为之奋斗的崇高目标。儿童,作为未成熟的个体,也应该享有充分的人权。人权对于儿童的意义首先在于保障他们基本的受教育权。充分地保障幼儿的受教育权的人权理念,是在第二次世界大战后签订的《联合国宪章》的基础上发展起来的。《联合国宪章》重申“基本人权,人格尊严与价值,以及男女与大小各国平等权利之信念”。随后,《世界人权宣言》(UDHR,1948年)、《经济、社会、文化权利国际公约》(ICESCR,1966年)和《公民权利与政治权利国际公约》(ICCPR,1966年)这三部国际人权文件都确认受教育是人人都应享有的权利。它们与《儿童权利公约》(CRC,1989年)一起,成为确认和保障儿童受教育权的重要依据,也共同确立了

儿童受教育权的国际保障标准。公约对其缔约国具有法律拘束力。缔约国有责任和义务保护其公民和其他在其领土上的居民的受教育权不受侵犯。

1989 年 11 月 20 日联合国大会第 44/25 号决议通过的《儿童权利公约》是一部专门规定儿童受教育权的重要人权公约。其所确立的不歧视儿童的最大利益、儿童的生命权、生存与发展、尊重儿童的意见等四项普遍性原则，结合第 28 条、第 29 条、第 30 条对儿童受教育权的内容、目的与要求的具体规定，大大发展了儿童受教育权的规范内涵。公约视幼儿为与成人平等的个体，尊重他们的人格尊严和权利，尊重他们的能力和个性，确立了现代幼儿教育民主化、科学化和个性化的发展方向。这部公约因其突出了儿童在受教育权过程中的权利主体地位和儿童权利保护的最大利益原则，成为儿童受教育权发展中的一个重要里程碑。国际人权理念的普及和国际公约的推动对幼儿教育的发展产生了积极的作用。

4. 对学前公共教育制度的未来展望

教育制度化的初衷在于使教育工作标准化和管理科学化，而学前教育制度面对的对象是充满灵性、活泼好动、尚未雕琢过的"原木"。陈桂生先生曾指出制度化教育具有的典型特征在于，"划一性，即标准化，导致正规教育'十分死板'；封闭性，它按自身特有的标准，以自身特有的规则、规范，构筑壁垒，成为对其他系统、其他实体、其他过程的排他性，导致正规教育'十分狭隘'。"[①]这使得学前教育制度的本性与其教育的对象产生了根本的冲突。因此，对于制度化教育的反思就提上了议事日程。对此，最有影响的恐怕就是美籍奥裔学者伊里奇(Ivan Illich)倡导的非学校化运动。非学校化运动的本质不在于取消学校本身的存在，它旨在改造现有学校教育系统的弊端，即学校教育造成穷人"心理上的无能以及无力独自谋生"和"使得他们日益丧失利用自身经验与社区资源来组织自己生活的能力"。[②] 也许，我们对伊里奇的思想并不能完全地赞成，但是他对于学校教育系统的反思一定能给我们不少的启示。美国的"特许学校"和"家庭学校"的实践更是为我们展示了一个未来学前公共教育制度发展的方向。

综上所述，幼儿教育随着社会生产力的发展而产生和发展。初创阶段的幼儿教育以保育为主，确立阶段的幼儿教育，其真正的教育因素迅速增加，而在全面普及的阶段从偏重于智力训练走向促进儿童的全面发展。这里需要特别说明的是，学前公共教育制度的确立、发展和普及除了与生产力的推动有直接的关系外，还与人类的儿童观的改变和相关学科领域卓越学者的研究有关，它们促进了学前公共教育制度的完善和内在要素的形成。

(二)国内的学前公共教育制度

正如上面站在近代的角度去讨论国外的学前公共教育制度一样，这里分析国内的学前公共教育制度也是同一个角度。中国近代的整个学校教育制度都是在中华民族处于内忧外患的窘迫中被逼学习西方文明制度的结果，学前公共教育制度也不例外。我们对国外的学前公共教育制度的历史分期主要是基于社会生产力的发展而展开的，而近代中国社会生产力的发展缺乏连续性，它始终以各种革命斗争和运动为伴。因此，我们从这一历

---

① 陈桂生. 普通教育学讲授纲要[M]. 上海：华东师范大学出版社，2009：100.

② 伊万·伊里奇. 非学校化社会[M]. 吴康宁译. 台北：桂冠图书股份有限公司，1992：9.

史背景出发而采用上层建筑的变革来作为划分学前公共教育制度演变的标准。

1. 清末建立的学前公共教育制度

鸦片战争之后，清末资本主义的发展为学前教育机构的产生奠定了生产力基础；一部分先进的中国人处于保国保种的需要，表现出对儿童教育的兴趣，这为学前公共教育制度埋下了思想的萌芽；西方传教士在中国开教堂，兴办幼稚园等为我国引进西方的学前公共教育制度拉开了序幕。1902 年，清廷颁布了《钦定学堂章程》，即“壬寅学制”，尚未实行。1904 年初又修改为“癸卯学制”，这是中国近代史上第一个以法令形式公布的具有现代意义的学校教育制度。在癸卯学制的各类教育章程中，《蒙养院章程及家庭教育法章程》将学前教育机构的名称确定了下来。癸卯学制和该章程颁布以后，中华大地纷纷办起了蒙养院。其中，较为知名的有湖北武昌蒙养院、上海公立幼稚舍及保姆传习所、湖南蒙养院、天津严氏蒙养院。

根据其规定，蒙养院实行“蒙养家教合一之宗旨，在于以蒙养院辅助家庭教育，以家庭教育包括女学”。在这个章程中，虽然没有涉及女童教育是一个巨大的缺陷，但它却充分认识到了学前家庭教育和学前公立教育的不同地位和位置，这是一大历史亮点。《儿童权利公约》的第 18 条第 1 项规定：“缔约国应尽其最大努力，确保父母双方对儿童的养育和发展负有共同责任的原则得到确认。父母、或视具体情况而定的法定监护人对儿童的养育和发展负有首要责任。儿童的最大利益是将他们主要关心的事。”这条规定与“蒙养院辅助家庭教育”的精神是完全一致的。不管两者之间是否纯属一种历史的偶然，这种认识对于我们构建新的学前教育制度都是一笔宝贵的历史财富。因此，从某种程度上来说，癸卯学制以及《蒙养院章程及家庭教育法章程》在我国学前教育史上具有里程碑的意义，因为它们正式地标志着我国现代学前教育国家化进程的正式开始。

2. 具有资产阶级性质的学前公共教育制度

1911 年的辛亥革命，结束了中国两千多年的皇权专制统治。1912 年，建立了亚洲第一个资产阶级民主共和国——中华民国。在南京临时政府第一任教育总长蔡元培的主持下制定并公布了“壬子癸丑学制”。该学制将学堂更名为学校，蒙养院改称蒙养园。1915 年，袁世凯成立中华帝国，登上了皇帝的宝座。他篡夺了资产阶级的革命果实，改变了资产阶级性质的学前教育宗旨。1922 年，颁布壬戌学制，将蒙养园改称为幼稚园，规定收受 6 岁以下的儿童。

1932 年，中国有了自己的统一的幼稚园课程标准。这个课程标准主要以增进幼稚儿童身心的健康；力谋幼稚儿童应有的快乐和幸福；培养人生基本的优良习惯；协助家庭教养幼稚儿童，并谋家庭教育的改进为幼稚教育的总目标。新学制和课程标准颁布之后，进一步促进了幼稚园的发展和成长。1939 年 12 月，教育部颁布了《幼稚园规程》，这是我国学前教育史上的又一重要法规。

同时，1934 年中共领导下的中央人民内务委员部颁布了《托儿所组织条例》，它是红色政权颁布的第一部关于学前儿童教育的文件。该文件是土地革命战争时期，革命根据地学前教育的指导性、纲领性文件。1941 年，陕甘宁边区政府颁发了《陕甘宁边区政府关于保育儿童的决定》。这些文件的颁布促进了红色地区学前教育的发展，为解放事业做好了基础性的工作。

3.中华人民共和国成立后的学前公共教育制度

1949年10月，在中国共产党的领导下创建了中华人民共和国。新中国的建立，为学前公共教育制度的变更翻开了崭新的一页。1951年10月，政务院公布施行《关于改革学制的决定》，由此产生了新中国第一个学制。这个学制将沿用了30年的"幼稚园"改称为"幼儿园"。同年，教育部制定了《幼儿园暂行规程》和《幼儿园暂行教学纲要》。它们的制定和试行，明确了幼儿园的双重任务和教养并重的方针，强调了幼儿园教育教学的思想性、系统性和科学性，为全面改造旧教育，建立新教育发挥了作用。1953年至1965年，学前教育事业随着共和国政治运动和经济发展的起伏而摇摆，经历一个稳步发展到盲目发展再到整顿提高的过程。1966年至1976年，文化大革命中的学前教育事业几乎毁于一旦。

1976年粉碎"四人帮"之后，随着我国实行改革开放的政策，学前教育事业走上了稳定的发展道路。1985年，中共中央《关于教育体制改革的决定》中，提出"要努力发展幼儿教育"。1989年，国家教育委员会发布《幼儿园工作规程(试行)》；1989年，发布《幼儿园管理条例》；1991年，颁布《中华人民共和国未成年人保护法》；1999年，颁布《中华人民共和国预防未成年人犯罪法》；2000年，发布《中国儿童发展纲要(2001～2010年)》；2001年，教育部印发关于《幼儿园教育指导纲要(试行)》的通知；2002年，颁布《中华人民共和国民办教育促进法》；2009年，《中华人民共和国侵权责任》中的第38、39和40条规定；2010年7月，发布了《国家中长期教育改革和发展规划纲要(2010～2020年)》。这些法规和政策的实施将基本保障学前教育事业的顺利发展。随着1999年全国人民代表大会把依法制国的理念载入宪法中后，我国的学前教育事业也正在步入法制化的进程中。

4.对我国未来学前教育制度的展望

《国家中长期教育改革和发展规划纲要(2010～2020年)》指出，幼儿园将建立政府主导、社会参与、公办民办并举的办园体制。这为未来的学前教育制度指明了一个宏观的方向。在未来微观的制度构建中，我们应该充分考虑到学前家庭教育和学前公共教育各自的地位和作用，认识到幼儿教育与义务教育不同的性质和特点。这方面可以从国外学前教育机构的发展趋势得到一些启示，比如法国学前教育机构形式多样化、组织灵活化、规模小型化和环境家庭化，美国的"特许学校"和"家庭学校"等等。我国正在积极推进学前教育的立法工作，其中的学前教育法是重点。在这部法律中，我们认为应该全面谨慎地考量学前教育的义务化问题。

二、作为一门学科的学前教育学的形成和发展

划分一门学科的标准主要包括以下几个方面：[①]：社会历史条件；有一定规模的研究队伍(学会、研究会等)；有一定规模的相关知识的生产系统；有一定规模的研究生教育；有一定的学术研究成果；有相当稳定、且不断演进的理论体系。以前的相关教材几乎没有在这方面做过严格的讨论，为了促进学前教育学学科建设的发展，也为了学前教育专业的学生今后对学前教育学进一步学习和研究之便，在此，我们尝试着站在该标准下去讨论学前教

---

① 王长纯.和而不同：比较教育的跨文化对话[M].北京：人民教育出版社，2007：313.

育学的形成和发展。

(一)社会历史条件

学前教育有一个漫长的过去,但学前教育学仅有一段短暂的历史。学前教育与人类相伴始终,而学前教育学却是人类迈入以工业化为标志的现代化进程中才出现的。18、19世纪在英国最先爆发的工业革命,又称产业革命或技术革命,即资本主义生产完成了从工场手工业向机器大工业过渡的阶段。机器化大工业的生产导致了社会生活的不断分化,社会生活的分化导致教育活动的不断分化,教育活动的分化必然会导致分支活动的出现,学前教育活动就是其中的一部分。有了大规模的学前教育事业之后,学前教育学的产生就成为可能。欧洲工业革命的迅速发展导致了社会革命的风起云涌,这场革命的结果就是新兴的资产阶级凭借着新的生产力以摧枯拉朽之势战胜了封建主义,建立了现代民族国家。这为学前教育学的发展提供了政权保障。17、18和19世纪自然科学和人文社会科学的大发展带动教育理论的发现。教育理论的发展奠定了学前教育学的理论基础。福禄培尔(1782～1852)在认真研究裴斯泰洛齐的思想和实践的同时总结夸美纽斯和卢梭等人的思想而创立了近代学前教育理论。因此,被后人誉为"幼儿教育之父"。他的主要著作是《人的教育》和《幼儿园教育学》(逝世后出版的论文集),因此我们也称福禄培尔为学前教育学的创始人。

(二)有一定规模的研究队伍(学会、研究会等)

世界学前教育组织(World Organization for Early Childhood Education)是一个非赢利性质的国际学前教育组织。1948年,在欧洲的几位幼教专家的倡议下,该组织在捷克的布拉格成立,OMEP是该组织的法语缩写。最初的主要工作是救助二战后留下的孤儿,现在的主要工作是开展幼儿教育工作。它和其他相关的国际组织有广泛的联系,现有68个会员国和会员地区,每个会员国或会员地区都有一个委员会,他们根据本国或本地区特点开展工作。中国也是OMEP会员国。

世界学前教育组织的宗旨是促进各国幼儿教育的发展和幼儿教育的研究,使儿童有幸福的童年和家庭生活。其主要活动是收集、传播信息和交流各国学前教育思想,调查研究学前教育情况,协助建立国际图书馆并出版幼儿教育的文献,促进幼儿教育工作人员的培养工作,举办国际性学前教育研讨会等。

全美学前教育协会(National Association for the Education of Young Children, NAEYC)是美国最大的幼儿教育学术团体,其前身为全美保育教育协会(National Association for Nursery Education),该组织成立于1926年。1964年全美保育教育协会变成了全美学前教育协会,现已成为全世界规模最大的幼儿机构。它有90,000个成员,在全美分布的地方的、州立的或区域性的附属机构超过了300个。该组织致力于改善所有幼儿的福利,尤其是集中在从出生到8岁儿童的教育和发展服务。另一个致力于学前教育的全国性协会为国际儿童教育协会(Association for Childhood Education, International, ACEI)。全美关于学前教育的期刊有《早期儿童》、《早期儿童研究季刊》、《儿童教育研究》、《早期教育和发展》和《早期儿童教育》等。1976年至1987年,波纳德·斯波代克(Bernard Spodek)曾担任全美学前教育协会主席。他是美国伊利诺大学荣誉教授,世界著名早期教育家。在以他为首的一批早期教育家的努力下，该组织出版了《早期儿童教育研究手册》(Handbook of Research in Early Childhood Education，1982)和《儿童教育研究手册》(Handbook of Research on the Education of Young Children，1993 和 2006)，这些成果在全美和全世界都产生了较大的影响。

1992 年，在英国伍斯特市(Worcester)，托尼(Tony)、克里斯(Chris)和菲尔(Ferre)三人发起成立了欧洲学前教育研究协会。该协会继承裴斯泰洛齐、欧文、福禄培尔、史代纳、维果茨基和皮亚杰等教育学家关于早期教育的宝贵遗产，致力于促进和传播早期儿童的多学科研究及其运用。其年会是欧洲最大的早期教育研究会议，为学者、政策制定者、专家和实践者提供出色的论坛和网络。该协会通过 SIGS 鼓励和支持跨国界的合作和出版著作。其会刊为《欧洲学前教育研究杂志》(European Early Childhood Education Research Journal，EECERJ)，是欧洲最具影响力的学前教育期刊。该刊上发表的文献常被“社会科学引文索引(SSCI)”所引用。“社会科学引文索引”在全世界引用的学前教育期刊仅有四种，欧洲独此一家。该组织的成员为欧洲和世界贡献了不少具有世界影响的学术成果，其中具有代表性的作品有 Gunilla Dahlerg，Peter Moss 和 Alan Pence 的《超越早期教育质量》(Beyond Quality in Early Childhood Education and Care：Postmodern Perspectives，1999)。①

中国的学前教育学会成立于“五四”前后。最早成立的是地方性的学前教育研究会，如 1917 年成立的上海幼稚教育研究会；1918 年江苏教育学会下设幼稚教育研究会；1919 年的北京女子高等师范幼稚教育研究会等。1927 年，陈鹤琴、陶行知、张宗麟等发起组织中国幼稚教育研究会。之后，其他各地也相继成立了一些地方性的幼稚教育研究会。这些研究会的宗旨都是为了研究幼稚教育，其任务是研究教材教法、交流经验、出版刊物等。1929 年，在杭州成立了中华儿童教育社，陈鹤琴担任主席。该社的总目标为：研究儿童教育，推进儿童福利，提倡教师专业精神。创建时仅有社员 47 人，团体会员 22 个。至 1937 年发展到全国 60 余个分社，4000 余名社员，为当时全国最大的一个教育学术团体。还出版了儿童教育丛书，发行《幼稚教育》、《儿童教育》等刊物。

1979 年 11 月，在南京成立了中国教育学会幼儿教育研究会。1987 年，研究会创办出版了会刊——《学前教育研究》。由于研究会广泛参加国际幼儿教育科研交流活动，研究会被批准参加了世界学前教育组织。1992 年，经原国家教委同意，国家民政部批准，中国教育学会幼儿教育研究会成为了国家一级学会，更名为中国学前教育研究会，研究会的组织扩大了，并成立了学术委员会。1995 年 10 月，更名后的中国学前教育研究会召开第一次代表大会。截至目前，设置了健康教育专业委员会、游戏与玩具专业委员会、课程与教学专业委员会、管理专业委员会、家庭与社区教育专业委员会及教师教育专业委员会等 6 个专业委员会。截至 2006 年，成立了 36 个地方学前教育研究会。

中国学前教育研究会(China National Society of Early Childhood Education，CNSECE)是国家一级学会，是全国性、非营利性、群众性的学前教育学术研究团体，由地

---

① 该书已译成中文.详见冈尼拉·达尔伯格等著，朱家雄等译校.超越早期教育质量[M].上海：华东师范大学出版社，2006.

方研究会、分支机构、单位会员和个人会员自愿组成。它的主要任务就是组织学前教育学术研究，开展学术交流活动。本会的对外代表机构是OMEP中国委员会。

中国学前教育研究会历届学术研讨会介绍

届别	地点	时间	主题
1	南京	1979	幼教经验交流
2	长沙	1982	总结建国32年以来的幼教工作经验
3	杭州	1985	幼儿爱国主义教育的研究
4	武汉	1990	幼儿园作息制度、课程结构、品德教育、各科教学、游戏玩具等五个主题
5	成都	1995	同上
6	上海	1999	庆祝中华人民共和国成立50周年和中国学前教育研究会成立20周年"双庆"活动
7	北京	2003	百年中国幼教纪念大会暨学术

网上拓展

1. 全美幼儿教育协会官方网址：www.naeyc.org
2. 中国学前教育研究会官方网址：www.cnsece.com
3. 欧洲学前教育研究协会官方网址：www.eecera.org

(三)有一定规模的相关知识的生产系统

世界学前教育组织成立后，以2～3种语言出版了《国际儿童教育杂志》；并召开国际会议，先后对幼儿的基本需要、学前教育机构的任务、学前教育工作者的培养、儿童的第一需要——游戏、儿童的权利等问题进行了研讨。世界学前教育组织每年举行一次理事会，它非常强调国际间幼儿教育工作的交流与合作，也很重视世界各国的儿童权利保护问题，积极支持和配合联合国有关儿童方面的工作，对国际幼教的交流与合作起着极其重要的作用。

在中国，学前教育知识的生产系统主要是在中央教育科学研究所基础教育研究中心内设"学前教育研究室"的领导下，各地方教育科学研究所的相关研究室和各高等院校的学前教育学院和学前教育研究所所完成的。"学前教育研究室"的主要职能是全方位地开展学前教育研究，为学前教育的决策与实践服务。学前教育的事业发展与质量提高研究并重，理论研究与实践研究并重，系统研究与关注热点难点问题并重，现实问题研究与前瞻性问题研究并重。重点研究领域为学前教育事业发展与政策研究，幼儿园课程与儿童发展，幼儿教师的任职资格、专业发展与促进研究，幼儿园教育质量评价研究和新农村学前教育研究等。南京师范大学等高校成立了专门的学前教育研究所。

(四)有一定规模的研究生教育

截至2008年，我国开设学前教育本科专业的高校共有152所。1984年，北京师范大学开始招收和培养幼儿教育学硕士研究生，标志着我国学前研究生教育的开始。1986 年，南京师范大学也获得幼儿教育学硕士学位授予权；1993 年，北京师范大学幼儿教育学开始招收和培养博士研究生；1994 年，南京师范大学学前教育专业拥有了我国第一个幼儿教育学博士点；2001 年，华东师范大学开始招收学前教育学博士研究生。截至 2010 年，中国已经有六所高校招收学前教育学博士研究生，即南京师范大学、华东师范大学、北京师范大学、西南大学、华南师范大学和东北师范大学。前五个大学均把学前教育学作为二级学科作独立招生，招生的专业方向分别为学前教育基本理论、儿童教育哲学、学前课程论、儿童审美艺术教育和儿童社会性发展等；学前教育原理、学前教育的跨文化研究、学前儿童语言发展与教育研究、儿童发展与教育、学前儿童家庭与社区教育；学前教育原理、学前儿童发展与教育和游戏与幼儿园课程；教师发展与政策研究、学前与基础教育政策研究、艺术教育与儿童创造力发展、学前教育比较研究、学前教育政策研究、幼儿园教育质量评价研究；学前儿童发展与课程研究、学前课程理论与实践研究。东北师范大学把“学前教育学原理”和“幼儿园课程学前教育”作为二级学科教育学原理下面的两个方向来招生，把“中外学前教育史”作为二级学科教育史的一个方向来招生。现在年招博士在 20 余名左右。经过近 30 余年的发展与努力，我国基本形成了学前教育(学)的本科、硕士和博士人才培养体系。

(五)有一定的学术研究成果

1987 年，中国学前教育研究会创办出版了会刊——《学前教育研究》。《学前教育》、《幼儿教育》和《早期教育》等专业期刊也相继问世。它们从创刊到现在，刊登了大量优秀的学前教育研究文章。另外，《教育研究》、《中国教育学刊》、《比较教育研究》、《课程・教材・教法》、《教育学报》和各大学学报也刊登了研究学前教育的文章。

解放后，新中国共出版了学前教育学原理类的书籍近 30 本。最早的是，翻译前苏联索罗金娜 А. И. 著的《学前教育学》(1953 年)。改革开放之后又接连翻译了两本前苏联的学前教育学教材，它们是查包洛塞兹编的《学前教育学原理》(1985 年)和亚德什科 В. И. 著的《学前教育学》(1981 年)。改革开放之后国内撰写出版的教材是黄人颂主编的《学前教育学》(1989 年)，该书直到现在还被不少高校选定为学前教育专业的基本教材，这说明了该书所存在的价值。不过，此书过后没有再版。此后多次出版的教材中有梁志燊主编的《学前教育学》(1990 年、1995 年、2000 年和 2004 年)，李生兰独著的《学前教育学》(1999 年和 2006 年)，卢乐珍、刘晓东主编的《学前教育学》(2004 年、2007 年和 2009 年)，虞永平主编的《学前教育学》(1996 年江苏教育出版社和 2001 年苏州大学出版社)，刘焱编著的《幼儿教育概论》(中国劳动社会保障出版社，1999 年)和《学前教育原理》(辽宁师范大学出版社，2002 年)，高岚编著的《学前教育学》(2001 年广东高等教育出版社和 2004 年)。另外还有，1991 年，黄人颂编的《学前教育学参考资料》(人民教育出版社)、卢乐山主编的《学前教育原理》(北京师范大学出版社)和高岚与申荷永著的《学前教育学：原理与运用》(中国和平出版社)；1994 年，焦健、任致文、李辉编著的《学前教育学》(科学普及出版社)和王丽璇主编的《学前教育学》(东北师范大学出版社);1996年,陈帼眉、刘焱主编的《学前教育新论》(北京师范大学出版社);1997年,李季湄、肖湘宁著的《幼儿园教育》(北京师范大学出版社);1998年,阎水金主编的《学前教育学》(上海教育出版社);1999年,刘焱编著的《幼儿教育概论》(中国劳动社会保障出版社)和肖文娥主编的《学前教育学》;2000年,潘扬主编的《学前教育学》;2001年,邱云编著的《学前教育学》;2006年,蔡迎旗的《学前教育概论》(华中师范大学出版社);2007年,郑健成主编的《学前教育学》(复旦大学出版社)和傅建明主编的《学前教育学》(中央广播电视大学出版社);2008年,魏建培主编的《学前教育学》(科学出版社);2009年,江东秋主编的《学前教育学》。刘晓东还撰写了《儿童教育新论》、《解放儿童》、《儿童精神哲学》、《儿童文化与儿童教育》和《蒙蔽与拯救:评儿童读经》等书,在学前教育学界产生了较大的反响。在比较教育学丛书中,王承绪、顾明远主编的《比较教育》(1999年,第3版)和吴文侃、杨汉清主编的《比较教育学》(1999年,第2版)都设专章研究学前教育。1995年,霍力岩著的《学前比较教育学》(北京师范大学出版社);2000年,李生兰出版了《比较学前教育》(华东师范大学出版社)。2007年,华东师范大学朱家雄教授主编了"多元视野下的学前教育"丛书,即《中国视野下的学前教育》、《国际视野下的学前教育》、《生态学视野下的学前教育》和《建构主义视角下的学前教育》等。该丛书汇集了中国学前教育界迄今在职的一些知名专家学者对当下学前教育领域中一些重大理论问题、热点与实践问题的探讨,推动了学前教育研究的新发展。

(六)有相当稳定、且不断演进的理论体系

该部分所涉及的学前教育理论,不少学前教育学著作、学前教育史都有详尽的讨论,因此在这里我们着重讨论我国改革开放后出版的五本具有代表性的教材的理论体系。它们分别是查包洛塞兹编的《学前教育学原理》(1985年,后简称"查本");黄人颂主编的《学前教育学》(1989年,后简称"黄本");陆乐山主编的《学前教育原理》(1991年,后简称"陆本");李生兰独著的《学前教育学》(1999年,后简称"李本")和刘晓东、卢乐珍主编的《学前教育学》(2009年,后简称"刘本")。这些教材大体上可以代表同时期我国学前教育学教材的较高水平。据此分析的话,我们也可以从中推知我国学前教育学的理论研究水平和存在的问题。先看看这五本教材的基本体系。

通过对下表的比较会发现,这些教材共同关注的对象有学前儿童的体育、德育、智育、美育、游戏和家庭教育六个部分。我们也可以把这些部分称为学前教育学研究的"核心问题域",也就是说,这些部分是每本学前教育学教材必须讨论的对象,离开了它们,教材内容就会出现严重的残缺。总的来说,这些教材都反映出学前教育研究务实的态度,不是着眼去追求理论的高深和体系的完备,而是瞄准学前教育的特点,着力解决学前教育发展的实际问题和难题,为服务学前教育事业提供了一定的理论帮助。多年来,学前教育学学科建设和教材建设取得了一定的成绩,但是,学前教育学学科建设和教材建设尚存在不少的问题,比如研究对象模糊不清、研究视野不够开阔和研究方法不够多元。

五本教材的目录比较

章节	查本	黄本	陆本	李本	刘本
第一章	苏联学前公共教育制度	学前教育学的对象、任务及发展	学前教育与社会的关系	导论	百年中国学前教育
第二章	学前教育学的一般问题	学前教育与社会的关系	儿童观的演变和学前教育	学前儿童观	儿童与教育
第三章	学前教育的心理基础	学前教育和儿童身心发展的关系	教育的职能与我国学前教育的基本任务	学前教育观	家庭、社区与学前教育
第四章	学前早期儿童发展和教育的特征	教育目的与学前教育任务	环境与学前儿童的发展	学前教育的课程	托幼机构的环境和设备
第五章	学前儿童的体育	婴儿教育	学前儿童的生理卫生与教育	幼儿园的社会教育	学前教育机构中教师与幼儿的相互作用
第六章	学前儿童的德育	幼儿体育	心理发展的特征与教育	幼儿游戏	学前儿童体育
第七章	学前儿童的智育	幼儿智育	学前儿童社会性发展与教育	幼儿园家庭教育的指导	学前儿童语言教育
第八章	美育和儿童发展的一般问题	幼儿德育	学前儿童道德的发展与教育	幼儿教师	学前儿童认知教育
第九章	在游戏中教育儿童	幼儿美育	学前儿童的智育		学前儿童社会性教育
第十章	家庭和家庭教育对学前儿童个性形成的影响	幼儿园的游戏	学前儿童的美感教育和艺术教育		学前儿童道德教育
第十一章	准备儿童入学	幼儿园的教学	学前儿童的游戏活动		学前儿童审美教育
第十二章		幼儿园与小学的衔接	幼儿园课程		学前儿童的游戏
第十三章		托儿所、幼儿园与家庭			学前课程
第十四章		学前教师及其培训			学前教育研究方法
第十五章		学前教育的科学研究			21世纪中国学前教育展望

□ 要点小结

1. 学前教育是指从受精卵形成到正式进入学校教育之前的时段内通过以游戏为基本活动的方式影响儿童的系列活动。根据该定义，从时间的角度把学前教育分成胎儿教育(受精卵形成到分娩)、婴儿教育(分娩后至3岁)和幼儿教育(3至6、7岁)三个时期。作为学科的“学前教育学”是关于人们观察学前教育现象，探讨学前教育问题，揭示学前教育规律的系统化、理论化的一门科学。

2. 界定研究对象就是确定一门学科的边界，讨论学科的边界就是确定该学科理论有效性的边缘。反之，当理论超出了应有的范畴，那么它的有效性就大大降低或者完全失效。所以，准确地确定好自己的研究对象就是一门学科不得不思考和回答的第一问题。学前教育学的研究对象为学前教育的问题，学前教育学的任务乃是揭示学前教育的规律。

3. 学前教育学的学科体系是指学前教育学的范围和学科，是学前教育学的各个小分支构成的一个有机联系的整体。体系的问题与对象的问题紧密关联。确定一门学科的研究对象就是界定它的研究范围，而一门学科的体系就是其研究范围的具体表现形式。研究学前教育学的学科体系有利于促进学前教育学的学科理论建设，有助于促进学前教育学的专业实践建设。依据不同的划分标准，学前教育学的体系可分为不同的学科体系。

4. 先有学前教育的实践活动，后才有作为理论形态的学前教育学科的产生和发展。一门学科发展的标志有：社会历史条件；有一定规模的研究队伍(学会、研究会等)；有一定规模的相关知识的生产系统；有一定规模的研究生教育；有一定的学术研究成果；有相当稳定、且不断演进的理论体系。循此标准，对学前教育学的诸多方面进行探索性的分析。

□ 学业评价

1. 能够区分学前教育与学前教育学的联系与区别。
2. 了解学前教育学形成和发展的概况。
3. 理解学前教育学的研究对象和任务。

□ 学术动态

• “幼儿教育学”到“学前教育学”概念的演变说明了什么。

• 如何确立学前教育学的逻辑起点和学前教育学的基本理论框架是今后必须重视的研究问题。

• 怎样书写严格意义上学前教育学的学科发展史是衡量学前教育学发展成熟与否的一种重要标志。

□ 参考书目

1. 黄人颂. 学前教育学[M]. 北京：人民教育出版社，1989.
2. 刘晓东，卢乐珍等. 学前教育学[M]. 南京：江苏教育出版社，2009.
3. 李生兰. 学前教育学[M]. 上海：华东师范大学出版社，1999.
4. 成有信主编. 教育学原理[M]. 洛阳：河南教育出版社，1993.
5. 孙喜亭. 教育原理[M]. 北京：北京师范大学出版社，1999.

第二章

学前教育价值与价值取向

【本章知识结构图】

- 学前教育价值概述
  - 学前教育价值及其类型
    - 学前教育价值及其属性
    - 学前教育价值的类型
  - 学前教育价值的历史考察
    - 西方学前教育价值的阶段变迁
    - 我国学前教育价值变迁
    - 学前教育价值的思想演化特点
  - 确立学前教育价值的影响因素
    - 社会需要
    - 社会政治观和哲学观
    - 儿童观和心理学研究成果
- 学前教育的个体发展价值
  - 学前教育对儿童大脑发展的影响
  - 学前教育对儿童认知发展的影响
  - 学前教育对儿童的社会性、人格品质和气质发展的影响
  - 学前教育对儿童身体动作发展的影响
  - 学前教育对儿童的美感和创新能力发展的影响
- 学前教育的社会发展价值
  - 学前教育对于教育事业发展的价值
  - 学前教育对于家庭和社会的价值

【学习目标】

1. 能从多角度对学前教育的价值进行论述。
2. 能根据自己的理解举例说明学前教育对幼儿个体和社会发展价值的表现。
3. 运用学前教育的价值原理，尝试提出能有效促进幼儿发展的早教方案。

自从教育作为一种社会活动产生并被人们意识到它的存在，关于教育价值问题的讨论就从来没有停止过。对于学前教育价值的追求，也是人们在探讨整个学前教育过程中最为关注的话题。教育从来都是在一定的教育价值观指导下进行的活动，只有弄清学前教育之于儿童发展、人类社会的特殊价值，学前教育的定位才会更加明确，未来的发展才会更加清晰。

第一节　学前教育价值概述

价值问题是学前教育中重大的理论问题和实际问题，是一个必须探讨清楚而不可回避的问题。长期以来，由于种种原因，我国教育甚少涉及教育价值问题。学前教育作为人类的一种社会实践活动，也在自觉不自觉地追求着某种价值；价值问题与教育的目的、方向紧密相连，所以，正确认识学前教育的价值是顺利开展学前教育活动的前提。

一、学前教育价值及其类型

（一）学前教育价值及其属性

在探讨学前教育价值之前，我们首先必须明确什么是价值。价值问题是许多学科都会重点探讨的问题，如哲学、伦理学、美学、经济学、社会学等。目前我国哲学界，一般将价值理解为："它是现实的人同满足其某种需要的客体的属性之间的一种关系。"马克思指出："物的有用性使物成为使用价值。""价值是客体对主体的意义，是客体能够满足主体需要的属性。"从以上的定义可看出，价值主要指的是客体相对于主体而言，具有满足于主体需要的一种属性。价值即是客体属性的人化、主体化，又是主体需要的对象化、客体化，是客体性和主体性的统一。

就整体而言，价值具有多重属性，但功用性是其根本属性，其他属性之如功能性、客观性、社会性、历史性等表明了价值只使用于人类及其所构成的社会。从中可见，学前教育的价值就体现在学前教育满足人们和社会需要的这种关系属性。具体来说即两个层面，一是学前教育对幼儿身心发展的作用，二是对社会需要的满足及作用。学前教育在具有一般教育的价值特征的同时也有其自己的特殊性。首先表现为功用性，这是学前教育根本的属性。表现为学前教育于人们（幼儿、家长、教育者）和社会起有一定的作用。但这种功用性会依据不同的社会历史条件而发生相应的变化。第二，客观性。学前教育能够满足人们的需要是客观的，我们要辩证地加以看待，对学前教育的价值作出正确的选择。第三，社会性。学前教育作为一种社会实践活动，这一特质决定了它是一个复杂开放的系统，离不开社会，受社会政治、经济、文化因素等多方面的影响。第四，历史性。在不同的历史时期，人们受各种因素的影响对学前教育的价值会产生不同的看法，其他属性也都会随着历史的变化而变化。

（二）学前教育价值的类型

1. 从价值的直接性、间接性方面看，学前教育价值可划分为个体价值和社会价值。个体价值是指学前教育对于促进幼儿身心各方面的发展具有重大作用；社会价值主要指的是学前教育对教育事业、家庭和整个社会的发展具有促进作用。

2. 就对社会的作用而言，学前教育的价值可体现在政治、经济、文化等多个方面。

3. 根据不同的教育内容，学前教育的价值体现在促进幼儿德育、体育、智育、美育等方面的发展。

4.就价值的追求而论,学前教育的价值表现为理想价值和现实价值。理想价值即人们所期望达到的教育功效;现实价值则是在实际中学前教育最终产生的功效。

二、学前教育价值的历史考察

从历史上看,人们对学前教育价值的认识和追求有一个发展过程,不同历史时期人们对学前教育价值的认识和追求不同。我们可以这样说,学前教育史在很大程度上其实就是一部对教育价值进行选择、追求和实施的历史。

(一)西方学前教育价值的阶段变迁

根据学前教育价值的内在性、工具性、社会性等方面的突出程度,可以把学前教育价值演变的历程粗略地划分成如下几个阶段。

1.追求工具性价值阶段

这个阶段主要指的是从原始社会开始到15世纪左右,以欧洲中世纪的结束为分界点。原始社会,人们面临着生活的困境,在那个生产力极端低下,生活资料极其匮乏的时代,人们所进行的一切活动的主要目的都是为了生存。这时期对幼儿教育的内容主要体现在:第一,道德教育。主要内容是让幼儿习得民族内部价值观,形成对本民族的拥护和责任;第二,生产劳动教育。成人通过带领幼儿观摩劳动过程,让幼儿为今后的生活做准备。通过教育内容可见,这时期的条件从客观上限制了人们对教育价值更高层次的追求,人们仅把教育当作一种求生工具,根本谈不上对发展幼儿个性、开发幼儿智力的教育内在价值的追求。

奴隶社会,以森严的阶级性为特征,同样,幼儿教育的价值也呈现出鲜明的阶级性和等级性。这一时期的幼儿教育多由公育转成家庭教育,特权阶层的子弟教育开始和劳动脱节,对教育价值的追求也逐渐开始表现出分化,但追求教育的工具性这一价值特征并没有改变。

古印度,对幼儿的教育被当作维持种族压迫,培养继承人的工具。古希伯来人信仰上帝,教育最主要的目的在于培养幼儿的宗教信仰,传授文化知识只是附带目标。古斯巴达以军事征战为主,从幼儿一出生就对幼儿进行择优选取,然后进行严格的军事训练,以培养骁勇善战的军人为目标。雅典则是一个以工商业发达闻名的民主城邦,这直接影响了教育的价值取向,体现在一方面要培养身体强壮的军人,另一方面又要培养能言善辩的政治活动家和善于通商的商人。古罗马开始,幼儿教育出现了性别差异且注重实用,男孩和女孩各有自己要接受的专门的教育。男孩主要学习如何参加社会活动和培养工作能力;对于女孩则主要是随母亲在家学习针织。古罗马帝国灭亡以后,黑暗的中世纪来临。当时教会垄断了所有的文化和教育,推行禁欲主义。认为儿童生下来就是有罪的,为洗清罪孽,儿童必须受苦受难,且不得反抗。基督教会的《旧约》里,就有这样的话:“不可不管教孩童,你要用杖打他,就可以救他的灵魂免下阴间。”推崇这种愚昧的教育观的目的是要培养出听话、顺从的人。整个中世纪,儿童的地位岌岌可危,教师权威得到了极致的发展,儿童在教师的教鞭下被给予粗暴的对待,身心发展受到严重限制。可见,整个中世纪的西欧,学前教育基本无视内在价值的追求,甚至连外在价值也不同程度地忽视了。

拓展阅读

西欧中世纪是在罗马帝国的废墟之上，由文明程度远低于罗马人的外来“蛮族”建立起来的。因此，西欧的文化教育水准大幅度下降，僧侣们获得了知识教育的垄断地位，教育本身渗透了神学性质，基督教成为统治阶级控制人们的精神依据，中世纪成为神性的时代。

“原罪”是基督教的一个极重要的概念。在奥古斯丁的原罪理论成为罗马教会的官方学说以后，儿童也和他们的父兄一样为“原罪”所败坏。为此，教会要给刚出世的婴儿施洗礼，以后要严格控制儿童的欲望。由于儿童的本性罪恶，要想控制儿童邪恶的本性并使其成为高尚的人，就必须惩罚他们的肉体，压制他们的欲望。基于这样的认识，对儿童的约束与惩戒就成了中世纪教育的重要特征，戒尺、棍棒是中世纪学校不可缺少的工具。

[资料来源]吴式颖. 外国教育史教程[M]，北京：人民教育出版社，2008：112—113.

2. 重视学前教育内在价值的孕育阶段

本阶段大约经历了几百年的时间，是一个从认识到人的价值到认识到儿童的价值的过程。告别黑暗的中世纪，追求人的自由，个性解放的文艺复兴时代来临。这时期涌现出许多人文主义教育家，主张提供给利于儿童身体和智力发展的条件，至此教育又回归到重视儿童的发展上来。马克思主义关于人的全面发展观点的诞生，使得教育的内在价值和外在价值可能从根本上结合起来，为我们研究学前教育的价值问题指明了方向。

文艺复兴最突出的特征是主张以“人”为中心，强调人的身心的解放和全面发展。这时期产生了不少著名的思想家和教育家，他们批判了中世纪的恶性儿童观，反对把儿童看成带有“原罪”的“羔羊”，认为儿童应得到成人的悉心照料和关怀，体现出对幼儿教育内在价值的追求。其中最具有代表性观点的是北欧人文主义学者伊拉斯谟，他指出，“儿童”这个词在拉丁语中意味着“自由者(liberi)”他要求教师切不可把幼小的儿童视为小大人，他告诫教师：“记住，你的学生还是一个小孩，而你自己也曾是一个小孩。”法国人文主义思想家、教育家蒙田(Montaige，1533～1592)认为，人类的学问中最困难而又最重要的一门就是儿童的教育。教育价值在于培养思想健全、有判断力。能充分理解人生意义的人，而不是学者。文艺复兴晚期的意大利思想家、教育家和早期空想主义者康帕内拉(Tommaso Campanella，1568～1639)在其空想社会主义著作《太阳城》里，还专门论述了幼儿教育并提出了幼儿教育的具体措施。他希望幼儿在这里能获得健全发展。

进入17世纪以后的近代，欧洲最杰出的教育家之一夸美纽斯(Johann Amos Comenius，1592～1670)高度评价骄傲对人的发展的作用，倡导“泛智论”，要求把一切知识交给一切人，反对借口“智力迟钝”而拒绝教育儿童。他曾说过：“假如要形成一个人，就必须由教育去形成。”“只有受过恰当教育之后，人才能成为一个人。”他提出了一条根本性的指导原则“教育适应自然”，强调教育在培养挖掘幼儿的自然本性和身心发展方面的作用，要以教育去滋补、抚爱和照管幼儿的心智，对它们施以包括虔诚、德行、知识和体育在内的全面训练，并于1633年正式出版了第一本系统论述学前教育的专著《母育学校》。

真正尊重儿童，把儿童当作儿童看待，是从卢梭(Jean Jacques Rousseau，1712～1778)这位法国杰出的启蒙思想家和教育家开始的。卢梭的教育思想基本都体现在《爱弥儿》一书中，基本内容是高度重视儿童的善良天性，提倡自然教育和儿童本位的教育观。卢梭认为，教育应回到自然，适应自然，乃至建立在自然的基础之上。其自然主义教育的核心是“归于自然”(back to nature)，教育的最终价值是培养“自然人”。自然教育要求人们正确看待儿童，给予儿童充分的自由。为此教育者必须创造出一个能促进儿童自然发展的适当环境，放手让儿童在这自然的环境中发挥本身的积极性，通过个人活动和经验，认识生活，进行学习，健康成长。在这过程中，儿童不再是被动受教，教师也不再主宰一切。卢梭的这些思想影响了许多教育家，直至形成西方儿童中心主义思潮。

瑞士著名的民主主义教育家裴斯泰洛齐(Johan Heinrich Pestalozzi，1746～1827)是卢梭教育思想的主要传播者。他也主张热爱儿童，认为教育价值在于适应自然，教育的首要功能是促进人的发展，尤其是人的能力的发展。不过他在卢梭要求注重儿童价值和地位的基础上，进而提出了教育心理学化的要求，并且把教育的中心转移到贫民儿童方面。

“幼儿教育之父”福禄培尔(F. W. A. Frobel，1782～1852)，幼儿园的创立者，近代学前教育理论的奠基人，他把自己的毕生心血献给了幼儿教育事业。他认为教育的本质就是发展儿童的内在本质，强调按照儿童的特点发展儿童的个性，提出教育必须“适应自然”，教育的价值在于通过各种游戏活动培养幼儿的社会美德，认识人与自然的关系，发展幼儿的智力和体力，展现他们的天性，为下一个阶段的发展做好准备。福禄培尔的幼儿教育观里面渗透了对个体价值和社会价值的追求，但他更重视对幼儿个体价值的实现。他提出的尊重儿童、热爱儿童、重视儿童的思想，成为后来儿童中心主义教育思潮的思想渊源之一。

3. 儿童中心价值的确立阶段

从教育史上来说，早在亚里士多德时期就产生了儿童本位论的思想。之后，卢梭、裴斯泰洛齐、福禄培尔等人相继提出了追求儿童天性，在“自然”状态下获得儿童的发展。

儿童中心价值得以真正确立是在19世纪下半叶以后。在资本主义迅速发展和生物进化论创立的背景下，人们对教育有了新的要求和认识，一股重视儿童天性的新兴的教育思潮应运而生，并流传开来。1924年各国签订了《日内瓦儿童权利宣言》，强调儿童身心必须得到正常发育，标志着幼儿教育各国政府合作的开端。

进入20世纪后，儿童中心主义教育思潮席卷全球，儿童身心发展问题开始受到各国政府的重视。在美国，开展了进步主义教育运动，心理学家霍尔(G. Stanley Hall，1846～1924)主张以儿童为中心。以杜威为代表的进步教育派极力宣扬儿童价值。从教育内容到方法，事事体现以儿童为中心。幼儿教育热潮遍及美国。杜威(John Dewey，1859～1952)极力主张“儿童是中心”，教育要围绕儿童的兴趣和能力而开展；提倡“教育即生活”，学校生活要与儿童的实际生活相联系，不可脱离；“从做中学”，要求儿童在实际生活中习得解决问题的能力。

在欧洲，重视儿童价值的新教育运动也蓬勃开展起来。瑞典妇女活动家、教育家爱伦

·凯(Ellen Key,1849～1926)呼吁保护母亲和儿童,她创作的《儿童的世纪》(1900 年)被视为新教育的经典作品,并在书中预言"20 世纪将成为儿童的世纪",她竭力倡导自由教育,主张建立以儿童为中心的理想学校,教育最重要的是了解儿童,保护儿童纯朴天真的个性,尊重儿童的人格,自然地促进儿童在智力、道德、创造力方面的充分发展。

意大利蒙台梭利(Maria Montessori,1870～1952)是 20 世纪杰出的幼儿教育家,推动了新教育运动及儿童教育的发展,为"儿童的世纪"涂上了浓墨重彩的一笔。她强调儿童的自我教育方法,认为教育的基本任务是使每个儿童的潜能在一个有准备的环境中都能得到自我发展的自由,教师的任务就在于为儿童提供一个最有利的外部环境。

不管是进步教育还是新教育,它们都有一个共同点就是强调对儿童天性、本能的遵循,发展儿童兴趣,给予儿童自由。这种教育思潮于 19 世纪末 20 世纪上半叶席卷了整个欧美,最突出的贡献是形成了"儿童中心主义",儿童的中心地位和价值得以确立,但过于片面强调儿童价值,而忽视社会价值是不足取的,这对今天的教育改革有着重要的参考价值。

4. 儿童的自身价值和社会价值结合的探索

20 世纪中叶以来,新技术革命和社会生产力巨大发展,教育学、心理学、生理学等相邻学科的发展,提高了学前教育的理论科学水平,推动了幼儿教育全面、深入、健全地发展。

这一时期,人们认识到片面地强调儿童本位价值是不足取的,幼儿教育的自我价值和社会价值必须同时得到体现。马克思主义关于人的全面发展的价值理论也表明只有内在价值和外在价值达到高度的统一时,一个人才能得到全面的发展,其价值才能得到真正的体现。

1990 年联合国召开了儿童问题世界首脑会议,通过了《儿童生存、保护和发展世界宣言》及《执行 90 年代儿童生存、保护和发展世界宣言行动计划》两个文件,在全世界范围内进一步确立了儿童的地位、价值与权利。20 世纪 50 年代以来,学前教育进入了发展的新阶段,学前教育的重要地位得以确立,幼儿教育的价值得到正确认识。

(二)我国学前教育价值变迁

学前教育是整个国民教育的基础,在人类整个教育过程中占有重要位置,其价值取向从侧面反映了人们对学前教育的认识的变化,下面我们就先回顾一下历史上我国学前教育的价值取向是如何变迁的。

面对生产力极其低下的原始社会,人们为求得生存,对幼儿的教育多是在生产劳动中进行,在实践中通过口耳相传给幼儿与生活相关的知识。可以说,教育价值取向主要是传授与生产、生活有关的知识、技能或习俗、礼仪,为以后的生产和生活作准备。进入奴隶社会,伴随着阶级的产生,学前教育价值也具有了阶级性。统治阶级的学前教育主要是围绕培养继承人而展开,对王孙公子实施较全面的教育,即"保,保其身体;傅,傅之德义;师,道之教训"。

封建社会,文化下移,学前教育得到进一步发展。这一时期虽有相当部分著名的思想家、教育家提出了一些有益的学前教育思想,如颜之推、朱熹、王守仁等,他们都从不同角度表达了对幼儿教育的关注。但这时期学前教育最突出的价值取向首要表现为为统治阶级服务，培养统治阶级需要的人才。封建时代盛行“学而优则仕”，读书人将做官当作一生唯一的追求，从一出生开始，就背负着求功名的重担，这在很大程度上影响了幼儿接受教育的目的，带有强烈的功利价值取向。

近代，蒙养院出现，幼儿社会教育机构产生，有关学前教育的法规章程也开始出现，幼儿教育制度初步建立起来。学前教育的重要价值和在国民教育体系中的基础地位得到了体现。此时期保育放在了价值追求的第一位，同时也注重对儿童心智和行为的培养。

蒙养院是中国最早的学前教育机构，1903 年秋，湖北省立幼稚园在武昌成立，是中国设立的第一个幼儿教育机构。1904 年颁布执行的癸卯学制中专门设置了《奏定蒙养院章程及家庭教育法章程》，这是中国第一个学前教育法规，蒙养院保教要旨“保育教导儿童，专在发展其身体，渐启其心知，使之远于浅薄之恶风，习于善良之轨范。”章程包含了体育、德育、智育、美育的内容，目标是令幼儿身心健全发达，得善良之习惯，以辅助家庭教育。蒙养院虽然具有近代社会学前教育的形式和内容，但表现出了极大的半殖民地半封建的特点，仍然强调对儿童进行封建伦理道德的灌输。

“五·四”运动前后，是西方教育思想引进的热潮期，国外幼儿教育思潮迅速传播到国内，其核心是教育救国和尊重儿童个性才能并予以发展，对我国学前教育思想产生了广泛影响。民主教育家蔡元培最早对杜威的教育思想加以传播，他提出以儿童为本位，倡导“尚自然”、“展个性”的儿童观，教育应顺应儿童身心发展规律，让儿童个性得到自然、自由的发展。伟大的文学家、思想家、革命家鲁迅，发出了“救救孩子”的强烈呼声，呼吁人们把孩子从封建礼教的桎梏中解放出来，培养一代新人。陈鹤琴创办了第一个幼教实验中心——南京鼓楼幼稚园，探索中国学前之路，他创立了“五指活动”课程，认为儿童的发展是整体的，必须使幼儿的各个方面都得到整体的有机发展。这一阶段的学前教育处于探索中国化阶段，教育家们认为，幼儿教育的价值首先在于培养幼儿的国民性、优良个性；其次为弥补家庭教育之不足；再有则是为入小学作准备，为生活作准备。这一崭新的教育价值观在我国第一个由国家颁布的《幼稚园课程标准》[①]中得到了体现。

抗战期间，1938 年，国民党教育部根据国民党九大方针，确定了幼稚教育方面的任务：“幼稚教育，应使保育与教导并重，增进幼儿身心之健康，使其健全发育，并培养其人生基本的良好习惯。施教对象应推及于贫苦儿童。”[②]老解放区的学前教育确立的主要价值取向是：保育幼儿，为增进社会教育和解放妇女服务；发展幼儿智慧。1934 年 2 月，中央人民政府内务委员会颁布了《托儿所组织条例》，[③]明确表达了学前教育的社会价值与内在价值。

---

① 1928 年 10 月，教育部让陈鹤琴、胡叔异等人负责，拟定《幼稚园课程标准》(草案)；自 1929 年 9 月后，教育部令各省试验推行，后经各地总结经验，重新修订，于 1932 年 10 月由教育部正式公布。从此，我国有了自己统一的幼稚园课程标准。参见唐淑等：《中国学前教育史》，北京：人民教育出版社，1993 年版，第 112 页。

② 中国学前教育史编写组. 中国学前教育史资料选[M]. 北京：人民教育出版社，1989：253.

③ 《托儿所组织条例》规定：“组织托儿所的目的是为着要改善家庭的生活，使托儿所来代替妇女担负婴儿的一部分教养的责任，使每个劳动妇女可以尽可能地来参加生产及苏维埃各方面的工作，并且使小孩能够得到更好的教育与照顾，在集体生活中养成共产儿童的生活与习惯。”——参见唐淑等：《中国学前教育史》，北京：人民教育出版社，1993 年版。

新中国成立初期,处于借鉴苏联幼儿教育时期,幼儿园教育以传授知识技能为中心的分科教育为主,其价值在于使幼儿接受较为系统的科学文化知识。文化大革命期间,学前教育横遭批判,幼儿教育的实际价值荡然无存。改革开放以来,随着社会主义建设的新发展,幼儿教育逐渐得到恢复和发展。1987 年召开的全国幼儿教育工作会议将幼儿教育定义为社会主义事业的重要组成部分,是一项社会公共福利事业,是学校教育的预备阶段。1989 年颁布的《幼儿园工作规程》(试行)中指出幼儿教育要保教结合,对幼儿实施体智德美全面和谐发展教育,促进其身心健全发展,并为家长参加社会劳动提供便利。从以上内容可以看出,学前教育的工具性价值和内在价值在这一时期都得到了体现。近年来,幼儿教育价值的追求虽呈现出多元化的趋势,但促进幼儿全面和谐发展这一核心价值观并没有改变。综上所述:我国学前教育价值的确立经历了一个漫长的变化过程。每次学前教育改革,都面临着价值思考与选择。价值问题,不仅仅是理论层面上要论述的问题,更是实践中必须解决的问题。

拓展阅读

建国后我国学前教育政策价值取向的演变

建国至文革前是我国各方面建设包括法制建设的初始阶段,所以专门性的学前教育政策并不多,主要有 1952 年在苏联专家直接指导下制定并颁布实施的《幼儿园暂行规程草案》(以下简称《暂行规程》)和《幼儿园暂行教学纲要》(以下简称《教学纲要》)等,这一时期学前教育政策的价值取向主要表现为:偏重社会的需要,强调整齐划一。

"文革"结束后,特别是党的十一届三中全会以后,我国的各项建设事业逐步走上正轨,教育事业也得到了大发展,到现在已经基本形成依法治教的新局面。这一时期相继出台了一系列的学前教育政策,主要有:1989 年颁布的《幼儿园管理条例》(以下简称《条例》),这是新中国成立以来经国务院批准颁发的第一部幼儿教育法规;1996 年颁布的《幼儿园工作规程》(以下简称《规程》),这是为建立有中国特色的社会主义学前教育而制定的,推动了我国学前教育事业沿着规范化、法制化的方向发展;2001 年颁布的《幼儿园教育指导纲要(试行)》(以下简称《纲要》),这是一份促进幼儿园素质教育,全面提高学前教育质量的指导性文件。这一时期学前教育政策的价值取向主要表现在:以儿童的全面和谐发展为本,尊重差异,倡导多元化的教育路径,关注处于弱势地位的儿童。

[资料来源] 刑利娅,白星瑞.建国后我国学前教育政策价值取向的演变[J].学前教育研究,2008(3).

(三)学前教育价值的思想演化特点

纵观中外学前教育史,幼儿教育价值的思想发展具有如下特点:

首先,幼儿教育价值选择的出现总是在一定的教育思想指引下进行的。思想先于实际,影响着人们的价值取向,人们往往都是在受了某种思想的影响之后才将此种观念用于现实进行实践。如卢梭提出的发展儿童天性的观点就早于现实。其次，在西方学前教育史上更注重对幼儿内在价值的培养，儿童中心和儿童本位的思想占据着主导地位。在我国则偏向社会本位价值。再有，很多教育家在认同学前教育对幼儿个体发展具有重大作用时也都论述了学前教育对社会发展的意义，如康德论述了通过培养一定儿童达到社会改良的目的。人们逐步认识到了学前教育对于个体发展的内在价值和社会发展的工具性价值这二者是内在统一的。自赫尔巴特开始，教育分化为传统派和现代派，传统派强调教师的作用，现代派则以儿童为中心。关于教育价值的问题，两派进行了长期的争论，虽各自都存在不足，但可以推断，随着历史的演化，两派关于幼儿教育价值的取向必然会由分歧走向统一。

三、确立学前教育价值的影响因素

一个事物的变化发展总是多种因素相互作用的结果，学前教育的价值取向也受着多种因素的影响。从学前教育发展史上看，影响学前教育价值的因素主要有：

(一)社会需要

教育作为上层建筑，它的发展不能脱离社会而独立存在。一个时期的教育价值取向往往是由该时期的社会发展需求而定的，价值取向必须符合社会需求。如原始社会时期，由于生产力低下，人们最大的需求便是生存，所以原始社会学前教育传授给幼儿的都是有关生产劳动和如何获取生活资料等方面的本领。文明古国雅典是一个以工商业文明的古典城邦，国内政治民主，他们多从经商之道培养儿童成为能言善辩的商人。资本主义机器化大生产时期，妇女涌向工厂，幼儿无人照料，此时，幼儿园更多的是担任了保育角色。当今社会，学前教育价值取向呈现出多元化，社会需求具体化到了家庭，不同的家长对学前教育的价值认识不同，有的是为获得知识技能，有的是为今后学习做准备，价值取向各不相同。

(二)社会政治观和哲学观

人的行为均受一定哲学观指导，哲学观影响着人的人生观、世界观，是人们行动的指南。例如，卢梭推崇“归于自然”的教育理论就源于他“性善论”的哲学观。卢梭认为，人的天性是善良的，要把糜烂的社会救起，就必须使人率性发展，去掉社会的摧残戕害。体现在教育上就是教育应脱离社会的樊笼，回归于自然，这样人性才能得到真正的发展，才能保持儿童的天性，使心灵不生罪恶或错误。卢梭以性善论为根据和以“率性发展”为原则，认为教育要顺应天性的自然发展，他说：“出自造物主之手的东西都是好的，而一旦到了人的手里，就全变坏了，人强使此地出产外地的物品，甲树结出乙树的果实，混淆了时间、地点和自然条件”，这句话一语道破了卢梭的性善论的思想，同时也指出教育要顺应天性的发展。福禄培尔的教育思想深受其哲学思想的影响，在哲学观上福禄培尔深受德国古典唯心主义影响，尤其是谢林的“同一哲学”理论，他认为宇宙万物的本源是客观存在的“绝对同一”，即神、世界、精神是同一的，它的发展是一个由低级向高级发展的“自乘”过程，整个世界就是多样性的统一。统一性是多样性的来源，一切事物和人的本质都是可以从外部表现加以认识的。教育和教学就是从事物和人的外部表现来认识其内部本质，从有限中认识无限。福禄培尔从小就对大自然感兴趣，在哲学思想上，他把自然看成是上帝的表现，后又受卢梭、裴斯泰洛奇等教育家的影响，把教育顺应自然作为最主要的教育原则。还有许多教育家的思想均体现出教育与哲学观、社会政治观有极大关系，在此就不加论述。

(三)儿童观和心理学研究成果

儿童观是人们对儿童的根本看法和态度。儿童观是教育观的基础，直接影响着人们的价值取向。

中世纪时期的“原罪说”认为儿童生来就有罪，性本恶，因此，教育就要禁欲、抑制儿童嬉戏欢闹，行施体罚。文艺复兴时期，一切以“人”为中心，儿童观也有了重大改观，儿童开始得到人们的尊重，被看作有个性价值的个体而存在。卢梭等人的遵循天性的儿童自然发展观，幼儿完全被看作独立发展的个体，教育的价值即在于遵循自然，发展儿童的天性，将儿童培养成为“自然人”。裴斯泰洛齐、赫尔巴特、福禄培尔、蒙台梭利等人也是依据他们的儿童观确立他们各自独特的教育价值观。

心理学中关于儿童成熟、智力、认知、发展等方面研究的成果直接影响着人们对儿童接受教育的看法和对学前教育价值的定向。

德可乐利(Quide Dectaly，1871～1932)依据其人是有机体与环境相互作用的结果，儿童认知的“整体化”及以本能兴趣为中心的心理学观点认为，学校应组织适宜于儿童发展倾向的环境，让儿童的生命冲动被唤起，“让儿童在生活中预备生活”。皮亚杰(J. Piaget，1896～1980)的认知发展阶段，认为儿童心理的发展存在四大阶段，每一阶段都有自己的整体结构，所以教学要抓关键期分阶段进行。布鲁姆(Benjamin Bloom，1913～1999)关于5岁前智力形成人生总智力的大部分的观点引起了整个教育界的震惊，他的追踪研究表明若人在17岁所达到的智力水平为100%，那么儿童在4岁时已具备了其中的50%，4～8岁期间获得30%，而8～17岁这一阶段只增加了20%。这一结论引发了人们对早期教育的关注。

除以上因素外，学前教育的价值取向还受政府态度与决策、文化传统等诸多因素的影响，这些因素为我们评价和确立当今我们的学前教育价值提供了不同视角。

第二节 学前教育的个体发展价值

随着社会的发展，人们对学前教育价值的认识逐渐深入，对学前教育的关注成为世界趋势。学前教育作为一种以幼儿为实践对象的社会实践活动，对幼儿的身心发展有着重要影响。学前教育与儿童发展之间存在着相当复杂的关系，它们之间相互依赖、相互制约，但是对于促进儿童个体发展的这一价值是确定的。

一、学前教育对儿童大脑发展的影响

脑科学研究表明，学前期是人脑发展最迅速、最重要的奠基时期，尤其0～3岁时大脑

发育最快，可塑性最强。孩子出生后头三年的发展，其程度与重要性远远超过儿童一生中的其他任何阶段。根据联合国儿童基金会的资料表明：三岁左右的儿童的脑重为成人的2/3，7岁时已经基本接近成人，人脑细胞的70％～80％是3岁前形成的。布鲁姆也通过研究证实了，8岁之前儿童智力发展达到了整个人生阶段的80％。因此，在学前期加强对婴幼儿的关爱，尤其是保证合理的营养和良好的健康护理，促使他们大脑发育得更快，扩大大脑发育的潜能。科学家们指出，对孩子进行早期益智教育，会在幼儿脑海中留下永久的印记。婴儿大脑的发育成长，为其智力活动的开展奠定了坚实的基础。

二、学前教育对儿童认知发展的影响

认识能力在学前期发展最为迅速，是人一生中认知能力发展最为关键的时期。处于学前期的儿童具有巨大的学习潜力，研究表明，婴儿在3个月时便能进行多种学习活动；1岁婴儿能学会辨认物体的数量、大小、形状、颜色和方位；幼儿具有很强的模仿力、想象力和创造力。学前期还是个体心理多方面发展的关键期。在关键期内，个体对于某些知识经验的学习或行为的形成比较容易，而如果错过了这一时期，在较晚的阶段上再来弥补则是很困难的，有时甚至是不可能的。研究发现，2～3岁是个体口头语言发展的关键期；4～6岁是儿童对图像的视觉辨认、形状知觉形成的最佳期；5～5.5岁是掌握数字概念的最佳年龄；5～6岁是儿童掌握词汇能力发展最快的时期。[①] 同时，学前期还是人的好奇心、求知欲、想象力、创造性等重要的非智力品质形成的关键时期。

儿童所拥有的这些各时段认知最佳发展期，表明了婴幼儿具有很强的“可塑性”，拥有很大的发展空间。我们要做的就是将这种要发展的可能性变为现实性，抓住这个发展的关键期，提供一切利于幼儿发展的适宜环境和早期教育。1999年美国儿童健康与人类发展组织联合指出：早期教育状况在很大程度上可以预测儿童将来的认知、语言和智力发展水平；成人对儿童恰当的关爱、支持、鼓励和引导等能够在很大程度上促进其日后认知与智力的发展。

在国外早已有研究证明，早期教育对于儿童的认知发展具有重要影响。丰富的环境刺激和正确的教育在促进儿童认知发展方面具有积极作用，相反，处于不利环境和缺乏适宜早期教育的儿童在认知发展方面明显处于落后位置。美国“发展适宜性教育”的研究成果表明，适宜地遵循儿童身心发展规律的学前教育能够积极地促进儿童各种智力（思维力、创造力）和非智力因素（学习动机、自我效能感）的发展，而不适宜的学前教育如单纯对儿童进行知识和技能的传授，不但会损害儿童的学习兴趣，降低其自我效能感，而且会抑制儿童思维能力的发展，最终对儿童的认知发展带来消极的影响。美国著名的学前教育方案“开端计划（Head Start Program）”和“佩里学前教育方案（Perry Preschool Project）”的研究均表明，接受早期良好的学前教育的儿童比起其他儿童在“在认知、语言和思维操作等各方面能力发展得更好”，并且“对这些儿童的认知、学习发展产生一直持续到其成年期的长期的、积极的影响”。

---

① 庞丽娟，胡娟，洪秀敏．论学前教育的价值[J]．学前教育研究，2003：(1)．

拓展阅读

发展适宜性教育

所谓发展适宜性教育，是指早期教育相关人员应当运用儿童发展的有关知识，在教育实践中作出最适宜于儿童发展的决策，即为儿童提供与其发展水平相适宜的教养环境、材料、教育内容和方法。教育者在决策过程中应充分考虑儿童的年龄适宜性、个体适宜性、社会和文化适宜性。

1957 年，苏联发射了第一颗人造卫星，在美国引起了轩然大波，美国教育界开始反思自身存在的问题。在上世纪 70 年代到 80 年代间，美国兴起了一股“回归基础(going back to the basics)”的潮流，希望通过教育改革促进学生学业成就的提高，以赶上其他国家的科技发展。为了反对早期学业压力，实现学前教育与小学教育、中学教育的差别，NAEYC 认为很有必要建立一套标准作为幼儿园教育质量评定的依据。从 1984 年 7 月开始，全美幼教协会管理委员会（Governing Board of National Association for Education of Yong Children）开始研发适宜 4～5 岁幼儿的教育课程。在 1985 年由 Bess-Gene Holt 起草的概括性声明中，将服务年龄改为 0～8 岁儿童，随后全美幼教协会决定动员全美著名的幼教学者及经验丰富的幼教人士，着手整理幼教文献和相关研究，经过两年的努力，Spodek 对所有的研究报告进行了整理，于 1986 年在《Young Children》杂志上登载了《0～8 岁儿童适宜发展课程》，从此，DAP 方案引起了许多幼教同行的关注。

［资料来源］：Bredekamp sccopple C.（eds.）Developmentally Appropriate Practice in Early Childhood Programs Serving Children from Birth to Age 8［M］. Washington. D. C.：NAEYC，1997：1－22.

三、学前教育对儿童的社会性、人格品质和气质发展的影响

幼儿从出生的第一天起，就生活在一定的社会环境与社会关系之中，通过对周围的人和事物的接触，婴幼儿逐渐形成了对人、事、物的情感、态度和价值观。研究和事实均表明，儿童期是一个人社会性发展的关键期，在这一时期人的社会性初步定性，人格品质基本形成。

儿童社会性、人格健康发展的前提条件是有一个良好、适宜的成长环境和适宜的教育。本世纪以来，越来越多的研究者认识到环境作为一个复杂的系统对人的发展影响巨大。著名的人类发展生态学理论的创始人布朗芬布伦纳认为“发展是人与环境的复合函数”，即 D＝f(PE)。其中，D 指 Development(发展)，P 指 People(人)，E 指 Environment(环境)。对幼儿来说，因其不能自主地对环境加以选择，所以受特定环境的影响会更大。在幼儿期，幼儿在家庭和幼儿园的时间最多，这是对幼儿最有直接影响的两个小系统环境。所以，要促进幼儿社会性和品格的发展，首先必须建造一个好的受教育环境。其次，对幼儿进行适宜的社会性教育有助于促使幼儿养成良好的社会性行为和人格品质。美国

著名的"发展适宜性教育"和我国的"九五"规划项目"学前儿童社会性发展与教育研究"结果均表明，在学前期对幼儿进行适宜的社会性教育对促进幼儿社会交往能力、责任感和合作精神等社会性、人格品质的发展具有积极作用。

气质是人们与生俱有的一种个性心理特征，但教育方式、生活环境、父母个性和遗传等都对气质的发展产生影响。有研究表明，接受早期教育的儿童气质突出表现为规律性强、坚持度久、情绪控制能力好、反应阈高，早期教育不仅促进儿童良好的气质发展，而且也使其适应能力明显增加。故这些儿童不论在生活上还是学习上都会表现出自身的规律性，使父母和老师对其个体情况易于掌握，易于沟通，从而表现为关心理解的教育占主导，过分干涉、拒绝、惩罚的教育方式相对减少，在亲子间、师生间形成良好的相互作用关系，有利于儿童形成良好的个性。①

实证研究

早期教育对婴幼儿气质和智力影响的研究

【目的】探讨早期教育对婴幼儿气质和智力的影响，促进儿童身心健康发展。

【方法】采用 Carey 的儿童气质问卷(EITQ、RITQ、TTS)和盖泽尔发育量表对 47 例早教组和 40 例对照组儿童进行气质评定和智力测查。早教组婴幼儿进行早期教育及气质干预，两年半后与对照组(未进行干预)进行气质和智力的比较。

【结果】两组幼儿气质在活动水平、节律性、趋避性、适应性、反应强度、情绪本质、坚持性、注意分散度有显著性差异；难养型婴幼儿例数减少；发育商明显提高。

【结论】早期教育可促进婴幼儿气质良好的发展，对一些难养型幼儿，可以减少儿童行为问题的发生，并可使婴幼儿的智力有明显提高。

［资料来源］：李维君，邹时朴等. 早期教育对婴幼儿气质和智力影响的研究[J]. 中国儿童保健杂志，2008(4).

四、学前教育对儿童身体动作发展的影响

健康的身体是幼儿从事其他一切活动的物质基础，它直接决定着儿童将来的成长和发展。在人的一生中，生长发育大致经历四个时期，学前期是人体生长发育的第一个突增时期，从受精卵到出生后两岁时，体重增加了 20 亿倍，身高的增加亦是非常的显著。但正因一切都处于迅速发展期，所以身体较娇嫩，易受损伤，对外界的适应能力和对疾病的抵抗能力差，易感染疾病。所以，一方面给幼儿安排合理的膳食，儿童在生长发育过程中，需要不断吸收各种营养物质作为生长发育的物质基础，我们必须给予其所需营养，促进其机体组织的发育；另一方面要加强体育锻炼，提高幼儿的身体素质，增强其抵抗疾病的能力。研究表明，经常锻炼的幼儿，机体对外界环境的适应能力，对疾病的抵抗能力均优于缺乏锻炼的幼儿。

① 潘昊. 早期教育对儿童气质和适应行为的影响[J]. 中国儿童保健杂志，2002(8)

婴幼儿动作的发展是神经系统发育的一个重要标志，尤其在婴儿期，由于言语能力有限，心理发展的水平更多的是通过其动作表现反映出来，只有动作发育成熟了，才能为其他方面的发展打下基础。[①] 因此，在早期教育中要关注幼儿的动作发展，创造条件来促进婴儿的动作发育，特别是精细动作的发展。

拓展阅读

手是认识事物某种特征的重要器官，通过训练手的动作，可使婴儿进一步认识到事物的各种属性和事物之间的联系，促进其思维能力的发展，是促进小儿智力发展的一个重要手段。有研究者选取年龄为出生 42 天至 1 周岁的正常婴儿 205 名作为实验组，另 150 名正常婴儿作为对照组，参加一年期的早教训练的，实验组婴儿在出生后 42 天开始在早教门诊进行 2～6 个月婴儿被动操、手指操示教，要求家长每天进行 2 次，对照组婴儿按常规进行 3、6、9、12 个月的儿保门诊体检。研究发现两组婴儿在完成精细动作方面明显不同。实验组优于对照组，存在统计学上的显著性差异；随着月龄增加，在手眼协调方面，实验组表现明显灵活，精确程度优势迭现。研究发现，从 6 个月起，实验组婴儿能拿起面前玩具、拇他指抓握、拇食指捏小丸、把小丸放入瓶中等手眼协调项目的完成明显好于对照组。

[资料来源]朱敏敏. 早期教育对婴儿精细动作发展的效果分析[J]. 中国优生与遗传杂志，2008(6)：130－131.

五、学前教育对儿童的审美发展的价值

美育是人类自身建设的一个重要方面，它把一个人的社会性同生理性融合在心理中，是一个人达到人生境界的最高水准。学前期是人的美感和创造力等先天能力发展的奠基时期，儿童都是艺术家，生来就具有感受和表现各种艺术本能。学前艺术教育的有关研究表明，在学前教育中为幼儿提供了各种丰富多彩的艺术活动，极大地激发和培养了幼儿的艺术能力。一个人在早期所得到的美的印象留下的痕迹能对今后艺术才能的发展打下基础。通过早期的艺术活动，能够培养儿童对美的兴趣和审美能力，发展其艺术创造力，对幼儿发展具有积极的作用。幼儿美感的发展常常和道德情感联系在一起，幼儿在感受美的同时，也体验着相应的道德情感，让人在潜移默化中受到熏陶，得到陶冶。

综上所述，以上说明了学前教育对人的大脑、认知、社会性、人格、气质、身体动作、美感的发展的价值。事实上，学前教育的价值，不限于已经提到的上述几个方面，学前教育对儿童发展的价值是全面的。我们相信，只要我们能够抓住学前期这个人生发展的关键阶段，为幼儿提供适宜的、高质量的学前教育，就能够促进他们的健全和充分发展。

---

① 鲍秀兰，孙淑英. 挖掘儿童潜能始于零岁[M]. 北京：北京医科大学、中国协和医科大学联合出版社，1998：101～107.

第三节　学前教育的社会发展价值

学前教育作为一种社会现象，它不能孤立地存在，必然和社会的诸多因素发生联系。在社会诸因素中，学前教育的发展同社会生产力、国家政策联系尤为紧密，受着它们的制约，但我们必须认识到，学前教育的价值是多元的，它对教育事业和社会经济的发展也具有促进作用，有着重要的社会价值。

一、学前教育对于教育事业发展的价值

学前教育作为基础教育的奠基事业，作为终生教育的开端，与我国教育事业的发展有着密切关系，尤其是对儿童在小学阶段的学习有着重要的影响。国外早已研究论证，良好的学前入学准备有助于儿童顺利地适应小学的学习和生活。联合国教科文组织 1996 年在《教育：财富蕴藏其中》的报告中明确指出，“受过幼儿教育的孩子与没有受过这一教育的孩子相比，往往更能顺利入学，过早辍学的可能性也少得多”。“高瞻学前教育方案(High/Scope Project)”的研究证明，学前教育让儿童在进入小学学习时有了一个良好的准备，儿童所受的学前教育大大提高了他们中、小学时的学习成绩和智力。我国教育部和联合国儿童基金会历时 5 年合作进行的“幼小衔接研究”，通过儿童入学前半年和入学后半年的追踪研究发现，对学前儿童的各方面的情感和知识进行入学前准备教育，能够使儿童进入小学后在学习适应性和社会性适应等方面有良好的发展，顺利地实现由学前向小学的过渡。由此可见，学前教育对于基础教育具有重大影响，是基础的基础，我们必须加以重视。

二、学前教育对于家庭和社会的价值

实行计划生育以来，我国多数家庭只有一个孩子，自然，孩子也就成为了整个家庭的中心。家庭是幼儿生活的地方，父母是孩子的第一任老师，家庭的环境和教养方式关系着幼儿的成长，同样，孩子能否健康地成长和发展已影响着家庭生活的质量。在早期教育迅速发展的今天，学前教育的质量更成为家长关注的核心，孩子在幼儿园能否受到良好的教育直接关系着家长能否放心地工作、安心地学习。有人曾言，关闭一所幼儿园比关闭一所大学，更会让家庭、社会不得安宁。这从侧面反映了学前教育及其质量对家庭生活和社会正常运转的重要作用。学前教育对家庭的价值主要体现在：首先，增加家庭收入。当前，家长多是双职工，无暇照顾孩子，幼儿多被送往幼儿园照看，学前教育机构的出现为家长参加工作提供了便利，家长得以全心全意地投入工作，使得家庭收入增加；其次，利于家庭和谐。学前教育机构的出现让女性可以出去工作，实现自己的价值，为促进家庭的和谐稳定提供了后勤保障；再有，提高家庭生活质量。学前教育机构注重家园合作，会根据家长的实际受教状况，帮助家长提高自身修养，用科学的方法育儿，共同促进幼儿发展。

学前教育的社会价值体现在它促进社会政治、经济、文化等方面的发展。具体来说，

学前教育的政治价值体现在将正确的、先进的思想输给儿童，帮助其树立正确的人生观和世界观，引导其对社会现象进行正确的认识。另外就是体现在教育政策方面，为贫困落后地区的儿童提供教育机会，有利于实现公平教育，促进社会的稳定和发展。

学前教育的经济价值从眼前利益和长远利益来看。眼前利益表现在，增加家庭收入，减轻家庭负担，使家长全心全意地投入工作，推动社会经济发展；长远利益体现在，可减少后续阶段的教育投入，间接获得经济效益。美国几项长达20～30年的学前教育的追踪研究结果都证明了学前教育，是一项获得回报最大的投资。如“开端计划”和“佩里学前教育方案”的研究均显示：将贫困儿童作为对象进行补偿性学前教育，能成功地打破消极的贫穷循环圈，使这些儿童因认知、语言、社会性等各方面能力发展得更好，更有可能完成高中学业并获得工作上的成功，更能够自立而不是依靠社会福利，减少对特殊教育的需求，青少年犯罪、未成年怀孕的可能性更小。通过综合这些方面的效益，伯雷特-英格曼（Berrueta-Clemen；Barret，Epstein）和韦卡特（Weikart，1984）等研究指出，高质量的学前教育计划不仅提高了参与其中的儿童和其家庭的生活水平，而且能为社会带来巨大的经济效益。有关佩里学前教育方案的效益分析发现：对学前教育进行投资，其收益是投资的3.5倍；对高瞻学前教育方案的经费分析则表明：对学前教育每投入1美元，日后能够获得7.16美元的收益。[①] 这些研究结果均表明学前教育的收益要大于其花费，在学前教育上的投入可以为国家节省日后庞大的社会教育费和社会福利费，产生巨大的社会经济效益。

实证研究

佩里学前教育方案节约成本的分析

项目	项目成本	政府节约的成本	
		到27岁	预计28岁～65岁
儿童3～4岁学前教育成本	$ 12148	……	
减少的特殊教育成本	……	$ 6365	
从收入中增加的税收	……	$ 3451	$ 3115
降低福利支出经费	……	$ 1968	$ 341
降低违法犯罪和司法中成本	……	$ 7378	$ 2817
合计	$ 12148	$ 19162	$ 6273

［资料来源］徐雨虹．新制度经济学视野下我国学前教育投资制度研究［D］．华东师范大学，2007．

学前教育的文化价值主要体现对文化的传承上。学前教育以幼儿作为活动对象，教育者在对文化做过选择和过滤创新后，通过游戏、人际交往、环境等途径向儿童进行文化的传承，使其初步获得道德、艺术、风俗、礼仪等文化素养，为以后的学习做准备。

① 庞丽娟．论学前教育的价值［J］．学前教育研究，2003(1)．

拓展阅读

美国北卡罗来纳大学的经济学教授戴维和布劳(David M. & Blau) 用模型解释了政府提供财政补助对保证和促进幼儿教育质量、平抑幼儿教育市场价格的双重作用。如图 1：

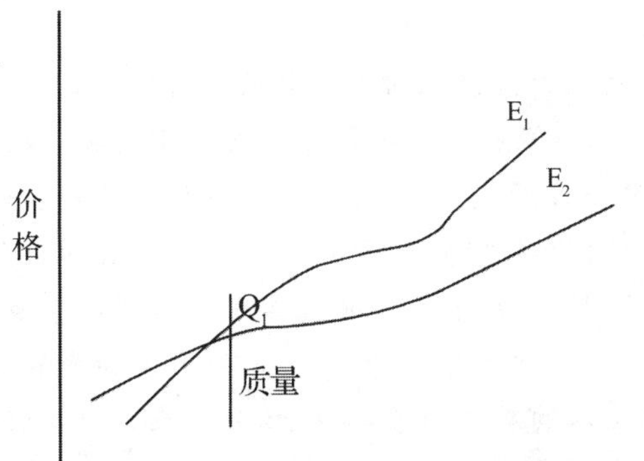

图 1　质量标准恒定情况下，财政补助对幼儿教育质量和价格影响模型

［资料来源］David M & Blau. The Child Care Problem. An Economic Analysis. U. S. Russel Sage Foundation, 2001:63—63.

如图 1 所示，在政府提供财政补助的前后，幼儿教育价格和质量的平衡曲线分别是 E_1 和 E_2，假设政府设计的申请幼儿教育财政补助的质量门槛是 Q_1，政府的财政补助是制约和降低幼儿教育市场价格的外部干预因素。由于幼儿教育的总需求没有变化，政府提供的财政补助可以使幼儿教育的市场价格较之没有补助时有所降低。幼儿家长可以用较低的价格，买到较高质量的幼儿教育；而合格幼儿教育的供给者由于从政府那里得到了财政补偿，所获利润并没有下降；一些原来提供低于质量门槛 Q_1 的幼儿教育举办者发现，提高教育质量使之达到质量门槛之上，从而得到政府的财政补助是合算的，这样，低质幼儿教育的供给者就会减少，高质量幼儿教育市场就会扩大；政府的财政补助也会使幼儿教育供给者更愿意选择优秀的幼儿教师，给幼儿教师更高的福利待遇，从而达到保持和提高幼儿教育质量的目的。反之，如果政府为了满足广大幼儿教育消费者的需求，控制幼儿教育市场的价格，或强行压低幼儿教育的市场价格而不给予任何的财政补助，情况会截然不同，如图 2：

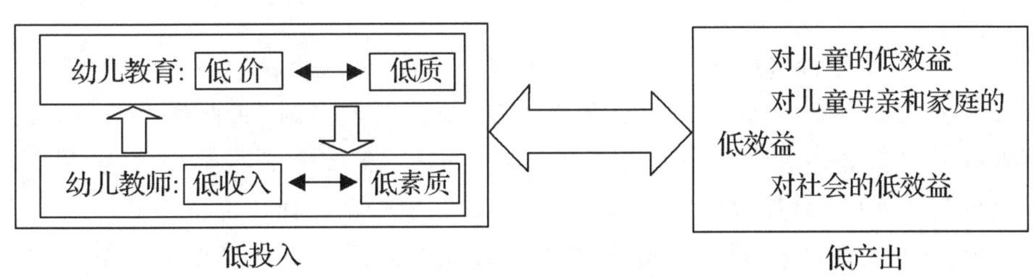

图 2　幼儿教育低投入和低产出的恶性循环图

图 2 所示，在市场经济条件下，如果政府不遵循价格规律，强行压价，幼儿教育的供给者们为了保证赢利比率，他们会降低办学成本，使得幼儿教育的质量下降；反过来，幼儿教

育的质量降低了,幼儿教育的价格也会下落。低质量幼儿教育市场会扩大,而高质量幼儿教育市场会萎缩。高质量幼儿教育反而受到低质量幼儿教育的排挤,出现“劣币驱逐良币”现象。

□ 要点小结

1. 正确认识学前教育的两大价值取向。学前教育价值即是学前教育满足人们需要的关系属性,具体来说,即学前教育在一定社会历史条件下的公用性。所谓公用,一方面指对幼儿身心发展的公用,另一方面指对社会需求的满足及作用。学前教育的价值是客观的,按作用对象的不同分为对个体发展的价值和对社会发展的价值。在不同的历史条件下,由于社会和人的关系不同,使学前教育价值具有了不同的特点。现代社会,人的发展和社会发展的统一,使学前教育的双重价值——工具价值和内在价值得到了统一。促进幼儿的发展成为学前教育追求的本体价值,促进社会发展成为学前教育的派生价值。

2. 对学前教育价值的期望要科学合理。首先,要认识到学前教育的价值体现不是万能的,学前教育的价值不可能无限制地发挥。教育之所以是教育,就在于其本质是促进人的发展,所以,学前教育要着眼于本体价值的发展。至于接受过学前教育的人在今后的社会中,能够干什么,或为社会创造多少财富,那是属于学前教育的派生价值,而不是本体价值。其次,要注意不能因为学前教育的价值如此之大,而盲目施教,不遵循幼儿的身心发展规律,最后适得其反。

3. 学前教育价值的体现是需要条件的。这些条件既表现在学前教育系统内部,也体现在与学前教育相连的社会方面,它们共同影响着学前教育价值的实现。因此,要努力创设条件,促进学前教育价值的实现,减少其实现过程中遇到的阻力。

□ 学业评价

1. 试述学前教育价值发展的历史脉络。
2. 选取一名幼儿或一幼儿群体做调查研究,分析学前教育与幼儿社会性发展的关系。
3. 学前教育的社会价值表现在哪些方面,试举例说明。
4. 影响学前教育价值实现的主要因素有哪些?

□ 学术动态

- 世界学前教育价值的转换大致经历了四个阶段:第一阶段,从原始社会开始直至欧洲中世纪结束是追求工具性价值阶段,第二阶段,从文艺复兴到 19 世纪中叶,稍后几百年时间是重视学前教育内在价值的孕育阶段;第三阶段,19 世纪下半叶至 20 世纪中期是儿童中心价值的确立阶段;第四阶段,自二战以来至今是儿童的自身价值和社会价值相结合的探索阶段。1978 年以来,幼儿教育逐渐得到恢复和发展。明确规定了学前教育的双重价值——工具性价值和内在价值,并力图使二者紧密结合起来。近年来,幼儿教育价值呈多元化趋势。但传授文化知识、开发潜力,使幼儿社会化,培养能力和个性,促进幼儿全面和谐发展是核心价值。

• 学前教育与经济收入关系的研究。从人力资本理论角度论证了学前教育是经济投入后取得回报最大的教育投资。有关学前教育成本与收益的分析，最初的研究集中在发达国家，通过长期的实证追踪研究证实了学前教育的潜在巨大效益，于是政府教育政策开始向学前教育倾斜，努力扩大儿童受教育的机会，均衡教育资源，促进经济发展。

• 学前教育价值实现的研究。世界上众多国家，尤其是发达国家越来越重视调整学前教育机构和体系，采取一系列积极的改革措施，加大学前教育投入，增大学前儿童受教育的机会，丰富教育形式，提高学前儿童受教品质。

□ 参考书目

1. 陈帼眉，刘焱. 学前教育新论[M]. 北京：北京师范大学出版社，1996.

2. 联合国教科文组织总部. 教育——财富蕴藏其中[M]. 联合国教科文组织总部中文科译. 北京：教育科学出版社，1996.

3. 李生兰. 学前教育学[M]. 上海：华东师范大学出版社，2006.

4. 孟昭兰. 婴儿心理学[M]. 北京大学出版社，1997.

5. 林崇德，主编. 认知发展心理学[M]. 杭州：浙江人民出版社，1997.

第三章

中外学前教育思想

【本章知识结构图】

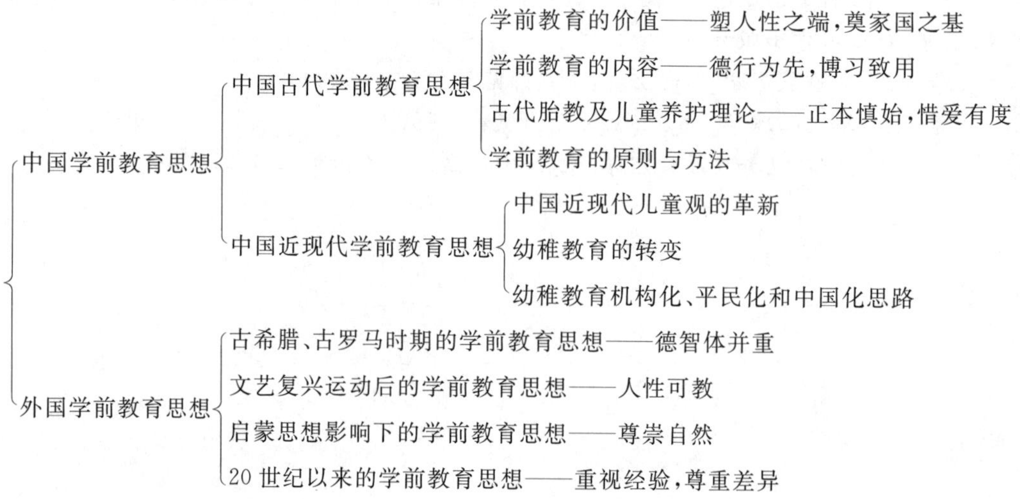

【学习目标】

1. 了解各个时期中外学前教育思想的特点。
2. 掌握中外学前教育思想代表人物的主要观点。
3. 能够对中外的主要学前教育思想进行简单地分析和评价。

教育思想作为历史的产物，受一定的政治和经济因素所制约，在教育发展过程中有关诸如教育目的、教育内容、教育方法以及政治、经济、文化与教育等问题的看法，都涵盖在教育思想中。学前教育思想是人们在一定的社会条件下，在教育实践基础上形成的对学前教育现象与规律的观点和认识，包括学前教育的价值与地位，学前教育的目的、原则与方法，学前教育的内容以及学前教育事业管理等多方面内容。

教育思想虽然是一定历史时期的产物，但有些教育思想却保有持久的生命力，人们往往会从前人的思想中获得新的启示。对于学前教育思想的学习，不仅需要了解各个时期学前教育思想产生的渊源和对当时学前教育发展的影响，掌握不同学前教育思想的具体内容，分析其特点，还应思考前人思想对于当前学前教育理论和实践的启示。通过对中外学前教育思想的了解和认识，可以更深入地了解学前教育形态演变背后的思想背景，并帮助我们更好地从各时期教育家的思想中获得有助于当前学前教育理论研究和实践探索的新启示。本章通过介绍各个历史时期人们对于儿童观、学前教育价值、内容、原则与方法等方面的主要观点，以期从宏观上介绍中外教育思想史中具有代表性的学前教育思想。

第一节　中国学前教育思想

一、中国古代学前教育思想

我国古代学前教育思想不仅源于古代先哲对人和教育的哲学思考，各类经典书籍对教育的论述，也有诸如文学家、政治家等各类人士对儿童和教育的关注。

（一）学前教育的价值——塑人性之端，奠家国之基

人们对学前教育价值的认识是学前教育思想的重要组成部分，随着社会发展和人们对儿童认识的改变，人们的学前教育价值观也在不断改变。我国古代学前教育思想从个人和社会发展两个角度出发论述了学前教育的价值。

1. 学前教育可塑人性之端

教育的直接对象是人，对人的根本看法和认识影响着人们对教育的理解和定位。我国古代各派哲学思想中对人的看法和观点虽各不相同，但却从不同人性观出发论述了教育对人发展的意义。在春秋战国时期，古代先哲就在各具特色的人性论基础上阐释了教育对人发展的意义。春秋时期著名思想家、教育家孔子认为人与人之间“性相近也，习相远也”，人与人的先天素质相近，但由于后天所受教育和环境影响不同，才会出现差别。因此，教育对人的发展具有重要意义。同时，孔子又提出“少成若天性，习贯之为常”①的观点，幼时通过教育和后天修习养成的性情，能如天生自然一样，这肯定了及早施教对人一生发展的基础性作用。战国时期著名思想家孟子则持人性本善的观点，他认为人性应当是“仁义礼智”②之类的道德属性，人生来就有善端③，通过后天的教育可以让善端得以发展。并且“仁义礼智，非由我外铄我也，我固有之也，弗思而已”④人本来就具备仁、义、礼、智之端，教育的作用就在于引导人保存、找回和扩充固有的善端⑤，教育就是扩充善端的过程。如果人不接受教育，道德的萌芽就不会发展成为完整的道德品质，孟子的观点高度肯定了教育对人品德发展的意义。战国时期著名思想家荀子将人的先天素质与后天获得区

---

① 《大戴礼记·保傅》

② 孟子.《孟子·公孙丑上》. 孟子将仁义礼智之端解释为：“恻隐之心，仁之端也；善恶之心，义之端也；辞让之心，礼之端也；是非之心，智之端也。”

③ “端”：指事物的开头或缘由。

④ 孟子.《孟子·告子上》

⑤ 孙培青. 中国教育史[M]. 上海：华东师范大学出版社，2000：70.

分开来，认为人性是人与生俱来的自然属性，主要包含“好利恶害”的生理本能和为人“目可以见，耳可以听”的感知、认识能力。人性作为人的先天素质和自然状态，排除任何后天因素。人的本性中本不存在道德和理智的因素，如果听任本能发展而不节制，必将产生暴力。但人的仁义礼法可以被认识和掌握，因此人人都可以习得善，即通过先天的人性去习得后天的善性。所以，人性生来恶劣，善良的品质是后天人为的结果。人的道德养成，需要教育、环境和个体努力的共同作用。从以上哲学家们的论述可以看出，无论人们认为人与人之间在秉性上是否具有先天差异，无论人性本善或者人性本恶，教育对人道德品质的塑造和人一生发展的价值都得到了肯定。

2.幼年施教其化易成

除了从人性角度阐释教育对人发展的意义，古人也从儿童身心发展角度论述了及早施教的意义。在古代关于儿童身心特点的诸多论述中，人们认为儿童心地单纯，天性纯真，未受过多外界熏染影响。例如明代思想家李贽在其《童心说》一文中提出：“夫童心者，绝假纯真，最初一念之本心也”。[①] 明代思想家丘睿在《大学衍义补》中也引用刘彝的观点：“幼子之性，纯明自天，未有外物生其好恶者，无所学而不成也”。[②] 由于儿童易于接受新的事物、观念，也更易于养成良好习惯，因此在幼年施教效果最佳。西汉文学家贾谊认为古代作出突出贡献的君主都是“自为赤子，而教固已行矣”[③]，(还在襁褓之时，已有专门人员对其进行教育和养护了)并指出：“心未滥而先谕教，则化易成也”[④]。儿童时期的赤子之心未受到外界熏染，可先入为主进行谕教，更易帮助儿童形成良好的道德品质。北齐教育家颜之推也认为幼年是施教的良好时机：“人生小幼，精神专利，长成已后，思虑散逸，固须早教，勿失机也。”[⑤]他接着引用孔子的观点：“少成若天性，习惯成自然”，说明教育孩子从幼时开始，不仅有利于儿童良好习惯的养成，还能收到最佳教育效果。这些观点都从儿童的身心特点角度论述了学前教育对儿童一生发展的意义。

3.学前教育乃家国之基

古人对学前教育的社会价值认识，建立在对家庭和国家发展关系的认识基础上。《大学》一书中曾明确论述了修身、齐家与治国的关系：“心正而后身修，身修而后家齐，家齐而后国治，国治而后天下平”。君子治国理想的实现需要以管理好家庭作为基础。同时，“治国必先齐其家者，其家不可教而能教人者，无之。故君子不出家而成教于国。”齐家就是一个施教的过程，即成为家庭与家族的楷模。君子要治理国家，须先去管理好家庭。不能管理好家庭，却能治理好国家的人是没有的。所以“君子不出家而成教于国”。基于以上观点，家庭中的教育不仅影响家庭安定，同时也间接促进社会发展。

首先，学前教育是保证家庭和睦，子孙成才的有利条件。北宋史学家司马光认为，为人家长，应“以义方训其子，以礼法齐其家”，以利后世。明末清初时期的教育家张履祥曾

---

① 李贽.《焚书·童心说》.转引自中国学前教育史编写组.中国学前教育史资料选[M].北京：人民教育出版社，2002:44.

② 中国学前教育史编写组.中国学前教育史资料选[M].北京：人民教育出版社，2002:58.

③ 贾谊.《新书·保傅》

④ 贾谊.《新书·保傅》

⑤ 颜之推.《颜氏家训·勉学》

专门论述自身修养和家庭教育对于子孙的影响:“一善在身,幼而行之,长而不之舍也,善将自其身,以及诸人,以及其子孙;一不善在身,幼而行之,长而弗之改也,不善将自其身,以及诸人,以及其子孙,慎之哉!”。所以家中有贤父兄的自幼训诫乃人之大幸,“人幼而知学,则可终身不蹈于悔耻。”总之,在他看来,学前教育不仅是家教的起点,也是家庭的重点,家庭对幼教不可不慎。明末清初的理学家孙奇逢也认为:蒙养是家庭第一要事,教育子女使其养成良好的道德品质,重孝悌伦常,有利于家庭和睦。学前教育不仅是维护家庭伦理稳定的基础,也有利于子孙一生的发展。

其次,教育是化民成俗,治理国家的重要途径。《学记》中就曾提出:“君子如欲化民成俗,其必由学乎!”要教化人民,并在社会上养成良好的风俗习惯,一定要从教育入手。所以,“古之王者,建国君民,教学为先”[①]。并且,“天下之事,莫不有其初。家之立教,在子生之初”[②]。学前教育作为家庭教育的基础阶段,通过促进人的发展间接促进社会进步。

由以上论述可以看出,作为教育起始阶段的学前教育自然也具有其独有的社会功能,即在家庭中及早施教能为子孙发展打下基础,维持家庭和睦,并通过对人的教化促进社会的发展。同时,教育作为实现国民教化的工具,也是促进社会发展的重要途径。

(二)学前教育的内容——德行为先,博习致用

由于中国古代社会深受儒家思想的影响,古代学前教育思想中将道德教育作为学前教育内容的重要组成部分。同时,人们对儿童所要学习何种知识、经验也有独特见解。

1.注重德行养成的道德教育

古往今来,道德修为是人才评价中的关键要素,道德教育历来为人所重视。古人选择的儿童道德教育内容并非艰深的道德理论,而是依据儿童身心发展特点从最基本的洒扫、应对、事长之节等行为礼仪规范的常规训练开始。在《礼记·内则》中曾记载:“子能食时,教以右手。能言,男唯女俞,男般革,女般丝。”孩子开始能自己吃饭时,教其进食方法;能说话说时,男孩说话要恭敬,女孩说话要温柔;男孩佩带皮囊,女孩佩带丝囊,以期男女性格发展之别。“六年,教之数与方名”,六岁的时候,教孩子识数和辨认方向,进行文化知识的启蒙教育。由此印证了古代儿童“行有余力,则以学文”的说法,古人将儿童行为规范的教育放在文化知识教育之前进行。宋代哲学家、教育家朱熹认为“小学”的主要任务是“学其事”——“小学之事,知之浅而行之小者也”。[③] 并将“小学”时所应学习的事物概括为“洒扫应对进退之节”,“礼乐射御书数之文”和“爱亲敬长隆师亲友之道”,即日常行为习惯,基本社交礼仪、文化教育以及尊师敬长等伦理纲常之道。朱熹还专门编著《童蒙须知》作为儿童守则,指出儿童的学习顺序应“始于衣服冠履,次及语言步趋、次及洒扫涓洁、次及读书写文字以及杂细事宜”。同时,对儿童日常生活行为训练作了细致规定,如衣帽必须保持整洁,又如“凡百器用,皆当严肃整齐,顿放有常处”等,对儿童良好行为规范的养成具有积极的指导意义。

---

① 《礼记·学记》

② 丘睿.《大学衍义补》

③ 张伯行.《小学集解·小学辑说》,丛书集成初编本:第3页。

2. 博习致用的知识教育

除了强调儿童行为习惯的养成，人们还依据儿童特点利用各种素材促进儿童发展，主张儿童应博习各类知识，并重视学用结合。明代教育家王守仁认为，对儿童的教育内容应当全面，"教人为学，不可执一偏"。[①] 并根据儿童好玩乐的天性提出教育内容："今教童子，惟当以孝悌忠信、礼义廉耻为专务"，"其栽培涵养之方，则宜诱之歌诗，以发其志意；导之礼俗，以肃其威仪；讽之读书，以开知觉。"王守仁认为对儿童"诱之歌诗"，不仅能激发儿童意志，而且能使儿童情感得以宣泄，有助于其"精神宣畅，心气和平"。"导之以礼"不但能帮助儿童养成得体的仪表，通过"周旋揖让"等礼仪动作，"动荡其血脉"、"固束其筋骸"，有利于身体锻炼，体质增强。"讽之读书"可增长儿童的知识，开启智慧，而且还能"存其心"，"宣其志"，有利于培养儿童的道德观念和理想。颜之推则强调"夫学者，贵能博闻也"，[②]即要求子弟博习多种知识，并重视知识的经世致用。他提出教育内容不应只局限于五经，还兼修百家之书，琴、棋、书、画、文学等士大夫必备学问，避免见闻狭隘，头脑闭塞。并且知识学习不但需要广博，还应抓住要领灵活运用。值得一提的是，在重长智修身而轻农商技巧的儒家思想背景下，教育家也提出了在教育内容中应加入农业生产知识。颜之推认为："知稼穑[③]之艰难，斯盖贵谷务本之道也。"[④]张履祥也特别提倡耕读结合，认为家庭教育中书本知识传授和稼穑教育不可偏废："稼穑艰难，自幼固当知之。"[⑤]懂得稼穑艰苦，不但有利于培养子弟勤俭作风，也有助于锻炼身体，促进身体健康。农业劳动还可培养人的坚强意志，进行习耕教育的同时也培养了其独立生活的能力。

由以上可以看出，古代学前教育内容的选择在儒家思想为主导的社会环境下仍以伦常道德观念和礼仪行为训练为主，但其内容选择又并非脱离儿童天性的艰涩难懂之物，不仅有儿童需要增长的生活经验，实际致用，又为儿童以后道德品质的养成起了奠基的作用。从儿童最基本的行为习惯训练抓起，从穿衣吃饭到待人接物等诸多生活行为上帮助儿童养成良好的行为习惯，辅之以一些基本伦理道德观念教育，并以歌舞、诗歌、读书等形式帮助儿童从情感、身体、智力等多方面进行发展。并且，古人在学期教育内容的选择范围和选择方法上也给了我们一定的启示，在儿童身心特点基础上选取适宜且实用的教育内容值得借鉴，但其中某些悖于儿童天性且不利于发展的封建纲常教育内容仍有待商榷。

（三）古代胎教及儿童养护理论——正本慎始，惜爱有度

1. 注重外象内感的胎教理论

早在奴隶社会，胎教就为人所重视。人们认为胎教对儿童的身体、品性、智慧、相貌等都会产生影响。因此，"古人为教，方其子在胞胎之中，已谨其所感。"[⑥]曾为太子教师的贾谊十分重视胎教作用，"胎教之道，书之玉版，藏之金柜，置之宗庙，以为后世戒"[⑦]，并认为

---

① 王守仁.《传习录上》，《王文成公全书》. 万有文库本，卷1

② 颜之推.《颜氏家训·勉学》

③ 稼穑：农事。

④ 颜之推.《颜氏家训·涉务》。

⑤ 张履祥.《示儿》，《杨园先生全集》，同治十年，江苏书局刊本

⑥ 丘睿.《大学衍义补》

⑦ 贾谊.《贾谊集·新书·胎教》

胎教是为了“正本慎始”，从胎儿期就为儿童一生发展打下良好基础。古代有针对如何进行胎教的众多论述，除了教育方面，也有从医学、哲学角度进行论证。其中西汉文学家刘向提出的“外象内感”说为古代胎教思想的代表性观点，“外象内感”的观点认为母亲所接触到的外界物象会直接被体内胎儿感应到，因此，“妊子之时，必慎所感，感于善则善，感于恶则恶。”①古人对于胎教之法有诸多细节描述，在饮食禁忌、居住环境、身体养护、性情调理，甚至于着装仪态都有论述。如“席不正不坐，割不正不食”，“非正色目不视，非正声耳不听”等种种对孕妇的规定。医学上，唐代医学家孙思邈以胎儿“禀质未定”的生理发育状态为依据，阐明了进行胎教的可能性，提出了孕妇饮食、行为的禁忌，并特别强调孕妇“调心神”、“和情性”、讲卫生等建议，具有一定的科学价值。随着医学的进一步发展，后世医生也提出不少胎教之法，如孕妇要调精神、慎寒温，禁饮酒等。古代胎教理论中有古人总结多年的生活经验和医学知识积累，具有一定的科学性和实用性。但古代胎教思想也有诸多不合理之处，需要我们从中筛选剔除。

2. 注重惜爱有度的儿童养护理论

“古人为教，不但养其心，而又养其身”，保育作为学前教育的重要内容也为人所重视。唐代文学家元稹提出“未生胎教，既生保教”②，主张应重视儿童身体养护，以防止其受到伤害。为了使孩子长成健康的身体，人们对儿童保育的态度并非单单是悉心保护，也有惜爱有度、过爱反害的理智态度。在饮食穿衣方面，人们认为“婴儿之病，伤于饱也”，过饱过暖，都有可能生病，因此民间有“若要小儿安，常带三分饥与寒”的说法，即养育儿童饮食穿衣应适中有节制。《曲礼》记载:“童子不衣裘裳”，元代著名医学家朱震亨告诫为母者对孩子不可富贵骄养。金朝著名医学家张从正认为“小儿初生之时，肠胃绵胧，易饥、易饱、易虚、易实、易寒、易热”③，并据此将育子之理总结为:“薄衣、淡食、少欲、寡怒”，还建议少对儿童用药以增加抵抗力。对幼儿进行母乳喂养，适度添加辅食等儿童喂养方法也受到相当重视，在保育教育和家庭教育中都有慎选乳母的相关论述，朱震亨专门论述了乳汁对幼儿的影响，认为乳母身体状况直接影响乳汁质量，进而影响幼儿健康，因此建议乳母应谨慎节制饮食。古代保教思想基于古代哲学、医学等知识发展起来，其不娇养孩子，对其惜爱有度，照顾儿童饮食穿衣适中节制，注重儿童身体和谐发展的思想不仅具有科学的借鉴意义，也对当前家庭和幼儿园的保育和健康教育带来价值选择方面的思考。

(四)学前教育的原则与方法

在中国古代特有的文化和社会背景下，有诸多符合儿童身心特点和古代儿童生活实际的学前教育原则与方法。

1. 教养结合

身体是人一切发展的基础。在学前教育中，促进儿童身体的健康成长与道德教育、知识教育同等重要，我国古代对儿童身体养护的论述集中体现在古代胎教和保育思想中。贾谊在关于太子教育的论述中，提出了教养结合的主张。儿童身体羸弱，必须养护结合，

---

① 刘向.《列女传·周氏三母》

② 元稹.《论教本书》

③ 张从正.《慰问事亲·过爱小儿反害小儿说》

对儿童的教育不仅要“傅之德义”、“道之教训”,更重要的是“保其身体”。除进行道德与知识教育外,并须设“少保”[①]一职负责健养其身体。教养结合的原则充分说明了儿童身体发展与智力和道德发展同等重要,也是学前教育有别于其他阶段教育的主要特点。即使在今天,保教结合也依然是学前教育的指导性原则之一,保护儿童身体健康成长仍是学前教育的主要目标。

2.严慈结合

古代家庭教育历来秉承“严教”的原则,人们认为对子女严格要求有助于其良好品德的养成,“严教”方能使人成材。同时,父母对子女还应爱惜但不可过于溺爱,因为“过爱反害”。张履祥提出:“子弟童稚之年,父母师傅严者,异日多贤,宽者多至不肖。其严者岂必事事皆当,宽者岂必事事皆非,然贤不肖之分恒于此。”[②]子弟日后的贤或不肖,与教育者是否对其严格要求有很大关系。严格要求则子弟多能成才,对其宽容则子弟多会不肖。清代教育家唐彪也认为:“凡生养子女,固不可不爱惜,亦不可过于爱惜。爱惜太过,则爱之适所以害之。”[③]颜之推主张父母对子女应“威严而有慈”,则“子女畏慎而生孝矣。”一方面对子女应当爱护,“骨肉之爱,不可以简,简则慈孝不接”,但同时,又有义务严格教育好子女,不能对其太过溺爱,以防儿童形成骄慢之习。他甚至认为:“笞怒废于家,则竖子之过立见”,体罚孩子如苦口良药可以帮助孩子认识、改正错误。这种视体罚为一种合理家庭教育手段的想法是不可取的,但教育子女应严慈结合的原则对当今家庭教育特别是独生子女教育仍有现实指导意义。

3.均爱勿偏

均爱勿偏是指父母对所有子女应一视同仁,给予相当的慈爱,不可偏宠。颜之推认为家庭教育中应避免偏宠,无论子女是否聪慧都应给予同样的爱护与教育,父母应做到“贤俊者自可赏爱,顽鲁者亦当矜怜。”太过偏宠聪慧有才的子女可能会使其失去严格的教育,“虽欲以厚之,更所以祸之”,导致儿童狂妄自大,不利于儿童发展。施爱不均还可能导致兄弟不睦,造成“见爱者意气日横,见憎者心不能平,积久之后,遂成深仇。所谓爱之,适所以害之也。”[④]均爱原则不仅体现了对子女一视同仁进行严教的观念,同时也要求教育者对儿童平等的给予尊重爱护。

4.顺导性情,鼓舞兴趣

顺导性情,鼓舞兴趣是古代学前教育比较有代表性的教学方法,是指在教育方法上应注意顺应儿童天性,激发儿童兴趣。明代教育家王守仁批评近世训蒙者,在教育方法上不知“导之以礼”、“养之以善”,只知道督促学生读书习字,这种不顾儿童身心特点的教育方法,不但可能使孩子产生厌学心理,还会对儿童道德发展产生消极影响。他认为教育应从儿童身心特点的积极方面入手,顺应儿童性情,不宜加以束缚和约束,促进其自然发展。因为“大抵童子之情,乐嬉游而惮拘检,如草木之始萌芽,舒畅之则达,摧挠之则衰痿。”[⑤]儿

① 少保:古代负责太子身体健康的官吏。

② 张履祥.《训子语》

③ 唐彪.《教女遗规·人生必读书》

④ 袁采.《袁氏世范.父母爱子贵均》

⑤ 王守仁.《讯蒙大意示教读刘伯颂等》

童性情总是喜好嬉游，厌恶拘束，如草木刚刚萌芽，顺其自然则会枝叶茂盛，因此对儿童不应加以束缚和限制。顺应儿童性情进行教育，最重要是激发儿童的学习兴趣。使其“趋向鼓舞”，“中心喜悦”。精神鼓舞，心情愉快，则学习进步自然不会停止。反之，如果忽视了儿童的兴趣，则会压抑儿童学习的积极性，学习很难进步。

5.量资循序，因材施教

古人注重根据儿童身心发育成熟状况施行教育，做到量资循序，因材施教。《学记》中曾论述说：“学不躐等”[①]，教学要“不陵节而施”[②]，根据受教者年龄和能力遵循一定顺序进行教育。孟子曾以“揠苗助长”的寓言告诫人们应顺应人的自然发展实施教育。又如人们认为古代儿童的识字教育与习字教育应分开进行，识字教育以实物和文字结合的方式帮助儿童认字，但习字因儿童手小骨软，不会对很小的孩子施行，待“八九岁不晚”。王守仁提出著名的“灌溉之功，随人分限所及”的量力施教原则。“童子自有童子的格物致知”，教育内容的选择应“在本原上用力，渐渐盈科而进”，遵循儿童的发展水平，根据儿童的生长顺序——“精气日足，筋力日开，聪明日开”进行施教，不仅要做到难度适中，还要控制好教育内容的多少，过多或过少的教育内容都不利于儿童发展。

孔子是我国历史上首倡因材施教的教育家。他承认个体差异，提出应了解学生特点，根据个体差异有针对性地进行教育才能有助于人各成其材。王守仁认为“人要随才成就”，“因人而施之，教也，各成其材矣，而同归于善”，[③]并提出因材施教不仅要做到发掘个人长处加以培养，同时还要针对儿童的不同性格，采用不同方法分别进行陶冶。因材施教不但是一种高效的教育方法，有助于教育目的的更好达成，同时也是尊重差异与个性的体现，有助于儿童个性的健康发展。

二、中国近现代学前教育思想

近现代的中国经历了外国入侵和社会制度的变革，这使中国学前教育的形态发生了根本变化。公共幼稚教育机构的大量涌现，国家逐渐加强对学前教育的管理，外国教育思想的传入都对近现代中国学前教育思想的发展产生了重要影响。

(一)中国近现代儿童观的革新

1.尊重与解放儿童

在批判旧式儿童观的基础上，近现代中国的有识之士提出了对儿童的新认识。新的儿童观提出“解放儿童”的口号，要求人们首先给予儿童人格上的尊重，并指出儿童具有发展的能力和可能性。鲁迅深刻批判了中国旧式的儿童观，“所有小孩，只是他父母福气的材料，并非将来的‘人’的萌芽”。“小的时候，不把他当人，长大以后，也做不了人”。[④] 他呼

① 躐等：越级。不循原有序列，学习不能超越次第。

② 陵，超越；节，限度。不超越受教育者的才能和年龄特征而进行教育。

③ 王守仁.《别王纯甫序(辛未)》.《王文成公全书》，万有文库本

④ 中央教育科学研究所编：鲁迅论教育.中央科学出版社，1986 转引自唐淑，钟昭华.中国学前教育史[M].北京：人民教育出版社，2000：106.

吁父母对子女应“健全的产生，尽力的教育，完全的解放”，[①]“各自解放了自己的孩子”。具体应做到：理解孩子，不将孩子看作“成人的预备”或“缩小的成人”。指导孩子，成人应全力成为儿童的指导者和协商者，成人应尽教育的义务，教给孩子自立的能力，使之成为一个独立的人。解放孩子，把孩子看作“人类中的人”，教给其自主能力。为培养儿童创造力，著名教育家陶行知提出对儿童的6大解放：解放儿童的头脑，使其能够去思考；解放儿童的双手，使儿童手脑并用通过实践获得知识；解放儿童的眼睛，培养观察力；解放儿童的嘴巴，使其有言论自由，尤其是提问的自由；解放儿童的空间，使儿童去接触自然和社会；解放儿童的时间，给其空闲自由学习。教育家张宗麟也在《解放儿童》一文中要求除掉套在孩子身上的四条绳子：第一条绳子是小孩子口上的十字封条，使孩子获得话语权，鼓励孩子表达自己和多问问题。第二条绳子是脚镣和手铐，反对父母为了让孩子读书而使孩子没有动手的机会，主张教师与学生要一起“做中学、做中教、做中求进步”。第三条绳子是成人们钦定的法规，要求成人检讨对孩子施教的内容和方法。第四条绳子是砍伐幼芽的快刀，意指儿童用具和饮食等不符合卫生标准，不利于儿童身心发展。通过各位教育家的相关论述可以看出，民国时期的儿童观提倡尊重儿童，解开旧时儿童所受的束缚，给予儿童话语权和行动的自由，解放儿童的身体和心灵。这不仅对儿童的发展提出了新的要求，也对幼稚期的教育提出了新的挑战。同时，人们对儿童的发展也有了新的认识。

2. 儿童不是“小人”

随着心理学、生物学等相关学科知识的发展，人们对儿童身心发展的认识也更加科学，陈鹤琴通过对其子多年的观察研究，结合西方心理学相关理论，提出儿童不是“小人”，其心理与成人不同，具有自身独特的身心发展特点的论断。陈鹤琴总结了儿童好动、好模仿、易受暗示、好奇 、好游戏、喜欢成功、合群以及喜欢野外生活的特点，系统阐述了婴幼儿时期的心理特点，指出儿童时期是个人发展的最好机会，儿童具有发展的能力，是可塑可教的，应“尊敬儿童人格，爱护他烂漫天真”。儿童观的转变带动了幼稚教育观的转变。

(二)幼稚教育观的转变

1. 幼稚教育的目的——儿童发展与民族振兴

近现代中国处于内忧外患的特殊时期，幼稚教育的目的经历了从最初以儿童为本位的价值选择，到抗战时期对民族振兴这一特殊使命强调的转变。我国著名幼儿教育家张雪门曾根据教育目标的不同，将当时中国的幼稚教育分为四类：以培植士大夫为目标的幼稚教育，如清末模仿日本办理的蒙养院所实施的幼稚教育；以培养宗教信徒为目标的幼稚教育，如教会幼稚园实施的幼稚教育；以发展儿童个性为目标的幼稚教育，着重于使儿童个体获得自由、充分的发展；最后一类是以改造中华民族为目标的幼稚教育。张雪门指出教育是改造中国的关键，优秀民族基于幼稚教育，并提出改造民族的幼稚教育应有四项具体目标，“一是铲除我民族的劣根性；二是唤起我民族的自信心；三是养成劳动与客观的习惯态度；四是锻炼我民族为争中华之自由平等而向帝国主义作奋斗之决心与实力。”[②]基于

---

① 中央教育科学研究所编：鲁迅论教育．中央科学出版社，1986 转引自唐淑，钟昭华．中国学前教育史[M]．北京：人民教育出版社，2000：106.

② 张雪门．幼稚教育新论，转引自唐淑，钟昭华．中国学前教育史[M]．北京：人民教育出版社，2000．226

改造民族的教育目标，他主张创造中国的幼稚教育必须根据三条原则，即中国的传统文化、国家民族的需要以及儿童的心理发展。因为这样才能培养儿童的伦理观念、民主生活和科学头脑。

陈鹤琴提出了系统的“活教育”思想，指出“活教育”的目的就是“做人、做中国人、做现代中国人”。作为现代中国人，不仅需要有强健的身体，建设的能力，还需要有创造能力，合作的态度和服务的精神。抗战胜利后，陈鹤琴又进一步提出教育应培养人“做人、做中国人、做世界人”，“爱国家，爱人类，爱真理”的要求。[①] “做人”体现了教育追求个人发展价值的目的选择，“做中国人”则体现了活教育目的的民族特征，“做现代中国人”则赋予活教育目的以时代精神，活教育理论的教育目的含义丰富，逐层赋予了民族意识、国家观念、现实需要和时代精神等，使幼稚教育的目的更加具体。[②]

儿童观的革新和西方教育思想的传入使促进儿童发展这一教育目的得以进一步强调，对促进儿童发展的内容表述也更加丰富、具体。同时，在当时中国内忧外患的社会局势影响下，人们开始寻求教育救国的可能性。幼稚教育的社会功能被放大，并被赋予了特别的意义，即培养身体健康、观念革新，具有建设能力，可以振兴国家的新国民。

2. 强调儿童生活与经验的幼儿园课程理论

(1)张雪门的行为课程论

张雪门认为课程源于人类的经验，并明确指出幼稚园课程是“给三周岁到六周岁的孩子所能够做而且喜欢做的经验的预备。”[③]课程不仅仅是“知识的积体”，“技能、知识、兴趣、道德、体力、风俗、礼节种种的经验，都包括在课程里。换一句话来说，课程是适应生长的有价值的材料。”[④]在《增订幼稚园行为课程》一书中，他又提出“生活就是教育，五六岁的孩子们在幼稚园生活的实践，就是行为课程。这份课程包括了工作、游戏、音乐、故事等材料，也和一般的课程一样。然而，这份课程，完全根据于生活；它从生活而来，从生活而开展，也从生活而结束。”

出于对儿童经验的强调，张雪门认为“幼稚园课程的目的，在于联络孩子们的旧观念，以引起其新观念，更谋其旧经验的打破，新经验的建设。”孩子只有通过实际的行动，才能使个体与环境接触，产生直接经验，获得驾驭环境的能力。在幼稚园行为课程的组织上，张雪门要求注重课程的整体性，课程各科的界限应以混合为主。由于儿童对社会没有分明的界限，因此课程应是“整个儿的”，太过清楚系统，反而不易引起儿童反应。同时，课程编制还应满足社会和个体两方面的需求，并须根据儿童自己直接的经验，与儿童生活联系。并且，课程须有目的、有计划，需要有远大的目标。课程中的动作和材料应合乎儿童的经验能力和兴趣，并给予儿童自由发展创作的机会。在其拟定的《各月活动估量表》中，将全年的课程分为自然环境、社会环境和儿童三大类。行为课程的教学方法则是起于活动终于活动的有计划的设计，采用单元设计教学法进行教学。

(2)陈鹤琴的活教育课程论

---

① 陈鹤琴.《陈鹤琴全集》第五卷. 转引自唐淑，钟昭华. 中国学前教育史[M]. 北京：人民教育出版社，2000：279.

② 孙培青. 中国教育史[M]. 上海：华东师范大学出版社，2000：464.

③ 张雪门.《幼稚园的研究》. 转引自孙培青. 中国教育史[M]. 上海：华东师范大学出版社，2000：227.

④ 张雪门.《幼稚园教育概论》，转引自唐淑，钟昭华. 中国学前教育史[M]. 北京：人民教育出版社，2000：227.

陈鹤琴认为“大自然、大社会都是活教材”,“活教育的课程是把大自然、大社会作为出发点,让学生直接向大自然、大社会去学习”。[①] 陈鹤琴主张把幼稚园的课程打成一片,根据儿童的环境有系统地进行组织。儿童是在周围的环境中进行学习的,而儿童的周围环境不外乎两种:一种是自然的环境;一种是社会的环境。这两种环境都是与儿童天天要接触的,应当利用这两种环境作为幼稚园课程的中心。他认为“所有的课程都要从人生实际生活与经验里选出来”,切合人生的课程内容应当是“儿童的一饮一食,一草一木的接触,灿烂的玩具用品”。

关于幼稚园课程如何组织,陈鹤琴提出幼稚园课程的组织“要有目标,又要合于生活。”幼稚园课程是整个的、连贯的,因此不主张分科教学,“应当把幼儿园的各科功课打成一片,把儿童所应该学的整个地、有系统地去教儿童学”。基于整体性的课程组织原则,陈鹤琴设计了“五指活动”。之所以称为五指活动,“是因为这五种活动正像一只手的五个指头,各个指头互相联结成一个整体”。“五指,是活的,可以伸缩,互相联系。……课程是整个的,连贯的。根据儿童心身的发展,五指活动在儿童生活中结成一个教育的网,有组织、有系统、合理地编织在儿童的生活上。”[②]五指活动包括:(1)健康活动,包括饮食、睡眠、早操、游戏、户外活动、散步等。(2)社会活动,包括周会、纪念日集会等。(3)科学活动,包括栽培植物、饲养动物、研究自然、认识环境等。(4)艺术活动,包括音乐、图画、手工等。(5)语文活动,包括故事、儿歌、谜语等。“幼稚园的课程全部包括在五指活动中,并采用单元制,各项活动都围绕着单元进行教学。”[③]五指活动强调了课程组织的整体性和连贯性。活教育课程的教育方法同样强调“做中教、做中学,做中求进步。”[④]重视直接经验,以“做”为中心,在学校里的一切活动,“凡儿童自己能够做的,应当让他们自己做。”

(3)张宗麟的社会化课程论

张宗麟强调幼稚园课程的社会性。张宗麟认为:“幼稚园课程者,由广义的说之,乃幼稚生在幼稚园一切之活动也。”其范围“包括一切教材、科目、幼稚生之活动。”[⑤]“幼稚园的一切互动,由广义来说,都是社会。其中最有独立性的只有自然,但是幼稚园的自然绝不是纯粹的自然研究,必定是与人生有密切关系的自然元件。涉及人生也就是社会了。”幼稚园各种活动都应当是倾向于社会性的,因为教育的灵魂乃在于养成适合于某种社会生活的人民。“我们需要的是能为孩子们谋共同享受,能注意他的周围事物的孩子。围着这种关系,幼稚园的各种生活里都应含有‘社会’的意味。”[⑥]幼稚园的课程应是社会化的课

① 陈鹤琴.《活教育要怎样实施的》,转引自孙培青.中国教育史[M].上海:华东师范大学出版社,2000年第2版:465.

② 北京市教育科学研究所编.《陈鹤琴全集第二卷》,江苏教育出版社,1989转引自唐淑,钟昭华.中国学前教育史[M].北京:人民教育出版社,2000:273.

③ 北京市教育科学研究所编.《陈鹤琴全集第二卷》.江苏教育出版社,1989转引自唐淑,钟昭华.中国学前教育史[M].北京:人民教育出版社,2000:274.

④ 唐淑,钟昭华.中国学前教育史[M].北京:人民教育出版社,2000:280.

⑤ 张沪编:《张宗麟幼儿教育论集》,湖南教育出版社,转引自唐淑,钟昭华.中国学前教育史[M].北京:人民教育出版社,2000:291.

⑥ 《张宗麟幼儿教育论集》.转引自杜成宪,王伦信.中国幼儿教育史[M].上海:上海教育出版社,1998:284.

程。以儿童活动为依据，将幼稚园课程内容分为开始的活动、身体上的活动、家庭的活动、社会的活动及技巧的活动。以学科分类为依据，把幼稚园的课程分为音乐、游戏、故事、谈话、图画、手工、自然、常识、读法、识数等。张宗麟同时强调课程实施中应注意培养儿童互助与合作的精神，爱和怜的情感以及顾到别人的思想。

(三)幼稚教育机构化、平民化和中国化思路

1. 儿童公育思想

早在清末，维新派代表人物康有为就在《大同书》中阐述了儿童公育的思想。康有为认为胎教应在专门为孕妇设立的人本院中进行，婴儿出生后进入育婴院养育，满 3 岁后，移入慈幼院或怀幼院教养。康有为在我国学前教育史上首次提出了一整套儿童公育思想，设想了从胎教到幼儿教育的完整学前公共教育体系。民国时期，知名教育家蔡元培也提出了其儿童公育的理想。他认为封建家庭会对儿童产生不良影响，且教育作为专门的事业，并非人人可以担任，而“有子女的人，不是人人有实行教育的时间。”①因此，蔡元培指出应实行学前儿童公育，并设想了从胎教院到乳儿院进而到蒙养院的一整套学前教育体系。儿童公育的社会需求为中国幼稚教育发展提出了新的要求。

2. 幼稚教育的平民化、中国化

在亲身实践和调查的基础上，陈鹤琴、陶行知等教育家提出了幼稚教育中国化、平民化的思想。陶行知在《创设乡村幼稚园宣言书》中提出要建设中国的、省钱的、平民的幼稚园，他指出国内幼稚园害了三种大病：外国病——当今幼稚园从教育内容到教具、食品都是外国货；其二是花钱病——幼稚园花费太多；第三是富贵病——由于花钱多，所以只有富家子弟可以享受，平民没有份。张宗麟明确提出把幼稚教育运动转向劳苦大众的队伍，指出平民子女也应受到教育，还断言“幼稚园若是为着整个民族的教育之一，那末非转移方向，从都会转到乡村与工厂区去不可。”②张宗麟在经过调查后也批评了当时幼稚园“一切设备教法抄袭西洋成法”，“不切中华民族性，不合中国国情”的缺点。指出当时幼稚教育存在的症结首先是教会的垄断，其次是社会的漠视。并针对以上问题提出了补救方法：停办外人设立的幼稚师范和幼稚园，严定幼稚师范和幼稚园标准，筹设幼稚师范并检定幼稚教师，最后还要鼓起社会之注意。只有通过以上措施，才能克服中国幼稚教育的顽症，发挥幼稚教育培养人才的奠基作用。在普及幼稚教育方面，张宗麟认为首先应改变态度，即承认幼年生活的重要性，承认幼稚园为全社会的教育场所；其次应改变幼稚园的办法，向着省钱的方向去改造；最后应改变训练教师的制度。陈鹤琴也指出创办幼稚园应有自己的主张，不能总是抄袭美国和日本，幼稚园要适应中国国情。

---

① 高平叔编.《蔡元培教育文选》.人民教育出版社，1980 转引自唐淑，钟昭华.中国学前教育史[M].北京：人民教育出版社，2000：192.

② 张宗麟.《张宗麟幼儿教育论集》.转引自杜成宪，王伦信.中国幼儿教育史[M].上海：上海教育出版社，1998：284.

第二节　外国学前教育思想

外国学前教育思想最初孕育于古希腊时期的哲学思想中，当时的哲学家、思想家如柏拉图、亚里士多德等人都在其著作中提出了关于学前教育的看法和主张。随着文艺复兴运动和宗教改革运动的推进，西欧资本主义逐渐取代封建制度，对人性解放的宣扬使肩负儿童教育任务的学前教育也开始受到重视，许多教育家都对学前教育有所论述。如 17 世纪捷克教育家夸美纽斯在其著作《母育学校》中对幼儿教育的论述以及英国哲学家、教育家洛克在《教育漫话》中对绅士教育的系统论述，都使学前教育思想获得了一定的发展。18 世纪的启蒙运动作为欧洲思想发展的另一契机带动了学前教育思想的新变化。最具代表性的是法国启蒙思想家、教育家卢梭提出的自然主义教育思想，在他之后的瑞士教育家裴斯泰洛齐等人都深受卢梭教育思想的影响。但长期以来，关于学前教育思想的论述大多见于普通教育著作之中。到了近代，随着社会进步以及自然科学、人文科学的发展，学前教育开始建立独立的理论体系。德国教育家福禄贝尔开办了世界上第一所幼儿园，作为近代学前教育思想的奠基人，福禄贝尔在其著作《人的教育》一书中对儿童发展以及幼儿园的任务、教育内容、方法等作了系统阐述。20 世纪前半期，伴随着欧洲“新教育”运动和美国“进步教育”运动的蓬勃开展，各国学者力图从不同角度对教育进行大胆探索，学前教育思想得到了新的发展。意大利幼儿教育家蒙台梭利在其教育实践基础上，结合生物学、心理学知识创立了独特的学前教育理论和方法。美国哲学家、教育家杜威在其实用主义哲学论的基础上创立了实用主义教育思想，他提出的儿童中心论和重视儿童经验的观点，至今仍有着深远的影响。20 世纪后半期，各国为提升国家竞争力不断进行教育改革，新的教育思想推动了教育改革运动的发展。法国教育家保尔·朗格朗在《终身教育引论》中提出了终身教育思想，将学前教育提升到了终身教育基础的地位。意大利北部地区的瑞吉欧·艾密莉亚幼儿教育学校的办学理念和经验受到了全世界的广泛关注，他们尊重儿童差异，提出儿童可以用“一百种语言”来表达自己，并倡导让儿童在互动中学习，这些崭新的教育理念至今仍在各国受到广泛重视。20 世纪 90 年代以来，美国著名发展心理学家加德纳提出了多元智能理论，其中尊重智能多元化和儿童差异的观点拓展了学前教育研究的新思路。

一、古希腊、古罗马时期的学前教育思想——德智体并重

古希腊是西方文明的发源地，也是西方学前教育思想的摇篮。希腊文化的繁荣为学前教育思想的形成提供了必要的条件。古希腊、古罗马时期，教育被赋予培养良好公民的重任，人们也认识到学前教育的重要性，并注意从德智体多方面对儿童进行教育。古希腊哲学家柏拉图在其构想的教育计划中，将 7 岁前作为学前教育阶段。他认为人在幼小阶段容易接受陶冶，及早施教更易帮助幼儿形成良好的习惯。古希腊哲学家亚里士多德认为教育应适应自然，根据儿童身心发展阶段划分教育阶段，安排教育内容和方法。古罗马教育家昆体良认为不应浪费早年光阴，且儿童记忆力强，早点开始学习能够更好地打下基

础。在学前教育的具体实施上，哲学家和教育家们也提出了相关见解。由于古希腊城邦之间战争不断，需要公民以健壮的身体抵御外敌，古希腊时期的教育非常重视人的身体强健，也因此重视儿童的身体保育。在柏拉图的《理想国》中就很重视优生优育，提出在幼儿阶段就应当给予有益的运动和空气，并在3～7岁阶段的教育中开始进行体育锻炼。亚里士多德也对儿童保育有相关论述，首先应注意儿童营养问题，乳类有益儿童身体发育；其次，应诱导孩子做适应于其肢体的各种活动，让婴儿尽早训练耐冷的习惯，可促进身体健康。但为避免对其身心发育有所妨碍，应避免任何强迫的劳作。在教育内容上，柏拉图构想3～7岁儿童将学习包括讲故事、体育锻炼、美术、诗歌和音乐等内容，通过各种方法强健身体、陶冶性情。昆体良主张教给儿童认识字母、书写和阅读。在道德教育方面，柏拉图提倡应通过行动培养良好的习惯，"实践做好事能养成美德"，利用儿童喜欢模仿的特点，引导其模仿具有高尚德行的人物。因为儿童极易受到熏染，亚里士多德认为教育者应注意儿童日常生活的管理。教育方法上，柏拉图十分重视游戏对儿童天性发展的意义，认为游戏符合儿童天性，应给予满足。亚里士多德也认为幼儿阶段的活动应以游戏和其他的娱乐方式为主。昆体良善于运用启发诱导和提问解答的教学方法，并认为儿童应有游戏，在游戏中其道德品质会自然流露。

二、文艺复兴运动后的学前教育思想——人性可教

在经历了中世纪基督教将儿童作为"原罪"生灵的黑暗时期后，从封建制度向资本主义过渡时期，文艺复兴运动所倡导的人文主义思想得到广泛传播，人的力量和精神被高度宣扬，儿童观也相应发生了质的变化。17世纪捷克教育家夸美纽斯提出要尊重儿童，儿童比金银、珍宝更为珍贵，"儿童是无价之宝，是上帝灵魂之所在"，"儿童比黄金更为珍贵，但是比玻璃还脆弱"，[①]是"上帝的种子"，生而具有和谐发展的根基。因此，成人应当尊重和热爱儿童，对儿童进行教育是上帝赋予父母的职责，父母要"殷勤教育你的儿女"。

夸美纽斯根据学生年龄将教育划分为四个阶段，1～6岁儿童应由母亲在家中对其进行教育，人的发展"一切都有赖于开端"，早期教育不仅可以更好地保护儿童，防止不良恶习；儿童在早期获得一些知识也为以后的教育奠定了成功的基础。从振兴国家的角度考虑，儿童作为国家的未来也应及早开始接受教育。夸美纽斯在《母育学校》一书中论述了学前教育的实施。根据夸美纽斯所提出的教育适应自然的原则，母育学校的课程须依循自然的秩序，教育实施要遵循儿童的认识特点，对儿童传授知识须依靠感官进行，"一切知识都是从感官的感知开始"，应把"感官获得的对外界事物的感觉经验作为教学基础"。夸美纽斯曾专门编著《世界图解》一书，以图画教材的形式帮助儿童进行学习。母育学校的主要任务除了对儿童施以道德和虔信的种子，引导儿童虔信上帝，并以榜样和训导方法为主进行道德训练之外，还应通过感官训练对儿童施以实物教育，其中包括自然和社会事物的相关知识，发展儿童智慧。在健康教育方面，夸美纽斯鼓励母乳喂养，并认为良好的母婴关系对儿童发展极为重要。在生理与心理的关系上，他提出"一种愉快的心情就是一半的健康"，成人要尽量让儿童处于愉悦的状态。另外，他指出游戏对儿童身心发展具有重

---

① 夸美纽斯.《母育学校》.转引自姚伟.中外幼儿教育名著解读[M].南京：南京师范大学出版社，2007：34～36.

要意义，因此应给予儿童游戏的自由。

在资本主义制度逐渐取代封建制度之后，资产阶级的教育需求开始为人所重视。英国教育家洛克作为英国新兴资产阶级教育思想的代表人物，在其著作《教育漫话》中论述了绅士教育的实施，对后世的英国教育产生重大影响。洛克认为儿童天性如同没有痕迹的白板或蜡块，教育者可以对其随心所欲地涂写或塑造。人的发展并非由天赋决定，而是后天教育的结果。“人类之所以千差万别，便是教育之故”，①肯定了教育对人发展的意义。洛克以青年绅士作为教育的培养目标，绅士是“有德行、有用、能干的人才”，必须具备“德行、智慧、礼貌、学问”四种品质。② 他将绅士教育内容划分为体育、德育和智育三个方面。其中，洛克很重视身体健康的重要性，在其著作《教育漫话》中第一句话就是“健康之精神寓于健康之身体”，身体强健的主要标准在于能忍耐劳苦。他坚决反对对孩子娇生惯养，并就儿童体育锻炼、生活饮食、睡眠衣着以及预防疾病等方面给予了许多可行建议。如儿童应多呼吸新鲜空气，多运动，饮食清淡，少用药物，衣服不可过暖过紧以增强抗寒能力等。品德培养方面，洛克认为应重视榜样和示范的作用，父母和教师应对儿童言传身教，树立良好榜样。其次应通过练习及早培养儿童良好的习惯，对儿童应采取说服的形式进行教育，奖惩也应使用得当。智育方面，学问为辅佐品德之用，有助于发展儿童理性，增长处理事务的能力。基于此，知识教育不仅是传授，还要发展儿童的理解能力和思维能力，使其采取正当方法求知，为进一步学习打下基础。在教育内容上，应将现代实用科目与古典科目结合起来，兼顾装饰与实用。在教学方法上，应启发学生的求知欲望，激起其读书兴趣；其次鼓励和培养儿童的好奇心。为了能让学生专心学习，还应培养和保持儿童的注意力。③

三、启蒙思想影响下的学前教育思想——尊崇自然

（一）儿童观

1.“把儿童看作儿童”

在18世纪启蒙思想运动的发展中，教育思想也随之有了革命性的转变，其中最具代表的是法国启蒙思想家卢梭提出的自然教育思想。卢梭在其著作《爱弥儿》中详细论述了自然教育思想，教育应服从自然，尊重儿童天性的发展，“大自然希望儿童在成人之前就要像儿童的样子”，成人应“把儿童看做儿童”。④这在尊重儿童的基础上，也承认了儿童是有别于成人的，具有自己独特的禀赋天性。

2.“教育爱”

瑞士著名教育家裴斯泰洛齐的思想也深受卢梭影响，他认为儿童具有要求发展倾向的天赋和能力，并且儿童的天赋能力能够在教育影响下得以发展。值得一提的是，裴斯泰洛齐提出了对社会上最底层的劳苦大众的儿童应给予“教育爱”。“教育爱”不仅会给教育

---

① 洛克.《教育漫话》.转引自姚伟.中外幼儿教育名著解读[M].南京：南京师范大学出版社，2007：52.
② 洛克.《教育漫话》.转引自姚伟.中外幼儿教育名著解读[M].南京：南京师范大学出版社，2007：53.
③ 洛克.《教育漫话》.转引自姚伟.中外幼儿教育名著解读[M].南京：南京师范大学出版社，2007：57.
④ 卢梭.《爱弥儿》.转引自姚伟.中外幼儿教育名著解读[M].南京：南京师范大学出版社，2007：64.

者带来教育责任感，为贫民教育而努力，而且能使贫苦儿童感受到爱和周围人的情谊，并能解放蕴藏在孩子们身上的天赋和优秀才能。

3. 儿童的发展具有阶段性与连续性

德国幼儿教育家福禄贝尔指出儿童的发展具有阶段性与连续性的特点。人和人性"应当被看作一种经久不断地成长着发展着、永远是活生生的东西，永远朝着以无限性和永恒性为基础的目标"，[①]所以人是发展的，并且人的发展具有连续性和阶段性，前一个发展阶段是后继发展的基础，各个阶段相互过渡，不间断前进。"每一个后续的阶段以一切和个别的生命阶段强有力、完全和特有的发展为基础"，"只有每一个先行的发展阶段上的人充分发展，才能推动和引起每一个后续阶段上的充分和完满的发展"。[②]

（二）学前教育的原则与方法

1. 教育适应自然

卢梭将"自然"称为"原始的倾向"或"内在的自然"，指出教育要适应人的内在自然发展的要求，促进人的身心的自然发展。"大自然希望儿童在成人以前就要像儿童的样子。如果我们打乱了这次序，我们就会造成一些年纪轻轻的博士和老态龙钟的儿童。"[③]因此教育者应尊重儿童的自然天性，成人不必过多干预儿童。基于尊重自然的原则，卢梭认为对于儿童所犯的过失，不必直接去制止或处罚他们，而应让他们在与自然的接触中，体会到自己所犯的错误和过失带来的自然后果，这种教育方法就是著名的"自然后果法"。教育适应自然原则不仅仅是对自然规律和儿童自然天性的尊重，同时也强调了为儿童提供一个自然的教育环境的重要性。教育适应自然作为卢梭教育思想的主旨，为人们提供了教育研究的崭新视野。

福禄贝尔也认为"教育要遵循儿童的自然本性，一切专断的、指示性的、绝对的和干预性的训练、教育和教学必然起着毁灭的、阻碍的、破坏的作用。"[④]他提出应顺应儿童的发展规律对其进行教育，批评了"经常把年幼的人当成一块蜡或一团泥，觉得可以任意把它捏成一样什么东西"的教育方式。同时，教育要根据儿童发展的阶段性和连续性进行——"因为只有每一个先行的发展阶段上的人充分发展，才能推动和引起每一个后续阶段上的充分和完满的发展。"[⑤]福禄贝尔反对教学中的跳跃性发展，反对脱离儿童的发展阶段给儿童规定训练目标。"把人的各个时期继续不断的发展划分为截然不同的界限，并在其中分出若干固定部分，不注意经常持续的发展、活生生的联系、内部生长发展的本质，那是非常有害的。"[⑥]

2. 教育心理学化

裴斯泰洛齐是教育史上首位明确提出"教育心理学化"口号的教育家。"教育心理学化"是指教育活动应按照符合心理学的发展方式来培养人的行为能力，并通过进行心理训

---

① 福禄贝尔.《人的教育》.转引自姚伟.中外幼儿教育名著解读[M].南京：南京师范大学出版社，2007:95.
② 福禄贝尔.《人的教育》.转引自姚伟.中外幼儿教育名著解读[M].南京：南京师范大学出版社，2007:96.
③ 卢梭.《爱弥儿》.转引自姚伟.中外幼儿教育名著解读[M].南京：南京师范大学出版社，2007:64.
④ 福禄贝尔.《人的教育》.转引自姚伟.中外幼儿教育名著解读[M].南京：南京师范大学出版社，2007:95.
⑤ 福禄贝尔.《人的教育》.转引自姚伟.中外幼儿教育名著解读[M].南京：南京师范大学出版社，2007:96.
⑥ 福禄贝尔.《人的教育》.转引自单中惠.西方教育思想史[M].北京：教育科学出版社，2007:263.

练来发展认识能力。“教育心理学化”是裴斯泰洛齐在吸收卢梭自然主义教育思想基础上得出的新的教育原则。裴斯泰洛齐试图找出人类智力发展的规律,并将其作为“普遍心理学化的教学方法的可靠的线索。”教育心理学化对教育目的、教学内容选择和教学原则及方法都有相关要求。教育心理学化要求教育目的选择应基于儿童本性发展的自然法则,使人的内在能力得到培养和发展。裴斯泰洛齐认为“感觉印象是一切知识的绝对基础”,人的认识过程是从混乱到确定,从明白到清晰的过程,教学应将知识课堂的最基本部分灌输到人的心灵中去。基于此,在教学方法上,裴斯泰洛齐提倡采取直观教学的方法,教学呈现给学生的印象必须直观、明确易懂,将感觉印象最基本的属性教给儿童。同时,教学还应循序进行,适合人类本性和心理学的原则,“在一切学科中尽力循序渐进地安排知识结构”,为儿童提供的印象应有顺序的与儿童能力发展的开端及进程保持同步。

(三)学前教育的内容

1. 保育与感觉教育

卢梭根据儿童成长的不同阶段论述了各个时期教育内容的重点。婴幼儿时期(0～2岁)的教育主要以身体养护和锻炼为主。婴儿期的特征是软弱,需要人保护,并且婴儿身体柔韧,因而易于活动,容易接受锻炼。所以,这一时期教育的主要任务是促进婴儿身体的健康发育。首先应为孩子提供适宜生长的健康环境,即自然的乡村环境,因为乡村能提供洁净的空气和天然的成长环境。饮食方面,要求保持自然口味,饮食应简单。衣着上应宽松,反对用襁褓束缚婴儿,以便其身体自由活动;穿衣不应过厚,以养成其适应天气变化的能力和抵抗力。总之,卢梭反对儿童的娇生惯养,以“锻炼他们的体格,使他们能够忍受酷烈的季节、气候和风雨,能够忍受饥渴和疲劳”。[①]

儿童期(3～12岁)主要进行感觉教育。由于在儿童期孩子的身体活动能力和语言能力都发达了,感觉能力也开始发展,但仍旧处于理性睡眠期,因此在进一步发展儿童体力的同时,将感觉教育作为教育的主要内容。首先应发展儿童的触觉,其次是视觉和听觉。卢梭还列举了相应方法,如通过练习发展触觉,通过绘画发展视觉,通过听音乐、学说话和唱歌来发展听觉,并主张儿童通过自我实践在经验中学习。由于儿童期的孩子尚处于“理性睡眠期”,这一时期儿童不应直接进行智育,更不要强迫其去读书。

2. 要素教育

要素教育理论是裴斯泰洛齐“教育心理学化”思想在教育内容选择上的具体体现。裴斯泰洛齐指出“要素方法的问题,就是如何使人的才能和能力的培养与大自然的顺序一致。”[②]他认为复杂的感觉印象建立在简单要素的基础上,简单要素的掌握有利于对复杂感觉印象的掌握。教育须从人类知识最简单的要素开始,用所有事物的最基本形式给儿童以深刻印象。在各个学科的教学中,体育的任务是通过身体锻炼发展儿童身体的力量和技巧,体育最简单的要素是各种关节的运动。关节活动既是儿童体力发展的基础,也是进行体力活动和体育练习的要素。儿童应从小习惯于各种关节的运动,从简单动作逐渐扩展到全身的、更为复杂的动作。四肢的基本练习必须与感觉的基本练习协调起来,并与思

① 卢梭.《爱弥儿》.转引自姚伟.中外幼儿教育名著解读[M].南京:南京师范大学出版社,2007:67.

② 《裴斯泰洛齐教育论著选》,第411页.转引自单中惠.西方教育思想史[M].北京:教育科学出版社,2007:194.

维的机械练习和形数教学的练习协调起来，从而使体力与智力协调发展。德育最简单的要素是儿童对母亲的爱，儿童在产生了对母亲的爱以后，逐渐将爱扩大到其他家庭成员。随着儿童生活范围的扩大，进而扩大到对周围人的爱，再扩大到对所有人、全人类的爱，并由此意识到自己是人类社会的一员。他特别强调母亲在德育中的作用，“母亲的影响是引起爱和忠诚的开端的自然途径。”[①]智育通过数目、形状和语言三个最简单的要素来实现。儿童通过计算来掌握数目，通过测量来认识形状，通过说话来学习语言。其中，数目最简单的要素为“1”，从1到其他数目；形状最简单的要素为“直线”，再到各种几何图形；语言最简单的要素为语音，从发音、拼音，继而到词和说话。

3. 以游戏和作业为主的幼儿园教育内容

1840年，福禄贝尔将自己在德国勃兰根堡开办的一所招收3～7岁幼儿的教育机构正式命名为“幼儿园”(kindergarten)，这也是世界上第一所幼儿园。

福禄贝尔认为婴儿期主要进行“保育”，对婴儿进行照顾和保护身体健康。婴儿期是“吸吮”的时期，是在自然中接受纷繁多样的事物到自身中、变外部为内部的时期，主要发展其身体、感官及四肢运用。因此，在婴儿期身体的发展占主要地位。而在幼儿期，对儿童的关注应较少注意于身体，较多注意于心智。福禄贝尔认为游戏是幼儿生活的重要组成部分，是幼儿自我表现的最高形式。他高度赞赏了游戏对于幼儿成长的意义。幼儿期的游戏是“内在本质的自发表现”，是“整个未来生活的胚芽，因为整个人的最纯洁的素质和最内在的思想就是在游戏中得到发展和表现的”。[②] 游戏“是创造性的自我活动和本能的自我教育”，儿童“在这些游戏中得到充足滋养的不仅仅是身体的，或者说肉体的力量，而且也在不断增长地、肯定地、可靠地显示出精神和道德的力量”。福禄贝尔认为游戏必须是有目的的活动，并主张对儿童游戏应进行合理的指导。福禄贝尔在晚年设计了一套名为“恩物”的供儿童使用的教学用品，“恩物”意为是神恩赐给儿童的活动玩具，福禄贝尔认为“恩物”的价值在于帮助儿童认识自然及其内在规律。“恩物”的基本形状是球体、立方体和圆柱体，儿童通过对“恩物”的操作可以循序渐进的认识自然。“作业”作为“恩物”的发展，要求将“恩物”的知识应用于实践，是为幼儿设计的各种制作活动，体现了福禄贝尔关于创造的原则。作业采用木、竹、纸、沙土等制作某种物体，其种类有绘画、纸工、串联小珠、泥塑等。福禄贝尔认为作业不仅可以扩大幼儿对于各种图形的认识，还能培养幼儿对于美的认识，进行美感教育。

四、20世纪以来的学前教育思想——重视经验，尊重差异

(一)儿童观的进步

1. 儿童发展是儿童自发、主动的身心共同发展

意大利幼儿教育家蒙台梭利强调儿童发展是身心的共同发展。“儿童不仅作为一种肉体的存在，而且还是一种精神的存在”，儿童发展的过程是一种“实体化”的不断再生的、

---

① 《裴斯泰洛齐教育论著选》，第416页. 转引自单中惠. 西方教育思想史[M]. 北京：教育科学出版社，2007：196.

② 福禄贝尔.《人的教育》. 转引自姚伟. 中外幼儿教育名著解读[M]. 南京：南京师范大学出版社，2007：98.

连续的自然过程，所谓"实体化"就是生理和心理的正常发展。蒙台梭利针对儿童发展提出了一系列崭新的概念。首先，"儿童的发展在 0～3 岁为"心理胚胎期"，是儿童心理发展的奠基时期，在这一时期儿童没有有意识的思维活动，只能利用"有吸收力的心灵"和感官感受外界刺激，在与外界的交互作用中获取刺激和信息，逐渐形成自己适应环境的能力。其次，儿童心理是一种"有吸收力"的心理，所谓"有吸收力"是指儿童具有下意识的感受能力，"利用他周围的一切塑造了自己"，①积极地和有选择地从外部世界中进行吸收，成为他心理的一部分。并且，在儿童发展过程中会出现各种"敏感期"。敏感期是指"生物在其初期发育阶段所具有的一种特殊的敏感性。"②儿童心理发展会经历各种敏感期，例如秩序的敏感期、行走的敏感期、手的敏感期等。敏感性是一种暂时的倾向，仅限于获得一种特殊的品质。一旦获得某种品质或特性，这种特殊的敏感性将会消失。"当这个敏感期泯灭之后，人们心智上的进步，就只能通过思维的加工、主观的努力和不倦的研究才能取得"。③敏感期的儿童会具有特别的感受性，对一些品质或技能的学习会更加轻松。敏感期是儿童学习的最佳契机，错过了敏感期的学习将会对儿童造成不良后果，造成儿童心理的紊乱或扭曲。

2. 从儿童中心到儿童、教师、家长三中心

在传统的教育教学中，教师一直处于主导地位。美国哲学家、教育家杜威则提出教育应以儿童为中心进行的观点。杜威认为教育过程是儿童和教师共同参与的过程，也是儿童和教师真正合作和相互作用的过程。教育的重心应转移到儿童自身，教育的一切措施应围绕儿童为中心组织。在学校生活中，"儿童是起点，是中心，而且是目的。"④教育以儿童为中心的观点是传统教育思想与新教育思想的重要分界点，儿童在教育中的地位得到强调，教育活动开始围绕儿童的发展和需要进行组织。瑞吉欧教育理念在吸收杜威教育思想的基础上，提出了"儿童是与成人及其他儿童紧密联系在一起的"，瑞吉欧的教育工作者尊重儿童但摒弃绝对以儿童为中心忽略教师作用的放任式教育，强调儿童与教师、成人一起游戏、工作、交流、思考，儿童在与他人合作的社会化气氛中获得各种经验。从以儿童为中心组织教学到强调儿童在与教师、家长的互动中接受教育，不仅使儿童在教育活动中的地位得到更加合理的尊重，也使儿童在一个更加生态化的教育情境中得到发展。

3. 尊重儿童差异

瑞吉欧教育机构的创办人马拉古齐用"儿童的一百种语言"⑤来形容儿童表达自己和对世界的认识是独特、多样的，体现了人们对儿童个性、权利、特点的承认和尊重。马拉古齐曾说："我们认为儿童有着丰富的潜能，他们很强大，有力量，有能力。"瑞吉欧的教育工作者将儿童看作是社会一份子，是主动的学习者，具有巨大的潜能，富有好奇心、创造性和可塑性，并有学习和探究的欲望。

---

① 蒙台梭利.《有吸收力的心灵》. 转引自吴式颖. 外国教育史教程[M]. 北京：人民教育出版社，1999：487.

② 蒙台梭利.《童年的秘密》. 转引自姚伟. 中外幼儿教育名著解读[M]. 南京：南京师范大学出版社，2007：140.

③ 同上.

④ 《杜威教育论著选》，第 79 页. 转引自单中惠. 西方教育思想史[M]. 北京：教育科学出版社，2007：459.

⑤ "儿童的一百种语言"意指儿童有权利而且也有能力运用除口头、文字语言外的诸多种方式，用各种材料去认识他周围的世界，表达自己的思想、情感。

美国心理学家加德纳基于智能多元的观点，提出："每个孩子都是一个潜在的天才儿童，只是经常表现为不同的方式"。他将智能定义为"在特定的文化环境下或社会中，解决问题或制造产品①的能力。"②人具有多种智能，基本的七种智能包括：语言智能、数学逻辑智能、空间智能、音乐智能、身体运动智能、人际关系智能和自我认识智能。同时，人与人的差异主要在于每个人所具有的不同智能的组合，"几乎具有任何程度的文化背景的人，都需要运用多种智能的组合来解决问题"。③ 所以，人与人之间不存在智能的高低问题，只存在学习类型或智能类型的差异。

（二）学前教育观的革新

1.教育应促进儿童自由发展

促进儿童发展这一教育功能的强调由来已久，但教育如何促进儿童发展，是依靠教师权威强制儿童接受教育，还是对儿童采取放任态度？蒙台梭利在对儿童发展提出创新性概念的基础上，提出了教育的基本目的应是促进儿童自由的发展。这不仅是对儿童发展主动性和自发性的肯定，也是教育价值取向的一种更新和革命。为了更好地促进儿童发展，蒙台梭利提出教育的基本目的应是认识并解放儿童，让儿童更加幸福的生活，并为儿童日趋成熟时提供必不可少的帮助，这意味着必须有适合儿童成长的环境。儿童的一切教育都应指向于帮助孩子的身心健康发展，教育的基本任务是"使每个儿童的潜能都能在一个有准备的环境中得到自我发展的自由"④。

2."教育即生活"

"教育即生活"是杜威对教育本质的基本观点之一。根据杜威的实用主义经验论，存在即是经验，经验包含主动因素和被动因素。在主动方面，经验就是尝试；在被动方面，经验就是经受结果。在杜威看来，没有真正有意义的"经验"，也就没有学习，所以人是从经验中学习的。从实用主义经验论出发，"教育就是经验的改造或改组。这种改造或改组，既能增加经验的意义，又能提高指导后来经验进程的能力"。⑤ "教育是在经验中，由于经验和为了经验的一种发展过程。"杜威后又将其认识概括为"教育是以经验为内容，通过经验，为了经验的目的。"⑥基于教育是经验的改造这一认识，杜威进一步阐释了对教育本质的认识。

杜威有关教育本质的基本观点主要有"教育即生活"和"学校即社会"。杜威认为"生活就是发展，而不断发展，不断生长，就是生活"⑦，"生长就是生活的特征，所以教育就是生长。"⑧"没有教育即不能生活。所以我们可以说，教育即生活。"⑨教育是一个经验不断改

① 所谓文化产品的创造，就是能够针对某一特定的目标，找到通向这一目标的正确路线。

② 爱德华·加德纳.《多元智能》。转引自姚伟.中外幼儿教育名著解读[M].南京：南京师范大学出版社，2007：375.

③ 爱德华·加德纳.《多元智能》.转引自姚伟.中外幼儿教育名著解读[M].南京：南京师范大学出版社，2007：377.

④ R.C.俄勒姆.《今日蒙台梭利》.转引自吴式颖.外国教育史教程[M].北京：人民教育出版社，1999：490.

⑤ 《杜威教育论著选》，第159页.转引自单中惠.西方教育思想史[M].北京：教育科学出版社，2007：454.

⑥ 杜威.《经验与教育》，1963年英文版，第29页.转引自单中惠.西方教育思想史[M].北京：教育科学出版社，2007：454.

⑦ 《杜威教育论著选》，第154页.转引自单中惠.西方教育思想史[M].北京：教育科学出版社，2007：455.

⑧ 《杜威教育论著选》，第158页.转引自单中惠.西方教育思想史[M].北京：教育科学出版社，2007：454.

⑨ 《杜威三大演讲》，上海泰东图数据1934：3.转引自单中惠.西方教育思想史[M].北京：教育科学出版社，2007：454.

组、改造和转化的过程，是儿童现在生活的过程，而非将来生活的预备。因此，教育应该给儿童提供保证生长或充分生活的条件。教育既然是一种社会生活过程，那么，学校就是社会生活的一种形式，应呈现儿童现在的社会生活。杜威提出“每个学校都成为一个雏形的社会，以反映大社会生活的各种类型的作业进行活动”①“只有当学校本身是一个小规模的合作化社会的时候，教育才能使儿童为将来的社会生活做准备”。②

(三)学前教育课程观的发展

1.课程应关注儿童的生活经验

基于“教育即生活”的观点，杜威认为学校的“课程计划必须考虑到能适应现在社会生活的需要”，课程内容的选择要在儿童当前的直接经验中寻找，并要有较为详尽、专门而有组织的知识根基。课程选择应与儿童现有生活经验相关，其价值应以服务于儿童生长的各种需要来衡量。课程的起点应是儿童和现在的社会生活经验，而非逻辑顺序。为了使经验具有教育作用，经验必须扩展到教材领域中，延伸到实施的或知识的和观念的教材中去。

2.儿童应在互动情境中构建经验

在瑞吉欧教育理念中，儿童应在互动的情境中进行学习，与教师和成人共同构建经验。瑞吉欧的教育工作者不仅强调儿童在主题探索活动中与教师、同伴的互动，学校与家庭、社区间的互动，还致力于为孩子提供自主构建主客观经验的时空环境，使孩子在相互合作和社会化的气氛中获得主客观经验。为了创设一个适宜儿童与他人互动的环境，瑞吉欧教育工作者“将幼儿学校当作一个完整的生命有机体来看，并且将学校的生活体系扩展至家庭和社区。幼儿学校是一个成人与幼儿可以彼此分享生活与关系的地方，是运转中的结构体，应持续不断地调整自己。”③

3.儿童应通过多种形式获得完整经验

为了帮助儿童获得完整的经验，瑞吉欧鼓励儿童运用多种形式进行认知、表达和沟通，如绘画、雕塑、动作、文字等形式，尤其鼓励孩子运用图像创作等非文字语言。通过让儿童运用多种方式进行认识、表达和交流，利用多种感官去发现和认识事物，以期让儿童获得完整的感觉经验。瑞吉欧幼儿学校最具代表性的教学活动——项目教学活动(Project Work)④正是基于让儿童获得完整感觉经验这一目的而设计的。“项目教学可以通过某一现象的广泛探索，给予幼儿早期经验的认识与对主题的深入了解。”其设计可以“协助幼儿全面地、深入地理解在他们的周遭环境和经验中，值得他们注意的事物和现象”。⑤

(四)学前教育的原则与方法

1.平衡儿童的自由与纪律

蒙台梭利对传统教育方式进行了尖锐的批判，提出教育应给予儿童自由活动的权利。

---

① 《杜威教育论著选》第21,28页.转引自单中惠.西方教育思想史[M].北京:教育科学出版社,2007:454.

② 《杜威教育论著选》第320页.转引自单中惠.西方教育思想史[M].北京:教育科学出版社,2007:456.

③ 卡罗琳·爱德华兹,莱拉·甘第尼,乔治·福尔曼编著;罗雅芬,连式武,金乃琪翻译.儿童的一百种语言[M].南京:南京师范大学出版社,2006:60.

④ 又被译为方案教学活动。

⑤ 卡罗琳·爱德华兹,莱拉·甘第尼,乔治·福尔曼编著;罗雅芬,连式武,金乃琪翻译.儿童的一百种语言[M].南京:南京师范大学出版社,2006:26.

“科学教育学的基本原则应该是儿童的自由——这一原则允许个性的发展，允许儿童天性的自发表现。”[①]在自由活动中，儿童能体验到自己的力量，从而极大地激励自己的发展。在强调自由的同时，蒙台梭利也强调自由离不开纪律。在其开办的幼儿教育机构“儿童之家”里，儿童的自由活动须遵循两条原则：一是儿童的自由以集体利益为限度，不允许干扰和侵犯他人；二是儿童必须按照规定的程序使用教具。因此，儿童的自由实际是一种有纪律的自由。真正的纪律只能建立在自由活动的基础上，“纪律必须通过自由获得”。[②] 自由活动不仅促使儿童个体的发展，而且也有利于形成良好的纪律。自由与纪律通过工作来调和，工作有助于纪律形成和儿童独立性的培养，儿童具有独立性才能有自由；工作有助于儿童意志力的形成，具有意志力才能遵守纪律。澳大利亚教育史学家康内尔指出：“自由、纪律和工作是蒙台梭利为儿童所建造的大厦的三根主要支柱。”通过工作，“儿童完善自己，锻炼自己。随着能力的增长，儿童满足其愿望的自由度也增加了，儿童的自由与纪律是并行成长、相互依赖的”。[③]

2. 利用环境的教育价值

蒙台梭利认为新的教育体系包括三个领域——一个适宜的环境、一位谦虚的教师和一些材料做成的物品。基于其儿童发展的观点，蒙台梭利提出应以某种特定的方式为儿童提供一个“有准备的环境”，并从该环境中提供儿童所需的直接的外部条件。

瑞吉欧教育工作者也认为环境具有教育价值，并十分重视适宜的环境对儿童发展的意义。环境具有教育内涵，不仅指其中包含有教育性讯息，同时还会对孩子的互动经验和建构式学习产生刺激。所以，瑞吉欧幼儿学校的环境设计倾向于将所有与教育相关的事物相结合进行发展。首先，环境可以生成课程，课程可以创设环境。如果环境中的某种要素成为孩子们谈话的热点，细心的教师就会引导儿童和成人讨论这一主题，以确定是否要将这一主题发展为方案。[④] 其次，环境是儿童与儿童、儿童与成人以及儿童与物之间互动的关键性因素。[⑤] “教育乃是由复杂的互动关系所构成，也只有环境中的各个元素的参与，才是许多互动关系实现的决定性关键。”最后，环境具有教学的功能。正如马拉古齐所说：“我们重视环境，因为环境有能力去组织、提升不同年龄的人之间的愉悦关系，创造出美好的环境，提供变化，让选择和活动能更臻完善。而且环境的潜能可以激发社会、情感和认知方面的种种学习”。关于环境创设的价值取向，马拉古奇认为“环境必须是一个水族箱，可以映照出想法、价值、态度以及身处在其中的人们的文化。”对于不同年龄的孩子，环境创设要求也有所不同，尽量符合儿童年龄特征和发展需要。

（五）尊重多元与差异的学前教育评价方法

有关学前教育评价的方法和理论，最具代表性的是基于美国心理学家加德纳提出的

---

① 蒙台梭利.《蒙台梭利方法》，第 71 页.转引自姚伟.中外幼儿教育名著解读[M].南京：南京师范大学出版社，2007：122.

② 同上.

③ 康内尔著.《20 世纪世界教育史》，1978 年英文版.转引自单中惠.西方教育思想史[M].北京：教育科学出版社，2007：403.

④ 屠美如.向瑞吉欧学什么：《儿童的一百种语言》解读[M].北京：教育科学出版社，2002：47.

⑤ 屠美如.向瑞吉欧学什么：《儿童的一百种语言》解读[M].北京：教育科学出版社，2002：48.

“多元智能”理论的教育评价方法。“多元智能”理论指出每种智能都有不可替代的作用，教育评价不应只偏向于评价语言和数学逻辑智能，还应尊重学生智能发展的多样性，因此评价儿童智能的发展应全面考察其各项智能。每种智能的评估应侧重于该种智能所要解决的问题，制定适合不同智能或智能组合的评价。同时，智能与学习的情境化也要求评价应成为学习环境的一部分，评估应在个体参与学习的情景中进行。评估应是持续的、动态的，关心学习的全过程，与课程和教学推进一致，使评估的实施日常化、过程化。并且，评估的主体、内容和方式也是多元的。评估主体不应局限于学生，应由教师、学生及家长共同参与；评估内容不仅包括学生成绩，还包括作品质量等。评估的方式也应以实地评估、口头评估、观察等多种方式进行。

针对幼儿园和小学低年级设计的《多彩光谱》评价项目正是基于多元智能理论而设计的。“‘多彩光谱’项目所要强调的是：每个孩子都和其他人不同，父母和教师都应得到有关孩子的真实记录、描述以及建议，知道什么样的经历和活动才能配合孩子的长处和弱点。”①多彩光谱“象征着每个儿童智能、风格、潜能所表现出的广泛的多样性”，通过有意义的情境下的智能展示，提供不同领域的可操作的材料，让儿童自由探索，评估者观察儿童认知方法和行为方式。其评估内容包括数学、科学、音乐、视觉艺术、运动和社会能力等七大评估领域及其细分的15个评估方面。儿童智能多样性评估材料用一系列涵盖各个领域的、与儿童日常生活联系的学习活动，让儿童真实地完成任务，在此过程中来识别和培养儿童。

基于多元智能理论的学前教育评价方法尊重儿童智能的差异和多样性，其日常化、情境化、动态、多样的评价方式以及贴近儿童日常学习的评估材料都对当前学前教育评价的理论和实践具有借鉴意义。

拓展阅读

不，一百种是在那里。
孩子
是由一百种组成的。
孩子有
一百种语言，
一百只手，
一百个想法，
一百种思考、游戏、说话的方式。
一百种，总是一百种倾听、惊奇和爱的方式，
一百种歌唱与了解的喜悦。
一百种世界，
等着孩子们去发掘；
一百种世界，
等着孩子们去创造；

---

① 加德纳.《多元智能》.转引自姚伟.中外幼儿教育名著解读[M].南京：南京师范大学出版社，2007：385.

一百种世界，
等着孩子们去梦想。
孩子有
一百种语言，
（还多了一百种的百倍再百倍）
但是他们偷走了九十九种。
学校和文化，
把脑袋和身体分开。
他们告诉孩子：
不要用双手去想，
不要用脑袋去做，
只要倾听不要说话，
了解但毫无喜悦，
只有在复活节与圣诞节的时候，
才去爱和惊喜。
他们告诉孩子：
去发现早已存在的世界，
而一百种当中
他们偷走了九十九种。
他们告诉孩子：
工作与游戏、
真实与幻想、
科学与想象、
天空与大地、
理由与梦想，
不是同一国的。

因此他们告诉孩子，
一百种并不在那里。
孩子说：
不，一百种是在那里。
——罗里斯·马拉古齐[①]

① 卡罗琳·爱德华兹，莱拉·甘第尼，乔治·福尔曼编著；罗雅芬，连式武，金乃琪翻译．儿童的一百种语言[M]．南京：南京师范大学出版社，2006．

□ 要点小结

1. 在中国古代学前教育思想中，人们对学前教育价值的认识主要集中在促进儿童和社会发展两方面。

2. 在学前教育内容上，古人认为儿童应行有余力才学文，因此，人们将道德礼仪教育放在首位。我国古代儿童德育内容主要是最基本的洒扫、应对、事长之节等行为礼仪规范；智育方面，古人主张儿童应博习各类知识，并重视学用结合。除此之外，我国古代的胎教和儿童养护理论也有自身特色。古人尤重胎教对儿童发展的意义，将胎教放在正本慎始的位置上；儿童养护方面，人们认为养护儿童应秉承惜爱有度的原则，不溺爱儿童。

3. 我国古代学前教育的原则和方法主要包括教养结合、严慈结合、均爱勿偏、顺导性情、鼓舞兴趣、量资循序、因材施教等。

4. 近现代的中国学前教育思想在特定社会历史条件下呈现出鲜明的时代特征。人们更新了有关儿童的观念和态度，提出应尊重和解放儿童，并从心理学角度阐述了对儿童发展的认识，与之相应的是学前教育观念的转变。当时的教育家依据社会形势提出幼稚教育的目的应包括儿童发展与民族振兴两个方面，幼稚园课程编制应关注儿童实际生活与经验，中国的幼稚教育应朝着机构化、平民化、中国化的方向发展。

5. 外国学前教育思想源于古希腊时期哲学家对儿童和教育的哲学论述。古希腊、古罗马时期，人们通过教育培养合格的公民和贵族，并将学前教育作为整个教育体系的基础阶段。

6. 17 世纪教育家夸美纽斯提出人们应尊重儿童，父母对儿童负有教育的责任，0～6 岁儿童应由母亲在家中对其进行教育。英国教育家洛克提出了著名的“白板说”——儿童天性如同没有痕迹的白板或蜡块，人的发展乃是后天教育的结果。

7. 在 18 世纪的启蒙思想运动中，法国启蒙思想家卢梭提出了对后世教育有深刻影响的自然教育思想。卢梭提出教育应适应自然，人们应“将儿童看作儿童”，尊重儿童身心的自然发展。瑞士教育家裴斯泰洛齐在吸收卢梭自然主义教育思想的基础上提出了“教育心理学化”的主张。作为幼儿园的创始人，福禄贝尔详细论述了幼儿园教育的目的和任务。同时，福禄贝尔高度肯定游戏对于儿童成长的意义，并设计了一套供儿童使用的活动玩具“恩物”，通过各种制作活动——“作业”将“恩物”的知识应用于实践。

8. 进入 20 世纪，外国学前教育思想得到了蓬勃发展。蒙台梭利认为儿童发展具有自发性，是身心共同发展的一种“实体化”过程。儿童心理是一种“有吸收力”的心理，在儿童发展过程中会经历不同的“敏感期”，敏感期是儿童学习的最佳契机。儿童在教育中的地位也经历了从杜威提出的“儿童中心”到瑞吉欧教育理念中提出的儿童、教师、家长三中心的转变。同时，尊重多元与差异的观念进入学前教育思想中，人们开始逐渐接受和尊重儿童之间的差异。对于学前教育本质的思考，蒙台梭利提出教育的根本任务是让儿童能在一个有准备的环境中得到自由发展。杜威从实用主义经验论出发提出了“教育就是经验的改造或改组”、“教育即生活”的观点。在课程设计与组织方面，经过杜威对儿童经验的强调和“从做中学”方法的宣传，人们开始重视经验的价值，在课程组织中更加关注儿童生活经验，并帮助儿童在互动中获得完整经验。在学前教育原则和方法上，蒙台梭利提出了通过"工作"平衡自由与纪律;瑞吉欧教育理念中指出了环境创设对儿童发展的意义。学前教育评价方面,基于多元智能理论的教育评价方法尊重儿童智能发展的多样性,提出应划分不同评估领域,通过儿童在有意义情境中的智能展示对儿童实行动态评价。

□ 学业评价

1. 试述中外儿童观的演变历程。
2. 列举对学前教育产生重大影响的中外教育家,了解其生平及主要贡献。
3. 选择你感兴趣的教育著作深入阅读,并简要评价其思想。

□ 学术动态

• 学习和研究中外学前教育思想的主要目的在于为我们树立科学的儿童观奠定基础,因此有重点地掌握前人的学前教育思想就显得尤为必要。这方面可以参考杜成宪、单中惠主编的《幼儿教育思想史》(人民教育出版社,2008 年)中有关部分。

• 学前教育思想史不同于学前教育学科史或学前教育学的学术发展史。当前,对于中外学前教育思想史的研究已经积累了一些研究成果,但是关于学前教育学科史的研究成果还很少或者说此领域还未引起学界注意和重视,这应该是今后学前教育学加强学前建设研究的一个重要方向。

• 近年来国学热成为大陆文化圈的一个热效应,这个反映在学前教育领域就是大家广为关注的儿童读经现象。怎样运用科学的儿童观去看待和分析这个现象是每一位学前教育学子应该思考的对象。这方面可以参考刘晓东的《蒙蔽与拯救:评儿童读经》(江苏教育出版社,2009 年)中有关部分。

□ 参考书目

1. 唐淑,钟昭华. 中国学前教育史[M]. 北京:人民教育出版社,2000.
2. 廖其发. 中国幼儿教育史[M]. 太原:山西教育出版社,2006.
3. 中国学前教育史编写组. 中国学前教育史资料选[M]. 北京:人民教育出版社,2002.
4. 王春燕. 中国学前课程百年发展与变革的历史研究[M]. 北京:教育科学出版社,2004.
5. 单中惠. 西方教育思想史[M]. 北京:教育科学出版社,2007.
6. 吴式颖. 外国教育史教程[M]. 北京:人民教育出版社,1999.

第四章

幼儿教师及其专业发展

【本章知识结构图】

- 幼儿教师专业化的概念界定
  - 专业与职业、职业的专业性概念界定
  - 教师的专业身份和角色责任的演变
  - 如何看待这些变化
- 幼儿教师专业标准
  - 国内关于幼儿教师标准的讨论
  - 对美国 NAEYC 幼儿教师专业标准的学习
  - 对我国幼儿教师专业标准的启示
- 国内幼儿教师现状分析
  - 幼儿教师的师资队伍
    - 幼儿教师男女比例失调
    - 师幼比不适宜
    - 农村幼儿园教师问题严重
  - 幼儿教师的专业素质
    - 幼儿教师的科学素质
    - 幼儿教师的专业技能
  - 幼儿教师的职业压力
    - 社会因素
    - 职业因素
- 幼儿教师专业发展的路径
  - 幼儿教师的自我促进
  - 幼儿教师的集体学习与合作教研
  - 幼儿园管理行为是促进教师专业发展的动力和源泉
  - 政府对幼儿教师专业发展的推动
  - 关注幼儿教师高质量专业发展的需求

【学习目标】

1. 幼儿教师的职业指的是什么？
2. 幼儿教师的专业指的是什么？
3. 幼儿教师的专业发展是什么？
4. 幼儿教师专业发展有哪些途径？

前面的章节中，我们学习了学前教育的价值取向、理论基础和思想流派等知识。在这一章里，我们就教育中不可缺少的一环——幼儿教师及其专业化——做一些认识。

幼儿教师在学前教育中扮演着重要的角色，幼儿教师的个人认同、角色责任、专业知识以及职业技能等方面是其专业化和专业发展的主要组成部分。本章就幼儿教师专业化以及幼儿教师专业发展的问题进行概念界定和现状分析，并对国外已有的幼儿教师专业标准做出述评，对我国将来制定相关标准得出启示。

第一节　幼儿教师专业化的概念界定

一、专业与职业、职业的专业性概念界定

(一)专业与职业的区别

1. 职业

(1)职业的定义

随着社会的不断发展，人类劳动出现了分工，不同的人群从事不同的劳动。比如，在蛮荒时代，有负责狩猎的人群、采集果实的人群、生火的人群、打仗的人群等等，但这些都是按照性别或年龄形成的自然分工，并不能称之为职业。到了原始社会末期，出现了从农业分离出来的手工业，出现了专门从事经营交换的商业，开始了脑力劳动和体力劳动的分化和对应，人们在社会生活中不得不对社会承担一定的职责，从事专门的业务，并以此区分于其他人，于是职业诞生了。①

现在社会发展迅猛，新兴职业层出不穷，早已不是旧时所说的“七十二行”了。然而，“职业”一词究竟有什么内涵呢？

职业首先要能够给予就业者合理的报酬，满足就业者的生活需要；其次，职业还要赋予就业者一定的社会角色，使其在履行义务和职责的过程中发展个性和才能；另外，职业能够提供就业者体现个人价值的机会和舞台，使其在工作中赢得尊严、光荣、声望和影响力，达到自我实现的目的。②

(2)职业的特征

那么职业应该具有什么样的特点以便人们在了理论上加以辨识呢？《中华人民共和国职业分类大典》将职业的特征概括为五个方面：经济性、技术性、社会性、发展性和连续性。③

所谓职业的经济性，是指经济是职业的目的，从事一定的职业首先是为了获得一定的经济目的，为了满足自己基本的生活消费需要；职业的技术性是指某种职业不是任何人都能从事的，只有具有某项职业所需的专业知识和专业能力才能从事；职业的社会性是指职

---

① 王卫东.教师专业发展探新——若干理论的阐释与辨析[M].广州：暨南大学出版社，2007.

② 同上.

③ 同上.

业是整个社会总体中的一部分，任何一种职业都不可能孤立存在，都要与社会的其他部分相互联系，职业的发展要遵循社会的普遍规律；职业的发展性是指一方面对于职业这个特定的概念来说是不断发展变化的，另一方面，对于从事职业的人来说，当职业满足了其基本的生活需要之后，就有发展的需要产生，职业应该促进从业者的发展；职业的连续性是指职业的发展在不同的阶段具有不同的特征，但不同特征之间是一脉相承的，职业的发展具有继承性。

2. 专业

(1)专业的定义

专业同职业一样，是社会发展的产物。专业作为一种社会现象，最早出现在欧洲，最初的专业也只有牧师、律师和医生。1933 年，社会学家卡尔·桑德斯和威尔逊在《专业》一书中，首次为专业下了定义："所谓专业，是指一群人在从事需要专门技术的职业，是一种需要特殊智力来培养和完成的职业，其目的在于提供专门性的服务。"①

那么，在当代社会中，专业一词应该怎样来界定呢？我们认为，专业就是指，在职业层序中一类因具备一些独特性质而能占据职业层地位的职业群体。

(2)专业的特征

在国内学者的研究中可以看出，一种职业要被认可为专业须具有以下三种特征：

首先，专业具有不可或缺的社会功能。某种专业之所以在社会上出现，就说明社会产生了这种需要，由于不同专业具有专业知识、专业技能的不同，所以从事不同专业的人具有的专业知识和技能是不相同的，因此，专业具有不可或缺的社会功能。

其次，专业具有完善的理论和成熟的技术。完善的理论和成熟的技术是专业之所以存在的首要条件，也是一专业区别于其他专业的基础条件。

最后，专业是具有高度的专业自主权以及权威性的专业组织。

然而我们从社会学的视角下来看，专业又具有以下几点特征：

第一，科学的知识基础或一套专业知识；

第二，利他主义的服务理想；

第三，同业人员的团体。

3. 专业与职业的区别

人们常常把专业和职业混为一谈，其实专业和职业是不同的。

(1)专业区别于一般职业在于它们具有一套科学的专业理论和成熟的专业技能。一般职业无须以高校学习或专门学习为平台获得的理论为基础，只要按照职业的规程行事即可。而专业的复杂性和不确定性决定了专业人员需要在工作中不断进行研究，通过研究来不断提高专业水平。

(2)专业是一种特有的、范围明确的、社会不可或缺的公共服务。普通职业的从业人员一般仅仅把工作作为一种谋生的手段，以营利为主要目的。专业人员在自己的范围内对于其专业行为和专业判断都有责任，并且把高质量的服务看作一种事业和生活方式。

(3)专业是具有约束力的专业规范，包括严格的职业资格标准和有约束力的道德规

---

① 曾荣光. 教学专业与教师专业化：一个社会学的阐释[J]. 香港大学中文学报，1984.

范，以保证专业人员具有专业自主，使专业人员能更好地行使自己的专业知识和权利，而职业往往受到更广泛的公众的监督和指导，缺乏自主性。

（二）专业化

专业化，即职业群体力求实现该专业所具备的独特性质的过程。由此我们可以这样认为，一个职业群体还没有实现其专业所具备的独特性质时，这个职业群体就需要专业化。

然而，国际劳工组织和联合国教科文组织的《关于教师地位的建议》，虽然想赋予教师专业性职业的地位，但并没有断言教师就是专业性职业，而其后许多关于教师的专业化讨论就是在这样的背景下展开的。此章也就将以教师的专业化具体到学前教育领域来做一个深入的探析。

二、教师的专业身份和角色责任的演变

（一）教师专业身份的演变

从教师职业的发展史来看，教师的从业资格经历了一个从低到高、从简到繁、从非专业到较接近专业的变化过程。在教师职业萌芽的原始社会时期，专门的教育还没有出现，担任教育职务的多是一些生产、生活经验较为丰富的部落首领、长者或年龄较长之人。这时的教育内容和“教学法”比较简单，没有“入职资格”的要求，当然也不需要经过什么专门的培训。这一时期可称得上是“能者为师”的阶段。在制度化的学校教育产生以后，文字成了一种最基本的信息媒介，教育的重心由社会转向学校、生活转向文化。所以，教师的入职资格也有了一定程度的提高，即教师至少应具有一定的阅读和书写能力。以后，随着教育内容的日益复杂，对教师入职资格的要求也越来越高了，但在前工业社会时期，总体上对教师的职业要求仍是较低的，教师不需要在任教前接受专门的“师范培训”。这一时期可称得上是“学者为师”的阶段。进入工业社会以后，由于近代普及义务教育和班级授课制的推行，社会对教师的需求急剧增加，同时，人们也越来越深刻地认识到，一个好的教师，不仅需要具备扎实的学科知识，还需要具有一定的教育、教学和管理的技能，这就需要建立专门的教育机构对教师进行培训。20 世纪年代以来直到现在，教师的专业发展受到人们越来越多的关注。这标志着“能者为师”、“学者为师”的时代已一去不复返了，教师职业开始向专业化的方向发展，教师成为需要经过一定的专业训练才能取得任教资格的“专业人员”。

（二）教师专业角色责任的演变

从社会的大背景来看师生关系是人们日常生活中所要面临的基本人际关系之一，它往往反映着当时社会关系的状况。原始社会是教师职业的萌芽时期，当时所谓的“教师”是氏族部落的首领、一些知识经验较为丰富的长者或能人，他们与受教育者的关系是平等的，没有高低贵贱之分。它是原始共产主义的社会关系没有私有制、没有阶级分化的反映。进入阶级社会以来，学校的产生，私有制和阶级分化日益加深，本来平等的师生关系开始倾斜，地位开始失衡，教师相对于学生具有极端的强势地位。教师以“社会的代表”的

身份扮演着“儿童的管教者”的角色，在学生面前拥有“制度性权威”，握有对其进行管理、制裁甚至体罚的权利。学生作为被管教的对象，要绝对服从教师。这种教师管理者角色的出现，是当时阶级对立、等级森严的社会环境的产物，是出于统治阶级的政治需要，即提高社会的代言人——教师的地位和权威，来加强对受教育者的思想灌输。随着文艺复兴、启蒙运动和欧美资产阶级革命的进行，“个性自由”、“民主”、“平等”、“人权”等观念已成为社会的共识。在卢梭、福禄培尔、杜威等一代又一代教育家的倡导和世纪初欧美“新教育运动”和“进步主义教育运动”的推动下，教育过程中的师生关系逐渐由教师中心开始转向“儿童中心”，教师由学生的管教者、主宰者和绝对权威的角色，逐渐转变为“学生的助手、顾问或参谋”。

三、我们如何看待这些变化

（一）知识经济时代的特点与需要，迫切要求教师转变角色，提升专业素养

知识经济的最大特点就是知识的不断创新。这种特点，使人类社会的生存发展从对自然资源的依赖转向对人类自身素质的依赖。所以，教育在培养创新精神和能力方面，肩负着特殊的使命。教育功能所发生的深刻历史变革，必然会体现在教师身上，引起教师角色的变化。道理很简单，创造型的学生只能由创造型的教育和创造型的教师来培养，为了点燃幼儿的探索欲望，唤醒创造潜能，教师必须以支持者、合作者、引导者的角色与幼儿互动、交往，必须创造性地开展工作，以使他们的童年充满快乐，充满探索和发现，充满惊讶、惊喜、兴奋和成功的体验。这种创造性教育要求教师具有相应的角色承担能力，需要相应的专业素养，这样一来，教师还必须成为学习者、研究者，在研究中学习，在学习中成长。

（二）教师的专业成长，是提高幼儿教师职业之社会地位的需要

教师成为“专业人员”，一方面意味着教师的社会地位、经济地位和职业声望得到了提高，另一方面也意味着社会对教师的角色期待，或者说素质要求提高了，意味着一名普通的社会成员要成为一名成功的教师角色扮演者，必须经过比以前更长期、更复杂、更艰苦的专业发展过程。因此，在新形势下，教师要牢记“逆水行舟，不进则退”的古训，树立自主的终生的专业发展的观念，时刻关注社会对自己提出的新的角色要求，不断学习和钻研，形成与新角色相适应的专业素质结构，完成社会的重托，并在辛勤的工作中体验创造的快乐，实现自身的人生价值。幼儿教师专业化的演变，要求教师以儿童的利益高于一切作为行动的原则，要求教师能专业自主，对于教师个人来说，意味着教师能够运用专业知识独立进行判断、抉择。

（三）教师的专业成长，也是教师实现内在生命价值的需要

教师是吐丝的春蚕、是燃烧的蜡烛，这是传统教师职业的魅力。难道教师职业的魅力仅仅在于它的崇高吗？

教师职业的内在魅力，首先在于它是人与人之间心灵的交流，智慧的对话，生命的呼唤。这应该是一项十分具有挑战性的工作，需要教师充分调动自己的聪明才智去研究、去思考、去创造、去自我成长。教师的工作也应该是一种能体验成长欢乐 ——学生的成长和

自己成长——的工作。只是，传统教育的功能定位，使教师的工作降低了它的挑战性和创造性，失去了它原本应该具有的魅力，也使得教师的生命价值难以在教育过程中充分实现。

所以教师要成为“成长者”，这既是现代化社会发展、教育改革对教师的必然要求，也是不断变化的教育对象和不断出现的新的教育问题与需求的必然要求。教师的成长和幼儿的发展是一个连续体，只有教师持续不断的成长发展，成为一个终身学习者，一个“成长者”，才能不断地为幼儿提供有意义的学习经验，从而促进幼儿的发展。

（四）教师专业的一般特点

教师的专业特点，既具有历史遗传的特点，还反映时代变迁的影响。综合来看，当前教师的专业特点主要有：

第一，专业形象的准公共性。教师专业具有为人师表的特点和职能，在社会上是知识分子的典型代表，因此教师的形象受到社会大众的关注，具有准公共性。同时，教师工作的对象是身心正在发展中的未成年人，学生具有可塑性和向师性的特点，这就要求教师必须注意自己的形象。正如加里宁所说：“学生们还处处模仿教师，所以说，教师的时间、他的品德、他的生活、他对每一现象的态度都这样或那样地影响着全体学生。这点往往是不容易察觉的。……正因为这样，所以一个教师必须好好检点自己，他应该感觉到，他的一举一动都处在最严格的监督之下，世界上任何人也没有受到这样的监督”另外，教师在与家长、社区交往时，也要时时接受他们的观察与品评。

第二，专业环境的相对封闭性。教育是社会的一部分，与社会紧密联系，但是在中国的封建社会，由于社会性质的封建性和不平等性，教育成了贵族的专权，学校多以“象牙塔”自居，与大多数人不相干。今天，学校与社会的联系日益紧密，但由于强大的历史惯性和教育自身的惰性，有的教师借高蹈清高为逃避现实之借口，对生机无限的时代发展表现出令人惋惜的冷漠，对新鲜事物的敏锐性和兴趣甚至远远落后于自己的学生。一名永葆教育青春的教师，应该终身保持对于社会的热情和理性思索。

第三，工作绩效的模糊性。个体的发展由于受遗传、环境、教育等多种因素的影响，并且是一个持续不断、相互影响的过程，某一学生在某一时期的发展是否顺利、学业是否优秀，很难说与当时任教教师的工作付出有多少正相关。而且“十年树木，百年树人”也说明教育的功效是长时间的、延迟的，这就要求不能单独的以学生成绩甚至升学率为指标衡量教师的工作业绩，也要求教师必须以超乎寻常的责任心、平常心和耐心投入自己所从事的职业。

第四，师生关系的隐蔽不平等性。虽然法律和职业道德都要求和提倡教师与学生的地位应该是平等的，但是“闻道有先后，术业有专攻”，教师在知识经验和人生阅历上肯定是比学生要丰富的，师生关系具有天然的不平等性。我们一方面要正视这种不平等性，另一方面又需要教师迈出师生关系鸿沟的第一步，主动去拥抱学生，平等地看待学生，意识到学生是将来人类的希望、祖国的花朵。

第二节 幼儿教师专业标准

在学前专业教师的发展历程中，各个时代、各个国家都对其有着不同的标准规范。直至今日，这些标准依旧顺应着社会发展和人们的需要而不断地完善着。众所周知，教师标准规范即对教师发展的要求和发展的目标，就是要求成为什么样的幼儿教师。那么，什么机构来颁布幼儿教师的标准，标准的具体要求是什么，就好比是教师发展道路上的北极星，指引着教师的专业成长。

一、国内关于幼儿教师标准的讨论

目前，我国还没有就幼儿教师的标准这样明确的文字规定，但从《幼儿园工作规程》和《幼儿园指导纲要（试行）》的内容中，我们可以解读出对幼儿教师的种种要求，概括为如下12条：[①]

1.幼儿教师必须了解幼儿身心发展特点并具有依据这些特点进行教育的能力。

2.幼儿教师必须具有对幼儿进行身心保育的能力。

3.幼儿教师必须具有组织幼儿一日活动的能力，包括组织幼儿开展生活活动、教育活动和游戏活动的能力。

4.幼儿教师必须具有创造性地制定教育计划，灵活选择教育内容和教育组织形式，生成课程的能力。

5.幼儿教师必须具有制作游戏材料和教具，创设活动环境的能力。

6.幼儿教师必须具有与幼儿交流、沟通互动，鼓励幼儿相互交流，建立良好的师幼关系和班级同伴关系，形成良好的班级心理环境的能力。

7.幼儿教师必须具有观察了解和评价幼儿的能力。

8.幼儿教师必须具有个别教育和因材施教的能力。

9.幼儿教师必须具有利用生活中的教育资源，在生活中寻找教育契机的能力。

10.幼儿教师必须具有与家长、社区及同伴合作，利用家庭、社区和同伴的教育资源的能力。

11.幼儿教师必须具有综合素养和综合教育的能力。

12.幼儿教师必须会说普通话，有良好的语言表达能力。

二、NAEYC对幼儿教师的专业要求

美国幼儿教育协会（National Association for the Education of Young Children，以下简称为NAEYC）作为一个民间组织，正式成立于1926年。发展至今，已是全球最大的致力于为0～8岁儿童教育与发展服务的综合性机构。它的成员包括家长、学前专业学生、

① 康建琴.幼儿教师专业能力标准框架的初步建构[J].继续教育研究，2007(3).

幼儿教师、幼儿教育项目主管和教育家。协会颁布的很多规则、计划以及鉴定标准对全美地区的幼儿教师和幼教机构有着普遍的规范作用，有的甚至作为大学幼儿教师专业的教材。这里我们重点关注 NAEYC 自 2000 年来颁布的关于对专业教师标准的文献，这些材料为培养专门的幼儿教育工作者提供了科学理论和实践依据，我们亦可以从这些材料中得到许多启示，为我国的幼儿教师专业发展铺平道路。

(一)NAEYC《初级许可证计划》

NAEYC 在 2001 年颁布了《初级许可证计划》(Initial Licensure Programs)对幼儿教师的职前准备在诸多方面提出了要求。概括地说，有如下五方面的标准。[①]

标准 1：促进幼儿的学习和发展。幼儿教师专业学员利用自己对幼儿个性和需要的理解，为幼儿营造一个健康、安全、充满尊重、支持以及挑战的环境，从而在与幼儿的互动中影响他们的学习和发展。

标准 2：与家庭和社区建立关系。幼儿教师专业的学员能够了解并理解幼儿的家庭与社区的重要性以及多元性。通过了解，与家庭建立起充满尊重、互相帮助的关系，支持鼓励所有的家庭成员参与到幼儿的学习和发展的过程中去。

标准 3：对支持幼儿以及其家庭的过程进行观察、建档、评估。幼教专业的学员要能够了解并理解评估的目的、利益和作用，能与家庭和其他专业人员合作进行系统的观察、建立档案、使用有效的评估策略，从而对幼儿的学习和发展起到正面的影响作用。

标准 4：教学与学习。幼儿教师专业的学员能够将其对有效教学方法的理解、计划的设计原则、教学的专业知识和评估经验融入到幼儿和家庭中去，从而促进幼儿的学习和发展。

(1)与幼儿和家庭建立联系。学员了解、理解并使用他们之间建立起来的关系和相互支持互动，并将此作为他们幼教工作的基础。

(2)采用发展的、有效的方法。学员了解、理解并使用许多有效的方法、策略和工具来帮助幼儿的学习和发展。

(3)理解学前教育领域的内容和知识。幼儿教师专业的学员要充分理解到各个幼儿学习领域的重要性。要了解幼儿教育领域的首要概念、查询工具和学科内容结构，并且能够查阅相关资料以深化自己的理解。

(4)设计有意义的课程。幼儿教师专业的学员要能够运用他们自己掌握的知识和其他能够被利用的资源来设计、执行课程，并能够对其作出有意义的评价和提出改良的建议，从而促进幼儿广泛全面的发展和学习。

标准 5：成为专业人员。幼儿教师专业的学员能够确认并引导自己成为早期幼儿教育专业人员。学员要了解并利用道德伦理准则来约束自己在幼儿教育中的实际行为。要持续不断的学习，学员之间是相互协作的关系，从而能在工作上形成知识性的、反思性的、批判性的观点。要在学习知识的基础上提倡和拥护健全的教育实践和政策。

从以上的五个标准中我们可以看出 NAEYC 对幼儿教师的所有要求，包括教师自身

---

① NAEYC. Standards for Early Childhood Professional Preparation：Initial Licensure Programs. 2001：11.

的专业发展，都是围绕着促进幼儿学习和发展展开的。值得一提的是，在“标准 4(3)理解学前教育领域的内容和知识”中，教师对幼儿所接触的各个学科的了解都被作了细致的规定。换句话说，NAEYC 制定了一个幼儿教师的知识标准。

《初级许可证计划》中提到幼儿的学科有如下六个领域①：语言与文学、艺术、数学、体育、科学、以及社会科学。从而制定出了在这六个领域中幼儿教师应具备的知识标准，陈列如下：

1. 语言与文学(Language and literacy)

(1)帮助幼儿探究他们的生活环境，并促进他们对于学习阅读和写作概念的形成、语言经验和语言基础的积累。

(2)发展幼儿在各种场景下和他人的对话交谈能力，包括与成人或同龄人一对一的交谈和小组讨论。

(3)帮助幼儿积累能够反映周围世界的词汇。

(4)利用语言、阅读和写作帮助幼儿加深对文化和学校环境的了解。

(5)帮助幼儿进行阅读和写作，从而巩固他们的技能发展。

(6)运用各种策略帮助幼儿理解故事和文本中的意义。

(7)要同时使用印刷资源和非印刷资源。

(8)帮助幼儿理解印刷的概念，并使他们理解声音、字母，以及声音和字母之间的联系。

2. 艺术：包括音乐、创造性活动、舞蹈、戏剧和美术(The arts: Music, creative movement, dance, drama and art)

(1)使幼儿与他人能做音乐性的互动。

(2)使幼儿能通过有结构的、非正式的音乐游戏来表达自己对世界的理解。

(3)让幼儿歌唱、游戏和创造音乐。

(4)帮助幼儿通过说话、唱歌、活动和弹奏简单的乐器来对音乐的基本特征——节奏、旋律、形式——作出回应。

(5)帮助幼儿通过音乐来表达自己的情绪、矛盾和需要。

(6)聆听各种节奏、模式、流派和蕴含文化背景的音乐，并通过动作表现出他们的所听所感。

(7)帮助幼儿理解和应用艺术的各种媒介、技术和过程。

(8)帮助幼儿建立起视觉艺术与其他学科的联系。

3. 数学(Mathematics)

(1)公平。对所有的幼儿都给予同样的期望和支持。

(2)课程。不仅仅是对各种活动的集合，注重数学知识，并且在不同年级不同水平间进行前后一致的整合。

(3)教学。教师要理解幼儿已经知道的和需要学习的知识，并且全力帮助幼儿掌握。

---

① NAEYC. Standards for Early Childhood Professional Preparation: Initial Licensure Programs. 2001:20—23.

(4)学习。幼儿须在已有的知识和经验上学习和理解新的数学知识。

(5)评估。支持和帮助幼儿学习数学，并提供给教师和幼儿有用的信息。

(6)技术。在数学的教学和学习中技术显得尤为重要，它是一个加强学习的工具。

4. 体育(Physical activity and physical education)

(1)有多种多样的、重复但有趣的锻炼形式。

(2)通过成熟的动作技能展示锻炼的进展。

(3)尝试新的活动与技巧。

(4)利用反馈来提高表现。

(5)在体育活动中享受并展现快乐。

(6)应用规则、步骤和安全练习。

(7)组织比赛来提高体育活动的趣味性。

5. 科学(Science)

(1)对幼儿提关于他们身边的事物的问题。

(2)帮助幼儿通过摆弄材料和物体来进行探究。

(3)帮助幼儿对可观察到的特征和属性进行描述、比较、分类以及排序。

(4)利用各种建议的工具帮助孩子扩大观察的范围(如手持透镜、测量工具和滴管)。

(5)帮助孩子尽量理解简单的科学研究，比如作推测、收集和解释数据、了解简单的范例、以及得出结论。

(6)通过多种表现形式记录幼儿的观察、解释和想法。

(7)帮助幼儿与他人合作、分享并讨论想法，并且听取新的想法。

6. 社会科学(Social studies)

(1)地理(Geography)

·让幼儿能够在地图上找到自己的位置。

·让幼儿对自己居住地的地貌特征进行观察，并能够识别那里的地形、水、气候、油、蔬菜和动物。

(2)历史(History)

·利用历史的途径来提出问题、分析信息、得出结论。

·记录并讨论发生在幼儿生活周围的变化，并让他们回想不久之前的情景。

(3)经济(Economics)

·让幼儿意识到“想要”和“需要”之间的差别(理解“缺乏”的概念)。

·发展幼儿对于经济体系的兴趣，认识到制造商品和提供服务的人和单位为社会作出的贡献。

(4)社会关系/公民教育(Social relations/Civics education)

·放弃个人的利益而成为集体的一员。

·发现多元文化中的人们的相似之处。

·学习民主、合作、分享的原则，并学会用投票的方式解决问题。

(二)NAEYC《高级计划》

2002年,NAEYC推出了《高级计划》(Advanced Programs),相当于是在2001年的《初级许可证计划》基础之上对幼儿教师专业学员的高一级的要求。其内容除了对《初级许可证计划》中的基本标准进行了重申之外,还对幼儿教师在教学时应具备的各种能力进行了具体说明:①

1. 文化能力。高级计划的学员应表现出对各种文化、语言和民族的高层次的认知以及回应能力。

2. 伦理原则的知识和应用。高级计划的学员应该表现出对于NAEYC道德行为守则和其他指南中专业知识的深度理解和恰当的运用。

3. 沟通技巧。高级计划的学员应具备高水平的口头和书面的表达能力以及专业化的交流技术。

4. 对有关理论和研究的掌握。高级计划的学员应具备对专业角色和对重点领域的重要知识有深入的了解。

5. 识别和使用专业资源的技巧。高级计划的学员应在人力屋子的使用方面有着娴熟的技巧,从而帮助自己塑造专业角色、确保自己的专业知识与时俱进。

6. 调查技能和研究方法的知识。通过使用系统的、专业认可的方法,高级计划学员展示他们对有关时间和专业目的的调查能力和询问技巧。

7. 合作、教学和指导的技能。高级计划的学员应具备在与他人合作和有效的工作中所需要的综合性的、多种多样的技能。

8. 宣传技能。高级计划的学员应具备阐明和倡导促进所有幼儿积极发展和学习的良好而专业的幼儿教育以及公共政策的能力。

9. 领导能力。高级计划的学员对他们的能力和机会进行战略性的反思,从而建立共识、创造改变,并对儿童、家庭和专业有良好的影响。

这些能力上的要求无疑使教师专业发展的道路想得更为清晰。不仅如此,幼儿教师在道德行为上应有的操守也被纳入了标准的内容。

(三)NAEYC《副学位计划》

2003年的《副学位计划》是在先前的《初级许可证计划》和《高级计划》的基础上建立的,它对于幼儿教师专业的学员如何获得更高一级的学位给予了明确的标准。其中,幼儿教师应该掌握的专业技能被尤为强调。如下:②

1. 自我评估和自我倡导的技能(Skills in Self-Assessment and Self-Advocacy)

2. 对基础概念的掌握与运用的技能(Skills in Mastering and Applying Foundational Concepts from General Education)

3. 书面的与口头的沟通技能(Written and Verbal Communication Skills)

---

① NAEYC. Standards for Early Childhood Professional Preparation: Advanced Programs. 2002: 11.

② NAEYC. Standards for Early Childhood Professional: Associate Degree Programs. 2003: 20.

4. 连接已获得知识/经验与新的学习的技能（Skills in Making Connections between Prior Knowledge/Experience and New Learning）

5. 识别和使用专业资源的技能（Skills in Identifying and Using Professional Resources）

(四)NAEYC《伦理行为规范守则与承诺声明》

2005年，NAEYC的《伦理行为规范守则与承诺声明》(NAEYC Code of Ethical Conduct and Statement of Commitment)对幼儿教育工作者应具有的主要价值观念、道德操守等作出了明确细致的要求。

这份守则为每天都要参与幼儿保育和教育的工作者们提供了工作中责任行为的标准并且提出了解决问题的基础。这些道德行为标准是以对下列核心价值观的保证为基础的：①

· 把儿童阶段当作人生中最宝贵的和独特的阶段来欣赏。
· 把工作建立在如何让儿童得到发展的知识基础之上。
· 重视并支持幼儿与家人之间的关系。
· 认识到儿童了解家庭、文化②、社区和社会的最好途径。
· 尊重每一个人的尊严、价值和唯一性（包括儿童、家庭成员和同事）。
· 尊重儿童、家庭和同事的多样性。
· 认识到儿童在和成人以隐忍和尊重为基础的关系中才能充分发挥潜力。

不仅如此，该守则对幼儿教师的专业职责提出了一个分为四个部分的框架，每个部分都是基于一种在专业上的人际关系：1. 与儿童的关系；2. 与家庭的关系；3. 与同事的关系；4. 与社区及社会的关系。基于这四种关系，幼儿教师们需要保持各种道德原则以约束行为，在遇到两难抉择时能作出有良心的选择。③

可以看出，美国幼教协会不仅对幼儿教师需要具备哪些专业素养、普通知识规定了明确的标准，还十分看重幼儿教师应具有的个人价值观——无论如何，具有反社会心理的学员不管再优秀也是无法引导幼儿健康成长的。

三、对我国幼儿教师专业标准的启示

NAEYC制定的一系列标准，规范着幼儿教师的专业素质。这种以具体条款的形式呈现的规范是我国尚未采用的——目前没有任何一种在全国普遍适用的对幼儿教师的知识、能力、道德和行为存在权威约束力的规范。然而，我们可以从NAEYC的标准中得到一些启示。

---

① NAEYC. Code of Ethical Conduct and Statement of Commitment. 2004：1.

② 原文注：文化一次包含着深刻影响每一个儿童的发展及其与世界联系的因素，比如：族裔、种族身份、经济水平、家庭结构、语言、宗教和政治信仰等。

③ NAEYC. Code of Ethical Conduct and Statement of Commitment. 2004：1.

(一)幼儿教师的普通知识标准

幼儿教师就只用会唱歌、跳舞、带着孩子们做游戏就够了吗？知识教学在幼儿园中不存在吗？当然不是。“幼儿教师应具备的普通知识”作为一个衡量其是否称职的标准在NAEYC被坚持着，并在全美普遍地被应用。这是对学前教育中知识教学的肯定。

那么，幼儿教师应该具备什么样的知识？应该让孩子们知道什么样的知识呢？又该以什么样的方式让孩子们获得知识呢？这值得我们深思。

教师具备的知识要能满足儿童的需要、促进儿童的发展。

1. NAEYC中首先提到的就是语言与文学，甚至单独将“文学”的概念提出并与“语言”并列。这告诉我们，教师不但要让儿童了解自己的日常语言，还要将语言运用到文学中去，比如儿歌和故事。换句话说，要让文学融入生活。

2. 孩子离不开艺术。唱歌、舞蹈、绘画等，都属于艺术的范畴。但我们的幼儿教师往往只重视了“教”孩子唱歌、跳舞、画画，而忽视了鼓励孩子自己去创造。创造也是一种艺术，而且是创造艺术的艺术。孩子通过创作反映自己体验的生活、认识的世界。我们能从孩子的创造中了解到他们已经知道的和需要知道的。这对幼儿和教师都十分重要。

3. 数学、自然科学和社会科学。这些知识不管是为了给幼儿入读小学做知识上的准备，还是为了让幼儿从多方面了解自己的生活环境、对世界进行认知。其中值得注意的是，NAEYC有意培养幼儿对于金钱的认知，了解工作、生产、商品等与经济相关的事物，培养幼儿认识金钱以及经济的概念。与世界环境和实际生活接轨，这是该标准的可取之处。另外，NAEYC也专门提到了社会关系/公民教育(Social relations/Civics education)这一门社会科学。学前教育阶段专门把这一项列入了教师应具备的普通知识的范围之内，足以证明他们对公民教育的重视，而这尤其值得我们国家的幼儿教师专业标准的认定借鉴。

(二)幼儿教师的专业技能标准

在2003年的NAEYC《副学位计划》(NAEYC Standards for Early Childhood Professional. Associate Degree Programs)中对幼儿教师应具备的专业技能进行了强调。这是在对教师的知识要求的基础上作出的进一步专业要求。这些技能不单能为幼儿的学习发展营造一个有利的环境，也能促进教师自身的专业发展。这些技能标准的达成是幼儿教师能胜任工作的有力保障。

(三)幼儿教师的伦理道德标准

伦理道德，和知识、技能同样重要，三者缺一不可。如果说，知识是教师专业发展的航船，技能是扬起的风帆，那么伦理道德就是这艘船的舵。缺乏了必要的伦理道德的教师是不能引导幼儿建立起对世界积极的认知，也不能促进幼儿健康、长远的发展。不仅如此，这些伦理道德守则还存在于幼儿与教师、教师与教师、教师与家庭和教师与社会的关系中。一个称职的幼儿教师能为自己建立良好的师幼关系、同事关系、雇佣关系和社会关系，这些关系的良好性无异于促进了幼儿教师自身的专业成长。

我们从现在的我国《幼儿园工作规程》和《幼儿园指导纲要(试行)》中隐含的对幼儿教师的要求作出的一些归纳和对NAEYC的各种标准的梳理中，得到了上述启示。这些解读只是目前国内对幼儿教师专业标准的一种讨论，对将来的幼儿教师专业标准的拟定提供一些建议。然而，启示和讨论绝不止于此，在工作和生活中，教师们的每一次自我审视和每一步专业发展都为幼儿教师专业的标准添加了新的诠释。

热点链接

Standards Summary

Standard 1. Promoting Child Development and Learning

Candidates use their understanding of young children's characteristics and needs, and of multiple interacting influences on children's development and learning, to create environments that are healthy, respectful, supportive, and challenging for all children.

Standard 2. Building Family and Community Relationships

Candidates know about, understand, and value the importance and complex characteristics of children's families and communities. They use this understanding to create respectful, reciprocal relationships that support and empower families, and to involve all families in their children's development and learning.

Standard 3. Observing, Documenting, and Assessing to Support Young Children and Families

Candidates know about and understand the goals, benefits, and uses of assessment. They know about and use systematic observations, documentation, and other effective assessment strategies in a responsible way, in partnership with families and other professionals, to positively influence children's development and learning.

Standard 4. Teaching and Learning

Candidates integrate their understanding of and relationships with children and families; their understanding of developmentally effective approaches to teaching and learning; and their knowledge of academic disciplines to design, implement, and evaluate experiences that promote positive development and learning for all children.

Sub-Standard 4a. Connecting with children and families

Candidates know, understand, and use positive relationships and supportive interactions as the foundation for their work with young children.

Sub-Standard 4b. Using developmentally effective approaches

Candidates know, understand, and use a wide array of effective approaches, strategies, and tools to positively influence children's development and learning.

Sub-Standard 4c. Understanding content knowledge in early education

Candidates understand the importance of each content area in young children's learning. They know the essential concepts, inquiry tools, and structure of content areas including academic subjects and can identify resources to deepen their understanding.

Sub-Standard 4d. Building meaningful curriculum

Candidates use their own knowledge and other resources to design, implement, and evaluate meaningful, challenging curriculum that promotes comprehensive developmental and learning outcomes for all young children.

Standard 5. Becoming a Professional

Candidates identify and conduct themselves as members of the early childhood profession. They know and use ethical guidelines and other professional standards related to early childhood practice. They are continuous, collaborative learners who demonstrate knowledgeable, reflective, and critical perspectives on their work, making informed decisions that integrate knowledge from a variety of sources. They are informed advocates for sound educational practices and policies.

［资料来源］NAEYC. Standards for Early Childhood Professional Preparation: Initial Licensure Programs，2001:1.

第三节 国内幼儿教师现状分析

要为幼儿教师的发展找到一条可行的途径，首先要了解当下的幼儿教师在国内处于一种什么样的状态。本节就师资队伍、专业素质和职业压力三个角度深度剖析国内幼儿教师的现状，对下一节提出幼儿教师如何发展指明方向。

一、幼儿教师的师资队伍

截至 2005 年的统计数据，我国的幼儿园教师（包括园长）人数为 84 万，比 1980 年的 41 万翻了一番。[①] 壮大的教师队伍中却存在显著的问题：幼儿教师男女比例失衡、师幼比不适宜、农村幼儿园教师问题多多。

（一）幼儿教师男女比例失衡

1. 幼儿教师男女比例失衡的原因

在我们走访的若干幼儿园中，发现绝大多数幼儿园缺乏男性教师，即便有，也是凤毛麟角。造成这种现象的原因是多方面的。从思想观念方面讲，由于受传统幼教思想观念的影响，至今仍有多数人将学前教育与幼儿保育等同起来，幼儿园教师就被等同为保育员或者保姆。不仅如此，在我们传统的认识中，女教师普遍是耐心、温柔、细心周到，而男教师在这些方面相对欠缺，绝大多数家长更愿意将自己的孩子交给女性幼儿教师来照顾和教育。这些认识就造成很多人想当然的认为，幼儿园教师是女性的“专属职业”，这种观念从思想上阻碍了男性学生投身于幼教事业的决心。所以，男性学生不热衷于做幼儿教师，以至于师范院校幼教专业男性生源不足，招收到的男性学生数量不多，学校培养出来的男性幼儿教师远远低于女性幼儿教师。从教师待遇方面讲，我国大多数幼儿教师没有编制，且教师工资普遍较低，收入没有保障。在相对传统的中国，与男性担当家庭经济重担的角色产生了冲突，这也导致男性学生不愿投身于幼儿教育事业，使幼儿教师男女比例失衡。

2. 幼儿教师男女比例失衡对幼儿的影响

幼儿的成长环境直接关系到幼儿的身体成长和心智发展。幼儿园是幼儿除家庭之外相处时间最长的环境，幼儿教师是幼儿除家人之外相处最为密切的重要他人。幼儿园男女教师比例严重失衡将会对幼儿产生巨大影响。

（1）不利于幼儿的性别角色形成

我们的社会主要是由男性和女性构成的，缺少任何一方，这个社会就会失去和谐。男性的刚强、坚毅和威严，女性的温柔、细心和体贴，对于社会的和谐十分重要。在原始社会，这些普遍的性别特征被作为社会分工的重要标志，直至今日，许多人还会按照自己的性格来择业就业。

美国的心理学家麦克比和杰克林在对已有的男女性别差异的大量研究成果进行综合

① 冯晓霞，蔡迎旗. 我国幼儿园教师队伍现状分析及政策建议[J]. 教育导刊，2007(10).

述评时，得出了以下广为人知的四项性别差异结论：[①]女性的语言能力强于男性；男性在视觉上(空间能力上)优于女性；男性的算数推理能力强于女性；男性在身体上和言语上比女性更富于攻击性。

幼儿正处于性别角色的识别和形成期，不仅需要对女性和男性加以区别，还要在性别优势上加以认识，需要对自己的性别有认同感。这时，男性和女性的特质都应该大量的、自然地呈现在幼儿面前。如果在只有女教师或女教师大大多于男教师的幼儿园中，男性的特征和优势被大量的掩盖，女教师成为单一的模仿对象，这给幼儿(尤其是男性幼儿)的性别角色认同感带来很大的偏差。

(2)不利于幼儿的社会交往

女性教师在与幼儿相处的过程中体现出了温柔、善于沟通的优势；而男性也有权威、果敢的特点。若是在幼儿园中没有男性教师或数量很少的话，幼儿往往只能够模仿到女性的说话、处事方式，并且也只学会到如何与女性相处的方法。而正如我们前面所提到的，这个社会是由女性和男性共同构成的，幼儿在社会中必然会遇到和男性相处的情景。这样就必然会产生幼儿的社会交往能力不够完善的结果。

(二)师幼比不适宜

国家教委在 1996 年制定的《幼儿园工作规程》第二章第十一条中明确规定："幼儿园每班幼儿人数一般为：小班(三至四周岁)二十五人，中班(四至五周岁)三十人，大班(五周岁至六或七周岁)三十五人，混合班三十人，学前幼儿班不超过四十人"。[②] 师幼比以上述班级规模为基础，幼儿园各年龄班应当配备教师 2 名至 3 名。我们按照每班配备 3 名教师的标准来计算(四舍五入，精确到个位)，小班的师幼比应为 1∶8，中班的师幼比应为 1∶10，大班的师幼比应为 1∶12，混合班的师幼比应为 1∶10，学前幼儿班的师幼比应为 1∶13。

根据相关统计数据得知，这样的师幼比在国内鲜少有幼儿园能达标。很多幼儿园开办班级恨不得有多少幼儿报名就收多少幼儿入班，常常一个班有 40 多个孩子，仍然只配备两个教师。所以当我们走访幼儿园时，常常看到幼儿教师一个上午不敢喝水，因为担心在上厕所的短短几分钟里，幼儿们会出现安全事故。师幼比的不适宜不但给幼儿教师们带来更多的不便和压力，也给幼儿们带来了不好影响。幼儿多、教师少，势必造成每个幼儿不能得到教师足够的注意或重视，因为教师的精力是有限的，孩子越多，教师花在每个孩子身上的精力就相对越少。如此一来就可能出现诸如此类的情况：幼儿的语言或行为得不到教师的及时回应；幼儿在活动中的一些"不当行为"会被教师厉声喝止；幼儿的消极情绪不能被教师及时发现和疏导；甚至幼儿家长也得不到与教师之间的积极、主动、友好、有效和充分的交流。

(三)农村幼儿园教师问题严重

2005 年，我国农村专任幼儿园教师有 16.95 万人，占当年全国幼儿园专任教师的

---

① 刘平.幼儿园教师性别结构问题及对策[D].湖南师范大学，2006.

② 幼儿园工作规程.人民日报(在线)-法律法规库-国务院法规.1996.http://www.people.com.cn/item/flfgk/gwyfg/1996/206002199602.html.

23.5%[①]。他们不仅不在国家教师编制之内，工资极低且没有保障，甚至无法享受国家规定的医疗、养老、工伤等基本的社会保险。农村幼儿园教师队伍中存在的主要问题如下：

1.师资力量薄弱

(1)教师整体素养不高。普遍缺乏现代教育知识与理念，与城市教师相比，农村教师学历不高，创新意识不强，科研能力较差，多以传统的教育思想和教育方法为主，缺乏正确的儿童观和教育观，影响了当前的素质教育和新课程改革的推行。

(2)师资渠道不容乐观。由于缺少外出学习、交流和晋升的机会，许多师范院校的毕业生和部分职专幼师毕业生不愿回乡镇工作。乡镇的幼儿园招聘到的幼儿教师往往是一些学历合格、专业不合格的教师，必须进行岗前培训才能适应工作的需要。

2.教师提高自身修养和自我完善的意识差

经我们调查，乡镇幼儿教师队伍中存在的最大的问题是缺乏学习，甚至是不学习。相当一部分教师没有读书、看报的习惯。作为教育工作者，不了解新世纪国际教育发展的新理念、新动向，不了解教育政策、教育形式和教育改革的趋势。从客观上讲，绝大多数乡镇幼儿园没有完全摆脱“小学化”的影响，农村家长总是以幼儿认字多少、计算能力强弱来衡量幼儿教师的水平，这就给教师们一种无形的压力。而且教师们大部分人包班、工作量大，回到家里还要忙生产、忙家务，学习的时间非常有限，这种状况导致教师们本来不丰厚的文化底蕴更加薄弱。与此同时我们还发现，教师不重视学习的另一个原因不是没时间，而是没有欲求、没有渴望、没有习惯。我们有必要在幼儿教师队伍中大兴学习之风，让教师们懂得，学习是自身修养和自我完善的一把金钥匙，是教师走上终身学习之路，走进学习化社会的唯一途径。

二、幼儿教师的专业素质

(一)幼儿教师的科学素养

科学素养是衡量一个国家国民素质水平及其在国际竞争方面的能力的重要指标之一，提高国民素质，尤其是全体国民的科学素质已成为世界各国的重要战略。关于中国公众科学素养的问题调查从1992年开始，距今已经进行了6次。进入21世纪以来，我国相继成立课题组对幼儿教师的科学素养进行调查，从调查结果中笔者得出这样的判断：与国外发达国家幼儿教师相比，我国幼儿教师科技素养现状不容乐观，处于相对滞后的水平。

1999年至2000年，贵阳师幼课题组针对贵州省幼儿教师科学素养进行了一次调查，其调查结论为：[②]一是教师队伍趋于年轻化(平均年龄为28.2岁)，有利于其更新教育思想、接受科学知识；二是幼儿教师对科技活动很感兴趣，自身充满信心；三是幼儿教师的科学素养较差、整体科技教育技能仅处于中等水准，实验基地幼儿教师的学历水准偏低。课题组指出被调查的幼儿教师中存在的主要问题是：教师的思想观念落后，教师在教育过程中重视模仿、轻视创造，比较关注传授知识而不是激发幼儿的认识兴趣和探究精神；教师

---

① 冯晓霞，蔡迎旗.我国幼儿园教师队伍现状分析及政策建议[J].教育导刊，2007(10).

② 张剑辉，翟理红，李凤霞.贵州省幼儿教师科技教育素质现状的调查及对策.科学教育网，http://www.sedu.org.cn/n594041/n666805/20169.html.

的理科基础知识薄弱，教师的科研能力有待提高。贵阳师幼课题组的调查基本上反映出我国中西部地区幼儿教师的科学素质的现状。

2002 年，该课题组继续对全国七个省市的幼儿师范学校教师、学生及幼儿园教师的科技素质现状进行了调查。通过对调查结果的分析，一致认为幼儿师范学校教师和学生的科学素质普遍较低，这与幼师长期以来不重视科学教育有很大的关系。幼儿教师科学素质与幼儿科学教育之间不相适应的矛盾日渐突出：一方面，幼儿科学教育对教师的要求越来越高，而另一方面却是幼儿教师的科学素质不尽人意。①

2006 年 11 月，在北京召开的第五届亚太地区传媒与科技和社会发展研讨会上，来自中华女子学院的土练副教授公布了一项针对幼儿教师科学素养的相关调查。调查对象包括幼儿教师和学前教育专业学生共 484 人。结果显示，这两类人群中具备科学素养的比例分别为 2.3%和 3.2 %，高于 2001 年我国公众平均水平的 1.4%，但低于同期大学生和其他专业技术人员的科学素养水平（专业技术人员比例为 6.29%；商业人员比例为 5.81 %；办事人员为 4.7%）。调查还显示，幼儿教师与学前教育专业学生对科技兴趣不大，参与科技活动较少。如在观看电视中的科学节目方面，45.5%的幼儿教师经常观看，6.8%的人从不看；学前教育专业的学生中有 20.8%经常看，4.1%不看；在阅读科普出版物方面，幼儿教师中有 24.3%的人经常阅读，10.8%的人不阅读；学前教育专业的学生中有 12.9%的人经常阅读，19.9%的人不阅读；在观看科普画廊方面，幼儿教师中根本没看过的人有 28.6%；学前教育专业的学生中，没有看过科普画廊的达 43.4%，经常看的仅为 4.7%。总的来说，幼儿教师的科学素养水平较低，提升幼儿教师科学素养成为当下之际的重要问题。②

（二）幼儿教师的专业技能

我们在第五章的第二节向大家展示了国外诸多对于幼儿教师专业技能方面的标准和要求。虽然我国目前对于幼儿教师的专业技能没有一个明确的标准，但毋庸置疑的是，幼儿教师的确应当具有针对幼儿保育和教育工作以及与幼儿和幼儿家庭沟通相处的独特技能和能力。

然而，很多幼儿教师对专业技能的认识还停留在弹琴、跳舞、唱歌和绘画上。这是不全面的。他们忽视了观察幼儿的能力、为幼儿创设有利环境的能力、与幼儿和幼儿家庭沟通交流的能力，等等。如此不全面的认识容易导致教师们片面地将“幼儿教育”与“给幼儿上课”等同起来，而忽略了还需要与幼儿和谐相处以促进他们健康的发展。

三、幼儿教师的职业压力

幼儿教师的职业压力是指在幼儿教育这一特殊的教育职业环境中威胁性刺激持续作用而引起的幼儿教师一系列的生理、心理和行为活动改变的一种紧张状态。适度的职业压力是必要的，不但可刺激人奋进，而且能够扩展职业生存和发展的空间；而过度的职业

① 王素菊.我国幼儿教师科学素养现状分析综述[J].当代学前教育，2007(5).

② 张宪.幼儿教师的科学素养履待提高[N].工人日报，2006 年 11 月 9 日.

压力则会使人产生生理、心理以及行为失调的反应，从而影响到个体身心和职业的健康成长和发展。据国外最新调查表明，教师职业所带来的公众压力多于其他行业的人。有调查显示：[①]幼儿教师职业压力总体上处于一般状态，认为没有压力者占总调查人数的2%，认为压力较小的占总调查人数的13%，认为压力中等的占总调查人数的57%，认为压力较大的占总调查人数的27%，认为压力极大的占总调查人数的12%。

幼儿教师的职业压力有如下七个主要来源：待遇环境、个人能力、人际关系、角色任务、外部期望、学生因素、工作职责。在这一节中我们主要谈到的是影响幼儿教师职业压力的社会因素和个人因素，也就是外部期望和角色人物。[②]

(一)社会因素

社会因素主要包括幼儿教师生活、工作的大环境，包括家长的态度和要求、社会声望、和教师个人家庭因素。

(1)家长的态度和要求方面：60%的幼儿教师都感到，很多家长把她们看作带孩子的保姆，尊重她们并非发自内心。可见，幼儿教师的保教工作并没有完全被家长和社会认同，长此以往，幼儿教师对于自己职业社会地位的认识也会受到影响。

(2)社会声望方面：从问卷调查结果显示：一半还多的幼儿教师觉得社会的新要求与高期望对她们产生了很大压力。虽然社会期望给幼儿教师带来了压力，但在向别人介绍自己时，86%的教师还是以自己是一名幼儿教师为荣。可见幼儿教师自身觉得这一职业的社会声望还是高的，她们的职业自豪感也较强。

(3)教师个人家庭因素方面：49%的幼儿教师觉得家人对她们的工作是十分支持和理解的。但是151名有子女的幼儿教师样本中，高达34%的人认为，从事幼教工作，使得对子女耐心不够，关心不足，所以很容易导致她们的内疚感。可以认为，家人给予幼儿教师很多的理解和支持，可以使他们的职业压力有所降低。

(二)职业因素

幼儿教师这个职业有很多需要负担的工作，其中主要让幼儿教师感到担忧的就是保教工作和幼儿在园的安全问题。

(1)保教工作负担：这是幼儿教师一个非常值得重视的压力源。近90%的幼儿教师都认为幼儿园的工作过于琐碎，并有身心疲惫的感觉，但仍然有17%的幼儿教师不同意或者很不同意；87%的教师每天都要处理许多杂事，甚至加班，但仍然有26%的觉得不同意或者很不同意；其中最沉重的负担是孩子太多，班额过大，82%的教师觉得班额过大严重影响自己的各项工作。

(2)幼儿在园安全。教师对这一因素的看法比较统一，这一职业的特有因素对幼儿教师的影响是较大的。据相关教育统计数据显示，有89%的教师觉得自己幼儿园有很多措施，用于减少幼儿在外发生事故，但仍然有11%的教师觉得，幼儿在园的安全问题对自己有很多压力。因此，可以认为幼儿在园安全问题是一个普遍的问题。

---

① 王延伟.幼儿教师职业压力及其影响因素研究[D].西南大学，2006.

② 同上.

这一节中，我们分别从师资队伍、专业素养和职业压力三个方面来认识我国幼儿教师目前的状况，这为我们在下一节学习如何进行幼儿教师的专业发展做了准备——抱着解决问题的目的去探究、学习和发展。

拓展阅读

台湾幼儿教师专业基本素养

说明：透过教师的专业知识与素养，以发挥潜移默化的能力，引导与启发幼儿学习的兴趣，并巩固教育的根基。

（一）具备教育学基本素养

1. 具备教育学基本知识，借以指引自我反思及解决教学事务上所面临的困境。

2. 对教育情景保持检讨及反省的态度

（二）关注学生教育机会的公平性

1. 关怀文化与经济弱势以及身心障碍的幼儿，确保其学习主体性与受教权，提升学习效能。

2. 掌握不同文化的内涵，并尊重不同文化群体的价值。

3. 坚持爱的教育信念、敏锐观察幼儿的需求与问题、尊重幼儿的隐私及透过专业与合法的程序，以维护幼儿的权益。

（三）以不同的思维或立场理解教育事件

在进行研究或面对平日教育工作过程中，应经常察觉自己惯常的思维模式，理解其他思考模式的旨趣，并知道各种思考模式对人事物的看法均有其局限。

［资料出处］http://www.docin.com/p－13056472.html

第四节　幼儿教师专业发展的路径

无论是教师接受在职教育培训，还是提高学历层次以拓宽教育性知识视野，还是教学实践的不断改良，教师专业发展的最终目的是改善教师的教育教学行为。但很多幼儿教师的教育教学实践在专业成长中并没有发生相应的变化或变化很小。如何使幼儿教师的专业高质量、高效率地发展是摆在每个幼儿教师和幼教专家面前的一个重大课题。

一、幼儿教师的自我促进

“教师专业发展”主要是针对教师个体而言，它既是目标更是一种价值追求，也是教师由不成熟走向成熟的自主发展、自我超越的过程。

教师的自我发展可以有三个方面的理解。作为教师（而不是医生等其他职业主体）的自我发展，主要看其与别的职业人员的区别、联系；作为教师特质的“自我”的发展，包含价值观、自我意识专业能力、职业精神等方面的发展，它反映出特殊性构成的教师“自我”的教师职业和专业的核心要素。教师自我发展可以表述为教师的“自我”发展；作为发展的发动力量和内在角度意义上的教师的自我发展，是指发展源自内部，区别于外部力量的强逼式的发展，是自己要求和主动进行的。教师自我发展可以表述为教师主动发展、教师自觉发展。①

综合地看，教师自我发展是上述三种意义的整合。具体地说，教师的自我发展是教师自觉、主动地对照新时期的教师职业形象和专业要求，在认同的基础上不断设计自我、改造自我、塑造自我的过程，是教师在认识、平衡自己多种角色基础上的自我选择、自我追求、自我完善的过程。教师自我发展的过程是教师发挥主体作用的过程，是在价值观澄清基础上的自我学习、自我选择的过程，是一种自动自发的过程，因而也是享受发展乐趣的过程。因此，它是教师发展从训练走向自觉锻炼、从控制走向自我选择、从逼迫走向自我加压、从被动走向主动、从低效走向成功的“我要发展”过程。教师置身于这种“我要发展”的环境之中，借助他人和专业工具进行自我诊断，设定发展目标，选择发展的资源，锁定发展的路径，把握获得发展的进程，对自我发展的结果负责。这样的发展是在自我理性控制下的发展，是一种伴随愉悦情感体验的发展，因而也一定会是最为有效的发展。

教师自觉的自我发展是一定环境下的产物。被动和自动、自发和自觉、封闭和开放多种范畴与形态及其转换的教师自我发展，取决于经济刺激、榜样导引、制度约束、培训拉动、舆论影响、文化渗透等多种外在的影响源的作用及其程度。教师的自我发展也离不开作为“普通人”的生命整体状态的其他部分的影响，受个人的背景如父母和家庭背景、价值观、成长环境等影响，也受个人受教育程度、经验、心理特质、生理特质、技能技巧等素质的影响，受原有的个人职业活动经验、专业发展水平、家庭生活状态等多元内在影响因素的制约。当然，也受一些不可预计因素的制约。针对教师自我发展的内外在制约的特性，作为教师归属的组织——学校，就要创造教师的自我发展所需要的学校文化的熏陶、同伴群体的积极影响、工作机制的有效刺激，更要设置专业化的引领和人性化的管理激励，成就教师自我发展的沃土。教师生存的社会环境和管理机制，也是非常重要的环境因素。

二、幼儿教师的集体学习与合作教研

教师合作是提高教师专业发展的重要途径，而幼儿教师的合作也不无例外，幼儿教师应加深对教师合作的定义、价值、影响因素等问题的理解。这些看法和理解未必为幼儿教师本人所意识到，但在教师合作活动中却无时无刻不起着重要的作用，影响着幼儿教师在合作活动中的态度、言语、行为，直接影响到教师合作活动的效果。美国学者戴维·W·约翰逊和罗杰·T·约翰逊认为，团队是成员进行合作的组织形式。② 合作的团队具有以下四个特点：一是互依性，成员之间有较高的互依性，结成相对稳定的群体组织；二是协作性，即成员有共同追求和理想，为这个追求和理想而共同奋斗；三是责任感，即成员彼此负责，追求共同成功，共同对实现团队的目标负责；四是共享性，即共同分享经验成果。

---

① 陈峰．以师为本的教师自我发展的理念与机制——教师自我意识引领的发展[J]．湖南师范大学教育科学学报，2006(5)．

② 戴维·W·约翰逊，罗杰·T·约翰逊著．领导合作型学校(第一版)[M]．唐宗清等译．上海教育出版社，2003：13－14．

合作就是两个或者多个个体互相配合，共同完成某项任务的活动。合作就是一种联合的行动，行动的主体是两个或更多个体或群体，目的是为了达到某一共同的目标，方式是协作、协调。而教师合作就是由两位或者更多教师（或教师与专家）为了达到共同目标而结成团队进行工作，共同发现、探讨、解决所遇到的问题，分享经验和想法，发展并形成新的技能促进专业发展的活动。合作要协调，要分享，自然需要人与人之间的沟通交流，沟通的主要目的是准确地将信息含义传递给团队中其他成员，同时准确地理解其他人传递给你的信息，如何与团队成员进行沟通是团队合作成功与否的一个重要因素。

幼儿教师合作需要通过一定的方式进行，通过对已有研究的查阅和访谈可以发现，幼儿教师合作的方式有以下几种：有组织的年级组、教研组、主题组活动，教师之间非组织性交流讨论，进修学习，专家指导，教师与专家结成的学习共同体，观摩课，新手教师与有经验教师结成的师徒模式。幼儿教师合作有两种途径：一是本园内合作交流，二是园外合作交流。同时充分发挥地区示范园的带头作用，利用本园的资源和实力对片区的其他一般幼儿园教师提供一些交流合作的机会，让更多的幼儿教师能通过优质的教师合作讨论获得更好的发展。幼儿园鼓励教师通过各种组织性的、非组织性的合作方式，与其他教师、研究者进行交流，并对此提供各项必要的场所、时间和资助。教育主管部门也可以进行协调指导（非行政式干预），比如为两个幼儿园搭桥自愿进行对口互助，或者举办非正式的各种观摩讨论交流沙龙等，并提供相应的物质支持，同时对积极参与的优秀教师及幼儿园给予一定的奖励。

三、幼儿园管理行为是促进教师专业发展的动力和源泉

随着新纲要的不断深入，对教师的专业要求越来越高，应对新的教育形势的挑战，引领教师走上专业化发展的道路成为了摆在各幼儿园面前亟待解决的重大问题。然而，就许多幼儿园的目前情况而言，送教师到上级培训机构参加培训主要面临三大问题：一是经费问题无法解决；二是培训学习时间和工作时间有很大的冲突，工作学习矛盾难以解决；三是培训内容缺乏解决教学具体问题的针对性，培训效果难以迅速地转化为教学效益。所以，幼儿园管理就成了促进教师专业发展的源泉和动力。以幼儿园作为培训基地，紧密结合教学工作实际，立足于本职、本岗，立足于教师的专业要求，在教学中研究教学，将培训与教学研究工作紧密结合，开展园本研训，提高教师专业素质。

在幼儿园建立机制，健全园本研训制度。一般而言，没有制度化的规范是无法落实过程的，这是一个人文和制度融合的过程，所以幼儿园建立园本研训制度是落实园本研训的保障。在深入教师调查和广泛征求意见的基础上，制定幼儿园教师园本研训规划，健全幼儿园园本研训工作管理制度等园本研训制度，以制度为保障，落实园本研训过程是前提。通过这些制度对研训活动的各个环节提出具体要求，确保在园本研训中每个环节都不落空、不吊链。幼儿园明确规定园长是园本研训工作的第一责任人，教研组长是具体负责人，把园本研训放到了常规教学管理的重要位置。特别是新纲要实施以来，就要求园长、教研组长首先要得到成长。因为园长、教研组长是靠教育科研指挥课改的，因此，园长、教研组长必须把园本研训作为教学成绩增长点的“催化剂”。

加强园本研训的档案管理。我们建议幼儿园建立教师园本研训档案、把参加园本研训作为教师评优、晋级的重要依据。对没有完成规定培训任务的教师实行经济处罚，且在评先、评优、晋级时实行一票否决制度。为了加强领导、规范管理，使园本研训工作扎扎实实地开展起来。幼儿园还要成立以园长亲自任组长、教研组长为副组长的园本研训工作领导小组，具体负责协调、指导园本研训工作。还要成立以园领导考核组，学科带头人、骨干教师为成员的园本研训指导小组。

建立园本研训的长效机制，形成教师参与研训活动的自觉性。园本研训是滋养一所幼儿园成长的源泉，而且从某种程度上讲幼儿园是靠园本研训谋求发展，教师是靠园本研训迅速成长。所以，幼儿园要把激发教师主动参与研训，让教师把参与研训当成一种自觉行为和内在需要作为前提，充分发挥教师的主观能动性，变“要我学”为“我要学”。因为，只有契合了教师内在需要的研训，才会有市场，而有市场的研训才是大众的研训。这样才有持久的动力，这个动力就是如何把“园本教研”和“园本培训”这个叫了几年的新概念演绎为现实的根本所在，抓住了这个根本，方能造就一批复合型、特长型、科研型的教师。

四、政府对幼儿教师专业发展的推动

发展幼儿教育事业是政府不可推卸的责任。同样，幼儿教师的专业发展也离不开政府的支持，主要表现为建立健全幼儿教师专业发展的政策法规保障体系。虽然我国现有的有关政策法规已经为教师专业发展提供了基本的制度保证，但具体到幼儿教育领域，很多方面的机制不健全、不完善，如职称评定、工资待遇、福利保障、培训进修等方面，尚不能与其他教师享受同等待遇。这种政策法规保障机制的缺失已经对幼儿教师专业发展形成重大障碍。

幼儿教师的专业发展是终生的、可持续的发展，这意味着职前培养和职后培训同等重要，二者应该是一体化的有机整体，而不应该是各自为政的两套体系。以前人们更多地关注了幼儿教师的职前培养，对职后培训重视不够；现在虽然也开始重视职后培训，但与职前培养常常脱节甚至是断裂。这在很大程度上影响了幼儿教师专业发展的可持续性。因此，必须从政策、制度层面构建一体化的幼儿教师职前培养和职后培训体系，促成职前培养和职后培训的有效对接。从本质上说，构建一体化的幼儿教师职前培养和职后培训体系，实际上就是构建一体化的幼儿教师教育体系。一体化的幼儿教师教育应该包含三层意思：一是职前培养、入职教育、职后提高的一体化，即学历教育与非学历教育一体化。实现这种一体化，意味着各种幼儿教师教育机构必须进行整合归并，最终过渡到由大学统一来完成幼儿教师的职前培养和职后培训。二是幼儿教师教育与中小学教师教育一体化。实现这种一体化，有助于幼儿教师与中小学教师在同一平台上获得专业发展，改变长期以来人们把幼儿教师与中小学教师在专业发展上区别对待的错误观念，缩小二者在专业发展上的差距。三是幼儿教育理论研究与幼儿教育实践的一体化。实现这种一体化，意味着幼儿教师教育机构与托幼机构的关系应该是伙伴关系，二者的沟通、合作、交流与碰撞，将极大地提高幼儿教师职前培养和职后培训的整体质量与效益。

五、关注幼儿教师高质量专业发展的需求

高质量的教师专业发展需要运用有关有效教师学习以形成项目设计来增加教师专业知识，从而提高学生的学习表现。[①]

将教师专业发展转化为学生结果(学习成功)。Douglas Reeves 在对 290 个学校的 300 000个学生的质性研究中发现并解释学校是如何失败地实行有效的专业发展，提高学生成就的，发现什么起作用，什么不起作用以及教师、学校领导如何能够提高他们的专业发展实践及其实施。

(一)将专业发展与学生学习相联系

教师专业发展如何影响学生成绩(成就)。教师专业发展是提高课堂教学和学生成就的关键机制。[②] 但由于没有一个一致的专业发展基础设施，专业发展常代表一种“拼凑机会——正式的和非正式的，强制性的和自愿性的，偶然性的和计划性的”。[③]

教师的高质量教师专业发展的缺乏，2001 年“不让一个孩子掉队”法案提出，教师要接受这样的学习机会并大力提供资金支持这类活动的开展。尽管专业发展增强了教师的知识和技能并提高了课堂教学，不完善的设计评价或不充分的实施都可能难以测查来自专业发展的影响。[④] 但是，要想决策者采取措施支持教师专业发展的话，还需要更多数量和高质量的相关研究的支撑，教师专业发展对学生成就的影响研究还要加强。

教师的专业发展方向要与学生的学习需要相联系，与学生的发展方向相联系，特别是要把学生的学习需要作为教师专业发展的指标。使教师经过专业发展、提高以促进学生最优化发展。

(二)以动机和参与增强学生学习：教师对学生的希望越多，学生会获得越多

教师期望效应终究体现为学生的表现。学生是否对教师给予的不平等待遇产生反应，与学生本身的条件因素有关。比如，认知类型属场独立型而非依存型的学生，他不以教师等外界因素作为自我判断和知觉的依据，因而可不大受教师期望的影响；气质类型为抑郁质的学生对教师期望的反应远比胆汁质的学生更敏感。另外，若学生有极强的自尊心和较高的自我评价，他们会不服于教师的不公平待遇，反而自奋自强。此外，有些学生在课外、校外或家庭接受与教师不同的期望信息或待遇，则也会减弱对教师期望的反应。通常活跃于课外兴趣小组、业余体校等的学生，或在非正式团体中扮演“孩子王”的学生，

---

① Julia E. Koppich. The Federal Role in Teacher Professional Development. http://muse. jhu. edu/journals/brookings_papers_on_education_policy/v2000/2000. 1koppich. 12/6/2009

② Ball，D. L，. & Cohen，D. K(1999) Developing Practice，Developing Practitioners：Toward a Practice-based Theory of Professional Development. In G. Sykes&L. Darling-hammonds(Eds.)，as the Learning Profession：Handbook of policy and practice(pp. 30－32) San Francision，CA：Jossey-Bass.

③ Wilson，S. M&Berne，J(1999)Teacher Learning and the Acquistion of Professional Knowledge. An Examination of Research on Contemporary Professional Development. Review of Research in Education，24：173－209.

④ REL News. Review the Evidence on How Teacher Professional Development Affects Student Achievement. http://edlabs. ed. gov/RELSouthwest，2008.

对课堂上教师期望的反应也不甚敏感，教师的低期望对其伤害不大。但是低期望对某些学生如场依存型、抑郁质型学生危害更大，需引起教师的格外注意，对他们的期望宜高不宜低，同时注意培养其独立性，提高其自尊心和自信心，鼓励其参加课外小组活动，发展他们各自的强项，使每人都有出风头的机会，这些都是必要的。

教师要相信每一个学生都有其优秀的一方面，不同学生的智力构成因素是不同的，有的学生可能言语智力占优势，有的可能音乐智力占优势，有的可能运动智力占优势，教师不能因为学生某一个方面差就对学生全盘否定。学生是带着自己的经验世界、知识结构与外界接触的，即使是幼儿园、托儿所的学生他也有自己独特的经验世界，教学不是简单的知识授受过程，知识也不是对客观现实的准确表征，也会随着时代的变化而变化，学生学习知识的过程是在与外界的相互作用、探索中，在原有知识结构的基础上通过同化、顺应来建构新的知识结构。这就要求教师不仅要有丰富的知识结构，同时也必须有与学生互动的能力和指导学生与环境与社会互动的能力。

拓展阅读

幼儿教师任职资格标准

一、幼儿教师的主要职业特征

1.幼儿教师必须接受大学专科以上教育，必须具备丰富的专业知识，懂得儿童的学习是植根于他们自己的各项活动之中的。幼儿教师应精通广泛的教育学专业理论知识，熟练掌握和运用各种教学技能技巧，善于组织“教与学相互影响”的学习活动，以促进儿童理解力的发展。儿童早期教育的课程应根据儿童的兴趣来组织，并使之成为一个有机的整体。因此，各学科教学内容和技能的选择和组织就应与儿童日常生活，儿童与客观环境、伙伴和成人之间的相互影响等息息相关。

2.幼儿教师应该很好地掌握儿童发展的理论并懂得如何将这些理论付诸实践。有关幼儿各方面发育和发展的理论应是幼儿教师学习的重点，尤其应懂得在儿童阶段，社会道德、情绪和个性的发展与认知和智力的发展是不可分割的。促进儿童整体发展，当然还包括儿童的身体发育，这是幼儿教师的责任。

3.幼儿教师必须懂得游戏在儿童身心发展中的重要意义，必须掌握组织丰富多彩的游戏活动所需的技能技巧。游戏是幼儿教育活动中的一个关键组成部分。游戏理论应被看作是教师的综合性、基础性的知识。通过游戏，儿童发展他们的社会道德判断力，提高其社会的适应能力和语言的技能，促进其理解能力由简单向复杂发展，学会承担个人的学习责任。

4.幼儿教师必须懂得家庭是儿童学习和发展的一个基本环节，注意研究家庭的不同结构和价值观，学会与家长合作的各种技能，在家长的配合下提高儿童教育的质量。家长是极为重要的教育合作伙伴。幼儿教师应认识到没有家长的合作，教育的目标是无法全面实现的。家庭教育应被看作是幼儿教育系统的一个重要组成部分。幼儿教师必须具备同家长合作的能力。要提高教育的效果，就必须理解和尊重家庭的文化背景和特殊性。

5. 幼儿教师需要掌握指导和协调与其他成员一起进行教学工作的能力。幼儿教师除了要学会同他人协商合作，制定教育计划外，还要善于不断学习别人的长处，提高自己的专业水平。成功地进行合作，是进行和谐而妥当的教育所必需的。

二、幼儿教师任职资格标准

（从事 0～8 岁幼儿教育的教师）合格的幼儿教师应该被证实具有下列五个领域的有关知识和能力，以及与职业有关的性格、价值观、态度等个性心理特征。

1. 儿童的生理发育、心理发展和学习活动这一组标准要求幼儿教师掌握有关婴儿、幼儿前期、幼儿期和小学期儿童发展的各个领域的理论以及将这些理论综合在一起的途径和方法。它还要求幼儿教师应懂得儿童的学习以及生态环境对儿童的学习和发展具有什么样的作用。进一步讲，幼儿教师还应具备正确地评价来自不同文化背景的身心发展落后的 0～8 岁儿童的发展水平的能力。

具体讲，幼儿教师应具备与下列领域有关的理解力和能力：

（1）幼儿的身体发育的理论，包括胎儿期、新生儿期、婴儿期、幼儿期和小学初期的儿童的不同的生理特征和行为方式。

（2）幼儿的认知发展理论，包括儿童的早期经验与其认知发展个别差异之间的相互关系。

（3）幼儿对言语交际的感知和表达过程以及语言的发展。

（4）幼儿情绪的、社会的和道德的发展，包括社会同一性的出现和自尊心的发展。

（5）幼儿身心发展各个方面的统一性和综合性，幼儿个性差异是怎样影响其身心各方面发展的。

（6）游戏的重要性，儿童积极参与游戏对其感知和运动发展以及对以后认知、感知和语言发展的重要意义。

（7）儿童周围的生态环境对全面提高儿童的营养水平，促进儿童运动，感知、认知和心理各方面发展的重要意义。

（8）如何发现儿童情绪障碍、不良行为习惯的苗头，怎样帮助儿童消除情绪障碍，改正不良习惯。

（9）观察和记录幼儿的行为，正确地指导、评价孩子的行为，以便能正确认识儿童的个性行为特征。

（10）儿童心理发展检测量表的作用及其局限性。

2. 家庭和社区关系这一组标准包括认识和理解家庭和社区在乳儿期、婴儿期、学前儿童和学龄儿童的教育中的极为重要的作用。尤为重要的是幼儿教师还应善于同家长和热心支持幼儿教育的各界人士合作，共同为幼儿创造一个良好的社会文化氛围，幼儿教师还应该学会如何帮助那些有特殊需要的家庭和他们的孩子。

具体来讲，幼儿教师应具备与下列领域有关的能力：

（1）为家长讲解有关儿童生理发育、心理发展和学习过程的基本原理，清楚地阐述怎样为幼儿制定一个合适的教育计划以及社区对教育计划的实施所应给予的支持和帮助等。

(2)清楚地讲解有关心理发展迟缓的概念;以及为心理发展迟缓或处于心理发展迟缓危险中的儿童进行早期服务的理论。

(3)为家长和幼儿提供信息咨询、家教指导等服务,发挥其帮助家庭和幼儿的重要角色作用。

(4)懂得家长作为儿童最初的保育者和非正规教师应承担的角色作用,懂得家长尊重儿童的重要性,明确家长和教师的合作在幼儿教育工作中的重要意义。

(5)懂得儿童是怎样影响父母、亲友、其他家庭成员和社区的,同时又是怎样受到这些因素的影响的。

(6)懂得怎样同家长们合作,怎样支持和指导家长们,特别是帮助那些有特殊需要的家庭。

(7)协助家庭评价儿童的发展情况,善于用一种清楚而有指导意义的方式向家庭成员和其他幼教工作人员报告评价的结果,在设定教学目标时能做到既适合儿童发展需要,又切实可行。

(8)了解预防机构、早期矫治、社区环境的综合治理和其他特殊教育项目等特殊社区教育服务项目的功能和重要性。

3.课程结构、教学内容的设置及实施这一组标准包括理解并掌握怎样为乳儿、婴儿、幼儿和小学低年级儿童选择语言、文学、数学、自然科学、社会学习、艺术、健康和安全等方面的教学内容并付诸教学实践。

具体来讲,这一组标准要求幼儿教师掌握下列能力和知识:

(1)善于通过观察、记录和评价儿童的行为来设计教育环境,组织合适的教育活动,实现人与环境、教与学之间的相互影响。

(2)正确地运用有关儿童发展、学习和评价的理论去计划组织教育活动,创设环境,实现相互影响。

(3)懂得怎样设计和使用学习环境,善于管理时间、空间和材料,使教育活动适合儿童的年龄、文化背景和特殊需要。

(4)掌握身体发育的理论并付诸实践,以促进儿童运动神经和运动技能的发展。

(5)根据儿童发展的需要和兴趣设计综合性课程并付诸实践,善于把具有社会文化传统价值的教学内容和儿童的家庭生活经验结合起来,融为一体。

(6)具备运用游戏、主题活动和专题活动等方式组织教育活动的经验,使教育活动融儿童情绪的、身体的、社会的和认知的发展为一体。

(7)善于创设和管理学习环境,让儿童自我选择、自我决定、自由探索,在操作各种材料的直接经验中实现与他人、与环境的相互影响。

(8)善于运用包括游戏、自由提问、小组讨论、解决疑难问题、协作计划等发展性理论和方法,并具备怎样帮助幼儿发展其求知性和好奇心,怎样鼓励儿童敢于发现和解决疑问,善于作出决定并成为独立的学习者等一系列实际经验。

(9)善于指导个人活动和小组活动,帮助儿童在自我探索、自己解决问题过程中建立知识结构;同时,鼓励儿童在小组活动中互相帮助,共同解决困难,以发展儿童的自我控制力和积极的自尊心。

(10)赞许和支持儿童表现出的那些有可能增长心智的机敏性、好奇心、自信心和真实地表达自己观点的行为，鼓励儿童积极主动地参加到能启迪心智、产生疑问、解决困难、增进交往等创造性活动之中。

(11)帮助儿童掌握有助于提高身体健康和自我安全保护的技能。

(12)善于在课程设计的各个领域把多种文化(无文化偏见的)学科和个人经验综合起来。

(13)参与和帮助其他幼教工作者进行家庭中心评估活动，为残疾幼儿制定并施行个别服务和教育的计划。

(14)补充修改课程内容，使之适应所有儿童包括那些可能是天才的、残疾的、发展迟缓的或处于发展迟缓不利境地的不同儿童的需要。

4. 健康、安全和营养这一组标准包括怎样去创设管理一个有利于乳儿期、婴儿期、幼儿期和小学年龄阶段的儿童的健康、安全和营养的基本管理程序以及根据儿童常见病和传染病防治而进行健康和安全管理的基本程序。

(1)能使用合适的健康评估程序，并向有关的社区卫生健康和社会服务机构报告儿童健康或治疗情况。

(2)能辨别和评价幼儿教育环境中的有害健康和不利于安全的因素，并能采取正确的步骤去矫正。

5. 实习经验和个人职业修养这一组标准包括实施一个高质量的乳儿的、婴儿的、幼儿的、小学儿童的教学计划所需要的知识和理解力和对不同社会文化背景的差别和特殊需要的鉴别力。它还要求具备300个小时的在不同幼儿教育机构中照管两个不同年龄儿童小组的经验；指导文化和经济背景不同、特殊需要各异的家庭和孩子进行相互影响的经验，以及与其他幼教工作者一起工作的经验。

具体来说，它包括下列知识和能力：

(1)在专业人员和课程理论指导下，通过实习把理论和实践紧密地结合起来。

(2)能阐述个人关于幼儿教学的哲学观点，有能力把自己有关幼儿的发展、学习和健康方面的个人兴趣和责任感付诸实践。

(3)懂得幼儿教育的历史、哲学观点和社会文化传统是如何影响当前的幼儿教育实践和未来发展的。

(4)懂得现行理论书刊、社会趋势、法规和其他社会方针政策是怎样影响幼儿、家庭、幼儿教育事业和幼儿教育工作者的。

(5)善于把有价值的教育理论观点、职业道德规范等结合起来并运用于教育实践中，并善于与同事紧密合作，共同为幼儿的发展和学习设计一个安全的、合适的活动环境。

(6)能代表幼儿教育机构、家长参与各种有利于幼教事业发展的社会倡导性活动，以提高保教工作者的专业水平和工作条件。

(7)懂得终生职业教育的重要性，积极参加各种专业活动，比如参加各种学会、热心学术团体的组织工作和学术活动等。

[资料来源]中国学前研究网 http://www.preschool.net.cn/ShowArticle.asp?ArticleID=61202

□ 要点小结

1. 职业与专业的内涵是什么?

职业首先要能够给予就业者合理的报酬,满足就业者的生活需要;其次,职业还要赋予就业者一定的社会角色,使其在履行义务和职责的过程中发展个性和才能;另外,职业能够提供就业者体现个人价值的机会和舞台,使其在工作中赢得尊严、光荣、声望和影响力,达到自我实现的目的。专业,是指一群人在从事需要专门技术的职业,是一种需要特殊智力来培养和完成的职业,其目的在于提供专门性的服务。

2. 职业与专业的区别是什么?

(1)专业区别于一般职业在于它们具有一套科学的专业理论和成熟的专业技能。一般职业无须以高校学习或专门学习为平台获得的理论为基础,只要按照职业的规程行事即可。而专业的复杂性和不确定性决定了专业人员需要在工作中不断进行研究,通过研究来不断提高专业水平。

(2)专业是一种特有的、范围明确的、社会不可或缺的公共服务。普通职业的从业人员一般仅仅把工作作为一种谋生的手段,以营利为主要目的。专业人员在自己的范围内对于其专业行为和专业判断都有责任,并且把高质量的服务看作是一种事业和生活方式。

(3)专业是具有约束力的专业规范,包括严格的职业资格标准和有约束力的道德规范,以保证专业人员具有专业自主性,使专业人员能更好地行使自己的专业知识和权利,而职业往往受到更广泛的公众的监督和指导,自主性缺乏。

3. 教师专业发展的内涵是什么?

"教师专业发展"主要是针对教师个体而言,它既是目标更是一种价值追求,也是教师由不成熟走向成熟的自主发展、自我超越的过程。教师的自我发展是教师自觉、主动地对照新时期的教师职业形象和专业要求,在认同的基础上不断设计自我、改造自我、塑造自我的过程,是教师在认识、平衡自己多种角色基础上的自我选择、自我追求、自我完善的过程。

□ 学业评价

1. 简述教师专业发展的内涵。
2. 试述教师专业发展的途径有哪些。
3. 对扩展阅读进行学习,并谈谈自己的看法和对材料进行评价。

□ 学术动态

• 近年来,幼儿教师的专业发展与园本教研紧密地结合起来。提倡幼儿教师在幼儿园的教学活动中生成园本课程并有效地实施,在生成和实施的过程中,幼儿教师的专业能力得到了发挥和提高,从而促进幼儿教师自身的专业发展。

• 除了通过职后的教师培训之外,幼儿教师还可以通过在教学过程中的反思、研究、合作、分享对自身的教学经验与专业素质进行提升。近年来大力提倡幼儿教师成为反思型教师、研究性教师以及专家型教师。

□ 参考书目

1. 王卫东. 教师专业发展探新——若干理论的阐释与辨析[M]. 广州：暨南大学出版社，2007.

2. 曾荣光. 教学专业与教师专业化：一个社会学的阐释[M]. 香港大学中文学报，1984.

3. 戴维. W. 约翰逊，罗杰. T. 约翰逊著. 领导合作型学校（第一版）[M]. 唐宗清等译. 上海：上海教育出版社，2003.

4. Julia E. Koppich. The Federal Role in Teacher Professional Development. http://muse.jhu.edu/journals/brookings_papers_on_education_policy/v2000/2000.1koppich. 12/6/2009 .

5. Ball，D. L，. & Cohen，D. K（1999） Developing Practice，Developing Practitioners：Toward a Practice-based Theory of Professional Development. In G. Sykes&L. Darling-hammonds（Eds.）， as the learning profession：Handbook of Policy and Practice（pp. 30—32） San Francision， CA：Jossey-Bass.

6. Wilson，S. M&Berne，J（1999）Teacher Learning and the Acquistion of Professional Knowledge. An Examination of Research on Contemporary Professional Development. Review of Research in Education，24：173—209.

第五章

学前儿童的发展

【本章知识结构图】

- 有关发展的主要理论
  - 精神分析
  - 行为主义和社会学习理论
  - 认知发展理论
  - 习性学
  - 维果斯基的社会文化理论
  - 生态系统理论
  - 各发展理论在基本主题上的立场
- 学前儿童身心发展的特点和规律
  - 学前儿童生理发展的特点和规律
    - 由量变到质变的飞跃
    - 连续性和阶段性相结合
    - 发展速度呈波浪式
    - 各系统的非均衡性和统一性
    - 身心发展的相互关联性
  - 学前儿童心理发展的特点和规律
    - 学前儿童认知发展的特点
      - 学前儿童感知觉的发展
      - 学前儿童记忆的发展
      - 学前儿童思维的发展
    - 学前儿童情绪情感发展的特点
      - 学前儿童情绪的发生
      - 学前儿童情绪情感的发展特点
    - 学前儿童社会性发展的特点
- 学前儿童发展的影响因素
  - 发展主体所处的时空场所
  - 气质对儿童发展的影响
  - 胎内环境和家庭对学前儿童发展的影响
  - 同伴交往对学前儿童发展的影响
  - 师幼互动对学前儿童发展的影响
  - 学前游戏对儿童发展的影响
  - 社会文化对学前儿童发展的影响
  - 遗传、环境与教育

【学习目标】

1. 了解有关发展的主要理论,能够运用这些理论来解释学前儿童的发展。
2. 掌握学前儿童身心发展的特点和规律。
3. 初步建立起以生态学整体、动态的观点来看待儿童发展的影响因素的观念。

"发展"是我们在日常生活中最常用的词语之一。它既可以指人的发展,也可以指事物、社会乃至宇宙的发展。发展指事物由小到大,由简到繁,由低级到高级,由旧物质到新物质的运动变化过程。发展既可以看成是一种状态,也可以看成是一个过程。关于人的发展通常有两种理解:一是作为物种的人类的发展,即指人类在地球上出现以及进化的过程;二是指个体的发展,即个体从诞生到死亡的整个生命过程中所发生的身心变化,包括生理与心理两方面的发展。

儿童的发展阶段可以分为学前期和学龄期。由第一章对学前教育的概念界定,可知学前期指从个体形成到入学,包括胎儿期(受精卵形成到分娩)、婴儿期(分娩后至 3 岁)和幼儿期(4 至 6、7 岁)。学前儿童的发展就是指个体从受精卵形成到 6、7 岁的成长过程中生理和心理方面有规律的量变与质变的动态过程。提到学前儿童的发展,那么关于学前儿童发展的主要理论有哪些?学前儿童身心发展的特点有哪些?影响学前儿童发展的因素有哪些?在这一章中我们会一一阐述。

第一节 有关发展的主要理论

在儿童发展领域,有着大量持有各种不同观点的理论。在这些理论产生、检验以及证实或证伪的过程中,出现了几乎所有理论都遵循的四个基本主题:一是遗传与环境。"遗传与环境"之争,有时也叫"天性与教养"之争,或者"生物因素与社会因素"之争。在影响儿童发展的因素中,是先天遗传更重要,还是后天环境更重要?二是连续性与阶段性。儿童心理的发展是连续的还是分阶段的?或者说是渐进式的还是跳跃式的?三是稳定性与变化性。幼儿时期比较内向的儿童,长大后是不是也比较内向?早期智力测验成绩高的儿童,长大后是不是智力测验成绩也高?幼儿的早期经历和后来经历的影响之间的较量是怎样的?诸如此类问题都涉及发展是稳定的还是变化的。四是主动与被动。儿童作为一个独立的生命个体,很大程度上是由自身决定社会对待他们的方式呢,还是作为被动接受者,任由社会来塑造?

首先让我们进入对精神分析理论的概述。这是第一个对发展领域的研究产生重大影响的理论。虽然现在几乎没有一个发展学家能够接纳这一理论的所有信条,但是它已经对发展理论产生了不可磨灭的深远影响。

一、精神分析

精神分析理论的创始人是弗洛伊德,因此它也叫弗洛伊德主义。它包括古典弗洛伊德主义(或弗洛伊德学说)和新弗洛伊德主义。尽管精神分析是众多学者心血的共同结晶，但具有代表性的是弗洛伊德和埃里·克森的观点。

(一)弗洛伊德的性心理理论

西格蒙德·弗洛伊德(Sigmund Freud，1856～1939)是维也纳的一名精神科临床医生。他认为人的发展是一个冲突的过程：儿童的发展历程是由其生理欲望和社会期望冲突的一系列阶段构成的。解决冲突的方式决定了个体学习、交往和解决焦虑的能力。因此，精神分析学说强调的是每一个儿童的独特发展历程。此外弗洛伊德还强调父母对儿童早期在性和攻击力方面的控制对其人格的健康发展至关重要。①

1.人格的三种成分

弗洛伊德的性心理理论阐述了人格的三种成分——本我(id)、自我(ego)和超我(supergo)。

“本我”是人生来就有的，是人格中强有力的部分，其作用是满足先天的生物本能，其目的是争取最大的快乐和最小的痛苦。年龄越小，“本我”作用越大。婴儿几乎完全处于“本我”的状态之中。

“自我”出现于婴儿初期，直接由儿童的经验发展来的，反映了儿童知觉、学习、记忆和推理等能力的发展。随着年龄的递增和外界交往的扩大，“本我”和社会规范之间的冲突导致了人格的第二种水平——“自我”的发展。“自我”是人格的理性成分，尽管“本我”想要得到立即的满足，但“自我”将这些愿望引导到对个体最有利的方向上来。

“超我”是在后天教育中形成的，从根本上看是个人的良心，具有自我控制与道德监察的功能。“超我”在儿童早期与父母的交往中开始发展，并且主要源于儿童对父母的认同。通过对父母的认同，儿童了解到控制父母行为的社会文化规则。这些规则最终成为儿童“超我”的一部分。“超我”协调本我、外部世界和良心。例如，当“自我”受“本我”驱使企图为得到玩具而攻击伙伴时，“超我”就可能发出这种行为是错误的警告。

“本我”、“自我”和“超我”三者相互交织在一起，构成人格的整体。它们各自代表了人格的某一方面，“本我”是生物本能我，“自我”是心理社会我，“超我”是道德理想我。它们各自追求不同的目标，“本我”追求快乐，“自我”追求现实，“超我”追求完美。当三者处于协调状态时，人格表现出一种健康状况；当三者互不相让，产生乱对关系时，就会产生心理疾病。根据弗洛伊德的观点，儿童在学前阶段建立起来的“本我”、“自我”和“超我”的关系将决定个体的基本人格。

2.性心理发展的阶段

弗洛伊德发现，病人的心理冲突主要是童年时期压抑的性冲突，并由此认为性是最重要的本能。在他看来“性”是非常宽泛的：不仅意味着许多与“性”有明确关系的“性活动”，而且包含了其他的可能与身体快乐相关联的活动，如吮吸、撒尿等我们一般认为不属于“性”的活动。弗洛伊德认为随着性成熟，性驱力(力比多)从身体的一个部位聚集到另一部位，每一次转变都意味着进入了性心理发展的一个新阶段。从婴儿到成年性本能可以分为不同阶段(见表 5-1)。

---

① [美]DavidR. Shaffer&Katherinekippe 著. 邹宏等译. 发展心理学：儿童与青少年[M]. 北京：中国轻工业出版社，2009：39.

表 5-1　弗洛伊德的性心理发展阶段

阶段	发展时期	描述
口腔期	出生～1 岁	性本能主要集中在口唇，婴儿从吮吸、咀嚼等口唇活动中可以获得快感。如果需要得不到满足，成年以后可能会过分纠缠或依赖配偶。
肛门期	1 岁～3 岁	性本能从口唇部位转移到肛门部位，自发排便是满足性本能的主要方法。如果父母强制训练大小便或放任不管，可能会产生洁癖或邋遢等极端后果。
性器期	3 岁～6 岁	自我冲突转移至性器官，此时恋母情结或恋父情结发生。但为了避免惩罚，他们采取内化同性父母的特征和价值观。其结果是超我得以形成。
潜伏期	6 岁～11 岁	性器期的创伤引起性本能的压抑，性本能转移到学习和游戏活动中。儿童从家庭以外的成人和同伴那里获得了新的社会价值观，自我和超我继续发展。
生殖期	12 岁以后	青春期的到来唤醒了性冲动，青少年必须以社会认可的方式表达这种冲动。如果发展是健康的，婚姻和抚养孩子就能满足这种成熟的性本能。

弗洛伊德认为在童年的历程中，性驱力集中的部位依次由躯体的口腔到肛门、性器区聚集。在每一个阶段，父母应该把握好对儿童基本需要的满足尺度，避免两种极端——过分溺爱和过分忽略。如果父母能够把握平衡，那么孩子就能成长为具有成熟性行为、投身到家庭生活和抚育下一代的具有良好调适能力的成人。

弗洛伊德开创的精神分析学说在儿童发展理论上占有非常重要的位置，但有几个方面也遭到不断批评。首先，该理论过分强调了性在人的发展中的作用；其次，由于建立在经济状况良好的成人性压抑问题的基础上，该理论的一些方面不能适用于 19 世纪维多利亚时代社会以外的文化中；最后，由于弗洛伊德未对儿童进行过直接研究，因此他的观点遭到了质疑。

历史剪影

精神分析的历史文化背景

精神分析思想与理论产生的背景涉及历史文化的层面，包括维多利亚时代的维也纳特有的环境；涉及有关学术思想的影响，尤其是对于无意识的觉察与发现而言；同时也包括弗洛伊德本人的医学背景，尤其是其精神医学的实践。这里主要介绍历史文化背景。

凡是接受所谓"时代精神说"的人，都会认为是时代造就了弗洛伊德，时代孕育了精神分析。心理学理论家尼尔曾在其《心理学的理论手册》中，称弗洛伊德的精神分析既是他居住的精神文化氛围的产物，同时也是他在其中成长的社会环境的产物。这是有道理的。

19 世纪是一个召唤精神分析的时代。1873 年，年仅 18 岁的维多利亚女王即位，她虽不甚美丽，但却让人喜爱，是一位兼具纯真与庄重，朝气与沉静的女性。但是，自从她的丈夫艾尔伯特去世后，心碎的维多利亚终日哀悼着她的心上人，此后的 40 年中，维多利亚陷入连绵的哀伤，她开始着黑服，用镶黑色的信纸写信等，从此有了"严肃妇人"的称谓。哀伤的维多利亚女王深埋起感情，倾全力于工作中，使整个国家也陷入同样的阴郁情绪中，她要求她的臣民和属民恪守一道道严格而古板的道德与伦理规范。然而，不仅是英国，整个欧洲毕竟是从伊丽莎白时代走过来的，早已不在乎地狱恐怖的男女，再难抑制心中那头挣脱了束缚的"野兽"。此刻，本能与社会的冲突似乎表现得比任何时期都更加的尖锐。"少年维特的烦恼"顿时成了整个时代的病症，许多人的内心深处都渴望着一种有效的治疗。

时代的种种特征，在经过若干时间的变化后，形成一种固有的情调，一种特有的机遇，一种集中的现象。19 世纪的晨光暮色全都聚会在维也纳，时代为精神分析准备的摇篮，伴随着蓝色多瑙河流淌。弗洛伊德 4 岁至此，此后近 80 个年头都是在此度过。此时，也正值维也纳文化发展的全盛期，无论在音乐、哲学、文学乃至科学，维也纳都取得闻名世界的成就。这里也是文化的熔炉，更是音乐与艺术的圣殿。典型的维也纳人表面上都严守禁忌规范，私下却喜欢狂欢纵乐。精神分析的第一个病人安娜·欧的装束，就是这个时代"病症"的一个缩影：紧裹着的上衣与束紧的细腰，既束缚又凸显女性瑷瑷内含的魅力。从象征的意义上来看，弗洛伊德的"压抑"与"冲突"早已体现在现实生活的冲突中。

为了弗洛伊德及其精神分析的出现，历史似乎已经做了许多必要的准备。菲利普·皮内尔(Philippe Pinel)在被任命为巴黎妇女精神病院院长的时候(1794)，具有慈爱本性的他，就已经为病人解开手铐和脚镣了。在此之前，精神病人并没有任何医治的机会，且被作为女巫烧死的居多。而当医生开始为病人解除手铐和脚镣时，新的医学观念：如何解除他们心理上的镣铐？正是对精神医学的考验。

此外，弗洛伊德的犹太血统为其带来的影响，也是许多为弗洛伊德作传者所不忘提及的。在我们的理解中，这种影响不仅是指犹太人的语言、文化传统和生活方式，而且更重要的是，历史上流浪在欧洲各地的犹太人在漫长的岁月中所遭受的侮辱和歧视。这为弗洛伊德提供了内在的精神力量，并且激励着他奋发图强地从事其所选定的精神分析事业。或者可以这样说，犹太人的血统与文化传统，与整个犹太民族所遭受的压迫和歧视，对于弗洛伊德的成长起着同样重要的作用。

[资料来源]申荷永著.心理分析：理解与体验[M].北京：三联书店出版社，2004.

(二)埃里克森的心理社会发展理论

弗洛伊德创立的精神分析学派的理论吸引了众多的追随者。他们吸取了有用的东西，并在此基础上进行了进一步的修正，形成了新弗洛伊德主义。在这些追随者中，埃里·克森(Erik Erikson，1902～1994)是最重要的一位人物。

尽管埃里·克森继承了弗洛伊德的许多观点，但他在几个方面不同于弗洛伊德。其中最主要的区别表现在以下两方面：

首先，埃里·克森不重视"性驱力"，而是重视社会和文化对儿童的影响。因此，我们把弗洛伊德的理论称为性心理发展理论，把埃里·克森的理论称为心理社会发展理论。其次，埃里·克森扩大了弗洛伊德关于人类发展的观点。他认为发展没有在青少年时期结束，它是贯穿始终的。个体的整个一生中需要面临新的挑战，具备新的能力，并且这些能力的逐渐出现能够被描述成一系列的阶段。

埃里·克森认为人一生面临八个心理社会阶段或主要危机。在个体发展的不同时期，社会对个体提出不同的要求。个体自身的需要和能力与社会要求之间就会出现不平衡现象，这种不平衡给个体带来紧张感。埃里·克森将这种紧张感称为心理社会危机。一种危机顺利解决才能成功过渡到下一个危机。表5-2描述了埃里·克森心理社会发展的八个阶段或危机，同时也列出了相对应的弗洛伊德性心理阶段。

表5-2　埃里·克森心理社会阶段

心理社会阶段	发展时期	描述	相应的性心理发展阶段
基本信任对不信任	出生～1岁	本阶段的任务是发展对世界的充分信任感，克服怀疑感。	口腔期
自主对害羞怀疑	1岁～3岁	本阶段的任务是发展对行为的控制感和自主选择的意愿，克服羞耻和怀疑感。	肛门期
主动性对退缩内疚	3岁～6岁	本阶段的任务是获得主动感和克服退缩内疚感，体验目的的实现。	性器期
勤奋对自卑	6岁～11岁	本阶段的任务是获得勤奋感而克服自卑感，体验能力的实现。	潜伏期
同一性对角色混乱	11岁～青少年时期	本阶段的任务是建立基本的社会和职业同一性，在各种潜在的自我中进行选择，克服角色混乱感。是童年向成熟迈进的重要转折点。	生殖期
亲密对孤独	成年早期	本阶段的任务是建立亲密关系，与他人结成爱侣或同伴关系。	
繁衍对停滞	成年中期	本阶段的任务是繁衍，承担相应的家庭和社会责任，作出贡献。	
自我调整对悲观绝望	老年期	本阶段的任务是面对死亡，积极地调整自我，克服潜在的绝望感。个体的社会经历决定着最终的心理危机的结果。	

在精神分析理论中，由于弗洛伊德过分强调性本能，而埃里·克森强调人的理性和适应性，所以很多人倾向于埃里·克森的理论。但埃里·克森也因为对发展的动因(比如人们必须拥有什么样的经验才能成功解决各种心理冲突)阐述不足而遭到批评。

尽管有着广泛的贡献，精神分析学说已经不再是儿童发展研究的主流。许多发展学家放弃精神分析观点的另一个原因是其他理论似乎更有吸引力。受到许多人青睐的一个观点是行为主义。

二、行为主义和社会学习理论

在精神分析观风靡心理学界的同时，儿童研究还受到另一种完全不同的观点的影响，这就是行为主义(behaviorism)。行为主义是由美国心理学家约翰·华生在20世纪初开创的。与精神分析理论家不同的是，他认为研究的对象一个是可以直接观察到的对象，即刺激和反应，而不是不可见的内心活动。

(一)华生的经典行为主义学习理论

约翰·华生(John B. Waston，1878～1958)于1913年首先打出行为主义心理学的旗帜。他是第一个将前苏联心理学家伊万·巴浦洛夫(Ivan Pavlov)的经典条件反射(classical conditioning)作为学习理论基础的学者。

华生认为，在动物中发生条件反射的方式同样也可以运用到人类身上。为了证实经典条件反射是否适用于儿童的行为，他进行了一项广为人知的实验——华生对婴儿阿尔伯特(11个月大)进行训练，成功地让他形成对一个条件刺激(白老鼠)的恐惧(实际上，阿尔伯特对老鼠的恐惧非常强烈以至于学术界最终对这种研究的道德性提出质疑)。[①] 在此实验研究的基础上，华生归纳出：环境是儿童发展的主导力量。他认为，只要严格控制刺激——反应的联系，成年人就可以根据自己的意愿任意塑造儿童的行为。他曾有一句名言：给我一打健康的婴儿，并在我自己设定的特殊环境中养育他们，那么我愿意担保，可以随便挑选其中一个婴儿，把他们训练成我所选定的任何类型的特殊人物，如医生、律师、艺术家、商人或乞丐、小偷，而不管他的才能、嗜好、倾向、能力、天资和他们父母的职业及种族如何。而且发展是一个连续的过程，是包括年龄以及与之相联系的力量逐渐增长的过程。

华生认为学习的基础是条件反射，决定条件是外部刺激。外部刺激是可以控制的，所以不管多么复杂的行为，都可以通过控制外部刺激而形成。并且在儿童情绪发展的观点上，华生认为“情感组织与其他习惯一样，在起源和趋势上隶属于同样的规律。”[②]情绪是身体对特定刺激作出的反应，是内隐行为的一种形式。婴儿具有三种非习得的情绪反应：惧、怒和爱。这三种非习得的情绪是以后在环境中发展为习得情绪的基础，而导致情绪发展的机制便是条件反射。

(二)斯金纳的操作学习理论

华生之后，行为主义流派出现了一些分支。其中，最具有代表性的理论是B.F.斯金纳(B.F.Skinner，1904～1990)的操作学习理论。

斯金纳认为人类的很多行为用经典条件反射来解释并不适合。相反，它们与可能产生的结果相连。有机体(动物或人类)往往会重复产生愉快结果的行为，抑制导致不愉快结果的行为，从而产生新的学习。斯金纳用了“操作条件反射(operant conditioning)”来定义这种类型的学习。有机体对环境进行“操作”，而不是简单地对刺激作出反应。

依照斯金纳的观点，凡是能增强反应概率的刺激和事件都叫强化物(reinforcer)；反之，在反应之后紧跟一个讨厌的刺激，从而导致反应率下降，则是惩罚物(punisher)。强化可以分为积极强化和消极强化两类，其作用都是为了增大反应概率。当某些事情(例如“一种奖赏”)的增加导致了行为的增多，那么这种强化就是积极的；当某些事情(例如令人厌恶的刺激)的移走，导致了行为的增多，那么这种强化就是消极的。其中重要的一点是，积极强化与消极强化二者都是提高反应发生的可能性。二者的区别在于，积极强化涉及对行为的奖赏，消极强化则是从不愉快的事情中解脱出来。

正如有两种强化的形式一样，也有两种相对应的惩罚形式，分别是呈现式惩罚与移走式惩罚。呈现式惩罚是呈现一种令人厌恶的刺激来减少反应发生的概率，如体罚或言语斥责等。移走式惩罚是拿走愉快的某种事物来减少反应发生的概率，如禁止观看电视或取消零花钱等。强化与惩罚之间的关系可见表5-3。

---

① [美]劳拉.E.贝克著.吴颖等译.儿童发展(第五版)[M].南京：江苏教育出版社，2002：24.

② [美]约翰·华生著.李维译.行为主义[M].南京：浙江教育出版社，1998：166.

表 5-3　强化与惩罚的关系

	一种反应之后，将刺激增加到情境中	一种反应之后，将刺激从情境中带走
反应增加	积极强化(愉快刺激呈现)	消极强化(消除不愉快刺激)
反应降低	呈现式惩罚(不愉快刺激呈现)	移走式惩罚（消除愉快）

强化与惩罚这类术语，在日常生活中，常常令人误解。强化与惩罚与实际效果相连，而不是与感觉到的愉悦相关。愉悦与不愉悦是主观性的东西。相比而言，强化与惩罚是客观现象，能够通过行为频率的增加或减少来加以确定。如总是“惩罚”儿童的父母，当发现被惩罚的行为出现的次数变得更多，而不是更少的时候，也许是在强化那种行为。

强化理论是斯金纳理论的最重要部分和基础，他认为强化是塑造行为的基础：只要了解强化效应和操纵好强化技术，就能控制行为反应，就能随意塑造出一个教育者所期望的儿童。如一个小女孩偶然在游戏中帮助同伴脱离困境，老师对她这种友善的行为给予表扬，那么她乐于助人的行为在以后出现的频率就会高。表扬(强化)的次数加多，这种行为出现的概率就随之加高，就会形成乐于助人的好习惯。同时，斯金纳强调及时强化，教育者要及时强化希望在儿童身上看到的行为。

虽然强化在行为发展过程中非常重要，但行为不强化就会消退。消退是指消除强化从而消除或降低某一个行为发生的概率。依照斯金纳的看法，儿童之所以要做某事“就是想得到成人的注意”。要使儿童的不良行为消退，如长时间的啼哭或发脾气等，可在这些行为发生的时候不予理睬，排除对他的注意，孩子就会不哭不闹了。

尽管今天的发展学家意识到人的一生中有很多行为可以出现也可以消失，它取决于行为的结果是积极的还是消极的。然而很多人认为斯金纳过分强调外部刺激(强化物和惩罚物)塑造行为的作用，而忽视了认知对学习的重要贡献。

华生与斯金纳的理论也被称为传统行为主义理论。传统行为主义理论对人类发展的解释强调环境在塑造儿童方面所发挥的作用。对传统行为主义理论的批评主要有两方面：批评之一是，此理论主要关注的是实际的行为而不是思维过程，不足以解释更高级的心理过程，比如思考、分析、评价等；批评之二是，行为主义努力使行为变成可以观察的刺激与反应的过程，使人失去了人性，变得呆板。

(三)社会学习理论

社会学习理论(social learning theory)是对传统的行为主义的继承和发展。社会学习理论坚持传统行为主义的客观化立场，认为心理学研究的最终目的仍然在于说明、预测和控制行为。但同时，这一理论也超越了传统行为主义的局限性，成为新行为主义的代表性理论。社会学习理论的特点是：突破了传统行为主义的研究领域，探索认知和思维等心理活动在行为调节中的作用；强调行为与认知结合；突出主体的积极性与主动性，强调主体的自我调节作用。其中阿尔伯特·班杜拉(Albert Bandura，1925～)的社会学习理论被普遍认为是新行为主义的主要代表。

1. 观察学习(observational learning)

班杜拉认为，人类更重要的、更普遍的、更有效的学习方式是观察学习，亦称为替代学习。“即经由对他人的行为及其强化性结果的观察，一个人获得某些新的反应，或现存的反应特点得到矫正。同时在这一过程中，观察者并没有外显性的操作示范反应。”[①]观察学习不需要学习者直接地作出反应，也不需要亲自体验强化，只需要观察他人在一定的环境中接受的强化就能完成学习。班杜拉把他人接受的强化对学习者本人产生的影响称作“替代强化”。

观察学习的核心是示范(modeling)。通过观察示范原型，观察者对其行为进行取舍、抽象和概括。可以分为四个具体过程——注意过程(attention process)、保持(记忆)过程(retention process)、复制过程(reproduction process)和动机过程(motivation process)。

注意过程指的是在观察时将心理资源如感觉通道、感知注意、认知加工等开通的过程。此过程决定着观察者选择什么样的示范原型(通常是比较熟悉的人或引人注目的公众人物)和什么样的示范行为(通常是观察者认为重要的和相关的行为)作为观察对象。保持过程是指观察的结果以符号形式储存在记忆里的过程。记忆的储存以表象和语言两种形式进行。复制过程是指复制从榜样情景中所观察到的行为。个体将符号表征转换成适当的行为，必须要选择和组织反应要素以及在信息反馈的基础上精炼自己的反应，即自我观察和矫正反馈。动机过程涉及的是在诱因驱动下应用观察结果的内在愿望。对示范行为的注意和保持可以导致观察学习，但应用行为的发生必须以内在愿望为前提。观察者学习了示范行为，但不一定有愿望去操作。因此，观察学习只有在四个过程都完成的基础上才能实现。

2. 三元交互决定论(triadic reciprocal determinism)

班杜拉认为，人的行动是主体(人)、行为、环境三种因素交互互动的结果，三者之间构成动态的交互决定关系，如图 5-1 所示。

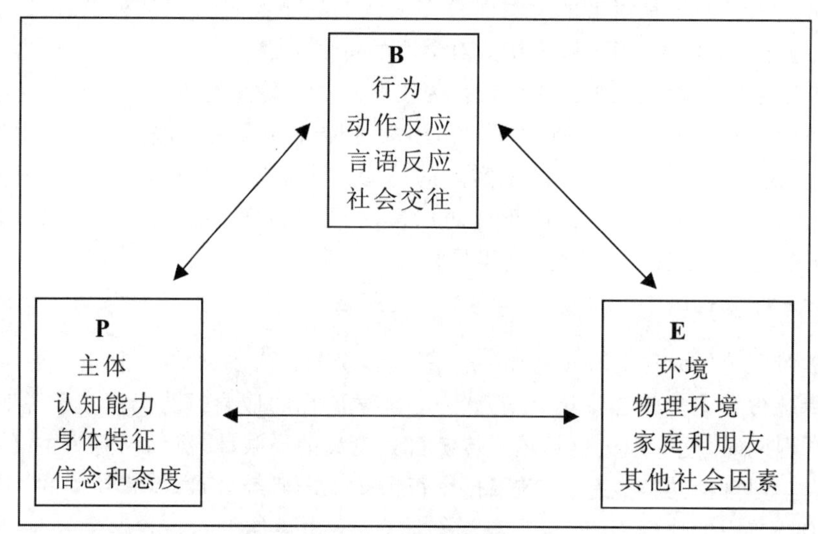

图 5-1 班杜拉三元交互决定示意图

在图中，B、P、E 分别代表行为、主体、环境，双向箭头表示两个因素之间的关系是交互决定的。

① 高觉敷. 西方心理学史论[M]. 合肥：安徽教育出版社，1995：208.

华生和斯金纳认为环境塑造了人格和行为,与他们二人不同的是,班杜拉和其他一些理论学家认为人、环境和行为之间的关系是交互的。儿童的发展是主体与环境持续不断地相互作用的过程。儿童经历的环境影响着他们的发展,同时他们的行为也影响着环境。儿童是塑造影响他们发展的环境的积极参与者。

班杜拉从人的社会化角度研究学习问题,指出观察学习的重要性,改变了过去的学习理论重个人轻社会的理论倾向。此外,班杜拉认为人的行为变化是人的行为与环境相互决定的结果。这种相互决定论的观点在相当程度上反映了人类学习的特点。这些使学习理论更加贴近儿童的真实学习过程。

尽管社会学习理论强调了儿童在自身发展过程中的积极作用,但一些批评者仍然认为,对认知因素在发展过程中的关注太少。

三、认知发展理论

(一)皮亚杰的认知发展理论

让·皮亚杰(Jean Piaget,1896～1980)是瑞士心理学家和哲学家,他从认识发生和发展的角度提出了一套完整的、富有辩证思想的儿童认知发展理论(cognitive development theory)。

1. 认知结构

皮亚杰认为心理发展是认知结构不断发展变化的过程。认知结构是一种内在的心理结构,是不同发展水平的儿童对外界事物作出反应的组织方式。认知结构的发展涉及图式(scheme)、同化(assimilation)、顺应(accommodation)和平衡(equilibriums)四个概念。

图式,是认知结构的一个单元,是指个体对世界的知觉、理解和思考的方式。图式最初来自遗传,是一些先天性的非条件反射,以后在适应环境的过程中不断丰富起来。

图式从低级向高级发展是通过同化和顺应两种形式进行的。同化是指主体将环境刺激信息纳入并整合到已有的图式之中,以加强和丰富原有的认知结构。顺应是指主体已建立的认知结构不能同化外界新的刺激时,就要按新刺激的要求改变原有的认知结构或创造新的认知结构,以适应环境的需要。同化和顺应两种形式是相辅相成、协调统一的过程。平衡是主体的发展趋向,主体主动趋向于与环境平衡。当主体已有的认知图式与环境事件之间冲突时,就产生不平衡。平衡是通过同化与顺应实现的。认知的发展实质就是外界刺激经过同化、顺应几个互补历程,不断打破平衡,建立新平衡的过程。

2. 认知发展的阶段

根据皮亚杰的观点,[①]儿童认知发展可分为四个具有质的差异的连续阶段。各个阶段的先后顺序恒定不变。认知的发展是一个连续的建构过程,每一阶段都是前面阶段的发展,又为下一阶段发展打下基础。发展阶段不是截然分开的,而是具有一定程度的交叉重叠。每个阶段都有一个准备期与完成期。这四个阶段分别是:感知运动阶段(sensorimotor stage)、前运算阶段(preoperational stage)、具体运算阶段(concrete operational stage)

---

① [瑞士]让·皮亚杰著.王宪钿等译.发生认识论原理[M].北京:商务印书馆,1981:16～32.

和形式运算阶段(formal operational stage)(见表 5-4)。

表 5-4 认知发展

认知发展阶段	发展时期	特征
感知运动阶段	出生～2 岁	借感知和动作发挥其低级图式功能,来理解、适应环境。同时感知与动作能力进一步协调化、复杂化。从中,儿童逐渐获得了客体永恒性概念,即当某一客体从视野中消失时,他知道该客体仍然存在。
前运算阶段	3 岁～7 岁	把上一阶段中获得的感知动作图式内化为表象系统,能够运用符号系统表征和理解环境,但还不能很好地掌握概念的概括性和一般性,表现为:泛灵论,自我中心,思维的不可逆性,未获得守恒概念。
具体运算阶段	8 岁～11 岁	能根据具体经验思维解决问题,能理解可逆性的道理,能理解守恒的道理,“自我中心”程度下降,提高了与他人沟通的能力。
形式运算阶段	11 岁以上	思维摆脱了具体经验的约束,使形式从内容中解脱出来,能够提出假设,凭借演绎推理等形式解决抽象问题。其认知活动达到抽象逻辑思维水平。

皮亚杰的理论已经成为 20 世纪最有影响的儿童发展理论之一。皮亚杰创立了认知发展这个领域。他关于认知结构不断建构的学说和儿童认知发展阶段的理论,呈现出了儿童思维与成人思维的不同之处。从而使我们认识到儿童不同于成人这一判断的科学性。此外,皮亚杰的理论对教育也有很大的影响。如发现式教学就是基于儿童与成人思维不一样的假设,只有让儿童获得与日常熟悉的环境相关的教育,他们才能学得好。

尽管皮亚杰的开创性工作为儿童发展和教育作出了极大的贡献,但近年来也受到了挑战。有些研究表明,皮亚杰低估了婴儿和学龄前儿童的综合能力。当呈现出一些更为熟悉的简单任务,他们表现出很强的问题解决能力。并且许多研究表明,通过训练可以改变儿童在皮亚杰所提出的问题中的表现。这对发现学习是比成人教育更好的培养方式的假设提出了质疑。

在皮亚杰之后的新皮亚杰派针对皮亚杰认知发展理论中的问题,在皮亚杰所创立的理论框架和基本概念框架内从不同方面对皮亚杰理论进行修正和改进,主要有日内瓦新皮亚杰学派和信息加工论的新皮亚杰学派。最具有代表性的是信息加工理论。

(二)信息加工理论

信息加工理论(information-processing theory)是随着计算机的出现而发展的。它认为人类心理可以被视为信息流动的符号控制系统。在从感官接受输入(input)到行为反应的输出(output)过程中,信息被主动地编码、转化和组织。

信息加工理论以“人与计算机类比”为基本假设,通过实验法对人类的认知活动进行研究。这种类比只是功能上,而不是物质结构上的类比。他们认为人类思维类似于计算机程序,人类的心理活动类似于计算机的运算过程。人类的信息加工过程就是人脑对输入信息的获取、编码、储存和提取等一系列的操作过程。因此,信息加工理论关注的是主体如何以认知模式选择和处理信息并作出适当的反应,偏重信息的选择、记忆和操作,重视认知过程。信息加工理论把学习过程分为三个阶段:接受刺激(感觉系统)、刺激编码(工作记忆)、信息的储存与提取(长时记忆)。

与皮亚杰理论一致的是，信息加工把儿童看作信息的感受主体，在环境的作用下形成自己的思维模式。但与皮亚杰不同的是，儿童的发展不存在阶段性。信息加工理论研究的是：感知、注意、记忆、思维策略、信息分类和阅读理解能力——这些在年龄上没有多大的个体差异，而只是在儿童时期表现的程度低一些。因此发展是一个连续的过程而不是突然发生阶段性变化。

信息加工理论者与皮亚杰一样也承认生物成熟因素对认知发展的重要影响，然而皮亚杰对生物成熟和认知发展的关系没有阐述清楚，信息加工者却对此作出了明确的阐述。他们认为，大脑和神经系统的成熟使儿童对信息加工得更快。因此，不断发展的个体能够更好地维持注意、辨认和储存与任务相关的信息，并利用所存信息回答和解决问题，执行心理程序。而且信息加工者也清楚意识到儿童注意和储存信息的策略受他们的经验影响。具体来说，这些策略受他们接受到的问题类型、在家庭和学校受到的指导，甚至儿童所处的文化和亚文化的影响。

尽管信息加工理论有许多优点，但是它也遭到了批评。一些人认为该理论基于儿童在人为设计的实验基础之上，因此对理论的实用性提出了质疑，认为它不能真实反映儿童日常生活的思维。还有人认为以计算机模拟为基础的信息加工理论严重低估了人类认知的丰富性和多样性。毕竟人类能梦想、创造、反省自己和他人的意识状态，而计算机则不能。

纷呈出现的儿童发展理论促进了对以前忽略掉了的儿童生活的各方面的关注。后面所要讨论到的三种观点强调了对发展情境(contexts for development)的关注。发展情境是指儿童的生物基础及其纷繁复杂的外部环境对发展的影响。首先要谈到的是习性学。

四、习性学

习性学(Ethology)的起源可以追溯到达尔文。但作为一门独立的学科，习性学诞生于20世纪30年代，代表人物是奥地利动物学家洛伦兹(Konrad Lorenz，1903～1989)和荷籍英国人廷伯格(Nikon Tinbergen，1907～)。他们把动物看作是生活在特定的生态小环境中的积极主动的有机体，而不是被动接受刺激的消极有机体。

习性学家最基本的假设是，所有的动物生来就有动物性的程序化行为。这些行为是进化的产物，并且是有利于生存的。如许多鸟类生来就有筑巢和唱歌的本能行为。这些生物性程序化的特征被认为是达尔文的自然选择(natural selection)的结果。经过优胜劣汰、世代相传，最具适应价值的基因就成为了这一种属几乎所有个体的普遍特点。因此，习性学家主要关注那些天生的或本能的反应，即物种成员的共有特征。习性学家倾向于在自然环境的过程中研究被试。它们认为如果在人类(或动物)进化并适应的自然环境中来观察塑造人类(或动物)发展的先天行为，这些行为就更容易被识别和理解。

通过大量观察动物物种在自然环境中的行为，洛伦兹和廷伯格发现了提高生存的行为模式。其中最著名的是印刻(imprinting)现象。印刻现象出现在个体发展的早期，而且时间有严格的界定。如果这一时期母亲没有出现，而出现了在重要特征上与母亲相近的物体，年幼的个体就会追随他。

对印刻现象的研究导致了一个在儿童发展上得到广泛应用的重要概念：关键期(critical period)。习性学家认为许多特性的发展都有一个关键期。关键期是一个有限的时间段。在此期间，如果有机体受到适宜的刺激，就会展示出生来固有的某种适宜性的发展模式。过了关键期，再给予同样的刺激也不会有相同的效应。洛伦兹发现小鹅的印刻现象就是发生在关键期(出生后 10～16 小时)，并且他认为印刻是不可逆的。如果小鹅在关键期对人或其他物体产生了印刻，并且它真正的母亲在关键期之后出现，小鹅就不会对其母亲产生印刻。[①]

尽管关键期概念解释了动物的某些方面，如雏鸟的印刻现象。但许多习性学家认为，用敏感期这一术语描述人类的发展更为准确。敏感期的时间框架没有关键期那样严格和精确。敏感期(sensitive period)是指特定能力或行为出现的最佳时期，此时的学习效果比更早或更晚都明显。过了敏感期某种发展还有可能出现，但是培育更加困难。最明显的例子就是儿童的语言学习。我们已经知道 3、4 岁是儿童语言发展的敏感期，[②]"狼孩"因为在语言发展的敏感期得不到人类语言的刺激，以后回到人类社会要恢复语言功能就非常困难。

受印刻现象研究的启发，英国心理学家约翰·鲍尔比(John Bowlby，1907～1990)运用习性学理论研究婴儿与保育员的关系。他提出了婴儿的照顾者依恋理论，认为婴儿和照顾者之间的早期社会"依恋"是正常发展的关键。他认为生命的头三年是人类社会和情绪反应发展的敏感期，主要任务就是发展对另一个人的依恋感。个体要在婴幼儿期与母亲(或者一个稳定的代理母亲)建立温暖、亲密、稳定、安全的依恋关系。这种最初的人际关系能为他们提供安全感，让他们感到自己是值得被爱、被关注的，进而产生自我价值感；让他们感到妈妈是可以信赖的，进而形成对他人的信任感。相反，一个人如果未能在早期形成依恋，长大后可能会成为一个很难与他人建立亲密关系的人。因此，对于儿童来说，与父母形成积极的依恋关系是十分重要的。

鲍尔比的依恋理论不是有关人类发展的普遍真理，他主要的目的是解释早期情感的发展，特别是早期母婴依恋关系的发展。但对于其中的某些论断，理论界存在争论。鲍尔比断言在婴儿期没有形成依恋关系，那么在成年期就会在建立爱慕关系方面引起适应性的困难。这一点引起人们的争论，因为依恋关系的质量带来的长期影响还是不明确的。

习性学家的研究揭示了儿童社会行为的许多方面，包括情感表达、攻击、合作和社会性游戏，与我们的原始祖先有相似之处。习性学把人类置于动物世界这一广阔的背景中加以考虑，扩大了我们的视野，让我们从更大的空间(广大的社会背景)和时间(物种的进化史)的维度上理解儿童的行为。但正因为习性学强调对物种行为的观察，可是许多心理现象并不是一直表现在行为上的，如智力对符号的处理就是一个观察不到的内部过程。

习性学家强调发展的基因和生物根源，我们将讨论的下一个理论是维果斯基的社会文化理论。它是对习性学的出色补充，强调儿童发展在社会和文化方面的维度。

五、维果斯基的社会文化理论

列夫·西门诺维奇·维果斯基(Lev Semenovich Vygotsky，1896～1934)是前苏联的

① 威廉. C. 格莱因著. 计文莹等译. 儿童心理发展的理论[M]. 长沙：湖南教育出版社，1985：47～62.

② 朱智贤，林崇德. 儿童心理学史[M]. 北京：北京师范大学出版社，2002：367～359.

心理学家。他的观点被称为社会文化理论(sociocultural theory)。社会文化理论主要研究文化,即一个社会群体的信念、价值观、传统和技巧是如何代代相传的。维果斯基认为,社会交互作用(social interaction),特别是儿童和更有知识的社会成员之间的合作性对话,是儿童获得构成社会文化的思维方式和行为所必需的。当成年人和更有经验的同伴帮助儿童领会有文化意味的活动时,他们之间的交流就成为儿童思维的一部分。当儿童内化了这些对话的基本特征时,他们便能使用内部语言来指导自己的行动。如幼儿自己在穿衣服时,运用教导人以前帮助他穿衣服时相同的指导内容来引导自己。维果斯基的理论揭示出了每一个文化中的儿童都发展了在其他文化中所没有的独特能力。如在巴西,没有或很少受过学校复杂的数学能力培养的卖糖儿童却拥有从销售处采购糖果、与成人或有经验的人一起定价,并在大街上与顾客讨价还价的本领。① 维果斯基的观点主要体现在以下几个方面:

(一)心理发展观

维果斯基认为就心理学家看来,发展是指心理的发展。它是指个体在环境与教育影响下,其心理机能从出生到成年由低级逐渐向高级转化的过程。两类心理机能在个体发展过程中是相互交融的。

人的心理机能分为低级心理机能和高级心理机能两类。低级心理机能是自然的、不经过学习就能获得的能力,包括感知觉、不随意注意、形象记忆、情绪、冲动意志、直观的动作思维等,受个体的生物成熟制约。高级心理机能主要体现在运用语言以及思考与推理中,主要指观察(有目的的知觉)、随意注意、词的逻辑记忆、抽象思维、高级情感、预见性意志等,受社会文化历史制约。高级心理机能具有间接性,间接反映的中介结构即为工具。在人的工具生产中凝结着人类的间接经验,即社会文化知识经验,这就使人类的心理发展规律不再受生物进化规律所制约,而受社会历史发展规律所制约。

(二)思维与语言的关系

从根本上看,语言使思维具有存在的可能性。语言不仅是人类文化发展的基础,而且也是“意识”的根本要素。

维果斯基认为,人类之所以和其他动物不一样。是因为人类使用符号与工具,创造了文化。文化处于不断生长与变化中,对他的成员发挥强有力的影响。而文化最重要的特征之一是语言。随着对人类文化的接触,特别是对语言这样强有力的符号系统的学习,初级心理机能最终转化成高级心理机能。因此,维果斯基认为,在发展的前语言阶段,儿童的智力更像是猿人的智力,是基础性的东西。但是语言改变了这一切,因为语言使人类的社会交流变成可能,使维果斯基称之为“抚养与教育”的东西具有了可能性。

维果斯基把语言发展分为连续发展的三个阶段,分别是社会(外部)言语阶段、自我中心言语阶段和内部言语阶段。社会(外部)言语是最原始的言语形式,大约持续到3岁。它的主要功能是控制他人的行为(如“我要喝水”)或表达简单的概念。自我中心的言语阶段大约从3岁持续到7岁,是社会(外部)言语和内部言语的中间环节。自我中心言语常常

---

① [美]劳拉.E.贝克著.吴颖等译.儿童发展(第五版)[M].南京:江苏教育出版社,2002:34.

用来控制儿童自己的行为,但是可能会被大声说出来。例如幼儿在努力试图做某事时,常自言自语。需要注意的是,自我中心言语在皮亚杰的早期研究中也被用来表示儿童的一种言语现象,是不具备社交功能的独立言语(独白)。皮亚杰认为儿童言语的发展从自我中心言语向社会化言语发展。维果斯基的观点显然不同于此,他认为内部言语是使思想成为可能的言语。它是所有高级心理机能的基础。言语的形式发展到内部言语阶段,儿童掌握的言语结构才成为了他思维的基本结构。

但需要注意的是,思维和言语的关系不能简单地等同。言语思维既不能包括所有的思维形式,也不能包括全部的言语形式。如果用两个相交的圆来表示,一个圆代表思维,一个圆代表言语,两圆相交部分表示着"言语思维"的范畴。

(三)教学与发展的关系

我们已经了解到维果斯基对"发展"的理解,侧重于强调人的心理发展受社会文化历史的发展规律的制约。从这一基本观点出发,维果斯基认为,教学可以定义为人为的发展,"学校教学是发展的源泉"。①

维果斯基为了解释教学与发展的关系,提出了一个全新的概念:最近发展区(zone of proximal development)。维果斯基认为,至少要确定两种发展的水平:第一种水平是现有发展水平,由一定的已经完成的发展系统所形成的儿童心理机能的发展水平,如儿童已经完全掌握了某些概念和规则;第二种是在有指导的情况下借别人的帮助所达到的解决问题的水平,也是通过教学所获得的潜力。这两种水平之间的差异,就是"最近发展区"。最近发展区实际上是两个邻近发展阶段间的过渡状态。它的提出说明了儿童发展的可能性,其意义在于教育者不应只看到儿童今天已达到的发展水平,还应看到正在发展的过程。所以,维果斯基强调教学不能只适应现有的发展水平,而应适应"最近发展区",从而走在发展的前面,最终跨越"最近发展区"而达到新的发展水平。

维果斯基的社会文化理论不同于皮亚杰认知发展的地方在于,维果斯基不赞成皮亚杰的儿童是独自发现的探索者。他认为儿童获得构成社会文化的思维和行为方式是通过与更有经验的社会成员之间的合作性对话。维果斯基也反对皮亚杰的认知恒常发展的顺序观,不认为所有的儿童都要经历相同的成长阶段。他认为,儿童通过与更有能力的个体交往会导致其思想和行为发生变化,这种变化通常具有文化特异性而不是普遍性的认知结构。

维果斯基对文化和社会经验的强调导致了他对发展中生物因素的忽视,尽管他承认生物因素的重要性,但却很少提及遗传和大脑发育在认知变化中的作用。此外,维果斯基对知识的社会传递的关注,对教学作用的重视,说明了他对于儿童塑造自身发展能力的重视程度不及其他理论学家。

六、生态系统理论

生态系统理论(Ecological system theory)是美国心理学家尤瑞·布朗芬布伦纳(Urie Bronfenbrenner,1917～2005)提出的。生态系统理论观把儿童发展视为周围多层次环

---

① 余震球选译.维果斯基教育论著选[M].北京:人民教育出版社,1994:179－180.

境关系的复杂系统。

布朗芬布伦纳认为，环境（或自然生态）是“一组嵌套结构，每一个嵌套在下一个中，就像俄罗斯套娃一样”。[①] 换句话说，也就是发展的个体处在从直接环境（像家庭）到间接环境（像宽泛的文化）的几个环境系统的中心或嵌套于其中（见图 5-2）。每一个系统都与其他系统以及个体交互作用，影响着发展的许多重要方面。下面让我们深入地了解一下这个理论。

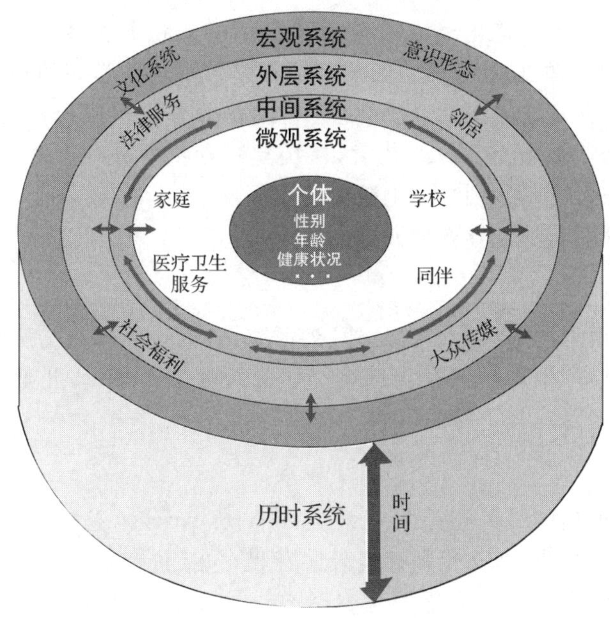

图 5-2　生态系统理论的环境结构模型

（一）微观系统

布朗芬布伦纳模型最内部的层次是微观系统（microsystem），指个体活动和交往的当前环境。这个环境是不断变化和扩大的。对大多数婴儿来说，微观系统仅限于家庭。随着婴儿的不断成长，其活动范围的不断扩展，幼儿园、学校和同伴关系不断被纳入到微观系统中来。

布朗芬布伦纳强调，要认识处于微观层次儿童的发展，必须看到所有的关系都是双向的，即成人影响着儿童的反应，但儿童的生理属性、人格和能力也影响着成人的行为。[②] 如一个活泼、礼貌的儿童，可能引起父母积极、耐心的反应；而一个令人烦心的儿童，更可能受到父母的约束与惩罚。

微观系统中任何两个个体的交往都有可能受第三者的影响。当儿童与成人之间的关系受到第三方影响时，如果第三方的影响是积极的，那么儿童与成人之间的关系会更进一步发展。反之，儿童与成人之间的关系就会遭到破坏。如父亲明显地影响着母婴交往：有幸福婚姻的母亲对于婴儿的反应比婚姻紧张、缺少配偶支持的母亲更有耐心、更敏感。可

---

① ［美］DavidR. Shaffer&Katherinekippe 著. 邹宏等译. 发展心理学：儿童与青少年，第八版［M］. 北京：中国轻工业出版社，2009：57.

② 郭力华. 关注多文化及高信息环境下的儿童认知发展［J］. 科技信息，2007(12).

见，微观系统是一个动态的发展背景，生活于其中的每个人既影响着着他人，同时也受他人的影响。

（二）中间系统

布朗芬布伦纳模型的第二个层次是中间系统（mesosystem），指各微系观统（如家庭、幼儿园、同伴）之间的联系或相互关系。布朗芬布伦纳认为，如果微观系统之间有较强的积极联系，发展可能实现最优化。相反，微观系统间的非积极联系会产生消极的后果。儿童在家庭中与兄弟姐妹的相处模式会影响到他在学校中与同学间的相处模式。如在重视分享教育的家庭中，儿童在入园后，更可能会与同伴分享食物或玩具，易于建立和谐的同伴关系；在家庭中处于被溺爱地位的儿童，在玩具和食物的分配上总是优先，那么一旦在幼儿园中享受不到这种待遇，则会产生极大的不平衡，就不易于与同伴建立和谐的友谊关系，还会影响到教师对其的指导教育方式。

（三）外层系统

布朗芬布伦纳模型的第三个层次是外层系统（exosystem），是指那些儿童并未直接参与但却对他们的发展产生影响的社会环境。如父母的工作环境，儿童与父母的情感关系可能会受到父母是否喜欢其工作的影响。

（四）宏观系统

布朗芬布伦纳模型的最外层是宏观系统（macrosystem），是指存在于微观系统、中间系统和外层系统中的文化、亚文化和社会阶层背景，包括价值观、法律、习俗和社会阶级结构等。宏观系统实际上是一个广泛的意识形态。它规定如何对待儿童，教给儿童什么以及儿童应该努力的目标。在不同文化中这些观念是不同的，但是它直接或间接地影响儿童知识经验的获得。如处在反对以暴力形式解决人际冲突文化（宏观系统）中的家庭（微观系统），体罚儿童的几率也很低。

（五）历时系统

布朗芬布伦纳的模型还包括了时间纬度，或称作历时系统（chronosystem），把时间作为研究个体成长中心理变化的参照体系。他强调了要将时间和环境相结合来考察儿童发展的动态过程。婴儿一出生就置身于一定的环境之中，并通过自己本能的生理反应来影响环境。通过行为（比如哭泣）来获得生存所必需的物质；另一方面，婴儿也会根据外界环境来调节自己的行为，冷暖适宜时会发出微笑。随着时间的推移，儿童生存的微观系统环境不断发生变化。引起环境变化的可能是外部因素，也可能是人自己的因素。因为人有主观能动性，可以自由地选择环境。而对环境的选择是随着时间不断推移以及个体知识经验不断积累的结果。布朗芬布伦纳将这种环境的变化称为“生态转变”，每次转变都是个体人生发展的一个阶段。比如，升学、结婚、退休等。转变分为两类：正常的（如入学、青春期、参加工作等）和非正常的（如亲人去世、迁居、彩票中奖等），这些转变发生于毕生之中，常常成为发展的动力，同时这些转变也会通过影响家庭进程对发展产生间接影响。[1]

布朗芬布伦纳的生态系统理论比任何理论家对环境的描述都更为丰富。每个人都生

---

① 桑标，席居哲．家庭生态系统对儿童心理健康发展影响机制的研究［J］．心理发展与教育，2005(1)．

活在与中间系统相联系的、嵌套在外层系统和宏观系统之中的特定微观系统中。在人为的实验情境中研究环境是没有意义的。只有观察发展中的个体与不断变换的自然环境中的互动，才能理解个体如何影响环境以及如何受环境的影响。尽管生态系统理论有许多优点，但他并不能全面解释人类的发展。生态系统理论强调独特的个体影响着独特的环境，并受独特的环境所影响，过分强调了变化的特殊性，无法构建发展的常态模式。

七、各发展理论在基本主题上的立场

在本节的一开始我们了解到了几乎所有发展理论都遵循的四个基本主题，下面让我们比较一下几种主要发展理论在四个基本主题上的立场(见表 5-4)。

表 5-4　主要发展理论在儿童发展主题上的立场

理论	遗传与环境	连续性与阶段性	稳定性与变化性	主动与被动
精神分析	遗传与环境的双重作用：内在冲突被育儿经历所引导和控制	阶段性：强调性心理的阶段发展	稳定性：早年的经历决定了发展模式	主动：儿童是积极主动的个体，影响其自身的发展
行为主义和社会学理论	环境作用：条件反射和模仿决定着发展	连续性：发展是习得行为的不断增加	变化性：早年与以后的经历同样重要	被动：环境塑造了儿童的发展(社会学习理论则认为发展是儿童与环境相互影响的结果)
皮亚杰认知发展理论	遗传与环境的双重作用：儿童发现现实的内在驱动力，但必须有一个有丰富刺激的环境支持	阶段性：强调认知发展的阶段性	变化性：早年与以后的经历同样重要	主动：儿童积极地建构自己的知识体系
信息加工	遗传与环境的双重作用：随着大脑的成熟，儿童积极调整其思想以适应新环境	连续性：儿童的感知、注意、记忆和解决问题的能力不断提高	变化性：早年与以后的经历同样重要	主动：儿童的大脑主动地对信息进行加工
习性学	遗传与环境的双重作用：强调生物基础，但适度的环境刺激必不可少	连续与阶段性兼而有之：儿童逐渐发展起一系列的适应行为，然后在能力上出现质的飞跃的敏感期	稳定性：遗传的行为模式与早年经历决定了发展模式	主动：儿童按照程序化的生物性特征主动发展
维果斯基社会文化理论	遗传与环境的双重作用：成熟以及与有知识的社会成员的交往共同促进着发展	连续性：通过与社会中更有经验的成员交往，儿童逐渐获得了适应于文化的能力	变化性：早年与以后的经历同样重要	主动：儿童内化与社会成员之间对话的基本特征，在内心使用语言指导自己的行动，获取新的能力
生态系统理论	遗传与环境的双重作用：儿童的特征和他人的反应相互影响	不确定	变化性：早年与以后的经历同样重要	主动与被动兼而有之：发展是儿童与环境相互影响的结果

以上是关于儿童发展的主要理论以及这些理论在发展基本主题上的立场。我们要看到这些理论的长处和短处，没有一个理论能够对发展作出全面的解释。你可能会被一些理论吸引，而对另一些理论将信将疑，但是希望你不要因为偏爱其中某一个理论而拒绝另

一个理论。个体发展需要很多理论来解释,每个理论都对理解人类的发展作出了贡献。

第二节　学前儿童身心发展的特点和规律

学前儿童的发展主要包括生理和心理的发展。生理的发展主要是指个体身体各组织器官、各系统的生长发育,包括身体形态、机能和动作的发展。心理发展主要是指有规律的心理变化过程,包括认知、情绪情感和社会性发展等方面。

一、学前儿童生理发展的特点和规律

学前儿童生理发展主要是指身体各形态、机能和动作在生长发育的过程中所呈现的一个连续而统一的动态过程。生长和发育是两个不同的概念,生长是指细胞的繁殖、增大及细胞间质的增加,是量的变化。发育是指各组织、系统、器官在结构和功能上的演进,是质的变化。生长发育到了比较完备的阶段,即个体身心方面都已达到成人水平,称为成熟。学前儿童生理发展的特点和规律体现在以下几方面:

(一)由量变到质变的飞跃

学前儿童的生长发育包含着有机体从量变到质变的复杂过程,包括三个相互交叉的因素,即身体形态的不断变化、各组织器官的不断分化和动作机能的逐步完善。这三个因素有规律地相互交叉进行,使人的身高、体重不断增加,组织器官和机能不断分化并逐渐发展成熟。比如,从婴儿到成人,随着年龄的增长,人体消化系统发育不断完善,其消化机能逐步成熟。幼儿从开始只能接受少量的流质食物到后来能消化多种固体食物。随着幼儿年龄的增加,幼儿大脑在体积增大和变重的过程中,皮层的思维、记忆、想象、分析等功能在不断地发展。

(二)连续性和阶段性相结合

学前儿童身体的生长发育是一个连续、统一而完整的过程,但是生长发育的速度在幼儿的各个年龄阶段并非是一致的,呈现明显的阶段性。每一个阶段都呈现一定的发展特点,并彼此有规律地交替、衔接。学前儿童动作的发展和身体的发展密切相连,因此儿童动作的发展也有类似身体发展的规律,即遵循头尾原则(身体各个部分的发育是从头部延伸到身体的下半部)和近远原则(身体的发育是从中部扩展到外周边缘部分)。学前儿童最早发展的是头部运动(抬头、转头);然后是上肢活动(取物);再是躯干活动(翻转、直坐);最后是下肢活动的发展(两腿站立、行走)。越接近躯干的部分,动作发展越早,而远离身体中心的肢端动作发展较迟。比如上肢动作的发展,首先成熟的是肩头和上臂,其次是肘、腕、手,另外,肌肉的发展也是从大肌肉延伸到小肌肉,从粗动作发展到精细动作,因此,发展最晚的是手指的动作。

(三)发展速度呈波浪式

学前儿童生长发育的速度在不同的年龄阶段是不相同的,时快时慢,呈波浪式状态,以身体形态的发展尤为明显。身体形态,即人体的外部结构形态和特征。包括头、颈、躯

干和四肢。[①] 生长发育的形态指标是指身体及其各部分在形态上可测出的各种量度（如长、宽、围度以及重量等）。对学龄前儿童而言，最重要的形态指标包括：身高（常被用以表示全身生长的水平和速度）、体重（反映儿童的骨髓、肌肉、皮下脂肪和内脏重量及其增长的综合情况）、头围（反映颅及脑的大小以及发育情况）、胸围（表明身体形态及呼吸器官的发育状况）。以身高、体重为例，由胎儿向成人发展的全过程中有两次突增阶段。胎儿期是身高、体重的第一次突增，胎儿从一个特大的头颅、较长的身躯及短小的两腿发育到儿童期的各部分比例匀称。2 岁以后，增长速度急剧下降，并保持平稳，直到青春发育期出现第二次突增。从出生到成人，头部增加 1 倍，躯干增加 2 倍，上肢增加 3 倍，下肢增加 4 倍。（图 5-3）

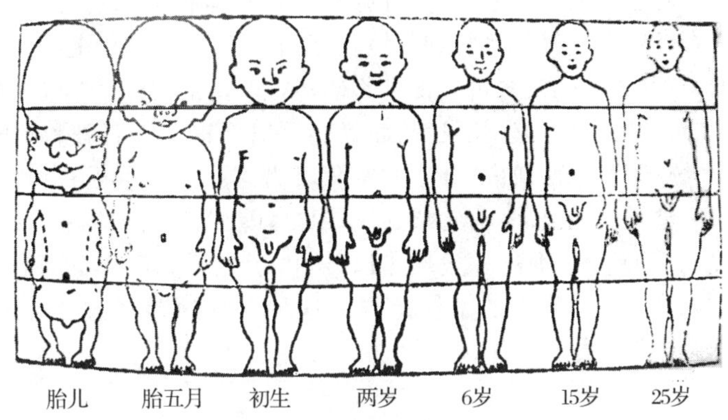

图 5-3　由胎儿到成人身体发育的比例（据 W. T. Robbins，1928）

（四）各系统发育的非均衡性和统一性

学前儿童各系统的发育不是同时进行的，既有非均衡性，又能在神经系统的调解下协调一致地发展。胚胎时期，第一个形成的就是神经系统，这也是胎儿早期头部占全身 1/2 的原因。幼儿出生后 5～6 年中，由于脑部迅速发育，各种生理机能、言语发展、动作发展都已初步满足生活各方面的需要。学前儿童运动系统的主要特点是骨组织不断骨化；骨富于弹性，易变形；关节、韧带较松弛；肌肉力量差，易疲劳。学前儿童的骨骼比较柔嫩，软骨较多，骨较短细，由于儿童骨中有机物多，无机物少，所以儿童的骨骼易弯曲且富有弹性，但不易骨折。

其次是呼吸、消化、排泄、心血管系统的发育。学前儿童呼吸系统组织娇嫩，呼吸浅，频率大，换气功能差，呼吸道黏膜容易收到损伤。其消化系统的吸收能力较强，但是消化能力较成人差。新生儿的肾脏占体重之比较成人大，对尿的浓缩和稀释功能较成人弱，其膀胱的容量小，肌层的弹力组织薄弱，因此，贮尿机能差，控制力也差。髓鞘化是脑细胞成熟的重要标志之一。它的发展时间与脑的功能和心理发展密切联系着。神经系统各部分神经纤维实现髓鞘化的时间不同，髓鞘化的早期形成首先保证感觉冲动的传导，随后是支配运动器官的神经道路的髓鞘化，最后是控制情绪组织思维等部位的成熟。由于学前儿童新陈代谢旺盛，心脏发育不完善，只有增加脉搏频率才能适应组织需要。在正常情况下，心率和脉搏一致。由于支配心脏活动的神经纤维尚未发育完善，因此，学前儿童心脏

① 王忠民主编．幼儿教育词典[M]．北京：中国大百科全书出版社．2004：95．

的收缩力较弱，心率不稳定。主动脉口径相对比肺动脉要小，故血液循环一周的时间也较成人短。儿童随着年龄增长，心脏收缩力加强，血管弹力有所下降，血压逐渐增高。

(五)身心发展的相互关联性

学前儿童身体和心理的发展是密切联系的，生理的发展是心理发展的基础，而心理的发展也同样直接影响生理机能，两者相辅相成。例如，幼儿不吃早餐到幼儿园，由于饥饿，精神不能集中，容易发脾气、哭闹等，这就体现了生理的不适对心理的影响。另外，心理的发展也影响生理的发育。例如，情绪和身体的外形也存在一定的联系，情绪一贯正常的儿童精神愉快，动作敏捷，而情绪长期受到压抑的儿童精神不振，注意力不集中，不爱活动，以致站、走、跑等外形出现病态。人体是一个完整的统一体，身体各组织器官的发育不是孤立的。整个人体的生长发育过程是在神经系统和环境相互作用下进行的，因此各个组织系统的生长发育是密切关联的，某一器官的发育可以促进其他器官的正常发育。学前儿童适当的体育锻炼，不仅可以促进儿童骨骼肌肉的生长发育，而且还可以促进儿童心脏和呼吸器官技能的成熟，并有利于神经系统的发育，而肌肉、骨骼的发育又为锻炼提供了更有利的条件，从而促进学前儿童整个身体的健康。可见，学前儿童的发展是体魄相联，协调发展。

学前儿童的身心发展除了上述一般规律以外，由于先天和后天的条件不同，在正常的个体之间，幼儿生长发育存在很大的个体差异。这种差异通常通过个体身体生长发育的各种形态指标、性别和成熟类型而体现出来。

拓展阅读

【拓展阅读】

大脑与婴儿状态

在婴儿早期，大脑的重要功能是控制婴儿的一般状况——也就是说，婴儿的生理觉醒或者婴儿状态。随着对婴儿行为的认真研究，沃尔夫(Wolff，1996)描述了六种不同的婴儿状态：有规律的睡眠、没有规律的睡眠、昏昏欲睡、警觉性静止状态、警觉性活动和哭叫(最后两种有时候被归为一类，称为“集中活动”)(参见图5.4)。从根本上看，他们是对中枢神经系统的描述。有迹象显示这些状态出现在胎儿身上，这是很有趣的发现，尽管在那段时间中很难把它们探测出来。例如，我们知道，到了胎儿期末期，胎儿轮流地把时间花在睡眠与清醒上(Groome，1997)。

表5-5 婴儿的状态反映了对环境的警觉水平或者反应性

状态	描述	反应
有规律的(深度)睡眠	绝大部分处于静止状态，眼睛紧闭，呼吸有规律	对温和的刺激没有反应
没有规律的睡眠	抽动性的活动，眼睛紧闭，呼吸没有规律	声音或者光线能够引起面部表情或者微笑
昏昏欲睡	在睡眠之前或者紧随睡眠出现的适度积极状态，眼睛闭上或者睁开	对刺激作出反应
警觉的静止状态	相对静止，眼睛张开，比有规律的睡眠呼吸更快，“检查”环境	
警觉性活动	活动高度积极，眼睛张开，快速呼吸，对刺激作出适度反应	具有高度反应性；保持对周围世界的“检查”状态
哭叫	活动高度积极，眼睛张开，警觉性较低，呼吸快速	对刺激作出较低反应

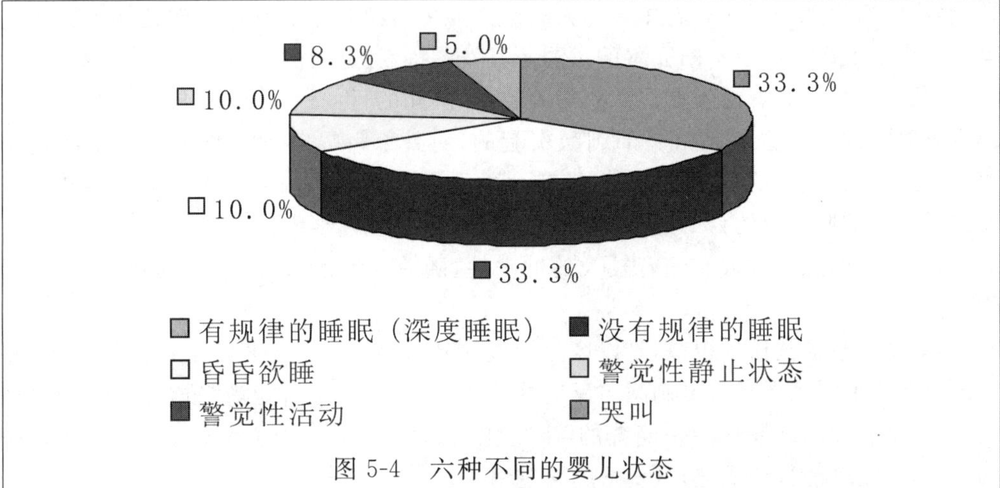

图 5-4　六种不同的婴儿状态

"状态"与婴儿的大脑活动水平(唤醒水平)紧密相关。(引自:Wolff,1966)

新生儿处在每一种状态上的时间很不同,有的婴儿睡眠超过半天,有的婴儿则仅仅睡几个小时。同样的,有的婴儿哭叫的时间多达 40%,而有的婴儿则几乎一点不哭。随着年龄的增大,睡眠时间减少,警觉性活动增加。

新生儿的平均睡眠占到所有时间的 3/4。婴儿在睡眠时是否在做梦,目前还不清楚。但是,快速眼动(REM)睡眠在他们的睡眠时间中占据了极高的比例。在儿童与成人中,大部分的梦都发生在快速眼动睡眠时期。快速眼动睡眠量在婴儿期逐步下降。到 2 岁时,婴儿睡眠的大约 25%处于快速眼动期——非常接近成人。

[资料来源]Wolff,P. H. (1966). The Causes,Controls,and Organization of Behavior in the Neonate. Psychogical Issues,5.

二、学前儿童心理发展的特点和规律

(一)学前儿童认知发展的特点

认知是人脑反映客观事物的特性与联系,并揭露事物对人的意义与作用的心理活动。认知发展是指个体认知能力和认知功能的形成及其方式随年龄和经验的增长而发生变化的过程。[①] 认知发展的一个重要方面是由浅入深,由认识事物的表面现象逐步达到认识事物的实质。概括来讲,学前儿童认知发展主要包括一个人在感知觉、注意、记忆、想象、思维等方面的认知过程。这里主要介绍学前儿童感知觉、记忆和思维的发展特点和规律。

1. 学前儿童感知觉的发展

感知觉是一切比较复杂、高级心理活动的基础,是个体认知世界的开端。对于学前儿童而言,感知觉不是被动的,而是主动的有选择性的心理过程。长期以来,人们对新生儿和婴儿感知能力的认识是消极的,认为新生儿和婴儿是软弱无能的个体。但是随着新近

① 朱智贤主编. 心理学大辞典[M]. 北京:北京师范大学出版社,1989:536～537.

的研究发现，新生儿和婴儿有着相当惊人的感知能力。感知觉的发展虽然是不平衡的，但是遵循一个从低级向高级不断完善的过程。其发展特点主要有：

(1)从无意性向有意性发展。儿童年龄越小，感知的目的性就越差，从新生儿开始，儿童的视听觉等的反应主要是由外部刺激引起的，对外部世界各种事物缺乏自主的选择。随着年龄的增长，经验的积累，尤其是语言的掌握，儿童学会用词来调节自己的感知觉，于是感知觉过程按照一定的目的进行，感知觉活动的有意性逐步增强。

(2)婴幼儿的感知觉常伴随着较大的冲动性，随着年龄的增长，儿童的感知觉向着思考性方向发展。

(3)最初的感知觉比较粗糙，难以区分类似的刺激物。这个与儿童早期的经验是一致的。因为条件反射的形成需要刺激与反应的多次结合，在感觉机能尚未成熟、经验有限的前提下，儿童感知的结果只能是笼统的，未分化的。伴随着年龄的增长，儿童的活动范围不断扩大，感觉机能日趋成熟，且变得越来越精细。

(4)儿童早期往往首先感知到的是事物的个别部分，对整体却视而不见。随后，儿童逐步能感知到事物的整体，但要到幼儿期才能把整体与部分统一起来综合进行反映。

2.学前儿童记忆的发展

记忆是保持信息和提取信息的过程，是学前儿童认知发展的一个重要方面。随着学前儿童身心的不断发展，记忆在不断地变化和发展，其特点主要通过量、质两个方面表现出来。

(1)幼儿记忆的量的发展主要通过记忆范围、广度和保持时间的长度方面去衡量。幼儿前期，记忆的范围十分狭窄，随着活动能力增强、活动方式多样、社交范围扩大，尤其是儿童掌握语言后，记忆的范围就更加广阔了。随着年龄的增长，幼儿在单位时间内所记住材料的最大数量也不断扩大，记忆保持时间长度也在不断地增长。

(2)幼儿记忆在质方面的发展主要通过记忆态度、方法、内容和正确性等表现出来。记忆态度的发展主要指有意记忆和无意记忆的发展，幼儿期整个心理水平的有意性比较低，因此记忆的有意性也较低。幼儿所获得的知识、经验大都是无意识的记忆结果。幼儿的有意识的记忆约4、5岁的时候可观察到，这是由于在这个时期言语对儿童行为的调节作用有一定的影响。5、6岁的幼儿，记忆的有意性有了明显的发展，这是儿童记忆发展过程中的一个重要的质变。这时幼儿不仅能努力去识记和回忆所需要的材料，而且还能运用一些简单的记忆方法，如自言自语、自我重复等来加强记忆。幼儿记忆的方法主要是先机械记忆后意义记忆；在记忆内容方面，形象记忆和语词逻辑记忆都是相当重要的；幼儿再现内容与识记对象的正确性较差。比如，幼儿记忆的完整性很差，他们在回忆时常常出现脱节、遗漏和颠倒顺序的现象。幼儿还常常出现识记混淆的现象，他们回忆的东西往往是一些偶然的、自己感兴趣的个别对象，或彼此毫无联系的情节等，而遗忘了本质的内容。

3.学前儿童思维的发展

思维是认知过程的高级阶段，它反映事物的本质和规律性的特征。思维的发生使儿童的认知发生了巨大的变化，它标志着儿童认知过程的完全形成，也标志着儿童的智力结构有了核心的部分。学前儿童的思维方式主要有三种：直觉行动思维、具体形象思维和初期的抽象逻辑思维。

（1）儿童最早的思维工具不是语言而是动作，因为动作是有形的、具体的、形象性的。儿童可以借助事物的形象来思考。随着言语的形成和发展，动作和语言对儿童思维发展的作用和相互关系发生了很大的变化。从早期的动作早于言语，思维依靠动作进行，发展到后期的言语在前、动作在后，思维主要依靠言语进行。这表明随着儿童年龄的增长，动作在思维中的作用逐步下降，而语言在思维中的作用逐步提高。不过学前儿童所能理解的语言词汇还是需要生活中具体的事物和相关经验为基础，形象思维还占优势地位，对抽象概念的理解能力还很差。

（2）儿童最早出现的思维是直觉行动思维。这种思维方式比较直观，思维离不开具体事物的感知和实际的动作。其主要特点是由简单到复杂，由具体到概括，具有具体性和形象性。在幼儿末期出现抽象逻辑思维。主要表现为分析、综合、比较、概括等基本过程的发展，概念的掌握、判断和推理的形成，以及理解能力的发展等方面。理解是运用已有的知识、经验去认识事物的联系、关系、本质和规律的思维过程。由于思维发展水平有限，学前儿童对事物的理解一般不是很深刻的，直接理解居多。他们理解的趋势是：从对个别事物的理解到对事物之间关系的理解；从依靠具体形象来理解事物到依靠语言概念理解；从对事物表面的理解到对事物比较深刻的理解，并对事物的相互关系理解逐渐加深。

（二）学前儿童情绪情感发展的特点

情绪主要指那些与生理需要是否得到满足相联系的体验。情感主要指与人的社会性需要是否得到满足相联系的复杂体验。情绪情感在学前儿童心理发展中起着非常重要的作用。对儿童心理、行为有着重大影响。从学前儿童情绪情感的发生和发展看，最初更多的是情绪表现，随着儿童年龄的增长和整个心理活动的发展，情感越来越占主导地位。

1.学前儿童情绪的发生

儿童从出生后，便立即可以产生情绪表现。如头几天的新生儿或哭或静等，这些都是儿童最初的情绪反应。原始情绪反应是与其生理需要是否得到满足相联系的。身体的内外部受到不舒服的刺激时，都会引起孩子的哭闹等。原始情绪反应是儿童与生俱来的遗传本能，进化论早已指出情绪的表现是人类进化与适应的产物。不过，在成熟和后天环境的作用下，情绪不断分化，出现了喜、怒、哀、惧等基本情绪。

2.学前儿童情绪情感发展的特点

学前儿童情绪情感发展的特点主要体现三个方面：社会化、丰富深刻性和自我调节性。

（1）情绪情感的社会化

儿童最初出现的情绪与生理需要是相联系的。随着儿童的成长，各种需要不断发生变化，社会性需要也不断的增多，儿童的情绪逐渐和社会性需要相联系。社会化是儿童情绪情感发展的一个主要特点，情绪反应的社会性动因不断增加。1岁内的儿童的情绪主要是由生理需要引起的，而1岁～3岁的儿童情绪反应除了生理需要外，还有大量的社会需要。随着年龄的增长，幼儿社会交往的需要更加突出，因此，情绪反应中涉及交往的内容就必然不断的增多。有研究表明，1.5岁到3岁的儿童非社会性微笑的比例下降，而社会性微笑的比例却有所增长。儿童的社会性情绪表现是随着年龄的增长而增长的。表情是情绪的外部表现，有些表情是生物学性质的本能表现，有些表情是后天习得的，并受民族文化的影响。儿童在成长过程中，为了正确地表达自己的感情和正确理解别人的感情，儿童逐渐学会掌握并运用周围人的表情手段，这就是表情日益社会化的过程。

高级社会情感的发展主要包括道德感、理智感和美感的发展。最基本道德感的形成，是幼儿期情绪发展的一个重要特点。道德感的形成是一个复杂的过程。3 岁前只有某些道德感的萌芽。3 岁后，特别是入园后，儿童的集体道德感逐渐发展起来。由于幼儿思维水平的限制，难以掌握抽象的道德概念。幼儿对道德概念的理解是和具体的事物相联系的。因此，幼儿期儿童的道德感是不深刻的，大都是模仿成人。理智感的发展是因人的认识需要是否得到满足而产生的体验。幼儿理智感的发展，在很大程度上取决于环境的影响和成人的正确培养。5 岁左右，儿童的理智感已明显地发展起来，突出地表现为幼儿的好问，对周围事物的认知兴趣。美感是人在评价客观事物是否符合审美标准时产生的体验。美感的产生也有一个社会化的过程。儿童从小就喜欢鲜艳悦目的玩具和整齐整洁的环境。在环境和教育的影响下，幼儿对音乐、美术、诗歌等艺术作品也有了初步的欣赏能力。

(2)情绪情感的丰富与深刻化

幼儿情绪的丰富主要表现为情绪体验继续分化和引起体验的动因不断增多，情绪的深刻化则表现为情绪从指向事物的表面现象转化为指向事物的内在特征。随着儿童的成长，活动范围在不断地扩大，有了许多新的需要，继而出现了多种新的情绪体验。如友谊感和集体荣誉感相继出现。随着幼儿年龄的不断增长，幼儿的情绪在不断地丰富和深刻化，原来并不能引起儿童情绪情感体验的事物，可能会引起情绪体验的动因。总体而言，引起情绪的动因往往都是与儿童生活相联系的事物，范围较小。加上认知水平的限制，幼儿常常认识不到事物的本质。所以就其发展水平来说仍然不够丰富和深刻。

(3)情绪情感的自我调节化

从情绪的进行来看，婴幼儿对情绪过程的自我调节越来越强，越来越受自我意识的支配。首先，情绪的冲动性逐渐减少。幼儿由于内抑制发展差，控制力弱，言语的调节功能不完善，因此当外界事物和情境刺激儿童的时候，情绪就会爆发，极不稳定。随着幼儿脑的发育和语言的发展，情绪的冲动性逐渐减少。幼儿对自己的情绪控制最初是被动的，到幼儿晚期才逐渐发展为自我调节的能力。其次，情绪的稳定性逐渐提高。幼儿的情绪随着情境的改变而改变，是不稳定且短暂的。随着年龄的增长，情绪的稳定性逐渐提高，但是随着教育的影响，儿童的情绪情感自我调节逐渐加强，不稳定性、受情境的感染性逐渐减少，情绪情感由外显到内隐，逐渐趋向于稳定。

(三)学前儿童社会性发展的特点

学前儿童的社会性发展是指在社会环境影响下学习知识、技能和社会行为规范，并把它内化为个人价值、个人行为目标，发展自己的社会性的过程。学前儿童社会性发展的总体特点是从笼统的、无差别的反应到有选择、目的和指向性的反应，再到幼儿的独立性和自主性的逐步增强。

儿童一出生，在环境和教育的影响下，他们的社会性发展的进程就开始了。婴儿期社会性发展的总特点是：从笼统的、无差别的反应到有选择、目的和指向性的反应。从新生儿时期，儿童就萌发了社会性交往的需要和探索世界的愿望，这个时期儿童主要是和成人交往，婴儿之间的交往出现较晚。儿童与成人的交往也是有阶段的，新生儿对其对象没有严格的区分，从最开始的“人物不分”的阶段到逐渐产生和成人交往的需求。3 个月以前，婴儿只在成人出现在眼前时，他们才表露出欢乐的情绪和动作，一般是等待成人来和他交往。3.5～6 个月时，儿童交往的主动性发展了，如常用各种声音来吸引成人的注意，召唤成人的到来，并主动用各种表情和成人进行交往。4、5 个月时，开始出现婴儿之间的交往。6 个月以后，孩子听见别人叫他时，就会寻声找人，表现出愿与人们交往的需要。7 个月时，他会四处寻找成人，以及和人挥手表示再见。父母对儿童的这种交往需要应给以满足和引导。10 个月左右，儿童不仅喜欢和成人交往，而且喜欢和同龄儿童或别的孩子进行交往。他们用语声、表情、动作交往，如抓摸别人的手、衣服，抓弄别人的玩具，把物品、玩具或图书给别人玩等等。

2～3 岁的儿童由于掌握了语言和独自行走的能力，因此社会性发展的主动性加强，活动范围更加扩大，能主动接触别人，与人交往，同时还能广泛的用语言和周围人交流，学习模仿成人的行为，这些都促进了儿童社会性的发展。其突出表现在以下几个方面。(1)能参加简单的游戏活动。在游戏中，儿童开始从单独游戏逐渐过渡到能和小朋友在一起游戏。尽管这是一种非组织的、偶然的结合，但孩子之间却出现了一些无目的、无意识的交往活动。若无成人的组织与指导，儿童将难于持久地进行游戏。所以，儿童最初的交往具有不稳定性和短暂性的特点。(2)能初步理解和遵守一些简单的行为要求。在教育和环境的影响下，幼儿已初步懂得并能遵守成人提出的一些很简单的行为要求。如懂得和小朋友友好相待，爱护玩具、图书、物品等。特别是在儿童与周围人们交往过程中，他们能从众多成人的态度、行为及对周围事物的评价中，受到很大的教育和潜移默化的影响，这些将直接指导着儿童的行为。在此基础上，通过教育可使儿童的抑制力逐渐得到发展，儿童能初步控制和调节自己的行为。尽管控制能力还很差，需要成人的提醒，但这表明了儿童已具有初步的意志行动，而这意志行动将促使儿童的行动更符合于社会行为准则，更有利于儿童友好关系的形成和社会性的发展。(3)儿童的自我意识开始发展。儿童自我意识的发展标志着其社会性得到进一步地发展，因为自我意识的发展是社会中发展的一个重要侧面，是社会化的一种表现。儿童已认识到自己的存在，能进行自我体验、自我控制，在和周围人的社会交往中能明确地把自己和别人区分开来。与此同时，还开始出现了自尊心。这说明儿童已真正进入了自我意识发展的进程。儿童的自我意识形成以后，调动了儿童的积极性，表现在：他们干自己想干的事，能提出活动的目的，并有自己的看法和主见。他们以独立活动的主体身份主动地和周围人接触、交往、参与各种实践活动，从而促进了儿童社会性的发展，而社会性的发展又影响了儿童自我意识的发展。

学前儿童在 3～6 岁的发展阶段，生理和心理都得到了进一步的发展，他们对成人的依赖性减弱了，身体强壮了，独立性也增强了，具有一定的生活自理能力和自我控制能力。随着生理和心理的发展，学前儿童的社会性也日益发展。其具体的特点表现有以下几个方面：(1)自我意识进一步获得发展。首先，学前儿童在具备初步的自我意识的基础上，他们对自己的认识和看法更加明确。在游戏中能按一定的标准选择或分配角色。如选择能力强的、有组织能力的同伴当商店经理、列车长、幼儿园园长等。同时，在集体游戏中能通过其他儿童对自己的反应来进一步认识自己。其次，幼儿开始产生初步的、幼稚的、易变的自我理想。这是儿童在社会交往中逐步形成的。由于儿童在生活中受到来自社会的多种刺激、多种影响,特别是周围人们及事物的影响,使儿童开始对某些人或物产生好感,因此出现向往和追求。他们在游戏中,通过扮演各种喜爱的角色,积极地模仿这些人物的言行、举止、表情和行为态度,从中获得满足和愉快。(2)社会交往活动更加广泛深入。学前儿童活动能力、语言能力得到很大发展,自如性逐渐提高。因此,儿童已不满足于和成人的交往。他们不仅大大地扩大了交往的范围,加强了和同伴之间的交往接触,而且社交活动的内容也更加复杂了。首先,具有更明确的社会交往活动的目的,增强了交往的独立性。对于刚入园的幼儿,要和小朋友生活在一个新的集体环境中,他们的社会交往范围和机会大大超过家庭环境。所以,不论是交往的对象,还是交往的时间、场所,都发生了许多变化。他们要和各色各样性格的儿童相处;要和更多的成人接触,要建立新的人际关系;为了集体生活,他们要遵守不同的行为准则,要服从集体的各种要求。在这样的环境中,必然会大大增强儿童社会性的目的性。其次,具有更融洽的社会交往关系。由于儿童生活在集体中,随时都存在一个关系问题。学前儿童已学习注意和小朋友友好相处,注意自己与他人的关系,在共同活动中,为了实现共同的目的,要求自己尽力做到团结、合作、互相关心与互相帮助,建立良好的合作关系。学前儿童以接受社会行为规范来判断自己行为和别人行为的差距。

第三节　学前儿童发展的影响因素

前两节主要介绍了什么是人的发展以及有关人类发展的各种主要理论。在这一节我们来探讨迄今为止对影响人类自身发展因素的认识。

一、发展主体所处的时空场所

按照生物生态学理论的基本观点,儿童个体的身心发展在时间点上受到其直接或间接参与其中的生态环境的影响与制约,同时在连续的时间维度上又受制于社会历史的演化与变迁。这一生态环境在空间和类别上则是由一系列相互镶嵌在一起的系统所组成,就像一套俄罗斯套娃:首先是“套娃”的最核心部分——那个最小的娃娃,即发展的主体,这个核心娃娃既是其自身发展的主体,同时也为主体的发展提供了必需的、最初的物质基础。这些物质基础也为主体的“无限”发展规定好了其所能达到的极限。其二,微观系统(microsystem):儿童直接参与的生活场所及其周边环境。儿童,父母、看护者、教师都是微观系统的建构者。其三,中间系统(mesosystem):是处于微观系统中的多个影响因素(如幼儿园与家庭、幼儿园与社区、家庭与社区)之间的关系或联系,这一系统说明了各种影响源之间的相互作用的模式。其四,外层系统(exosystem):主要是指父母工作场所、家庭生活条件、家庭社交圈、各种视听媒体、社会福利体系、法律服务等,这些影响源对儿童的发展只有间接而无直接的影响,其作用主要通过中间系统作用于发展主体。其五,宏观系统(macrosystem):它是儿童所处的社会文化背景,它以某种文化或亚文化的整体意识形态面貌出现。包括:价值观念、信仰和信念、风俗习惯、历史及其变迁、政治、法律、经济、民族传统、社会阶级结构等。宏观系统处在整个生态系统的最外围，它对核心的影响看似最为间接而显微弱，但是反过来从核心向外看，我们也发现处在核心中的发展主体对这个“宇宙边缘”的影响同样的更为微弱甚至远远不及。其六，历时系统(chronosystem)或者叫做时间系统，它为个体的发展提供了时间坐标，表明了个体和环境发展变化的连续性和阶段性，它主要是指儿童所生活的时代及其社会历史事件。儿童发展的各种影响源分别处在这一时空系统的不同层面，而又相互影响，相互制约，共同发挥作用。随着时空和历史文化条件的不同而升沉起伏。因此很难说某一单一影响处于决定作用的地位。

二、气质作为儿童个性和社会性发展的生物基础对儿童发展的影响

气质是受个体生物组织制约，不以活动目的和内容为转移的典型而相对稳定的心理活动的动力特征，是一种在个体出生后即表现出来的“天赋性”个体特征。气质对学前儿童发展的影响表现在以下方面。

(一)气质对学前儿童身体发育的影响

研究表明：父母和其他养护人更容易发现抚育困难气质类型儿童的疾病和需要，使其获得成人更多的关注、照料与帮助。而对于容易抚养型儿童，他们对成人养护者的要求较少，即使患病也不大吵大闹，这样就容易使养护人员产生错觉，也因此获得较少的关注和照料。但同时，前一种抚育困难的儿童由于情感反应强烈、要求较多的哺育次数和其他更多的关注，使他们遭受意外损伤和虐待的风险也较高；而容易抚育型儿童则较容易挨饿甚至死亡。在身体健康方面，气质同婴儿期的腹痛和睡眠障碍、学前儿童的机能性腹痛有关。可见不同的气质类型与儿童的身体发育和发展密切相关。

(二)气质对学前儿童社会认知发展的影响

林崇德的研究发现，多血质和胆汁质气质类型儿童在解决问题的速度和灵活性方面明显超过黏液质和抑郁质类型的儿童。前两种气质类型的儿童情绪和情感表现强烈，但是抑制力较差，较难面对需要细致和持久的注意力的任务，而黏液质和抑郁质的儿童情绪情感表现较弱，但体验深刻，能经常分析自己，因此较为适合从事那些需要细致和持久的智力活动。不同气质类型儿童记忆效果也不同：对于数量多、难度大的识记材料，高级神经活动强的人比较弱型的人效果好；高级神经活动强的人记忆无意义信息的效果较好，而弱型的人在面对记忆量大、但有意义的信息时，表现优于神经活动强的人。

(三)气质对学前儿童利他行为的影响

利他行为是指没有预先明确赏罚，为了某种利益的行动。利他行为是导致社会合理的积极行动。林崇德等人的研究表明：在实验室中儿童气质与其利他行为有密切关系。喜欢社会交往的儿童表现出更多的利他行为，其原因可能是不爱社交的儿童有其他更重要的事情，也可能是由于他们平时较少与他人接触，缺乏经验，或是没有意识到陌生人的需要。

(四)气质对学前儿童性别角色发展的影响

性别角色是指特定社会对男性和女性成员所期待的适当行为的总和。很多研究发

现，男女角色的气质或个性会随着社会的发展而变化，女孩参加社会交往的活动多于男孩，男孩对物体和事物更感兴趣，而女孩则对人更感兴趣。男孩的攻击行为比女孩多，女孩的攻击主要是谩骂，而男孩有更多的肢体行为。女孩在一起从事合作性的活动比男孩多。女孩更容易找比自己年龄小的同伴玩耍并对年龄小的同伴表示关心和帮助。

(五)儿童气质与亲子关系

亲子关系是指儿童和父母之间亲密、持久的情绪关系。新生儿的气质特征一开始就影响其社会性交往，儿童的气质特点强烈地影响着父母和养护人的反应。不同气质类型儿童的行为会使他们在与父母和其他养护人员的交往中表现出不同的特点：容易型儿童的父母会为其子女生活有规律、情绪愉悦、易于接受、适应新环境、新食物、新要求，易于教养而感到高兴，他们对子女提供更多的关心、关怀和爱抚等积极回应。孩子和父母之间这些积极的互动反应行为无疑会对亲子关系产生积极影响，增进父母与孩子的感情，儿童也会因此而觉得自己被父母所需要、关爱、重视，因而情绪、行为表现更加积极、愉快。困难型儿童会引起父母不积极的情绪和行为反应：1. 父母感觉不称职、惭愧和不安，认为自己不适合做孩子的养育者。2. 漠视、有意回避孩子的要求甚至责怪、惩罚孩子。贝茨(J. E. Bates)曾对母子依恋的影响进行研究，结果发现对于困难型儿童(12～18 个月)在社会化要求方面，儿童的反抗越多，越容易引起母亲强硬的态度。3. 父母对孩子的反应感到束手无策。喜欢让人抱的婴儿会强化父母与婴儿交往的积极情绪，而不喜欢身体接触的婴儿动作较少，容易引起父母对婴儿的消极态度。如果婴儿的微笑多于哭泣，母亲会感到轻松愉快。婴儿平静而又有规律，母亲不会有筋疲力尽的感觉……总之婴儿的气质特征会影响父母的敏感性，影响着儿童的依恋模式。父母与孩子间不同的交往互动长时间发展会形成习惯，成为父母教养方式的一部分，这必将对处于生长发育旺盛期的儿童产生显著而持续的影响，使个体差异逐渐形成。

总之，气质是个体所特有的心理活动的动力特征，是一个人个性和社会性发展的生物基础。是人作为生物存在同环境互模式的基础。气质影响个体发展，影响集中表现在其对不同儿童个体，父母在养育和教育方式的选择上。一个脾气暴躁的婴儿在等待母亲哺乳时，会大哭大叫，容易引起母亲的手忙脚乱，导致母亲强硬粗暴的教养方式，发展下去，容易强化儿童的暴躁脾气。反之，一个脾气温和的儿童，会比较耐心地等待母亲哺乳，这样会使母亲选择温和的抚育与教养方式，长期发展的结果是使儿童形成温文尔雅的性格。

气质不是一成不变，儿童的社会化发展也会反过来影响气质。但是每个人的气质变化是极其缓慢的，有相对的稳定性。因此气质对儿童发展的影响是主要的、深远而持久的。可以认为气质是造成个体差异的重要原因之一。

三、胎内环境和家庭对学前儿童发展的影响

从生态学的观点看，环境对人类个体的发展自有人类以来，在个体出生前就已经存在了。影响人类个体发展的环境可以分为两类：一类是指生物体所共有的，维持生存所必需的客观自然环境，如地理气候、衣食营养等；另一类是指人类作为群体存在的社会环境，如文化、家庭、社区、教育等。人类自身正是这一环境的建构者，相对自然环境，社会环境更

为复杂，在微观层面上千差万别瞬息万变，从宏观上看，又很难觉察出其全貌上的变化，有相对的稳定性。这两种环境共同影响着人类的生存与发展。

(一)胎内环境对个体发展的影响

胎内环境，简言之，是指个体出生前的生长、发育环境。一个胎儿和另一个胎儿所处的胎内环境有很大不同，孕母的身体健康状况、接触的食品和药物安全状况、怀孕时的年龄以及分娩时的状况等都可能直接或间接地影响胎儿的生长发育。下面我们分析几个主要的胎内环境因素。

1. 孕妇的年龄

孕妇年龄对胎儿的影响主要体现在两个方面：年龄偏小与年龄偏大。年龄太小(18 岁以下)生育，胎儿可能体重过轻、神经缺陷的可能性增加。统计显示，年轻母亲分娩困难的概率要高于正常孕妇，并较可能伴有并发症，如贫血。35 岁的初次分娩，则同样容易出现分娩困难，出现唐氏综合征的可能性会大大增加。有数据显示这种疾病的发病概率和年龄的关系如下：孕妇 30～34 岁为 0.166％，35～39 岁为 0.322％，40～44 岁上升到 1.252％，45 岁以上则达到 2.974％。[①]

2. 药物对孕妇和胎儿的影响

药物对胚胎和胎儿的影响大小与药物使用的时间、次数和剂量以及药物本身的特性有关。药物作用于胎儿的方式一般有两种，一种是透过胎盘，对胎儿和母亲产生同样的效果；另一种是药物改变了母亲的生理状况，继而改变了胎儿所在的子宫环境，从而对胎儿发生影响。例如，一种用于孕妇的脊髓麻醉剂可以使孕妇的血压下降，同时也使胎儿的供氧量下降。20 世纪 60 年代初，西德一家医药公司推出了减轻孕妇恶心、呕吐和改善睡眠，缓解阵痛等早孕反应的药物——反应停。当时很多孕妇选择在孕期使用反应停，但是随后却发现许多使用过反应停的孕妇生出的孩子出现了四肢短小的症状。这就是著名的反应停事件，此后有关孕妇药品和食品使用对胎儿影响的问题引起了人们的广泛关注，大量的研究发现：口服避孕药中的雌激素也会伤及胎儿。孕妇吸烟对胎儿的危害也类似于药物对胎儿的影响，孕期吸烟或长时间被动吸烟的妇女，早产、新生儿发病率及死亡率都比较高。医学研究已经肯定，香烟中的尼古丁能引起血管的收缩，直接影响胎儿的血氧供给，同时妨碍胎儿利用维生素 C 的能力，这些都可能导致胎儿宫内发育迟缓。孕期饮酒过量，胎儿患酒精综合征——生长迟缓、早产、智力落后、身体畸形、先天心脏病等的几率较高。

3. 孕妇的情绪对胎儿的影响

孕妇的情绪与胎儿的情绪并不存在一一对应关系。但是，母亲的各种激烈情绪反应，或长时间的消极情绪会在胎儿身上产生累积效应，从而使孩子一出生就带有不良的心理状态。一般而言，母亲短时间的不良情绪对胎儿的身体和精神不会造成大的危害。但是，如果母亲在怀孕期间遭受了直接的、重大的精神刺激，如失去亲人、夫妻关系不和、长时间的紧张不安、焦虑等不良情绪体验会导致母亲体内的血管收缩，对胎儿的供血量也相应减少，这种状况长时间持续会严重影响胎儿大脑的发育，导致新生儿身体瘦小、体质差等问

① 杨丽珠，吴文菊. 儿童社会性发展与教育[M]. 大连：辽宁师范大学出版社，2000

题。在心理上表现为偏执等不良发展。捷克学者曾进行过一项研究，比较"计划内怀孕"的孩子与"计划外怀孕"的孩子在身心发展方面的差异。结果发现由于"意外妊娠"而迫不得已生下的"计划外"孩子和"计划内"的孩子在出生时候都是健康的，但是经过九年的跟踪研究却发现"计划外"的孩子更多的上医院看病，他们缺乏稳定的家庭生活，与同伴的关系也不佳，敏感易怒。该研究者认为，母亲通常有较为乐观、积极的心态对待"计划内"的胎儿。而"计划外"的孩子则没那么幸运，孕妇通常在物质与心理上准备不足，甚至在内心深处对不期而至的孩子会产生不由自主的抵触情绪。由于孕妇对"计划外"的孩子积极情感的缺乏，使孩子出生以后在生理、情绪、智力与社会性等方面的发展受到不良的影响。

(二)家庭因素对儿童发展的影响

导致儿童个体差异的因素有很多，家庭就是一个非常重要的因素。其中，家庭结构和家庭经济状况对儿童发展的影响最为典型，从生态学理论角度看这些都属于微观系统中影响儿童发展的典型因素。

1. 家庭结构对学前儿童人格发展的影响

家庭结构主要包括核心家庭、大家庭和破裂家庭三大类型。核心家庭即独生子女家庭，由一对夫妇和一个孩子组成。大家庭是指多子女或者几代同堂的家庭。破裂家庭，即通常人们所说的单亲家庭，由父母一方和孩子组成。

研究表明，[①]生活在大家庭的儿童比生活在小家庭和单亲家庭中的儿童更开朗，而且后两者的心态往往比较封闭。有学者(Perner、Ruffman 和 Leekman，1994)认为来自大家庭的儿童之所以发展的更快更好，也许是由于他们有兄弟姐妹。这些儿童会经历更多的玩笑、逗弄和恶作剧等行为经验，当父母或其他成人解决孩子间的纠纷时，孩子们更多的听到了不同的思想和愿望的谈论，各种不同的情绪情感和认知体验影响了大家庭儿童的发展。一般而言，在多子女家庭中，长子女与最小子女的个性特征也不同，长子女往往表现出独立、干预、亲和的特点；最小子女则具有依赖、随和和被动的特点。同时，家庭中的变故往往会对最小子女造成更大的影响。对于造成这一现象的原因，社会心理学家们认为是根源于父母的社会期待：父母对长子女的要求与希望和对最小子女的有很大的不同，在这种社会性期待下，父母给予长子女更多承担责任的机会，从而塑造了长子女不同于最小子女的人格特征。但是，另外的研究也表明，[②]家庭中子女的人数同他们的学业成就成反比，即子女人数多，他们的学业成绩较差，子女人数少，学业成就较好。产生这一现象的原因可能来自几方面，一方面子女人数少，孩子获得父母监督和指导的机会相对多子女家庭更多，质量也高；而另一方面，子女多会使得家庭成员特别是子女同父母之间的有效沟通与互动的质量下降。不过在许多国家，少子女家庭的数量呈上升趋势，这些家庭往往只有一个孩子。这样的少子女化家庭，父母对孩子包办代替、溺爱、过分满足其需要和过高的期望也不利于其发展。可见，家庭(不论何种类型)对子女发展的影响十分复杂，而且与不同地区和社会发展时期的文化传统有关系，这就再次提醒我们，在看待儿童发展影响因素的时候要有整体性思维，不能简单地把某一种因素看作是影响发展的决定因素。

---

① 孔令智等.社会心理学新编[M].沈阳：辽宁人民出版社，1989：89.

② 杨丽珠，田中敏明.少子化时代幼儿家长教育观念的研究[M].南京：南京师范大学出版社，1999.

2. 家庭经济状况对儿童人格和智力发展的影响

已有研究资料表明，来自经济状况良好的家庭的子女自我认知也较好。从成就动机而言，不同经济地位家庭的子女是不同的。家庭经济状况好、地位高，其子女的成就动机先高后低，中等经济地位家庭子女的成就动机最高，低经济地位家庭子女的成就动机最低。家庭经济地位之所以能够影响其子女的成就动机，可能是因为家庭给子女提供的生活环境与视野以及子女的自我估计和期望的不同。家庭对儿童智力发展的影响是研究者最为关心的热点问题之一，到底家庭中哪些因素对儿童智力发展产生重大影响呢？在此我们不妨换一种思维来考虑问题，从促进智力发展的对立面——阻碍智力发展的方向考虑这一问题。Sameroff 和他的同事列出的 10 种导致儿童智商低下的危险因素（见表 5-6）。

每一种危险因素都与四岁儿童的智商有关，而且表中的大多数因素都对儿童在 13 岁时的智商有预测作用。Sameroff 认为：第一，家庭经济状况较差的家庭，父母教育水平较低，给儿童提供的智力刺激环境相对较少，质量也不理想，从而影响儿童智力的发展。第二，家庭中影响儿童智力发展的危险因素愈多，儿童的智商也往往越低。

表 5-6　与低智商有关的 10 种危险因素

危险因素	四岁儿童的平均智商	
	危险中儿童	危险外儿童
01. 少数民族儿童	90	110
02. 户主没有工作，或是技能较低的工人	90	108
03. 母亲没有高中学历	92	109
04. 家中 4 个或是 4 个以上的孩子	94	105
05. 家中没有父亲	95	106
06. 家庭经历过多次压力生活事件	97	105
07. 父母有严厉的育儿观念	92	107
08. 母亲高焦虑或抑郁	97	107
09. 母亲心理不健康或被诊断为心理异常	99	107
10. 母亲对孩子没有积极的感情表现	98	107

［资料来源］刘俊升. 天使之心［M］. 北京：北京大学出版社，2007：116.

3. 父母教养方式及其对儿童发展的影响

前文已经指出，对于大多数儿童来说微系统中典型的因素是家庭，幼儿出生后相当长的时间内是在家庭中生活的，同他们最为密切的莫过于自己的父母了，父母自然的成为他们的第一个教育者。对如何抚养教育自己的子女，父母的教育观念和在这些观念指导下对待子女的态度、行为特点都必将深深的影响其子女的成长、发展。本书中将父母的教养观念、教养行为及其对子女的情感反应等观念与行为的相对稳定的组合定义为父母教养方式。

(1)四种类型的父母教养方式

美国心理学家Baumrind在家庭与实验室观察研究的基础上提出了划分父母教养方式的两个主要维度:对孩子的要求和责任。据此,他将父母的教养方式分为权威型、专制型、溺爱型和漠不关心型四种。权威型的父母能够平等地对待、尊重孩子,倾听幼儿的心声,给他们贴心的帮助,对孩子的需要作出适时恰当的反应,让孩子感受到温暖和关爱;同时也对孩子提出明确的要求,并能够耐心地使儿童理解为什么要提出这样的要求。这些要求一般是理性的、一贯的,是一个人适应社会所必需的特点,而不是按父母自身的意愿强加的,他们也能够鼓励孩子与自己交流。专制型的父母在家里操纵着孩子的一切,用权力和强制性的训练使孩子服从自己的权威。父母很少考虑子女的思想感受,仅从自己的主观意志出发,总是代替子女思考,以高压手段迫使孩子接受自己的看法和认识,孩子必须要按照父母的认识和意志去活动,不能违背父母的要求。这种类型的父母对子女期望高,要求严厉,宽容少,限制多。教育子女的语言和方法简单,态度生硬。溺爱型父母一般很少向孩子提出要求,对孩子的爱缺乏理智和分寸,即使孩子的要求过分,这类父母也往往也采取"听之任之"的态度。这一类型的父母对孩子怀有过多的期望与爱,为孩子提供无微不至的帮助和保护,但很少对他们提出要求或施加控制。漠不关心型是一种对子女情感生活剥夺的教养方式,这一类型的父母更多地沉浸在自己的需要中,对自己的工作和事业忙碌奔波,他们很少甚至没有对孩子提出行为标准的要求,对孩子的成长主要是食品衣物等物质条件方面的满足,而很少关心孩子的情感与心理需求,亲子之间缺乏必要的交往和沟通。

(2)父母教养方式对儿童发展的影响

无论父母采用什么类型的教养方式,只要是能体现情感温暖理解的方式,那么子女产生焦虑、抑郁的情况就很少出现,父母的这种温暖理解的方式,会带给子女更多的亲情体验,以后走向社会时也会体验到更少的社交孤独感,有利于儿童独立性、自信心与能动性的养成,能够更快地和社会相融合,而且能够很好地促进儿童的适应行为的发展和学业成绩的提高。反之,如果父母尤其是父亲,采取严厉惩罚、拒绝否认的教养方式会使子女产生敏感多疑、失落寡欢、高焦虑、偏执、敌对的情绪体验以及不能正确的认识自我,在与他人交往的过程中表现为孤僻、独来独往,不关心他人,难以适应外部环境等,体验到更多的社交孤独感。过分干涉和保护则易使儿童丧失自信、缺乏成功的体验、自卑易怒,产生自我否定。极端化教养方式会阻碍儿童正常社会化,使其形成不良的习惯与人格,犯罪青少年的父母教养方式具有极端化倾向,对子女缺乏情感关爱,而更多采用惩罚、拒绝否认及过度干涉与保护等不良教养方式。具有恐惧心理,缺乏自信心的儿童往往通过说谎来保护自己,他们就会变的怯弱、不诚实、孤独、性格压抑、心理自卑、缺乏独立和自我判断的能力,或是走向另一极端,他们无责任感,强烈反抗父母的意志,形成冷酷、残暴、蛮横胡闹、自私自利的个性。父母教养方式是否一致,也是儿童心理健康发展的重要原因。

Mccord等人在对儿童青少年犯罪的状况进行研究后指出,不管何种抚养方式,只要父母一致,子女犯罪的可能性就会减少。可见,父母抚养方式的一致性也起着重要的作用。造成父母抚养方式不一致的原因,一方面可能与父母的性别角色和对抚养子女的不同看法有关，另一方面可能与父母参与子女日常生活的程度不同有关。教育态度缺乏一致性和连续性，父母随心所欲，以自己的情绪为转移，教养方式多变。还有一种表现形式是家庭中父母双方对子女的教育态度不一致。这种教养方式下的家庭内部缺乏稳定感，子女情绪不稳定，容易出现恐惧、焦虑、多疑和自卑，容易产生不良行为和心理疾病。父母通过具体的教养行为及态度，向儿童传达父母对生活的态度、行为模式和价值观念等。儿童从父母那里获得的不仅仅是科学文化知识，更重要的是儿童的心理健康、个性、社会化的发展水平也受父母教养方式的影响。关于教养方式的许多研究都表明父母的教养方式会影响到子女社会化、人格形成及人际关系、学业等方方面面，积极良好的教养方式会对子女的身心健康及将来社会生活的成功起到很大的促进作用。子女和父母的互动和情感交流是积极的、良好的，那么他们会把在家庭中获得的这种积极体验和习得的有效交往方式带到社会交往中，这有利于他们社会人际关系的建立，从而更少体验到孤独。作为父母应该为子女创造一个相对宽松民主又体现一定权威的教养氛围，并且父母在对子女教养方式上应取得一致，使儿童充分体验到家长对自己既不放纵又不过分要求。父母采取正确的、科学的教养方式，用理性的态度和子女交流，才可能真正走进孩子的心理，帮助他们健康成长。通过家庭教养方式的研究，不仅探讨家庭教养方式对个体成长的作用，指导儿童更好地适应家庭、学校、社会等各方面的环境，积极预防和矫正儿童各种异常行为的发生，实现儿童各方面能力的全面发展，更重要的是把握教养方式和青少年健康成长的关系及规律，建立科学的教养方式来促进儿童的积极发展。

综上所述，父母教养方式会对其子女的发展产生长期的影响，但是这里需要注意的是，从生态学的角度看待父母教养方式与儿童发展的时候应该清楚父母与子女的互动本身就是双向的，儿童的行为态度和发展水平也会反过来深刻地影响到父母的教育方式的调整。

四、同伴交往对学前儿童发展的影响

同伴交往是指儿童之间通过相互接触产生相互影响的过程。同伴交往过程中，合作的过程为儿童提供了一种理解他人的典型环境，因而有利于学前儿童的成长发展。

（一）同伴交往对学前儿童社会化的影响

社会化是儿童在与他人的交往过程中，学习并掌握社会规范，逐步形成符合社会需求而又有自己特色的价值观、行为模式及人格特征，成为合格社会成员的过程，在这一过程中儿童期的同伴交往是一种重要的影响因素。

人生的每一发展阶段都为其后续阶段奠定基础，学前期是一个人社会化的起始阶段，是建构人的最初心理结构的关键时期。这一时期的良好同伴关系，不仅会有助于儿童学会如何更好地在社会中生存，也有助于儿童以后更好地适应未来社会。不良的同伴关系则会使儿童在以后的学习和生活适应方面出现很多问题。著名的哈洛恒河猴实验证明了灵长类动物中类似人类同伴交往活动对幼猴子发展的重要影响。实验发现在完全隔离条件下长大的幼猴心理发展严重失常，它们对同伴的不信任警觉和攻击性行为十分明显，而与同伴一起长大的幼猴同伴彼非常依恋，和谐相处。

在对人类的相关研究中也证明了这一结论。帕克(J. G parker)等人的研究证明根据幼儿的同伴关系能够预测其以后的社会适应问题,儿童期的同伴关系障碍与其后的退学、犯罪、精神病之间有着密切关系。追踪研究表明低接纳儿童的退学率比接纳儿童高,而低接纳儿童的犯罪率在10%(女孩)和50%(男孩)之间。可见同伴交往对儿童社会性发展的影响多么重要。

(二)同伴交往对学前儿童认知发展的影响

皮亚杰认为同伴交往是影响幼儿认知发展的一个重要因素。同伴交往中儿童从同伴那里获得的丰富信息可以帮助儿童摆脱自我中心,使自己的思维精细化。

豪斯和鲁米斯坦[①] 1976年的研究发现,当有熟悉的同伴在场时,儿童会更积极主动地去探究物体的独特性能。同时,当儿童从与同伴共同参加的活动中被已经获得的快乐强化时,前期习得的使用物体技能就会在更为复杂的行为水平上变得更为精炼和准确。Peterson 2002年有关学前儿童友谊的研究也表明,那些拥有稳定友谊关系的儿童在完成任务上的表现往往要好于同类型中友谊关系差的儿童。国内的研究也证明儿童可以通过相互交往提高认知水平,其主要原因在于在互相的交往中,由于动作或观点的不同引起的争论造成认知冲突,从而导致认知结构的改变。

以上的研究都表明,同伴交往作为一种重要的环境因素对儿童发展产生的影响。需要指出的是虽然受欢迎儿童比受拒绝儿童能更好地理解他人的心理状态。但并不是说受排斥儿童的心理理论能力就差,例如Sutton的研究就表明,明显不同的同伴交往经验并不必然相应的引起儿童社会认知能力发展上的差异。

(三)同伴交往对学前儿童个性、品德发展的影响

儿童的个性和品德发展离不开儿童之间的相互联系和交往,正是在与同伴的交往中他们逐渐学会适应他人、调整自己行为,学习和遵循良好的行为准则,学习同他人建立融洽的关系。适时恰当地鼓励和引导儿童积极的同伴交往有利于儿童良好品德和行为的形成。国内的移情训练实验中发现,如果能充分提供幼儿与同伴相互同情、相互关怀的各种游戏活动的机会,儿童就能学会站在他人的立场角度去考虑和解决问题。儿童在跟同伴的广泛交流中,能够学会从内心感到愿意像别人对待自己一样去对待别人,同伴间这种相互对待关系正是出现自律道德品质的决定性因素,正如皮亚杰所指出的那样:同伴间的休戚与共似乎可以当作是一系列相互联系的以理性智慧为特征的道德观念的来源。由此可见,重视幼儿同伴交往对促进幼儿良好品行的发展具有重要的价值。

五、师幼互动对学前儿童发展的影响

师幼互动,简言之就是幼儿教师与幼儿间的互动。狭义的师幼互动专指发生在幼儿园内部贯穿幼儿一日生活、学习和游戏活动中的幼儿教师与幼儿之间的相互作用、相互影响行为及其过程。幼儿在师幼互动过程中获得的知识与技能对其同伴交往、亲子交往等社会性发展有着直接而深刻的影响。

---

① 杨宁.同龄伙伴对游戏的影响[J].学前教育,1992.

(一)积极良好的师幼互动可以提高幼儿的安全感、自信心及探索精神

费尼(Feeney,1987)等人在"儿童生活中我是谁——关于年幼儿童的介绍"[①]一文中指出:在教师与幼儿的交互作用中,教师的诚实以及他们对幼儿的尊重与悉心照顾对于幼儿的安全感、自信心以及童年期对事物的积极探索都是必不可少的。我国学者姚净在"在幼儿园人际关系对幼儿社会性发展的影响"一文中将幼儿与教师的关系视为幼儿园人际环境的组成部分,探讨了师幼关系对幼儿社会交往能力的影响。文中指出,如果教师把幼儿当作有独立人格的人、爱护他们的自尊心、尊重他们的人格,就会与幼儿建立起和谐、平等、互相依赖的师幼关系,进而帮助幼儿建立起安全感、归属感,促进幼儿与他人积极的正向交往。

(二)师幼互动对幼儿自我概念、学业成就的影响

林奇(Lynch,1992)等人发现,师幼关系与幼儿自我概念的发展以及他们对自己行为与学业成就的期待有密切关系。[②] 他们认为幼儿学业成绩的好坏并不取决于社会经济地位,而是取决于他们的社会性技能与自信,而社会性技能与自信则与师幼间的互动、幼儿对教师的情感及教师对他与幼儿关系的洞察力有密切关系。

罗鸣从幼儿教育本身所具有的情感化特点出发,论述了和谐师幼关系将对幼儿社会性观念的初步形成、幼儿口头语言能力的发展、幼儿个性的发展以及幼儿智力的初步发展具有十分重要的意义。[③] 庞丽娟则着眼于皮哥马利翁效应探讨了教师的期待对幼儿发展的重要意义,揭示了幼儿与教师各自内部的心理过程和师幼之间的交互作用过程对幼儿自我概念、学业成就之间的关系。

(三)师幼互动对幼儿新环境适应能力的影响

亚历山大(Alexander,1988)等人认为儿童进入幼儿园接受正规教育时,与教师建立积极的关系是他们适应新环境的一个主要方面,不同的师幼关系将直接影响幼儿不同的适应状况。后来皮恩特(Pianta)等人以400名幼儿作为被试的研究进一步证实。他们发现幼儿园中形成的师生关系特征,甚至决定了幼儿在进入小学后三年的适应能力与行为。[④]

(四)师幼互动对幼儿同伴交往能力的影响

豪斯(Howes,1994)与同事通过一项纵向研究考察了师幼关系对幼儿同伴交往能力的影响。[⑤] 研究表明与教师有情感安全关系的幼儿对同伴更为友好,更爱交际,也更容易为同伴所接受,并且在与同伴交往时很少发生侵犯和攻击性行为;而过于依赖教师的幼儿则表现出更多的退缩性与侵犯性行为。姚净的研究也表明,和谐、平等、互相依赖的师幼

---

① Feeney S. D. Christesen&Morarcik,E(1987)Who am I in the Lives of Children? An Introduction to Teaching Young Chidren. Columbas, OH Merrill.

② Lynch, M. &Cicchetti,D. Maltreated Children's Reports of Relatedness to their Teachers. In Beyond the Parent:The Role of Other Adults in Children;s Lives,81—108. San Francisco:Joosery-Bass.

③ 罗鸣.教师与幼儿建立和谐人际关系的重要意义[J].福建教育研究,1990.

④ Pianta,R. C. &Rollins,K. B. In Press. The First Two Years of School:Teacher-child Relationships and Derections in Children's Classroom Adjustment. Development and Psychology.

⑤ Howes,Carollee, Hamilton, Claimre E. and Matheson, Catcherine. Children's Relationships with Peers. J. Stevenson Hinde,57—71 & Oxford University Presss.

关系有助于幼儿与同伴间的正向交往。

六、学前游戏对儿童发展的影响

游戏是儿童喜爱的一种活动形式，游戏对幼儿身心发展、个性和社会性发展都有十分重要的作用，因此游戏在幼儿园教育活动安排中占有相当大的比例，已经成为幼儿园影响儿童发展的最重要因素之一。

（一）学前游戏有利于幼儿智力的全面提高

学前期是奠定儿童智力发展基础的最佳时期。游戏过程正是智力发展的特殊过程。判断力、知觉力、观察力、想象力、创造力、冒险精神等都可以在儿童游戏中渐渐养成。① 在游戏中，儿童不断的接触各种玩具和游戏材料，通过游戏来认识各种物体的特征和用途，体会物体之间的空间关系、事件之间的因果关系，从而发展了各种感觉器官和观察能力，进而能对物体进行分类，形成概念。

游戏能极大地提高儿童的想象力，游戏中的想象活动就是把过去获得的知识、经验在头脑中保留的生动形象在游戏情景中重新组合。例如，把妈妈给自己的照料行为重现在自己对玩具娃娃的身上，使自己成为玩具娃娃的照料者。真正的游戏，使儿童能够将真实情景改造、转移到模拟真实的游戏情景之中。如果儿童不会改造，不会想象，他就不会游戏。幼儿依靠想象进行游戏，在教师的启发引导下，游戏又促进想象的进一步发展。最初的游戏儿童只会简单的联想，通过幼儿教师有意识的引导和帮助，儿童的想象越来越丰富，越来越复杂。他们在游戏之前就能先想好行动计划和行为目标，然后按照计划去展开自己的想象。这本身就是一种创造想象的行为过程，是未来创造活动的最初形式。

游戏可以促进儿童思维水平的提高。因为游戏要求有概括能力，而游戏的发展方向是从主要依靠具体的材料发展到主要依靠语言和简化了的行动。这也正是思维发展的方向。幼儿在游戏活动中自然的依靠事物的具体形象作为思维活动的支柱，通过游戏活动，积累起大量的感性经验，从而为思维的概括准备条件。

游戏还有助于克服幼儿思维的片面性。幼儿的思维特点之一是非常具体，只能理解事物的直接关系，因而有很大的片面性。学前儿童思维发展的另一特点是皮亚杰所称的自我中心的思维，在游戏中儿童需要有角色扮演，这要求他们必须以他人的身份出现，从他人的角度去看问题。这样会逐渐克服自我中心的思维方式的片面性，同时游戏的规则也要求幼儿从新的角度看问题，这也会使儿童的思维变得灵活机动。最后，游戏还可以训练儿童对数量关系的认识。例如通过积木游戏幼儿逐步建立起来物体的长短高低的三维尺寸概念。

（二）游戏对学前儿童个性和社会性发展的促进

儿童从自我中心过渡到做一个社会人的过程中，游戏起到了非常重要的作用。首先通过游戏动作发现自我，然后发现他人，把自己和他人区分开来。幼儿在游戏中要与其他伙伴发生关系，他们逐渐发现自己，了解他人，了解自己的行为结果和他人对自己的反应，

---

① 皮亚杰. 教育科学与儿童心理学[M]. 北京：文化教育出版社，1981：157－158.

并以此调整自己的行为，使自己被同伴接受。在游戏中幼儿作为集体成员，需要相互适应与合作，服从共同的游戏规则，掌握和学习轮流、协商、合作等社会技能。特别是在社会角色扮演游戏中，为了配合同伴进行游戏，儿童必须保持角色之间的协调一致。角色不仅规定着儿童对待事物和人物角色的行动，而且规定着儿童对待其他游戏参与者的行动。幼儿通过协商确定完成游戏的计划，讨论进程做好游戏准备等，在这些活动过程中他们自觉的遵守集体的一致要求，并有机会接受同伴的见解，他们互相监督互相帮助以达到共同的游戏目的。在日常生活中固执桀骜的儿童，在游戏中为了使自己不被同伴排斥，也会主动抑制自己的个性缺点，学会积极的妥协与合作。加上教师的积极引导和帮助，儿童在游戏中使自己处于他人的地位和立场上，体验角色的情感和态度，学习成人社会各类社会角色应有的行为方式，从而理解成人世界，理解社会角色之间的关系，并遵守社会生活的准则与规则，这些都是游戏带给儿童的发展与变化。

总之，游戏可以促进幼儿的个性及社会性发展。游戏的活动形式不断变化，内容不断丰富，在这些变化中儿童也在不知不觉中学会尊重他人，进行协商，听从指挥，遵守社会规则。这些发展变化为他们由一个生物人转化为社会人打下了良好的基础，为培养幼儿良好个性提供了最好的途径。

七、社会文化对学前儿童发展的影响

文化是人类社会独有的，它是人类社会长期实践活动创造积累起来的一切物质和精神成果。文化的本质是“人化”，人类自身既是文化的主体也是文化的客体，它一旦被人类创造产生就又独立于个体意识之外并对人产生制约和影响，具有了客体属性。每个人来到这个世界必定置身于某种特定的文化环境之中，难以摆脱其对自己的影响。

(一)文化背景与人的早期发展

每个个体都隶属于不同的社会，而该社会的文化背景则是个体的一种生活环境。不同的地域，不同的历史时期和民族多样的文化传统正是造成人类发展差异的重要原因。古德诺(Goodroul)1984年对澳大利亚和黎巴嫩儿童作了对比研究。他认为父母的民族差异，民族信仰的不同影响其对子女的不同发展期望，这种影响甚至超出了其社会经济地位的作用。还有人研究了印第安人和印度尼西亚巴厘岛人的婴儿，发现在婴儿生活的最初两年，两个民族幼儿的运动能力有着显著的差异：印第安人幼儿动作发育远比巴厘岛幼儿迟缓。研究者认为之所以如此是因为北美印第安人一生下来就被限制在兜挂的摇篮里，而巴厘岛母亲习惯于鼓励幼儿活动，给他们更多的自由活动空间和机会。我国的吴凤岗1993年研究了黄河下游河北山东一带的“沙袋育儿”。由于这些地区缺水，人们把婴儿装在沙袋里面，以减少用水。孩子在沙袋里面的时间往往持续1～2年，有的甚至达4年之久。沙袋严重妨碍了婴儿身体的发育和智力的发展。显然，沙袋育儿剥夺了婴儿活动的条件、环境刺激单调、使其缺乏与人交流和学习的机会。

按照生态学理论，文化背景对学前儿童发展的影响是要通过家庭、父母或其他照料者为中介而起作用的。人们因为经济收入、教育水平和职业情况的不同而形成不同的社会阶层，不同阶层家庭对自己子女的教养观念和行为会有所差异，形成不同的教养方式。比如美国的科恩(Kohn)的研究发现中产阶级的父母期望自己的子女获得领导职位和负责人的职业和岗位,因而在教育教养中强调自我奋斗、自主性、独立性和好奇心的重要性并着力培养。在语言发展方面,中产阶级母亲比工人阶层母亲更多的对婴儿说话和保持更多的相互交流,使用的词汇也比后者更多。而工人阶层的母亲很少纠正和指导孩子的口语,对孩子的言语活动很少给予更多的允许、接纳和宽容。在社会交往方面,工人阶层的母亲对孩子有更多的限制,为了让孩子服从,而抑制孩子的好奇心,而中产阶层较少使用惩罚。这些社会阶层的差别使得工人阶层家庭的儿童的语言水平、交往技能、人格发展均不同于中产阶层家庭的儿童。

(二)文化背景对父母教养方式影响

前文中提到的四种类型的父母教养方式在不同文化背景的家庭中普遍存在但是其对子女发展影响的效果却因为文化的差异也出现了不同。总的来说,在各种文化背景中,权威型教养方式都有利于儿童良好个性品质的发展。文化上的差异主要体现在专制型教养方式上。在东方文化中,专制型教养方式培养出来的儿童,并没有表现出像西方社会中的孩子那样的不适应问题,相反却表现出孝敬父母,尊敬师长,爱好学习等良好的品行特征。有心理学家指出,出现这种差异的主要原因在于东西方社会的价值取向不同和对这种教养方式的看法和理解不同。东方文化以社会价值取向为主流,专制型教养方式在这种文化背景中反而有利于家庭权威的形成和社会规范的内化。另一方面,在东方文化中,父母对孩子的严格管教恰恰是对孩子爱的表示,并不表示对孩子的拒绝和遗弃,而在西方文化中则正好相反。可见对父母行为的不同理解导致了相同教养方式对儿童发展的不同结果。

八、遗传、环境与教育

本节的一到六部分我们具体的分析了各种影响儿童身心发展的影响因素。应该说生态系统理论为我们提供了一种开放的模式,使得我们可以随时随地地将新的因素纳入其中。所以要将所有的因素都一一论及是不可能也是没有必要的,在此我们仅挑选了其中比较典型的影响儿童发展的因素来加以说明。在最后这一部分,我们再回到开始的问题——如何看待遗传和环境因素为主题,对本节内容作一总结。

一个人正常的发展必须具备正常的生理基础,个体承继上一代的生理解剖学特点。也即遗传正是一个个体发展的物质前提,同时也限定了其发展的高低限度。英国遗传学家高尔顿(F. Galton)运用名人家谱调查法,从英国的政治家、法官、军官、文学家、科学家和艺术家等名人中选出 977 人,调查他们亲属中有多少人成名。结果发现,这些名人的亲属中有 322 人也同样出名。而对照组是人数相等的普通人,他们的亲属中只有一个名人。据此高尔顿认为名人亲属成名的原因在于遗传。现代研究则认为人的身体特征的遗传制约性比行为能力的遗传制约性要大,其中头发颜色、眼睛颜色的遗传最为明显;不同的行为受遗传制约的程度不同,如言语、空间、数字等的遗传一般要大于记忆、思维推理方面的遗传。在人格方面美国和以色列的研究人员发现,好奇心与第十一对染色体上的基因有联系,而焦虑则同第十七对染色体上的基因有关。

我们这里需要清楚的就是继承上一代的生理解剖学上的特点，也就是遗传素质确实对人的发展有着强大的影响，但是这些遗传素质的充分发展是有前提的，那就是必须有环境为其提供适时的条件。唯有如此，这些潜藏于遗传素质中的密码才得以解码，释放出它无限的潜能。从同时的角度，也就是将我们置于每一代发展着的个体的同一时代这一角度来看，个体无法选择自己的遗传特质，而只能带着从上一代继承来的必需的物质基础被动地适应于来自我们周围的环境中的影响力量来塑造我们自己。这样看来环境看上去是起到了决定作用。但是如果从整个的人类发展历史和生物生态系统进化演变的历史来看，也就是沿着生态系统的时间维度来看待自身的发展，则又是另一番景象：人类在自己的生态系统中的实践活动的广度和深度范围越来越大，对自身之外的环境的影响也越来越深远。我们的活动也对自身生态系统各个层次的环境发生着持久而深刻的影响，也就说我们在屈服于强大环境力量的同时也在以自己的方式改变着自身环境的背景。而正是这种来自我们对环境的影响又反过来成为我们自身发展的新的影响源，这些新的影响力量改变着我们的自身，包括一代又一代新人的遗传素质也在渐渐地发生着变化。这样来看我们又是在自己塑造自己、在自我发展。这就是发展主体和环境的相互作用。当然这种双向的互动也存在于每一个具体的个体和他独特的同时系统之中。这里我们可以得出以下两个最基本的结论：第一，个体本身的遗传素质是其发展的物质基础。第二，个体遗传素质的展开、发展有赖于其生活环境为其提供适时条件。最后需要补充的是，生物遗传素质的展开存在着所谓的关键期，来自环境的影响力量要适时，错过了关键期的环境影响很难发挥作用。这就是我们在结论二中强调环境条件适时的原因。

我们再回到共时的角度看生态系统的横切面。如前所述，从这个角度来看遗传因素对于现存的个体已经是一个相对不可改变的即成条件，带着这些相对不变的遗传特征的个体一生下来就无一例外的处在他自己独特的生活环境之中，接下来的发展必定难以避开来自他所处的生态系统各层次中力量的影响，由此看来动态的环境因素才是影响发展的现实性因素，遗传给予个体的仅是发展的生物基础或说是一种可能性，而远非现实性。用形象的话来说，“遗传中潜藏的人类无限潜能需要来自包裹着个体的层层生态环境中的影响力量来激活、来解码、来重新编码，人就是这样，在他的环境中发展的，因为每个人的生态环境的差异，也就出现了你、我、他的不同。”试想同样是父母教养方式，但是相信大家肯定都同意，来自东亚、中东和北美的父母一定对如何哺育自己的孩子这一问题有着不同的见解和实践，但是你却不能说其中一地的就一定优于其他地方的，事实上他们各自的教养方式都很好地适应了他们各自所处的时空文化系统，这就是以生态系统理论看待复杂的发展影响因素问题的思路。生态系统理论本来就是开放的，您在掌握了其核心理念之后完全可以按照自己的理解来扩充其内容形成自己的见解，乃至借其重新组织自己的知识。本节的最主要目的就在于帮助您形成一种整体、动态的发展观并对影响发展因素的复杂性有初步的了解。

教育是人们自觉培养自己后代人的“社会活动”，它也是一种环境，在生态系统中的现代学校教育活动和作为文化形态存在的教育思想、教育制度分别处于不同的层级，总的来说教育是个体自身之外的一种环境因素，但它又不同于一般环境。教育是一种经人们自觉的、有目的地选择和提炼的人化环境。一般自然环境（相对于人化环境）对儿童发展的影响往往带有一定的自发性和盲目性。而教育则会根据一定社会的要求和幼儿身心发展的规律，按照一定的方向，安排特定的场所和专门的教、养人员，选择适合的内容，采取有效的办法，对幼儿施行有目的、有计划、有组织、有系统的影响。教育既可以发挥幼儿遗传素质上的优势，使遗传所提供的某种发展可能性变为现实性，并能影响和改造不良的遗传素质；同时又能根据一定的目的和需要，对环境加以取舍，发挥和利用环境中的有利因素，减少或消除不利因素，以保证幼儿向着社会需要的方向发展。正是从这个意义上说，教育是一种特殊的人化环境。

教育又是一种特殊的活动。幼儿园的教育活动是在教师的组织指导下，幼儿积极参加的活动。一方面，教师通过设计与组织各种活动有目的有计划地对幼儿施加影响；另一方面，教师通过创设与教育相适应的良好环境，为儿童提供活动和表现能力的机会与条件，促使每个儿童在不同水平上获得发展。正因为教育既是一种特殊的环境，又是一种特殊的实践活动，因此，它在幼儿身心发展中起主导作用。但教育不是万能的。从教育实践经验来看，任何有效的教育都必须以受教育者的自身精神活动作为内因，教育要通过内因才起作用。否则，不仅难以收到预期的效果，甚至会阻碍幼儿的发展。

拓展阅读

两个故事引起的思考

“任何人类历史的第一个前提无疑是有生命的个人的存在。因此第一个需要确定的具体事实就是这些个人的肉体组织，以及受肉体组织制约的他们与自然界的关系。”（马克思语）每一个个人的发展总是以其生物意义上的存在为前提的，这一个人就是上面生态系统中最核心部分那个最小的“套娃”，这个幼小柔弱的生物体出生时便已经具备了使自己发展成为一个完人所必需的条件：它有自己的性别，和成人一样的身体组织结构和形态等等。所有这些条件既为发展提供了物质前提也为发展划定了界限，规定了发展的极限。我们很容易接受这些生物特征为发展提供物质基础的说法，但是为什么又说这些特征又为发展划定了发展的最终极限呢？其实很简单，试想一个出生就无脑的畸形儿生来不具有正常的脑髓，又怎能发展出正常人的思维呢？最多只能有一些最低级的感觉；再如先天性色盲聋哑儿童肯定无法成为画家和歌唱家。也许您会说这样的例子都是极端的例子不能说明问题，那么请您看下面的例子：一个出生就是男孩的个体会不会变成女孩子呢？这并不是笑谈，有人真的做过这方面的研究。让我们看看“约翰”变“琼”的故事。约翰是一对同卵男性双胞胎中的一个，由于21个月时包皮环切手术中的意外，父母同意他接受变性手术，成为生理上的女孩。之后父母在医生的建议下积极参与“约翰”变“琼”的性别确认过程。他们改变了孩子的发型，让孩子穿女孩的衣服，提供适合女孩的玩具，教孩子女性化行为如坐着小便……在五岁的时候，这个“约翰”已经和双胞胎兄弟有了很大的不同：她认为自己是女孩，比她的兄弟整洁和优雅得多。看来“约翰”真的变成“琼”了。但是事情并未就此结束，米尔顿·戴蒙德（Milton Diamond）和基思·西格蒙德（Keith Sigmundson）跟踪了这个“琼”。他们发现，随着时间的推移，“琼”开始对洋娃娃一类的女孩玩具和活动感到不适应，开始玩兄弟的玩具，喜欢把东西拆开来看它们是怎样工作的；

在穿衣服问题上则更喜欢穿男孩的衣服。到了十岁的时候“琼”开始感觉到自己并不是女孩：“我逐渐意识到并觉得自己不一样……我想我自己是个怪人或是别的什么……但我不想承认这个……就好像我不愿意撬开一个装满虫子的罐头瓶”。再往后“琼”外表的男性化和女性化的衣着使得周围的孩子远离这个连心理医生也觉得举止行为男性化的这个“琼”。在经历了多年内心挣扎后，十四岁的“琼”开始拒绝继续假扮女孩和接受雌性荷尔蒙。之后开始接受雄性荷尔蒙注射，并做了乳房切除和安装阴茎的手术，变回了“约翰”。变回“约翰”的他开始和女孩约会并最终在二十五岁的时候结婚。这个“约翰”变“琼”最终又变回“约翰”的例子似乎证明了人类的发展仅仅是遗传素质的自然展开，环境的作用是微不足道的观点。正如 A. E. Wiggam 所说，“人的主要缔造者是遗传而非环境……世界上几乎所有的痛苦和快乐都不是环境带来的……人与人的差别是与生俱来的，在生殖细胞中就已经决定了。”(A. E. Wiggam，1923. P. 42)“成熟论”者格塞尔(A. Gessel)说的更为直接：“一两的遗传胜过一吨的教育”。果真如此，那后天的环境尤其是其中的教育又对我们有什么意义呢？

让我们再来看看关于狼孩的故事。相信大家也一定有听说过下面的故事而且版本各不相同，但大体一致。有人做过统计，从小被狼攫取并由狼抚育起来的人类幼童，就世界范围来看已有 10 多个，其中最著名的是印度发现的两个。1920 年 9 月 9 日，在印度加尔各答西面约 1000 千米的丛林中，发现两个狼哺育的女孩。年长的估计 8 岁，取名为卡玛拉；年幼的估计一岁半，取名为阿玛拉。据估计她们大概都是在生后半年被狼衔去的。两人回到人类世界后，都在一家由 J. E. 辛格牧师主持的孤儿院里养育。辛格在其《狼孩和野人》中，对这两个孩子的事情作了详细的记载。初到孤儿院的两“姐妹”在言语、动作姿势、情绪反应等方面都明显得带有狼的生活痕迹：不仅不会说话而且发音独特，不像正常人的声音，每到午夜后如狼般地引颈长嚎；用四肢行走，白天睡觉，晚上出来活动；她们不仅怕火、光和水而且也惧怕人，但是对于狗、猫似乎特别有亲近感，其次是小孩；她们只知道饿了找吃的，吃饱了就睡。不吃素食而要吃肉(不用手拿，放在地上用牙齿撕开吃)；辛格牧师夫妇俩为使两个狼孩能转变为人，作出了各种各样的尝试。小阿玛拉到第 2 个月，可以发出“波、波”的音，诉说饥饿和口渴了。遗憾的是，回到人间的第 11 个月，小阿玛拉就死去了。大一些的卡玛拉一直活到 17 岁。由于辛格夫妇的不懈努力和悉心教导慢慢地开始转变：两年后，学会发两个单词(“波、波”和叫牧师夫人“妈”)，4 年后掌握了 6 个单词，第 7 年学会 45 个单词。但是进展很不顺利，她动作姿势的变化也很缓慢，1 年 4 个月时，只会使用两膝步行，1 年 7 个月后，可以靠支撑两脚站起来。不用支撑的站立，是在 2 年 7 个月后；到两脚步行，竟费了 5 年的时间，但快跑时又会用四肢。经过 5 年，她能照料孤儿院幼小儿童了。她会为跑腿受到赞扬而高兴，为自己想做的事情(例如解纽扣儿)做不好而哭泣。这些行为表明，卡玛拉正在改变野孩的习性，显示出获得了人的感情和需要进步的样子。大女孩卡玛拉一直活到 17 岁。但她直到死时还没真正学会说话，智力只相当于 3、4 岁的孩子。这个例子又向我们证明了环境在人的发展过程中的不可忽视的作用，那么到底哪一种占据主导地位呢？

［资料来源］Groome，L. J. Swiber，M. J. Atterbury. J. L. Bentz，L. S. & Hlland，S. B. (1997). Similarities and Differences in Behavioral State Organization During Sleep Periods in the Perinatal Infant Before and after Birth. Child Development，68：1－11.

□ 要点小结

1. 有关发展的主要理论：

(1)精神分析：①弗洛伊德提出了性心理发展的五个阶段，其中包括了本我、自我和超我三种人格成分的出现和整合。②埃里·克森的心理社会发展理论修正和扩展了弗洛伊德的理论：强调人类发展的社会文化因素的重要性；人一生的发展要经历八个主要危机或心理社会阶段，个体通过解决这些冲突而发展。

(2)行为主义和社会学习理论：①该理论起源于华生，他认为婴儿生来是一个白板，由于学习才养成了行为习惯；个体的发展取决于环境。②斯金纳提出操作性学习理论：伴随行为出现的强化物和惩罚物塑造儿童。③班杜拉的社会学习理论认为：观察学习是儿童学习的主要来源；反对环境决定论，认为儿童与环境是交互影响的。

(3)认知发展理论：①皮亚杰的认知发展理论认为：儿童是积极的探索者，儿童通过同化和顺应建构认知结构，帮助他们解决不平衡并适应环境；认知发展有四个恒常的顺序发展阶段。②信息加工理论认为：心理是一个信息输入、加工、转换和输出的复杂符号操作系统；认知发展是连续的、非阶段性的。

(4)习性学：人类生来就有许多经过自然选择的适应性特征，这些适应性特征能促进生存；某些适应性特征在敏感期最易发展；积极、安全的依恋关系在婴儿的早期非常重要。

(5)社会文化理论：发展是深受文化影响的社会文化传递活动；发展是指心理的发展，表现为心理机能由低级向高级发展；语言使思维具有存在的可能性；教学应适应“最近发展区”，走在发展的前面。

(6)生态系统理论：发展是人与环境互动的产物；生态环境实际是由交互作用的环境或系统——微观系统、中间系统、外层系统、宏观系统、历时系统组成。

(7)各发展理论在基本主题上的立场：用表格的形式列出了几种主要发展理论在四个基本主题(遗传与环境、连续性与阶段性、稳定性与变化性、主动与被动)上的立场。

2. 学前儿童的发展主要包括生理和心理发展。生理的发展主要是指个体身体各组织器官、各系统的生长发育。包括身体形态、机能和动作的发展。心理发展主要是指有规律的心理变化过程。包括认知、情绪情感和社会性发展等方面。学前儿童身心发展的特点和规律主要包括生理和心理的发展特点和规律。生理发展的特点和规律主要包括由量变到质变的飞跃，连续性和阶段性的结合，波浪式的发展速度，各系统的非均衡性和统一性以及身心发展的关联性。学前儿童心理发展的特点和规律主要包括认知、情绪情感和社会性的发展特点和规律。

3. 学前儿童发展的影响因素一节借助生态系统理论展开了关于儿童发展影响因素的分析：生态系统由微观系统、中间系统、外层系统、宏观系统和历时系统组成。它是一个动态开放的系统。现在的发展学家们都同意人的发展极具复杂性和多样性，人们已经抛弃了机械主义模型和阶段理论的有机体模型，开始采取背景主义模型。对此我们应该承认，不存在一种理论能够对人类的整个发展作出完美解释，但生态系统理论确实为我们理解人的发展提供了一个很好的背景模型。借此我们可以以一种全然不同的方式来看待影响人类发展的各种因素以及其相互关系。

□ 学业评价

1. 你认为弗洛伊德的观点可信度有多大？你认为我们受着性本能和攻击本能的驱使吗？弗洛伊德强调性冲突的重要性，这是他和他的病人所生活的维多利亚时代性压抑的一种反应吗？

2. 一个四岁的孩子变得惧怕黑暗并拒绝在晚上睡觉。在看待这个问题上，精神分析派和行为主义者的观点有何不同？

3. 试举例说明布朗芬布伦纳生态系统理论中的环境或系统作用。

4. 在发展的过程中，生物与文化的作用有哪些？

5. 试述学前儿童身心发展的特点和规律是什么？

6. 理解遗传在儿童发展中的基础作用并分析评论下面一段话："遗传因素对于现存的个体已经是一个不能改变的既成条件，带着这些遗传特征的个体一生下来就无一例外地处在他自己独特的生活环境之中，接下来的发展必定难以避开来自他所处的生态系统各层次中力量的影响，由此看来动态的环境因素才是影响发展的现实性因素，遗传给与个体的仅是发展的生物基础，或说是一种可能性，而远非现实性。用形象的话来说遗传中潜藏的人类无限潜能需要来自个体生态环境中的影响力量来激活、解码、重新编码，人就是这样，是在他的环境中发展的，因为每个人的生态环境的差异也就出现了你、我、他的不同。"

7. 高尔顿研究了 1768 年至 1868 年 100 年间英国的 977 个(这些人在 4000 人中才会产生一个)将军、首相、文学家、科学家的家谱，发现大多数名人出生于望族，据此作出论断：天才是遗传的，还认为，遗传的不光是天才本身，还有天才的形式。这跟中国的古语"龙生龙，凤生凤，老鼠的孩子会打洞"说的是同一个道理。请您对这种理论作出您的评价。

□ 学术动态

- 新的理论方向：动态系统理论

人类的行为与发展是动态的，大量的理论学家，如费舍尔与毕德尔(Fischer&Bidell, 1998)、赛伦与史密斯(Thelen & Smith, 1998)都认为发展要通过发展系统中所有成分连续不断的相互作用才能够进行。该理论认为，儿童的头脑、身体、生理和社会世界构成一个整体系统，并且该系统是动态的。这个系统中相互作用的各个变化的成分通过复杂的方式链接，在一个领域发生的机能上的变化能够对其他领域的机能产生深邃的影响。根据这种观点，对儿童来说，系统中任何一方面的变化，例如生物意义上迅速地生长，都会导致这个体系其他方面的不平衡与重新调整。动态系统的方法是复杂的方法，大部分理论通常建立在高等数学的模型与预测上。这样的模型已经应用到儿童如何形成意图、如何进行表现、如何移情的研究中。

□ 参考书目

1. 罗伯特·菲尔德曼著，苏彦捷译. 发展心理学——人的毕生发展[M]. (Develop-

ment Across the Life Span 4th Edition)北京:世界图书出版公司,2007

2.[美]劳拉. E. 贝克著. 吴颖 等译. 儿童发展(第五版)[M]. 南京:江苏教育出版社,2002.

3.朱智贤,林崇德. 儿童心理学史[M]. 北京:北京师范大学出版社,2002.

4.杨丽珠,吴文菊主编. 幼儿社会性发展与教育 [M]. 大连:辽宁师范大学出版社,2000.

5.孟昭兰. 婴儿心理学[M]. 北京:北京大学出版社,1997.

6.陈帼眉,冯晓霞,庞丽娟著. 学前儿童发展心理学[M]. 北京:北京师范大学出版社,1995.

7.高觉敷. 西方心理学史论[M]. 合肥:安徽教育出版社,1995.

第六章

学前教育课程与教学

【本章知识结构图】

- 学前教育课程的含义、特点和框架
  - 学前教育课程的含义
    - 学前教育课程的定义
    - 与学前教育课程相关的概念界定
    - 学前教育课程的基本指导原则
  - 学前教育课程的特点
    - 目标的设定
    - 内容的选择
    - 结构的安排
    - 实施等
  - 学前教育课程的基本发展框架
    - 背景
    - 框架
    - 学前教育课程基本框架的拓展
- 学前教学及其教学决定
  - 学前教学的含义、价值与特点
  - 学前教学理论
  - 教学决定
  - 学前“专业化教学”
- 游戏活动在学前教育中的特有地位和作用
  - 游戏活动在学前教育中的作用与运用
  - 学前课程与游戏——课程游戏化
  - 课程、教学与游戏三者的整合
- 基于证据的学前课程与教学
  - 背景
  - 基于证据的学前课程与教学的含义及意义
  - 基于证据的学前课程与教学首先是以研究为基础的
  - 基于证据的学前课程模式及其实践

【学习目标】

1. 能够明确学前教育课程的含义、特点以及学前教育课程的基本方针框架。

2. 能够理解学前教学的特征和教学决定的意义与学前专业化教学。

3. 能加强对游戏的深层次认识，知晓游戏活动在学前教育课程与教学中的作用及运用。

4. 理解什么是基于证据的学前课程与教学，明白为何要提倡基于证据的学前课程与教学。

课程与教学是学前教育领域中的重要话题，也是教育者和教师实践者们关注的重要课题，更是幼儿获得真正成长和发展的资源与途径。然而，人们一直对学前教育中的课程与教学存有争议，如很多人认为，学前课程并不是真正所需要的，因为幼儿应该游戏、探索、学习关于他们周围的世界；而另一些专家认为，幼儿是无知的个体，需要学习很多东西，需要等待填充知识。[①] 这些争论主要是由于对学前课程含义的理解存有偏差导致的，因此，对学前课程的含义、特点等的理解是最为关键的一项工作。

第一节　学前教育课程的含义、特点与框架

课程的含义是课程理论化过程的首要任务。在释义学创始人狄尔泰看来，意义就是人与世界的一种关系，意义来自人在其世界中的牵涉，[②]对意义的追问历来是学术发展与知识增长的内在精神传统与动力机制。由于课程含义的理解受情境解释研究取向的影响，不同课程方式、不同课程层次和不同研究者的课程立场与课程观念导致对课程含义的多种解读，视课程为多种“文本”和隐喻，话语表述也呈多元化。这一方面丰富了人们对课程的认识，另一方面也为我们研究学前课程提供了方法论意义。

课程至今都仍被认为是有关课程的大纲(提纲)，这个大纲起源于希腊，从根本上说大纲是指简明的陈述，在韦氏新世界词典(Webster's New World Dictionary)第三版中，对课程的定义是以“教给学生的东西”来定义课程的。从广义上看，课程定义包括学校里有意和无意传递给学生的信息、技能和态度，还允许考虑基于一些内容来源及为教育目的计划了的课程。狭义的课程是指学生学习的内容或教材。学前课程是指为实现学前教育目的而把幼儿园教育中的若干要素按照幼儿教育的规律与需要加以科学合理地组织，并转化为各种类型的教育活动，是幼儿在其所处的计划的和非计划的环境中所做、所见、所听或所感的一切。[③] 波尔(Ball，1994)认为，学前课程应包括幼儿学习的各种活动和经验(计划的和非计划的、正式的和非正式的、明显的和潜在的)。

一、学前教育课程的含义

学前课程的特点与框架是课程目标导引下的对学前课程的理解和诠释，也是课程目标的具体化，是学前课程改革中应遵循的基本原则，也是课程模式开发与实践的基础。了解学前课程的特点就是了解学前幼儿的文化和学前机构的作用；了解学前课程的框架实质是在理解学前课程中要求学前幼儿应学习的领域和内容，是对幼儿学习的基本要求。尽管关于什么使“课程”成为真正的课程的观点各不相同，如果不定义学前课程这个词汇，

① Is a Preschool Curriculum Necessary?. http://kids. lovetoknow. com/wiki/Preschool_Curriculum

② H. P. 里克曼·狄尔泰[M]. 北京：中国社会科学出版社，1989：209.

③ Curriculum Guidance for the Foundation Stage. Invest our Future. May 2000. The Qualifications and Curriculum Authority is an Exempt Charity under Schedule 2 of the Charities Act 1993. London. p1. p1－130.

那么学前教育的计划难以回答“应该学习些什么”的问题，[①]也难以大致列出“一套儿童教育目标”。[②]

因此，对学前课程的特点与框架的理解和诠释对课程与教学实践具有重要的实践意义。

(一)学前教育课程的定义

不同的国家对学前教育阶段的幼儿年龄分期是有差异的，西方很多国家把 5 岁以前的教育称为学前教育(pre-school education 或 pre-kindergarten education)，5～6 岁为幼儿园教育(kindergarten education)，而我国的学前教育(pre-school education)是指进入小学前所受的教育，包括 3～6 岁幼儿在幼儿园所接受的服务与教育和 0～3 岁幼儿及其家庭在早教机构所接受的服务与教育。因此，学前教育课程指 0～6 岁幼儿学习的课程。对于学前课程的定义有狭义和广义的理解。

学前课程从狭义上说即幼儿所学的东西或者说所教给幼儿的东西。正如有人认为，课程指幼儿的整个经历的定义太宽泛，因此更倾向于仅指有意教给幼儿的东西，这样就能实现建立“教育”目的。教给幼儿什么内容可以包括知识、技能、态度、关系、风气和活动，除了教育目的和教育内容，课程还包括把教育内容传给幼儿时使用的方法，这也形成了课程。[③] 总之，从极端上说，课程可以小到提供指导以教什么和如何教，或具有很强的结构性，不仅告诉教师在某天应该教什么内容，而且更确切地说何时教这些内容。[④] 在美国的学前教育课程计划中，包括那些支持“幼儿的身体、社会、情感和认知发展”。[⑤] 可以简单地说，课程即为所教的东西和怎样教的问题，但一些学前专家认为，课程必须准确细化教什么、如何教、何时教。[⑥] 同时，“课程”这个词汇在学前教育计划中可能有多种意义解读，特别是，当课程如何用于从幼儿园到高中各阶段环境中时，课程含义的对比性是很大的，可能部分原因是由于课程常被定义为所教内容的事实。但是幼儿发展和学习理论更有可能影响到如何教而不是学生应该学什么。决定教什么和如何教受到“幼儿掌握什么样知识和技能才是重要的”这种观念的影响，也受到幼儿在实现掌握知识技能过程中的作用以及学习经验的什么组织是最可能产生最大的认知发展的影响。[⑦]

---

① Katz, L. G. (1993) Dispositions as Educational Goals. ERIC Digest, EDO-PS-93-10. Champaign, IL: ERIC Clearinghouse on Elementary and Early Childhood Education, University of Illinois, P. 1.

② Spodek, B., & Saracho, O. N. (2003) "On the Shoulders of Giants": Exploring the Traditions of Early Childhood Education. Early Childhood Education Journal, 31, 3—10, P7.

③ Partners in Learning [electronic resource]: 0～5 Curriculum Guidelines. Strathclyde Regional Council, Glasgow (Scotland): Distributed by ERIC Clearinghouse, 1994. P14.

④ Ellen Frede & Debra J. Ackerman. Pre-school Curriculum Decision-Making: Dimensions to Consider. March 2007, Issue 12. P3.

⑤ Bowman, B. T., Donovan, M. S., & Burns, M. S. (Eds.) (2001) Eager to learn: Educating our Preschoolers. Washington, D. C.: National Academy Press, P182, 184.

⑥ Ellen Frede & Debra J. Ackerman. Preschool Curriculum Decision-Making: Dimensions to Consider. March 2007, Issue 12. P2.

⑦ Biber, B. (1977) A Developmental-interaction Approach: Bank Street College of Education. In M. Day & R. Parker (Eds.), The Preschool in Action: Exploring Early Childhood Programs (pp. 423—460) Boston: Allyn & Bacon, P432.

学前教育课程从广义上说涉及学习过程(当幼儿学习时)和学习背景(幼儿何时学习、为何学习)的考虑。① 有人认为,学前课程是指幼儿在其周遭的环境中所做、所见、所听、所感的一切,不仅是计划内的,而且也包括非计划的一切活动,②是由幼儿的所有经历组成,他们所说的、所做的、所感的、所见的、所闻的、所触摸到的、所听到的或所嗅到的一切组成了幼儿课程。③ 有人认为,学前课程的内容和组成,包括所有的日常活动、衔接和影响儿童的身体、社会、情感和智力发展的常规,④学前课程应该发展幼儿的概念、知识、理解、态度和技能。⑤ 还有的人甚至更为广义地定义学前教育课程,认为它是幼儿学习环境中一切显性和隐性的影响因素,不仅包括提供给幼儿的室内和室外的活动,还包括工作人员对幼儿、对同事、对家长以及来参观拜访的任何人的态度。⑥

这些定义都有一个共同特点,就是强调学习环境的重要性,考虑成人在幼儿学习中的作用。例如,蒙台梭利课程模式就是一个很好的例子,蒙台梭利坚信幼儿有两个"创造性的敏感性"(creative sensibilities)、一个"吸收性心理"(absorbent mind)和"敏感期"(sensitive periods),学前课程就是要帮助幼儿不断地适应环境。⑦ 总的来说,这些定义接受的是课程的广义视野,包括学科课程(如国家课程),这种课程强调所有幼儿需要知道和需要理解的知识及其理解;还有非正式课程,或显性课程或隐性课程,这种课程包括幼儿对自己的认识以及对其生活的社会世界的学习。⑧

(二)与学前教育课程相关的概念界定

学前教育课程是多要素、多层次关系相互作用的整体,同时也是一个动态的发展过程,是一个需要不断地改进和完善的系统。"复杂方式"理论认为,世界是多样统一的,是有序与无序相互作用形成的一个自主而开放的系统。学前教育课程也是一个需要以复杂思维来思考和把握的,与学前教育课程有关的概念或多或少地影响着学前课程的定义和实践,因此,理清这些概念能更深入地理解学前课程的含义。

1.学前教育课程与学前课程资源

学前课程资源是指有利于学前课程目标实现的一切因素的总和,包括园内资源和园外资源、自然资源和社会资源、显性课程资源和隐性课程资源等。学前课程就是要不断满足幼儿的合理需要,引领幼儿发展并让每个幼儿都能实践全面、真实和可持续发展的内容、方法和过程。可以简单地说,学前课程资源是学前课程的来源,是学前课程的原料与组成,属于学前课程的下位概念。学前课程资源有利于实现学前课程目标的各种因素,其材料来源的总和不是固定不变的。幼儿园课程的出发点与归属是幼儿发展,是为了促进

---

① Audrey Curtis. A Curriculum for the Pre-school Child:Learning to Learn. Routledge,London,2002:P20.

② Qualifications and Curriculum Authority(QCA)(2000)Curriculum Guidance for the Foundation Stage. London:Author.

③ Partners in Learning:0~5 Curriculum Guidelines. 1994(ED 374 885)P16.

④ Preschool Curriculum Models. http://www.michigan.gov/greatstart/0,1607,7-197-27385-83422--,00.html. 12/10/2009.

⑤ Audrey Curtis. A Curriculum for the Pre-school Child:Learning to Learn. Routledge,London,2002,P20.

⑥ Audrey Curtis. A Curriculum for the Pre-school Child:Learning to Learn. Routledge,London,2002,P21.

⑦ Audrey Curtis. A Curriculum for the Pre-school Child:Learning to Learn. Routledge,London,2002,P22.

⑧ Audrey Curtis. A Curriculum for the Pre-school Child:Learning to Learn. Routledge,London,2002,P21.

幼儿终生可持续发展。课程资源在幼儿园中表现为多种具体形态，包括教材、教师、幼儿、环境以及教玩具等等都属于幼儿园课程资源，归纳起来就是人力资源和环境资源、背景资源和现存资源等等。背景资源是幼儿园课程的重要资源来源，既有幼儿的背景知识，幼儿教师的背景知识，也有幼儿园的文化建设、环境创设等在内的资源，它是幼儿园课程开发中的一种背景参考和支持，该资源是幼儿教师灵活地、弹性地设计幼儿园课程中的各种活动的可资利用的素材，或"资材之源"，包括物质形态与文化形态（或叫精神形态）、自然形态与社会形态等。

2.学前教育课程与学前课程模式

学前课程模式是学前课程的具体化，任何课程模式都是"一种理论前提、行政政策、旨在获得特别教育效果的项目的教学组成等的理想呈现"。① 随着学前教育的发展，课程研究得到更多学者的关注，课程模式在理论与实践上也存现多种样态：从课程模式的存在样态看，有综合课程、活动课程、领域课程、游戏课程等；从领域特殊性来看，课程模式有认知课程模式、社会情感课程模式、动作课程模式等。不同的幼儿发展理论会有不同的学前课程模式，不同的课程模式强调的幼儿发展重心也不一样。例如，基于皮亚杰的认知发展阶段论和发展理论的 High Scope，强调幼儿的智力和认知发展，认为幼儿是通过积极参与其所在环境而主动学习的，幼儿的逻辑思维和表征主要涉及归类和系列化（seriation）、空间和时间关系、可预见性（predictability）、转换四个领域；基于行为主义的学前课程模式强调幼儿行为的塑造和学习技能的获得；还有学科课程模式、活动课程模式和综合课程模式等，无论最终使用的是什么课程模式，课程总是"通过发起学习、为幼儿设计经验以帮助所有幼儿获得知识和技能、改变价值观和情感而影响学生。"②每一种学前课程模式都会有各自的特色与潜在的教育精神，而课程实施的效果也基本反映了不同的课程模式所具有的内在意义。

3.学前教育课程与学前课程类型

课程类型与课程模式不同，它是实施课程的模型或样式，学前教育课程可以有多种课程类型。如果强调对课程内容的处理情况，课程类型一般分为分科课程、综合课程、整合课程等；如果强调课程的管理域开发情感，学前课程一般有国家课程、地方课程和园本课程。这些课程类型有的是以课程的组织形态来分的，有的是以课程的层级来划分的。有人认为，更适宜于幼儿的课程类型是，师幼在进行活动和互动时给教师提供的学习目标和指导，这将包括仔细规划教室环境和课堂活动，例如，在循环过程中的经常性讲故事，或增加一个星期的障碍课以帮助儿童发展空间词汇和演习；也将包括未规划的自发的学习，例如，当水管爆了就学习关于供水系统的知识，或在排队等候时发展自我调节能力。

4.学前教育课程与课程指南

---

① Spodek, B., & Brown, P. C. (1993) Curriculum Alternatives in Early Childhood Education: A Historical Perspective. In B. Spodek(Ed.), Handbook of Research on the Education of Young Children (pp. 91—104) New York: Macmillan, P 91.

② Vold, E. B. (2003) Young Children's Affirmation of Differences: Curriculum that is Multicultural and Developmentally Appropriate. In J. P. Isenberg & M. R. Jalongo (Eds.), Major trends and Issues in Early Childhood Education: Challenges, Controversies, and Insights (Second edition) (pp. 30—46) New York: Teachers College Press, P31.

课程指南是教师用于计划有意义学习活动的设计工具，它是为课程服务的纲领性指导语。学前课程指南勾勒了幼儿在学前阶段应该获得的知识，同时，课程指南与幼儿带到学校来的知识和技能有关。[①] 因此，有人打比方说，课程指南仅仅是一个指导(南)，而不是含有烹饪(教学)过程的所有步骤的食谱书。[②] 像课程指南本身的目的那样使用它，有必要基于幼儿的技能使活动更具个别化和适应性，与教师提供的活动是相互具有相关性的。然而，关于早期教育课程的适宜性问题现仍是决策者与实践者之间争论不休的话题，决策者强调学校效能，认为成人与3、4岁幼儿一起工作需要正规的方法和直接教学，直接教学是这个年龄段幼儿的关键，[③]而实践者强调发展适宜性课程。

(三)学前教育课程的基本指导原则

美国康涅狄格州教育董事会在2006年讨论并通过的学前课程框架，详细阐述了学前课程的指导原则：第一，早期学习和发展是多维的，发展领域是高度相关的。一个领域的发展影响另一个领域的发展，例如，幼儿的语言技能会影响其从事社会互动的能力。因此，发展领域不能彼此孤立地考虑，而必须考虑发展的各个领域是动态地相互作用。第二，幼儿是有能力的，是个能干的个体。所有幼儿，不论其背景和经历如何，都应得到高期望，得到积极的发展。第三，幼儿的发展速度是有差异的，每个幼儿在发展的速度、技能与能力的发展方面是独特的。有些幼儿可能发展滞后或残疾，这需要工作人员适应个别幼儿的期望或适应个别幼儿的经历，这样幼儿才能成功地实现特定的表现标准。另外，每个幼儿是在一定的文化环境中长大的，这可能影响教师对每个幼儿使用的教学方法。第四，在任何发展领域，幼儿将展现出一系列技能和能力。在一定年龄群体中，我们不应该期望所有幼儿同时达到每个基准或在同一发展水平掌握每个标准。第五，使幼儿教育经验最大化，开发和实施项目，幼儿增长的知识、发展和一致的期望是必不可少的。早期保教计划的工作人员在期望幼儿在其成长和发展的背景内知道什么、能够做什么方面(基准知识，benchmark knowledge)方面必须保持一致。第六，家庭成员是幼儿最早的养育者和教育者，因而家庭应该意识到项目的目标、将提供给幼儿的经验、和学前末期时对幼儿表现的期望等。工作人员和家庭应该协同工作以确保提供给幼儿最佳(optimal)学习经验。学期课程应该提供给家庭一些他们需要的信息以支持幼儿的学习和发展。第七，经由幼儿发起的活动和教师选择的活动，幼儿通过积极探索他们周围的环境而学习。早期教育环境应该给幼儿提供机会探索材料、从事具体活动、与同伴和成人相互作用以全面建构对其周围世界的理解。因此，为了使幼儿最大化学习，应该在幼儿发起的活动和教师发起的活动间有个平衡。[④]

学前课程是幼儿学习的重要来源和途径，通过课程的学习，在课程中学习，教育者在制定课程、作教学决定时要符合国家标准、地方标准和学生特点，这是教师应遵循的原则。

---

① Laverne Warner, Judith Sower. Educating Young Children from Preschool through Primary Grades. Pearson. 2005:202.

② Sanford, Anne R. A Planning Guide to the Preschool Curriculum: The Child, The Process, The Day. 1974:7.

③ Woodhead, C(1999) Is the Formal Approach Better? Early Years Educator, 1(6):10－11.

④ George A. Coleman(2006) The Connecticut Framework. Pre-school Curriculum Framework. . State of Connecticut State Board of Education. http://www.sde.ct.gov/sde/lib/sde/PDF/DEPS/Early/Preschool_framework.pdf. P5－6.

但是，有人认为，决定课程的是幼儿而非教师。[①] 幼儿也有学习的意愿，成人有责任发现幼儿的意愿是什么，并用这些帮助幼儿提高发展。[②] 从幼儿角度看，组成课程的确是其经历的一切，学习的确总是一直在进行着。然而，成人为了帮助幼儿学习，在选择目标、内容和方法时的确是有意作出选择。因此，指导学前课程的基本原则是：每个幼儿应该是被作为个体来尊重，教育是终生过程，家长或监护人是幼儿最初的教育者，家庭和社区在每个幼儿的发展中起重要作用，每个幼儿有权利平等享受教育机会和社会公正。[③] 同时，在这些指引中，课程发展被视为成人和幼儿之间的一种伙伴关系。成人可以通过很多方式支持其学习从而发展课程，如带领他们并与之互动，在幼儿有进步时表现出对之有兴趣和高兴，鼓励其分享情感、思想和所关心的，选择设备、资源和活动培养其好奇心扩大其兴趣。更重要的是，应努力创造条件支持幼儿学习和发展，对幼儿的学习作出回应，但需要考虑的是，学习进程（幼儿如何学习的）、学习环境（幼儿在哪儿学习、为什么学习）、学习内容（幼儿学习的什么）、学习的进展（幼儿何时学习前进）等在幼儿教育和学前课程中的相关性及其对幼儿发展的影响。[④]

二、学前教育课程的特点

（一）学前课程目标的设定：全面性、基础性与启蒙性

学前教育是全面发展的教育，学前教育课程应该照顾幼儿各个领域的全面、和谐发展。[⑤] 学前教育课程必须以实现学前儿童在身体、认知、情感、个性、社会性等方面的全面、和谐发展为目标。学前儿童的全面发展与其他年龄段的学习者相比，是人生中的基础之基础，是人生启蒙的阶段。因此，学前教育课程的目标应是启蒙性的，不宜追求过高的目标，尤其不应追求过高的认知目标，应使幼儿在原有发展水平的基础上得到初步的身心锻炼和启迪，使幼儿在享有快乐童年的同时，身心得到与其发展水平相适应的发展和提高。例如，美国基础阶段的课程除了通过支持、培养、促进和发展儿童的个人、社会和情感方面、社会技能方面、注意技能和坚持性方面、语言和交流方面、读写方面、数学方面、身体发展方面、创造性发展方面等来加强所有未来学习，也强调积极态度及其朝向学习的性情（dispositions towards their learning），体现在对知识和学习特别有热情并对成为成功学习

---

① Sanford, Anne R.. A Planning Guide to the Preschool Curriculum-Revised : the Child , the Process, the Day. 1983:6.

② Partners in Learning [electronic resource] : 0～5 Curriculum Guidelines. Strathclyde Regional Council, Glasgow (Scotland): Distributed by ERIC Clearinghouse, 1994:14.

③ Partners in Learning [electronic resource] : 0～5 Curriculum Guidelines. Strathclyde Regional Council, Glasgow (Scotland): Distributed by ERIC Clearinghouse, 1994:21.

④ Partners in Learning [electronic resource] : 0～5 Curriculum Guidelines. Strathclyde Regional Council, Glasgow (Scotland): Distributed by ERIC Clearinghouse, 1994:15－16.

⑤ National Association for the Education of Young Children. (1997)Position Statement: Developmentally Appropriate Practice in Early Childhood Programs Serving Children from Birth through Age 8. In S. Bredekamp and C. Copple (Eds.), Developmentally Appropriate Practice in Early Childhood Programs(pp. 3－30) Washington, D. C. : Author

者的能力很有信心。①

(二)学前课程内容的选择:教育性、多元性和生活性

学前教育的成功很关键,因为在这段学习阶段,可以建立起后来学习成功的关键能力。② 学前教育直面幼儿,不仅要注重保育,也要加强启蒙教育,对幼儿的教育要从小就开始,这已是大家的共识。因此,学前教育课程的内容当然要选择那些具有典型教育意义的优秀内容,使学前课程内容具有本身该具有的教育性。同时,课程内容应该是多元化的内容,既要有优秀的传统文化,也要有当代文明的先进文化;既要有本土文化,也要有外来文化。在传承人类文明的同时也要关注幼儿活生生的生活世界,关注幼儿的生活、关怀幼儿的生活世界、围绕幼儿生活世界确定课程内容并进行教学。因此,学前课程生活化便成为现代学前教育变革的一种理想诉求,因为生活化的课程是承认、尊重生命的存在和生命成长的现实和需要。幼儿的生活本身就是课程,课程展开的过程,也就是幼儿生活的过程。③对学前儿童来说,最有效的学习就是他们感兴趣的学习,最有效的学习内容就是他们可以感知的、具体形象的内容。因此,课程内容与现实生活的距离越近,越能引发幼儿的学习兴趣,幼儿的学习也就越有效。情境论也为学前课程内容的生活化提供了依据。情境论认为,学前教育内容应与生活实际接轨,回归生活课程。④

(三)学前课程结构的安排:整体性、综合性与递增性

学前教育课程是以生活的逻辑加以组织、以幼儿的兴趣为引导的,整个结构的架构是整体性、综合性的。由于生活是整体的,不可能只反映人类知识体系中的某一部分,而且生活中往往蕴藏了多方面的发展机遇和可能。所以,学前教育课程就不应追求将现实生活割裂的或与现实生活不一致的知识系统,不应至少不应只以成人确定的系统的学科加以组织。同时,幼儿各个发展领域之间是相互联系、相互促进的,它们构成了一个有机的发展整体,所谓发展领域只是一种人为的划分,在现实的课程实施中,儿童是以“完整人”的形象出现的。⑤ 学前教育课程的内容应尽可能使不同领域的内容产生联系,以便于或促进幼儿学习的有效迁移。此外,学前课程内容应体现螺旋式的渐进式的增长方式,幼儿先前所学内容在后阶段的学习中应该逐步得到增长,在幼儿的“最近发展区”内最大化地促进其认知发展。

(四)学前教育课程形态的潜在化与方案运用的多样化

由于学前幼儿年龄的特征和学习方式的特殊性,学前教育课程应该体现出更多的潜在性因素以积极影响幼儿的身心发展。学前教育课程不仅体现在对学习材料的显性学习

---

① Curriculum Guidance for the Foundation Stage. Invest Our Future. May 2000. The Qualifications and Curriculum Authority is an Exempt Charity Under Schedule 2 of the Charities Act 1993. London. P1. P1—130.

② Pianta, R. C., Cox, M. J(March, 2002) Transition to Kindergarten, NCEDL Spotlights, 35:3—4

③ 虞永平:生活化是幼儿园课程的根本特性. http://blog.edu11.net/space.php? uid=165&do=thread&id=2162.

④ 李育红.从情境论的产生和发展看德国学前课程的发展趋势(上)http://www.lunwenda.com/fangan200804/92405/

⑤ 虞永平:生活化是幼儿园课程的根本特性. http://blog.edu11.net/space.php? uid=165&do=thread&id=2162.

和掌握上，也体现在幼儿一日生活和游戏活动上，也体现在来自师幼互动，甚至教室的环境布置、学前教育机构中的人际环境等潜在因素对幼儿学习与发展的积极影响方面，使学前课程实施过程中在对什么样的方案的选择与运用上具有很大的自由性，实施途径也丰富多样。学前教育课程的多样化体现在教学活动、游戏活动或各种探索活动的趣味性和方法的多变性，以增强幼儿学习的欲望和学习动机。这些潜在性的影响因素借助于"正规"课程的形式或其他方式存在，并对幼儿产生无意识的影响。课程不仅发生于严肃的集中地方，也发生于充满了乐趣和欢笑的时候。因此，潜在课程对幼儿的影响十分重要，特别是环境的优化以使幼儿在不知不觉中习得很多知识、价值观念、态度、行为方式等。潜在课程是基于计划课程和课程实施的影响之间的关系而存在的，[①]不是随心所欲的"放羊式"课程影响状态。同时，这种潜在性的课程样态从时间上看，有一日课程方案、半日课程方案、周末课程方案、临时性课程方案等；从年龄上看，有2～3岁幼儿课程方案、3～4岁幼儿课程方案、4～5岁幼儿课程方案、5～6岁幼儿课程方案；从学习语种上看，有英语教育课程方案和其他语种的幼儿课程方案等；从内容上看，有社会课程为主的方案、也有综合性的主题性活动方案。不同的课程方案满足不同年龄的幼儿及其家庭的不同需要，培养幼儿独特兴趣和专门技巧。

(五)学前课程实施：活动性、经验性与游戏性

幼儿园课程实施的特点是由幼儿的生理、心理发展特点、学习特点和生活特点等决定的。学前课程内容的直观形象，方法多样，同时也要注意幼儿的已有经验，在其已有经验基础之上增加幼儿能直接参与的活动，锻炼动手、动口、动脑的能力，培养幼儿探索问题和思考问题的能力。在创造各种活动的过程中，一定要注意活动的趣味性和游戏性，经常需要利用游戏的手段，通过游戏，在游戏中增加幼儿的学习愉悦体验。这是学前教育课程实施中始终不渝的信念。也就是说，学前教育课程的实施，关键在于创设丰富的活动情境，创设有利于幼儿自发主动活动的氛围，为幼儿提供各种互动的机会，为幼儿提供与其发展相应的帮助。

三、学前教育课程的基本发展框架

(一)背景

世界各国学前教育课程内容的结构特征因时代的变迁和所依据的理论基础的不同而存现很大差异。20世纪70年代中期，美国学前课程的内容一般是以单元进行讨论并进行单元教学，大部分的单元大约包括5课，每节课有2个基本部分：单元小组课和其他活动课，课程中的其他活动包括与音乐、艺术、餐点、游戏、精细动作发展、野外远足和参观有关的程序。[②] 我国在20世纪60年代至80年代，以"五指活动"理论为理念的陈鹤琴学前课程框架是以人的五个连为一体的手指作比喻，认为五指活动包括以下五个有主次之分的

---

① Mohanty, Chandra Talpade. The Hidden Curriculum of Sex Roles in Two Urban Middle Class Bombay Preschools (India) University of Illinois at Urbana-Champaign, 1987, 316 pages; AAT 8721718.

② Sanford, Anne R. A Planning Guide to the Preschool Curriculum: The Child, The Process, The Day. 1974: 1.

方面：健康活动、社会活动、科学活动、艺术活动、语文活动，同时采用游戏式和小团体式进行“整个教学法”。同样，学前课程依据不同的课程理论基础，其课程内容结构也会出现很大差异，例如，行为主义课程的内容结构强调确立明确、具体且可观察的教育目标，内容组织强调编序，课程内容就是一系列事先安排好的可见诸于行为的简单而具体的技能、知识、概念、态度和价值。强调人的认知发展和情意发展相统一的人本主义课程要求学前课程内容突显认知与情意的“统合”，强调幼儿学习课程的意义性和意义学习和发展幼儿整体人格。

由于课程可能存在多种模式，每种模式的理论基础和强调重点不同，因而课程内容的基本框架可能有所差异。如，HIGH/SCOPE 早期教育课程模式的“认知中心”课程模式旨在如何发展孩子们的认知与智力；方案课程是一种倡导获得个人知识，实现个性化学习的课程模式；构建幼儿运动特色课程，以幼儿动作发展为基础，以挖掘幼儿运动潜能、形成终生锻炼意识为目的，以溜冰、篮球、武术、国际象棋为课程内容，促进幼儿身心全面和谐发展；艺术教育课程模式是强调将艺术活动融入环境、学习和生活中，使显性教育和隐性教育互相补充，共同发挥作用，使之真正有利于幼儿的全面发展……但总的来说，每种学前课程模式和课程类型都基本上包括课程目标、课程内容、课程实施和课程评价等诸多环节，而这里我们重点谈论学前课程内容的基本框架。

(二)学前教育课程的基本框架

随着社会的发展、教育的向前推进，课程改革的不断创新，各国学前课程模式相互引进、学习和效仿。因此，各国都不约而同地强调发展幼儿的基本能力、常识性和基础性知识概念的认知、培养他们正确价值观和良好的学习与生活态度，以满足幼儿当前的学习需求同时也为未来的学习与生活打好基础。以美国为例，美国在 2003 年出台了“入学准备法案”，要求幼儿在入学前就应达到的学习和发展结果，就此提出了明确的标准和课程框架，该框架将幼儿学习内容划分为“语言发展”、“读写”、“数学”、“科学”、“创造性艺术”、“社会性情感发展”、“学习方式”、“身体健康和发展”8 个学习领域，并提出了每个领域的构成要素以及 3～5 岁幼儿在每一要素上应当表现出来的知识、技能、能力和行为。[①] 就幼儿发展领域而言，美国学者认为，幼儿的发展领域基本上包含五个：身体发展、社会发展、情感发展、创造性发展和智力发展。[②] 满足幼儿需要是幼儿全面发展中的首要原则，而课程则居于第二位置。教师想让幼儿学习，学校强调知识和技能获得，而幼儿作为个体而言也需要发展，因此，满足幼儿的需要与教师的发展适宜性课程计划是密切相关的。[③] 前面我们已说过，学前课程结构应该具有整体性，通过整体性课程结构来促进学前儿童整体的有机发展。比如，健康领域方面的课程在强调身体运动(如精细运动和粗大运动)的同时，也关注社会、自助、语言和认知发展的发展。我国《幼儿园工作规程》中明确指出，学前教育

---

① 刘焱，潘月娟，赵静. 早期学习标准化运动述评[J]. 比较教育研究，2005(5).

② Laverne Warner, Judith Sower. Educating Young Children from Preschool through Primary Grades. Pearson. 2005:81～82.

③ Laverne Warner, Judith Sower. Educating Young Children from Preschool through Primary Grades. Pearson. 2005:82.

的目标是“幼儿实施体、智、德、美诸方面全面发展的教育，促进其身心和谐发展。”为了达到此目标，学前教育课程内容结构基本上是据此相应地进行安排设计、选择内容、组织内容和相应的教学整合。因此，学前课程内容结构基本上都是围绕以健康、语言、科学、数学、艺术、社会等课程内容领域而进行课程设计、课程实施的，都强调学前课程的内容结构的整体性和综合性。

身体教育与健康教育方面。身体发展是学前教育的首要目标，在学前课程内容结构上也处于重心地位。学前教育课程应遵循教育和保育结合。身体不仅仅是表征了人的物质性，更重要的是表征了人的文化性，身体文化在课程中的体现是当代课程的重要走向，即对身体课程的强调，这是一种课程与文化身体之间的关系诠释。① 身体的积极会导致大脑的积极，而大脑思维的发展需要身体运动。② 学前教育中对幼儿进行身体知识的教育与实践是对传统忽视幼儿身体发展、忽略对幼儿身体文化关注的批判与超越。幼儿身体的发展阶段(如精细运动和粗大运动的发展、大脑的发展等)对学习影响很大。我们可能想知道：是否幼儿有足够的户外游戏来支持其身体发展，如何发展幼儿书写所必要的精细动作技能，哪种动作技能适宜于幼儿学习，幼儿需要什么信息以便他们能实践安全规程并作出健康选择。③ 陈鹤琴认为，幼儿的身体健康是幼稚园课程第一重要的，身体强健的儿童，性格活泼，反应敏捷，做事容易，要重视年幼儿童的身体健康。同时也注意培养幼儿的良好行为习惯和促进其心理健康发展。玛格丽特·麦克米兰(Margaret McMillian)强调照料与教育之间的关系，强调吃、睡和户外活动，这是幼儿的基本活动，但也是学习指导策略和具体的学习活动。④

认知发展与智力开发、思维训练。认知领域的发展是成熟过程和导致“知晓”的人类心灵的产品，它是一个复杂的过程，对幼儿其他领域的发展产生重要的和持续的影响。⑤ 幼儿的思维完全不同于年长幼儿的思维和成人的思维，他们用完全不同的视角来看待世界。⑥ 在学前阶段对幼儿的认知、智力与思维的发展等方面的要求简单来说就是直接指向人的认知发展过程，培养幼儿认识世界、人类和自身的兴趣和习惯，发展各种感官能力、语言表达、解决问题及思维等能力，开发幼儿智力并促进智力发展。例如，鼓励幼儿使用语言、帮助幼儿学会学习、激起幼儿好奇心、鼓励幼儿发展使用概念的能力等。又如，在数学与科学教育方面，强调对幼儿进行“世界怎么样”和“世界为何这样”的探究和学习，与现实生活紧密联系，通过问题解决来学习，同时也要通过合作学习。同于在美国的公立幼儿园中，课程期望是由年级组教师和区一级的课程协调员决定的，幼儿园教育的主要重点除了

---

① P. Lang. Curriculum and the Cultural Body. Stephanie Springgay and Debra Freedman. New York ：2007

② Mary Ellen Clancy. Active Bodies, Active Brains-Building Thinking Skills Through Physical Activity. Human Kinetics. Preface, 2006.

③ Developmentally Appropriate Curriculum: Best Practices in Early Childhood Education (3rd edition) Pearson: Merrill Prentice Hall. 2004:342.

④ Audrey Curtis. A Curriculum for the Pre-school Child: Learning to Learn. Routledge, London, 2002:15.

⑤ Developmentally Appropriate Curriculum: Best Practices in Early Childhood Education (3rd edition) Pearson: Merrill Prentice Hall. 2004:288.

⑥ 同上.

具体内容的信息，还有就是幼儿要学习的是入学后具有重要意义的内容。主要的教学领域是：语言和读写技能、数学技能和学校教育技能（schooling skills），其中，语言技能指的是幼儿口语能力，而读写技能指幼儿的书面语意识。[①] 可以看出，美国学前教育和幼儿园教学重视的是幼儿的读写、语言发展和数学能力等认知或智力方面的能力。

社会与道德发展方面。人是社会中的人，幼儿从出生开始就融入了社会，对幼儿进行社会和道德的发展是学前课程内容结构中不可轻视的重要部分。社会技能发展是幼儿学习与他人交往的处理方式，幼儿理解并适应规则的过程就是社会化，幼儿的社会能力体现了个体差异，因此，在社会领域的学前课程与教学就应提供给幼儿机会以发展关于幼儿与其周围环境和理解人际关系有关的知识与技能，实际上，课堂就是一个"人际关系实验室"，在课堂上，幼儿探索社会知识、概念，通过日常人际互动、惯例、活动和现场教学习得了社会技能。[②] 在学前的社会领域中，社会指幼儿学习与人相处，包括同伴交往、师生交往、亲子交往、社会行为等，幼儿在社会交往中的自信、诚实、情绪控制、延迟满足等，并培养高级社会情感，包括理智感、道德感和美感。培养幼儿处理个人与群体关系的情感，集体学习的愉悦性、合群性、合作性，培养幼儿良好个性。教师在课程与教学的过程中要帮助幼儿形成稳定的人际关系、鼓励幼儿的责任感、为别人着想、自信心、独立和自我控制等。道德是指幼儿社会性发展过程，培养和塑造幼儿的道德人格，如文明礼貌教育、友爱友谊教育、集体生活与分享教育、良好的个人性格与情感教育、爱家乡爱祖国教育等等。幼儿园集体教学的内容包括人类优秀文化传统、社会观念、行为规范、约定俗成的规则、必需的社会知识或概念、与健康有关的安全、卫生等常识、周围环境有关的信息的传递等等。[③]

艺术与美感教育。审美来自希腊语 aisthetikos，指通过感官来感知的能力，后来演变成涉及（deal with）艺术感觉并集中于决定什么是美和什么是善，也关注对美的欣赏。[④] 直至今日，人们认为审美是"哲学的一个分支，关注的是美的本质，艺术的本质与价值，探究过程以及人类对这些论题有关的反应。"[⑤]可以看出，审美是一个人的感知能力，对人类艺术中的创造性和对美的本质的敏感与反应。艺术就是一种"创造性工作/作品"和"产生创造性工作/作品的过程"。例如，幼儿绘画、雕塑、唱歌、跳舞、演奏乐器、设计游戏道具和场景、编写故事、写诗等都属于艺术和美感教育的范畴。审美是人对美的渴望的一种健康"倾向"，是在人与自然、人与社会的关系中体现出来的一种与真、善相联系的、反映人的本

---

① Laverne Warner，Judith Sower. Educating Young Children from Preschool through Primary Grades. Pearson. 2005：202.

② Developmentally Appropriate Curriculum：Best Practices in Early Childhood Education (3rd edition) Pearson：Merrill Prentice Hall. 2004：372—373.

③ 幼儿园集体教学的功能定位问题. http://ldzxyey. blog. tcedu. com. cn/33440. html

④ Developmentally Appropriate Curriculum：Best Practices in Early Childhood Education (3rd edition) Pearson：Merrill Prentice Hall. 2004：242.

⑤ Consortium of National Arts Education Associations(1994) National Standards for Arts Education：Dance，Music，Theatre，Visual Arts：What Every Young American should Know and be able to do in the Arts. Reston，VA：Art Educators National Conference. P82.

质力量的积极方面，真正的美是真、善、美的统一体。[①] 审美教育影响幼儿的学习，[②]幼儿美感的发展，例如利用美术或音乐提供给幼儿机会去实验各种材料、鼓励幼儿富有积极性、善于表达自己或表现自己、成长意识中的觉醒以及对美的欣赏。尤其是音乐可以陶冶儿童的性情，鼓励儿童进取，幼稚园应创设音乐环境，培养儿童对音乐的兴趣，发展他们欣赏音乐的能力和技能。学前要培养幼儿的审美形态，鼓励其参与审美活动以增强幼儿的审美发展这是学前课程框架中不容忽视的一个重要领域。在学前阶段的教育教学中就要渗透这种美，通过美术、音乐、体育等具态形式让幼儿发现美、感受美、体验美与创造美。

学前课程内容框架与课程发展目标是一致的，要培养什么样的人，要达成什么样的目标，那么就要围绕这些来构建选择与课程相应的课程内容。课程框架的目的是发展教学目标和学习活动，选择教学材料和评价教学活动等。[③] 学前课程的发展不仅是教育性工作改变的动力，也是幼儿园体制的格局变化的动力。[④] 学前课程框架设计为学前课程领域、发展指标和适宜性活动水平方面提供的不仅是一种教学指南，也是为了课程本身的发展。

(三)对学前教育课程基本框架的拓展

幼儿教育是终生学习和全人发展的基础，课程的设计及其内容实施基本框架应重视以关注儿童为重心的核心价值，制定学前课程应按照"幼儿发展"、"幼儿学习"，兼顾幼儿学习兴趣、需要和能力，为其创设能启发多元智力的教育性环境，通过各种探索和游戏等让其能得到均衡发展。教育联合组织(OECD，2004)十分强调五类课程模式的实施：体验式课程模式(experiential education)、高瞻课程模式(the High/Scope curriculum)、瑞吉欧·艾米利亚方案(Reggio Emilia Approach)、新西兰的 Te Whariki 课程框架以及瑞典课程模式。其中，体验教育课程试图使幼儿生活幸福并积极参与到教育环境中，通过幸福参与而积极有效地学习；Te Whariki 课程框架旨在造就某种特别的、理想类型的儿童。[⑤] 瑞典学前教育课程是全国统一课程，其教育目标强调让儿童得到完整的发展，教育内容和方式注重生活教育、关注环境教育、以儿童的兴趣为指向、以儿童的游戏为核心，为儿童终生学习奠定坚实基础。从这五种课程模式可见它们是围绕情感体验、认知发展、社会发展及幼儿表达与表现等方面，各有侧重。

从课程目标的确立看，整个幼儿和谐发展表现为其价值取向，突出认知、情感态度、习惯个性、道德等方面的价值取向，课程要面向全体幼儿，促使每一个孩子得到共同发展、和谐发展、有个性特点的发展；从课程内容的建构看，以整合、开放为特点，课程内容整合为共同生活、探索世界、表达和表现，关注幼儿个体健康生活及与他人交往的社会生活，让幼

---

① 学前儿童的美感教育和艺术教育. http://www.eduquan.com/youjiao/1092/1176/90866661308204.html

② Developmentally Appropriate Curriculum: Best Practices in Early Childhood Education (3rd edition) Pearson: Merrill Prentice Hall. 2004: 242.

③ Shasta County Office of Education, Redding, CA. Preschool Curriculum Framework [electronic resource]. Distributed by ERIC Clearinghouse, 1989: 1.

④ Jurgen Zimmer. Preschool Curriculum Development and Kindergarten Education Based on Life Situations [microform]: German, Asian and Latin American Experiences. Distributed by ERIC Clearing House, 1984: 20.

⑤ Directorate for Education, OECD. Starting Strong Curricula and Pedagogies In Early Childhood Education and Care. 2004.

儿用多种方式积极主动地创造性地表达和表现自己的认识和感受、反应自己的感受和认识,并使其在课程学习中感到身心愉悦,即强调以学习者为主体建构课程;从课程实施过程看,以对话、游戏、体验为特点,计划性和灵活性的有机统一,强调活动对幼儿的教育价值和幼儿在活动过程中的体验,采取集体、小组、个别学习的方式,发挥教育机智,抓住最佳教育时机教育幼儿,即教师要优化教与学的方式;从课程管理来看,赋予幼儿园和教师选择和创编课程的自主权,强调发挥教师的主体作用,增强课程的选择性,倡导弹性的课程管理,为教师创造性地实施课程提供了空间;从课程评价来看,以完善、发展为导向,建立持续的、内在的教师和幼儿互评体制,以起到反馈调节功能。例如,对具体目标而进行的每日教学使教师能测量幼儿的进步、决定任务和材料的适宜性,而每日的评价则有助于清晰地确定第二天应该教学什么。[①] 此外,多渠道地收集有关幼儿的发展状况、教师的教育行为以及幼儿园课程建设的信息和意见,逐步形成通过评价促进幼儿发展、教师发展和幼儿园发展的有效机制。

拓展阅读

1. Lillian Jones. A Homeschool Curriculum for Preschool and Kindergarten.
2. http://www. besthomeschooling. org/articles/lillian_jones_ps_kdgtn. html
3. McClelland, Donna. The Cognitive Curriculum: Ypsilanti Preschool Curriculum Demonstration Project. 1970.

第二节 学前教学及其教学决定

对于学前教育课程的多种理解,其视角都是基于一套对"什么是值得知道的"、"谁是学习的中心"、"为了给学习者创造有意义的学习,什么方式最有效"等问题的深层理解。[②] 这无疑就要涉及学前教学的问题,即如何把课程传递给(are delivered to 交付)学生。有时课程与教学换用,因其关系存在于"教什么"与"如何教"之间。对学前课程与教学的关系认识存在三种取向:一是课程与教学是相互独立、彼此分离的两个领域,认为课程是教学内容,教学是教学方法;二是课程与教学是相互结合的,课程是教学的内容,教学是课程的实施,二者是不能分离的两个重要领域;三是课程与教学是整合在一起的,课程包含了教学,教学包含了课程,二者是有机整合在一起的。对学前课程与教学关系的理解反映了课程与教学本身的复杂性,也反映了二者在理论上与实践中的某种关系。我们不难理解,学前课程与教学在学前教育机构中,具有很大程度上的合二为一的趋势。研究学前课程我们不能离开教学来谈论,同样,研究学前教学我们也不能离开课程来谈论。

---

① Sanford, Anne R. A Planning Guide to the Preschool Curriculum: The Child, The Process, The Day. 1974:7.

② Carr, Maureen Sherry; Braunger, Jane. The Curriculum Inquiry Cycle: Improving Learning and Teaching, Examining Current Practice. 1998:8.

一、学前教学的含义、价值与特点

(一)学前教学的含义

教学是教学代理(a teaching agent)和一个/多个有意学习与适合学生学习知识的个人之间的一种相互作用、相互影响(Johnson,1967)。教师具有教学代理资格,教学代理人也包括其他学生、学校工作人员、教学材料、程序教学、电脑辅助教学、录像和其他基于技术的教学。① 幼儿园教学往往被认为是有目的、有计划地向幼儿传授知识和技能的活动,上课或全班集体教学迄今为止仍然是幼儿园教学的主要途径。② 即学前教学是教师对幼儿学习活动进行的有目的、有计划地组织与指导,是教师将课程内容转化为幼儿发展过程的活动,是学前教师与幼儿共同建构认识的过程。从文献中可看出,对学前教学含义的理解主要从教育学和心理学角度进行理解的:教育学角度解释学前教学主要是从教师的教和学生的学的关系的进行的,心理学角度主要是从外部事件促进内容学习过程的角度理解其含义的。

学前教学涉及教学内容、教学设计和教学方法,还有教学环境等方面,是一个庞大的体系。学前教学的内容应具有整合性、生活性和直接经验性的特点,教学设计的实质是计划或安排学习的"外部事件"以影响学习的内部过程的决策活动。具体来说,是通过创设一定的教学情境,提供一定的教学材料,有目的、有计划地引导幼儿主动学习的过程。教学方法的概念既包含了教法,又包含了学法,是教与学相互作用的活动方式的总称,但更强调的是教学生学会学习。因此,学法不但成为教学法的一个重要组成部分,也成为教法的出发点和归属。学前阶段幼儿身心发展的规律和学习方式的特点决定了学前教学应是以支架教学为主要方式,同时,学前教学应以游戏为基本活动形式,教学评价以过程性评价和多元性评价为主,教学评价的主体是教师与幼儿,评价结果以档案袋形式保存以分析幼儿的发展。③

(二)学前教学的价值

教学活动必然蕴含着价值,教学的价值就是要使幼儿能积极参与学习的整个过程并从中学会如何独自解决问题,并获得新知识,并能促进幼儿其他各方面的发展。任何教学都是文化传递过程,传承人类文化,传递人类的知识精华。学前教学的使命是在幼儿年龄特点和个体差异的基础上适当传授一定的基础知识、传统文化和当代文明成果,促进幼儿的认知、情感与社会均衡发展,为幼儿的后续学习打下一定的基础。学前教学能帮助学前幼儿正确认识世界、促进思维发展、促进情感和个性发展,能帮助幼儿形成正确的价值观和态度,也能促进幼儿形成正确的学习方法。学前教学不仅注重幼儿认知能力和智育的培养,在整个教学过程中,无论是通过游戏形式还是探究形式进行组织教学,其过程都是

---

① Curriculum Guidance for the Foundation Stage. Invest our Future. May 2000. The Qualifications and Curriculum Authority is an Exempt Charity under Schedule 2 of the Charities Act 1993. London. P1. P4.

② 刘焱.幼儿园游戏教学论[M].北京:中国社会出版社.1999:232.

③ Mei-yu Marjorie Chang. The Constructivist Approach of Teaching and Portfolio Assessment on Science Teaching. PoS2－1. c

一个幼儿用身体各种感官参与、心理积极卷入的过程，是一个不断与同伴和教师之间交往的过程，包括对话、回答问题、情感移植与抑制等等，是一个融身体与心理、社会与情感、认知与智育等一体的积极卷入的过程。学前教学就是一个以幼儿各个领域都得到健康、积极发展为目标的活动系统。

教学中促进幼儿积极学习。积极学习是一个过程，但不再是一个标准过程，而是一个转化过程，即学习转化成一个个人化的过程，其间，幼儿的问题解决技能、关键思维和学习能力得到发展。[①] 幼儿经由教学而学习人类文化遗产，因而学前教学要使幼儿能积极学习(active learning)。人们在生活中遇到各种问题并试图找到解决这些问题的方式，幼儿在学习环境中准备着未来的或与现实类似的问题，产生出适宜的解决这些问题的办法是很重要的。因为学习解决问题就是学习如何学习，希望从教育中得到的是能使个体成为一个在其真实生活中有效的问题解决者。[②] 达到这个目的最方便方法就是问题解决学习并积极参与学习。这是源自于杜威的"做中学"、"从经验中学"原理，杜威认为，问题解决学习是一种积极学习，它能使幼儿意识到自己的问题解决能力并决定学习需要，从而学会学习，能使知识具有操作性，能在"现实生活问题面前"践行小组合作学习。[③] 通过这种学习，对于幼儿的与问题解决有关的态度、思维方式、合作学习、交流、信息的获得并与同伴或他人信息共享等具有积极影响。教师通过指导、引领幼儿促进幼儿的积极学习是教学的使命也是教学的价值所在。

教学能提高幼儿的关键经验。美国 High/Scope 课程模式就是以提高幼儿关键经验为主要教学目的，让幼儿在主动的活动中学习并获得发展。它强调幼儿的物种关键经验的重要性，并在教学中得以培养和训练，这五种关键经验是：创造性表征(绘画、角色游戏、假装游戏、制作模型等)，语言与读写(谈论个人有意义的经验、描述、写、语言的乐趣)，发起与社会关系(作计划、作决定、解决游戏中遇到的问题、表达情感、对他人敏感)，运动与音乐(感觉并表达出稳定的节拍、携带物体以各种方式移动、探索歌喉、发展旋律)，逻辑推理(归类——探索并描述事物的相似性、不同点和特性；排序——通过事物的特性比较、安排、组合和整理；发展数量——比较、对应、数数；空间意识——变化形状、体验不同的游戏空间、说明空间关系；实践意识等)。这五个关键经验是幼儿的学习目标，也是学习行为。

总之，教学能提高学前教育质量。学前教育需要通过教学来得以呈现，教学不仅要能使幼儿参与到教学中，学习知识、技能，与教师与同伴交往，而且要能使幼儿在学习中有幸福的情感体验。这两者是权衡学前教育质量高低的重要指数。[④] 因此，创造一种具有挑战性的、幼儿喜欢的、能激发幼儿学习动机的教学活动环境是很重要的，在这样的环境中，幼

---

① Orhan Aknoḡlu and Ruhan Özkardeş Tandoḡan. The Effects of Problem-Based Active Learning in Science Education on Students' Academic Achievement, Attitude and Concept Learning. Eurasia Journal of Mathematics, Science & Technology Education, 2007. 3(1):71－81

② Chin, C. & Chia, L. G. (2004) Problem-Based Learning: Using Students' Questions to Drive Knowledge Construction, Science Education, 88(5):707－727。

③ Dewey, J. (1938) Experience and Education. A Touchstone Book, Kappa Delta Pi, New York.

④ Laevers, F. (1994) (Ed.) Defining and Assessing Quality in Early Childhood Education. Belgium: Laevers University Press. See Directorate for Education, OECD. Starting Strong Curricula and Pedagogies In Early Childhood Education and Care: five Curriculum. 2004:5.

儿参与学习活动的积极性、愉悦性就会增强，从而有效地学习，教学质量也就相应得到提高。这必然对教师的教学策略与艺术提出了较高要求。

(三)学前教学的特点与教师的角色和风格

由于幼儿的年龄特征、身心发展规律和学习文化方式等特点决定了学前教学不同于其他年龄段学生的教学。首先，学前教学需要教师富有语言的魅力，采用儿童化的语言和充满温暖的语调。幼儿教师与幼儿进行交流的语言是充满爱心的、亲切的语言，当然这需要幼儿教师热情地参与教学和拥有真切的教育和爱心才能达到。其次，学前教学应具有直观形象性。学前教学除了儿童化语言，还需要实物、图片、直观操作，让幼儿能用多种感官参与：亲眼所见、亲耳所听、亲身所感，这便使得幼儿的学习更容易。再次，学前教学方式方法的不断创新性。学前教学需要教师每个活动、每天的安排、每个主题等都要不断改变新方式、采用各种手段丰富教学环境和改善教学方式，不断创造新的教学方法，这样对幼儿的学习更有新颖性，更能激发幼儿的学习动力、增强幼儿的学习欲望。

学前教学的这些特点与学前教师角色有很大关系。教师的角色指关于责任和义务的教师行为、关于教师服务对象和教师自身对教师所期望的功能，考虑的是各种社会职位及其对这些职位的行为期望。学前教学的特点决定了幼儿教师的角色(teacher role)和教学风格(teaching style)也不同于一般教学。0～6岁阶段幼儿的身体、认知、情感、社会等各方面正处于不成熟向初步发展的阶段中，因而学前教师首先是养护者、沟通幼儿与社会的中介者，也是幼儿学习的支持者、促进者，还是整个幼儿教育的研究者。有人认为，学前教师有三个基本的角色模式：一是母亲般(maternal)角色，保护幼儿的安全和忙碌；二是治疗医生般(therapeutic)角色，帮助幼儿表达情感、减少紧张；三是教学教导(instructional)角色，传递知识给幼儿。[①] 但有人认为，对于第三个作用模型的说法因为以下原因将会遇到很大的阻力和争议：学习和智力目标易混淆；重要的教学风格因素(如灵活性、温馨、愉悦、鼓励)受到忽视；教师与学生特别是教师与家长之间的关系没有得到重视和强调。

尽管人们用很多方式描述教师行为，如教学方法(teaching method)与教师的做法(teacher approach)、教师模式(teacher pattern)与教师角色(teacher role)、教师节奏和方式(teacher tempo and manner)以及教师人格(teacher personality)等，人们有时在这些词汇之间互换使用。但是，这些词汇之间是有区分的，而且区分它们也是有益的，否则容易产生混淆。教师风格指个体教师履行其角色的方式，即如何表现角色的，我们可以称之为教师角色扮演的个别渲染的教师行为。教师的角色(功能、义务等)可能是教学者的角色，但表现教学者角色的风格或者“幽默”或者“热情”或者“独裁”或者“冷漠”。[②] 教师的个人知识和学习与教学经验在教学实践中起重要作用，更是教师风格的重要影响因素。幼儿园教师的教学风格首先要基于幼儿的学习风格和学习方式。

---

① Katz. Lilian G. Teaching in Preschools: Roles and Goals. ED 032 942. ERIC Clearinghouse on Early Childhood Education, Urbana: National Lab. On Early Childhood Education. P2.

② 同上.

二、学前教学理论

学前教学理论总是与幼儿学习理论相联系。教学理论是基于学习理论和其他相关理论的一系列原则，本质是"试图透过这些事件导致适当的支持或增强内部学习过程，将外部教学活动与学习结果相联系起来。教学理论的领域将提出教学事件及其对学习过程的影响与由于这些过程产生的学习结果之间的合理关系"。[①] 受大教学理论影响，学前教学理论主要有：

(一)幼儿发现学习与发现教学法

发现教学法是美国心理学家J. S. 布鲁纳根据皮亚杰的智力结构发展理论提出的，并成为一种公认的教学方法，该方法以鼓励幼儿通过回答一系列问题或解决设计好了的问题以使其更积极地参与学习过程并产生一般性概念的教学方法。[②] 发现教学法论者认为，"发现法更适合于在学前和小学低年级的儿童中使用，因为这时概念形成多于概念同化，而且不具备学习大量知识的先决条件"。[③] 发现法只是一个基于认知研究的一个教学框架，具体操作与实践需要教师根据幼儿目前的理解状态，尽最大努力鼓励幼儿自己去发现，同时与幼儿积极对话，指引幼儿发现问题和解决问题。与发现法紧密相关的建构主义教学法是基于建构主义学习理论的一个框架，主张学习是建立在幼儿已知的知识基础之上，这种先前的知识叫作图式(Schema)，因为所有的学习都是通过预先存在的图式过滤。当幼儿积极参与学习过程而不是试图被动接受知识时学习更有效。但这些方法大多依赖于教师指导幼儿发现的形式，教师避免最直接的教学，旨在领导幼儿通过问题和活动来发现、讨论、理解(appreciate)和表达(verbalize)新知识。[④]

发现学习是幼儿重要的学习方式，引导其发现就应该成为教学的主要方式，幼儿的学习主要是通过感知、动作、表象认识世界，他们必须依赖于具体材料操作和直接经验进行学习。同时，幼儿学习是一个积极参与过程，在此过程中，幼儿在当前或过去的知识基础上建构新的想法和概念。[⑤] 幼儿以发现学习为主，通过探索、尝试过程来发现知识。因此，幼儿的发现学习并不是不要教师的指导，学前教师在发现法教学中的作用很关键，教师的作用由直接指导变为间接指导，努力为幼儿创设发现学习的环境，敏锐感知幼儿发现学习中遇到的困难，启发幼儿寻找克服困难的方法等。从学习内容本身激发幼儿的学习动机、提供适合幼儿的教材、培养幼儿提出问题与探索、发现问题的能力。幼儿教师在发现教学法中应遵循三个原则，一是考虑"经验和环境"，以激发幼儿的学习兴趣；二是对教学材料应该有一个螺旋式组织，以使幼儿根据先前获得的信息建立新知；三是教学应该"促进外推"(facilitate extrapolation)。

---

① Patricia L. Smith and Tillman J. Ragan. The Impact of R. M. Gagné's Work on Instructional Theory. Chapter 6 (147－181) http://www.ibstpi.org/Products/pdf/chapter_6.pdf. P144

② Discovery method. http://wik.ed.uiuc.edu/index.php/Discovery_method

③ D. P. 奥苏伯尔等著，余星南、宋钧译. 教育心理学——认知观点[M]. 人民教育出版社，1994：635－636.

④ Constructivist teaching methods. http://en.wikipedia.org/wiki/Constructivist_teaching_methods

⑤ Constructivist Theory (J. Bruner) http://tip.psychology.org/bruner.html

（二）幼儿掌握学习及掌握学习教学法（Mastery Learning）

掌握学习是美国心理学家B. S. 布鲁姆提出的一种学习方法，指学习者在最佳教学状况以及足够时间的条件下掌握学习材料的一种学习方式。掌握学习是一种方法，主要是聚焦于过程而非内容，是一个学生在不同时间间隔中达到对内容掌握的相同水平的过程。掌握学习课程一般由所有学生一起开始的分散课题（discrete topics）组成，给予不满足于完成一个课题的学生更多的教学指导，直到幼儿表现出熟练于当前所学内容时才进行到后续学习，直到成功。掌握学习对学生的学术起更积极的影响，比起传统教学方法，学生从掌握学习教学法中获得更多的知识、取得更好的学习成就，在中小学效果更佳，对语言和社会学习方面有影响大于科学和数学学习。[①] 掌握学习对学生，特别是其学习中的成绩、态度和保持内容的持久性方面的积极影响，它是学校系统中一个非常有效的教学和学习方法。[②]

根据这个学习方法而进行的教学就是掌握学习教学，该教学法假定，如果在课堂上给幼儿提供适宜的学习条件，所有幼儿都能学习，如果对"掌握学习"所明确规定的标准，按规律有条不紊地进行教学，并给予足够时间，以便达到"掌握学习"的程度，尤其是幼儿在面临学习困难时给以帮助，那么所有幼儿都能够学得很好。而学习成绩的差异主要表现在达到"掌握学习"所需时间的长短上。教师用频繁、具体的诊断、测试、定期改正学习途中的错误等反馈信息指导各种基于小组的教学，且教师评价学生的标准参照测验。[③] 它也可能涉及直接的教师教学、与同学合作学习、或独立学习。

（三）基于指导的幼儿学习及其指导教学模式（guiding instruction model）

学前教学必须了解幼儿的学习，基于幼儿学习而进行的教学就是指导教学。指导教学建立在对儿童学习的研究基础之上并认为学习的结果或目标由言语信息如学习字母、智力技能如加减运算、认知策略归纳推理与演绎推理、态度如阅读一本书后的感觉如何、动作技能如扣纽扣组成。[④] 他将指导教学模式分为四个子内容：一是学习条件。学生学习条件分为内部条件和外部条件，内部条件被描述成"状态"（states），包括注意力，积极性和回忆；外部条件可以被看作是学习者的行为周围的因素，包括安排与刺激事件的时间。因此，他认为，教学应根据不同类型的学习及其产生的条件来进行，学习任务是一种真实生活情境。二是学习层次和教学的序列原则，他认为学习是阶梯式的累积学习模式，因而教学是一个不断重复又不断上升的过程。三是学习的准备，注意、动机和发展阶段是学习得以产生的重要因素，学习阶段包括接受刺激情况、获得阶段、储存和提取。教学必须通过一种方法从内部控制注意并刺激学生的学习动机和决心，同时，教学要注意儿童学习的累积效应。[⑤]

---

① Denese Davis and Jackie Sorrell. Mastery Learning in Public Schools. Educational Psychology Interactive. http://teach. valdosta. edu/WHuitt/files/mastlear. html

② Denese Davis and Jackie Sorrell. Mastery Learning in Public Schools. Educational Psychology Interactive. http://teach. valdosta. edu/WHuitt/files/mastlear. html

③ Mastery Learning. http://en. wikipedia. org/wiki/Mastery_learning

④ Becky & Dave. Learning Theory. http://www. csulb. edu/~dkumrow/conference/learning_theory. html

⑤ 同上.

加涅的学习条件理论对教学、教学设计的建议是，教学计划和教学设计应包括识别学习结果的类型、认出每个结果可能有的先决条件知识或技能、识别学习者应该达到的结果的内部条件、识别达到结果所需要的外部条件或教学、特定的学习环境、记录学习者的特征、选择教学媒介、刺激学习者的计划、用对学习者的形成性评价(formative evaluation)测试教学、教学后要使用总结性评价(summative evaluation)以判断教学的有效性。

(四)学前教学与最优化教学法(Optimization of teaching)

巴班斯基以辩证系统论观点为方法论基础，以整体性、动态性、综合性、相互联系性、最优化观点等指导教学论，强调教学过程最优化。“最优化”是从拉丁文 optimua(最好的)一词而来，巴班斯基认为：“最优化是寻求教学过程的理想方案的一个步骤。”在教学上，他强调各项教学原则的贯彻要最优化配合，强调教学效率的最大化。因此，必须分析课程教学的具体任务、课程内容和特点、教育资源的供给情况等现实因素，并根据幼儿的实际情况，选择出最优解决方法。该教学方法把构成教学过程所有成分、师幼活动看成是相互联系的，以系统性、整体性和生态性为主要教学特征和指导思想，由此考察教学任务和可能采用的形式和方法。最优化教学实质上是提倡有效性教学。教师要知道幼儿是以不同方式进行学习的，幼儿吸收信息、表现知识的方式都不同，因此，教师首先应了解幼儿的学习行为以提供生产性学习机会；要能组织可用空间、材料等以创造一个有益于学习的环境和积极的学习氛围；①最大限度地提高教学时间的可用性。② 其次，教师应注重教学的艺术性和策略性，在决定教学方法时，最终要考虑学生的背景知识、环境和学习目标。③ 好的教学是乐于改变的，它涉及要不断尝试找出教学对学习的影响是什么，然后鉴于收集的证据而修正教学。④ 可见，最优化教学是双赢的教学，教师和幼儿都能在教学过程中得到最佳成长和发展。

三、教学决定

(一)教学决定的含义

教学决定(instruction decision-making)也叫教学决策，与课程决定一样，属于学前课程与教学范围内的重要课题，当今世界学前教育十分重视教学决定在学前教育体系中的重要性，各国都在致力于学前课程与教学的决定。首先，课程决定是指一个人、一群人、一个团体组织在课程分析、课程设计、课程执行与课程评价中，从几个课程方案中选择一个最佳的、最适合的课程方案的过程。课程决定实质上就是一个课程选择的过程。教师参与课程决定的能力与水平直接关系到教师在课程决定中的地位和作用。教学决定与课程决定息息相关，是要明白国家层面的课程目标、基准和相应的课程标准，在此基础上进行

① Cecil J. Picard. Strategies for Effective Teaching-in the Twenty-first Century. A Supplement for Special Education Louisiana Teacher Assistance and Assessment Program. 2004. p14. http://www.doe.state.la.us/lde/uploads/8070.pdf

② 同上.

③ Teaching Method. From Wikipedia, the Free Encyclopedia. http://en.wikipedia.org/wiki/Teaching_method

④ Maryellen Weimer. Effective Teaching Strategies: Six Keys to Classroom Excellence. 2009:102.

教学设计、教学内容的选择、教学时间的安排、教学进度计划等方面的决定。换言之,教学决定要满足国家、地方和学生的需求与特点,在教学设计、教学内容、教学方法等方面所作出的决策,地方或学区所提供的指南、课程领导和教学领导也是教学决定的重要因素。

从学前教师实施课程的整个运行机制过程看,在理解课程目标和培养目标的基础上才能对课程作出规划和相应的教学决定进而创造最佳学习环境再到课程的设施,同时在教学的过程中研究幼儿课堂情况、反思教学与自评教学实践等。在这样的"课程探究循环"[①]机制中,教学决定起着先导作用。"课程探究循环"与学习者是积极的建构者的思想一致,认为教师有能力辨认重要课堂问题、收集有关数据并分析与解释结果进而改进未来的教学实践。[②]

教学决定不仅仅是教师在最初进行教学设计时作做的决定,更多地是指教师在教学的不断设计、实施——也就是在课程发展过程中随时进行的日常教学决定。要做好教学决定,需要教师具有很高的综合素质:不仅要知识渊博,知识结构合理,有较强的教学组织能力,还需要有决策意识、前瞻意识、发展意识,还要在教学中教会幼儿作决定,有训练幼儿自己作决定的能力并提供机会让其决定。幼儿是积极的学习建构者,教师能够识别重要的课堂问题、收集相关信息、分析并解释结果,这些对今后的教学实践起到重要作用。[③]这要求教师首先是知识渊博的专业人士,对课程的计划是教师专业责任,课程探究是教师专业成长的工具并导致提高学习与改善教学的提高,教师通过目前的实践而学习并需要分享其专业知识。

(二)教学决定的主体及其内容

1. 学前教学决定的主体及层级

教学决定有不同的层级。课程决定有国家课程决定和校本课程决定,教学决定相应地也有基于国家课程的教学决定和基于校本课程的教学决定。早期教育者也应该在课程与教学方面作出决定。[④] 以美国为例,联邦政府的作用是课程政策方面的决定,旨在课程发展与课程材料如何进入学校的问题,而地方政府和教育部门最终决定课程与教学。但是,地方与地方之间在谁来决定课程与教学方面也有很大的差别。[⑤] 学前课程虽然是国家在制定和管理,课程与教学决定属于市一级的,而在市政系统内,学前中心层次和课堂中,却是由幼儿和教师在决定着教学。[⑥] 学前教育阶段的课程与教学决定的本质是学前课程

---

① Carr,Maureen Sherry&Braunger Jane. The Curriculum Inquiry Cycle:Improving Learning and Teaching. Examining Current Practice. 1998:9.

② 同上.

③ 同上.

④ Ellen Frede & Debra J. Ackerman. Preschool Curriculum Decision-Making: Dimensions to Consider. March 2007, Issue 12:3.

⑤ John D. McNeil. Curriculum:A comprehensive introduction(2nd edition)Canada:Little,Brown and Company. 1981:294.

⑥ Directorate for Education ,OECD. Starting Strong Curricula and Pedagogies In Early Childhood Education and Care:Five Curriculum. 2004:21.

自主(curriculum autonomy)问题。[①]

学前教学决定的主体是教师,无论是学前课程的实施还是具体的教学决定都是最终通过教师来实现的,教师在教学决定中的作用是最直接的、对幼儿学习也具有最为直接的影响力的。因此,我们可以说,教学决定在很大程度上是指教师在教学中的决定。因此,教师知识(包括课程知识)和教师素养是教学决定的最为直接的影响因素。可以说,凡是影响学校幼儿学习经验的因素都是决定课程与教学的考虑范畴。教师根据国家、地方、早教机构、幼儿等多方需求,对教学内容、教学方法、教学媒介等作出决定的过程。这是一个浩大的系统,是个人行为和集体行为的结合。教师的教育观、儿童观、课程价值取向、教学哲学与教学思考等一直与实际的学前教学过程有明显的直接交互作用。所有的教师都会面临着教学决定,即使在教师进入课堂之前,在其他决定中,教师也必须着重聚焦决定这节课将会教学什么内容、需要哪些资源、幼儿的基础怎样(学习这个之前的知识背景如何)等等。从课堂或教学层面上看,绝大多数教师有机会在表明了要教什么的总体框架内决定教学的目标,他们常常涉及并提供学习机会来达到这些目标。[②] 当教师在问题、项目、探究领域、科目主题、单元等之类的特定的组织中心决定分组活动时,他们就在作出重要的教学决定。一旦在课堂上,教师必须对回答问题的最佳程序、对具体例子要花多少时间、是否要回应一个问题或是否继续一个课程等有关的事件作出教学决定。在结束教学后,教师还必须决定的是,幼儿学习了哪些、学得如何,这点是十分重要的。事实上,教师要负责如此多的教学决定,以至于认为教师是作为决策者似乎不是不合理,这种决策者的主要任务就是决定哪些是导致幼儿进行有效学习的因素。[③] 教师为帮助幼儿进行成功的课堂学习的关键性和中心贡献就是确保最好的教学决定以期有助于幼儿更好地学习。学前教师要对课程与教学作出决定,必须首先要能理解国家和地方对课程与教学决定方面的政策,了解学区提供的课程与教学指南及其领导。[④]

但有人认为,学前教育课程的决定主要在于幼儿,而不是教师。幼儿也是课程与教学决定的主体。从个人角度看,幼儿在课程与教学中的主要作用。在某种程度上,幼儿至少可以决定他们将要学什么。[⑤] 学前教育对象的年龄特征和身心发展的特点所决定的学前课程,注定了学前教学决定的特殊性。学前教学决定从某种意义上说就是教师决定教学。教师经历了四年本科教育或五年本硕教育,获得了教师资格,是学前专业化教师,具有一般的教育知识也有教授学生的教学方法,因此对课程目标、幼儿的学习机会以及教学方法

---

① Wendy Schiller(1989)Curriculum Decision Making in Early Childhood Centres in Two Regions of NSW, Australia(Eric ED 310 882)P6.

② John D. McNeil. Curriculum: A Comprehensive Introduction(2nd edition) Canada: Little, Brown and Company. 1981:300.

③ Thomas M. Sherman. Instructional Decision-making: a Guide to to Responsive Instruction. Englewood Cliffs, New Jersey. 1980:5.

④ Sharon F. O'Neal&James V. Hoffman(1984)Curriculum Decisions Making and the Beginning Teacher(Eric ED 251 439)P1.

⑤ John D. McNeil. Curriculum: A comprehensive introduction(2nd edition)Canada: Little, brown and Company. 1981:295~296.

的评估等方面作出的决定应该是专业性的。[①]

课程与教学的决定带有一定的政治性,我们将课程决定视为一种影响幼儿学习的东西的严肃的政治选择。国家层面的教学决定更多是从宏观方面对学前教学作一个大致的规划,决策人和规划人包括国家教育行政领导、学前教育专家及其学前教师代表等在内的规划小组,对学前教学作出规划的同时也制定一些有关课程与教学的实践指南、标准、纲要等文件以供一线教师参考。此外,因向地方学校建议机构分组代表社区的需要和兴趣,以及地方学校场地管理等之类的建立,人们认为,社区参与地方课程决定应逐渐加强。[②]

2.学前教学决定的内容及方式

教学决定包括教学内容与材料的选择、教学媒介(包括教玩具)的选择、教学时间与空间的决定以及教学评价的方式等。教学决定就是涉及到每个课堂活动中决定使用什么教材或教学材料、呈现上课的方法、如何给予儿童反馈、鼓励儿童的最佳方法等等。[③] 例如,教师在进行对幼儿的阅读教学中的教学决定可以是这样的:由于个别化教学缺乏课本,因此,图书可以作为很好的阅读材料。从教学的过程及时间顺序,教师的教学决定主要包括教学计划决定、教学互动决定和教学反思决定。学前教学计划决定是幼儿教师在教学之前对教学目标、教学内容、教学方法、教学媒介及相关材料等方面的决定;学前教学互动决定是指幼儿教师对教学过程中教师与幼儿之间、幼儿与幼儿之间在教学进程中的交往与互动的决定;教学反思决定是指幼儿教师在教学中和教学过后对教学情况的及时反思、分析等已作出改进的决定。需要考虑的一个重要问题是,教学决定要考虑对来自不同文化背景的幼儿的需要和学习与生活方式,尤其是来自不同国家、不同地域的幼儿更是如此。例如,来自西方文化的幼儿的个体主义和非西方的集体主义对教学决定有很大影响。[④]

教师教学决定不仅是个人行为及其教学知识、教学哲学、课程价值取向等方面的体现,也是教师群体、教师与园长等之间的集体行为及其文化的冲突与融合、思想观念的碰撞与趋同的过程,是集体协商、讨论、建议的过程。教学中的重要问题包括:什么知识是至关重要的、关于知识我们应该让幼儿理解什么、我们应该知道让幼儿学习些什么、培养幼儿的学习的最有力的策略是什么、为了达到标准应该具有什么关键经验等。因此,教学决定是一个团队的努力结果。尽管教师教学决定在幼儿学习中的重要性是显而易见的,但是对于幼儿个体差异性、学习风格差异性以及教师对幼儿学习的影响差异性,教师如何才能知道对其每个学生提供可能的最佳学习经验。[⑤] 所以,教学决定还需与同事的协同工作,其实,教学决定也是教师同侪、教师与校长、教师与幼儿之间共同协商、交流与互动,最终决定的过程。

3.教学决定的主要依据

---

① Marlow Ediger. Reading Instruciton:Decision Making by the Teacher(ED Electronic Material)2002:3.

② John D. McNeil. Curriculum:A Comprehensive Introduction(2nd edition)Canada:Little,Brown and Company. 1981:307.

③ Thomas M. Sherman. Instructional decision-making: a guide to to responsive instruction. Englewood Cliffs, New Jersey. 1980:5.

④ James L. Teaching Decision Analysis Corner Interfaces, Vol. 27, No. 6 (Nov. — Dec., 1997), pp. 131—139.

⑤ Thomas M. Sherman. Instructional Decision-making: a Guide to to Responsive Instruction. Englewood Cliffs, New Jersey. 1980:9.

除了国家层面、当地和学区层面的教学宏观要求和决定外，教学决定更主要的是基于对幼儿的了解。因此，教师需要做的主要工作包括：首先，教师教学决定最为重要的是要能了解幼儿，了解他们的学习模式、学习需求、兴趣特点、学习文化样态等因素，在学习与教学情境中观察幼儿的表现。关注幼儿每日的生活与学习，在基础上决定教学内容、主题和确立适宜的方法。当教师每日从每个幼儿那里获得的各种反馈，教师就可以在一定时间内根据幼儿的个别差异和学习需求以及幼儿所表达和表现出的需要进行决定、改变或修改教学方案。同时，幼儿园教材虽然没有统一规定使用何种教材，也可能有的没有教材。无论怎样，教学始终有一定的主题或一个领域或多个领域的教学，因此，只有对相关问题有所了解，才能对教学作出一定的决定，使之成为有效的教学决定。

其次，教学决定所依据的教学哲学。教学决定所依据的哲学也就是决策者在决定时所采取的方式，最基本的是，教师要能认识到，常规教学需要众多决定，也需要有效地掌握这些决定情况。教学哲学首先是要理解儿童哲学。另外，教师应该能认识到什么时候教学决定是必需的，意识到要抵制意气用事或习惯性做法。因此，教师就必须意识到，他们作出教学决定何时是可能的、必须仔细考虑这些决定因素并准备执行教学决定过程。[①] 课堂教学及其教学主题和概念与儿童的生活紧密相联。[②] 所有的教育者都有一个视角哲学与学习之间关系争论，早在柏拉图的对话中体现，当代学者杜威、皮亚杰、维果斯基也对之有所论述。近年来的建构主义者也讨论关于哲学与学习之间的关系。哲学视角与学习理论是影响教学决定的基础性因素。[③] 教学决定除了要具有一定的心理学、学习理论方面的知识，还必须对教学哲学有一定了解。

四、学前“专业化教学”

教学决定其实是一个过程性评价，学前教学决定的理论与实践给我们的启示是，教学决定是促进课程发展，提高教学质量，而课程发展的一个重要机制是通过评价促进教学决定，教学决定促进课程发展。教学决定是一个连续的教学过程，需要不断地进行调整和自我评价、反思，再不断作决定。教学决定的关键性问题是，如何区别一个好的教学决定与一个差的教学决定。大部分的回答是通过结果来区别，即如果结果是人们所期望的，那么这个教学决定就是好的，如果没有达到期望的结果，那这个教学决定就是不好的。[④] 在评价教学决定时需要收集很多数据并以此为证据，而非仅仅是看结果。

学前教学不是“放羊”式的“为所欲为”，不是只有游戏而无教学，不是教学只有游戏性而无教育性，也不是幼儿想怎么被教，教师就怎么教，更不是忽视幼儿需求和兴趣，只是幼儿教师唱独台戏……因此，学前教学需要“专业化教学”，这是幼儿教育应有的责任与义

---

① Thomas M. Sherman. Instructional Decision-making：a Guide to to Responsive Instruction. Englewood Cliffs, New Jersey. 1980. P11

② Sarah Davey(1997)Bringing Phylisophy to the Classroom. Analytic Teaching, Vol. 24, No 1. P73－75.

③ J. Michael Spector. Philosophical Implications for the Design of Instruction. Instructional Science. 2001. 29：381－402.

④ Thomas M. Sherman. Instructional Decision-making：a Guide to to Responsive Instruction. Englewood Cliffs, New Jersey. 1980. P10

务，也是有益于幼儿教师专业发展的重要渠道。早在20世纪70年代，美国为了提高公共教育质量，许多建议都认为学前教学应该专业化，把教学提升到“真正的”专业状态。[①] 1976年美国高校教师教育协会(the American Association of Colleges for Teacher Education)在200周年纪念报告中预言，教学“能够并将自我实现成为职业”，并呼吁在此方向上的“专业性和组织性的努力”。[②] 霍姆斯(Holmes，1986)认为，未来教师的目标“无非就是将教学从专业转向职业”。[③] 这些言语表述说明：第一，教学不是一种职业；第二，使教学成为一种职业，对于教师和公众福利(public welfare)都是可取的。

(一)教学专业化的含义

专业化教学，即教学作为一种专业。对于教学是一种专业还是一种半专业，人们颇有争议。早在20世纪70年代中期，公众、专业教师、教育者就很关注提高教学专业，用不同内涵的定义来解读教学问题，改革报告中出现的一个主题就是由李素曼(Lee Shulman，1985)写的教学专业化，或教学评价达到了更高的状态，即“越是尊重，就越负责，越值得，越是很有价值的职业”。[④]

学前教学是“有教的学”。[⑤] 学前教学是“有教的学”并不是教师控制学生及其学习的教学，而是为了幼儿的成长和发展而进行的教学。任何教育都有知识学习，使幼儿获得各种有益的知识从而获得全面发展是学前教育教学的重要使命，而教师要对未来教学做出构思以及对教学中的预期事件、偶发事件等的设计就是学前教师教学决定中的重要内容。学前教学专业化意味着一定性质和方式的教，要求教要具有与幼儿的学相匹配的形式和方式，同样，学也必须与教相匹配。在“有教的学”中，学是根本的过程，教是本着学习者的文化、学习方式和学习倾向性并与学同时进行的条件性过程。学前教学给幼儿提供了智力发展的机会，激发了幼儿创造知识的潜能。

教学专业化是教师专业化的重要表现。教学是教师专业发展中内外困扰的难题。学前教育的质量与教师的能力是两个练习紧密的方面。在瑞典课程中，无论是通过应聘层次、初步培训还是大范围的在职培训，教师都受到很好的教育。大部分来自ECEC的教师都有大学学位，他们每天与幼儿见面都必须有很高的培训标准，因为是成人与幼儿之间的日常交往使幼儿有不同的幸福与学习。[⑥] Linda Darling-Hammond指出，专业化不是静止的，而是一种状态，是成员可以共享的方式，代表一个连续的职业：(a)实施知识代表客户的实践，以免决策者的“专业性”常意味着教师是一个“做事正确的人(who does things

---

① Burbules, N., & Densmore, K. (1991) The Limits of Making Teaching a Profession. Educational Policy, 5 (1), 44—63. EJ 422 827.

② Howsam, R. B., Corrigan, D. C., & Denemark, G. W. (1985) Educating a Profession. Reprint with post-script 1985. Washington, D. C.: American Association of Colleges for Teacher Education. ED 270 430:39.

③ Holmes Group. (1986) Tomorrow's teachers: A report of the Holmes Group. East Lansing, MI: Author. ED 270 454:4.

④ Shirley N. Robards. Teaching As A Profession. College Teaching Methods & Styles Journal. May(4), 2008:18.

⑤ 刘庆昌.论教学是有教的学[J].当代教育论坛，2004(11).

⑥ Johansson, E. (2003) Möten för lärande. Pedagogisk Verksamhet för Deyngsta Barnen i Förskolan. Stockholm: Skolverket.

right)”并跟随地区政策，而不是一个“做正确的事的人”(who does the right thing)。[①] Pratte&Rury 简明地列出了四个标准，形成了传统的专业观点：薪酬、社会地位、自主或权威力量、服务。[②] Burbules&Densmore 把典型的教师专业化方法称为“分类方法(taxonomic approach)”，其关注的是一系列已被传统地认为是职业的典型专业特点。这些特点包括：专业自主；明确界定的、高度发达的、专业化的和理论性的知识基础；培训、资格认证与新进教师的许可证发放等方面的控制；自我管理和自我监督权，特别是关于职业道德；对公众服务的承诺。[③] Sochett 在职业化(professionalization)与职业行为(professionalism)之间作了区分，前者着眼于行业(occupation)成为职业(profession)的过程，后者描述的是实践的质量。

教师参与课程改革的水平是基于其自己的价值体系和他们对关于他们自己的投入将能带给他们什么问题的主观评价(Sparkes,1991)。[④] 但是，教师的价值体系及其相应的主观评价是否是在整个社会文化背景之下的遵循于国家培养目标的愿景及尊重幼儿个体的发展规律等而进行的教学实践，这是个问题的关键。正如课程专家弗兰(Fullan,1982)认为，教师更多是关心自己的得失，“教师经常更关心的是课程改革将如何影响他们个人在其课堂内外的工作方面而不是他们对目标的说明和课程改革可能给他们带来的利益”。[⑤] 这种课程改革中教师的得失(costs-rewards)意识不仅将继续对教师的生活产生影响，也将帮助教师理解作为学校革新过程的一部分教师不得不处理的问题和担心。[⑥]

教师应该相信，他们在课程编制，甚至在发起来自外部力量的课程改革时，他们都在课程改革中发挥着重要作用。在某些情况下，教师认为他们没有对课程的控制权，其观点的展现也是直觉多于事实。[⑦] 教师原本有权控制课程，但是“他们认为，事实上是其他人在控制课程”，尤其是在课程的发起(curriculum initiative)来自校外环境或重要人士控制着课程编制的情况下，这种观点是可以理解的。但是，个别教师认为他们没有权利改变课程的结果是，改善课程的可能性是很小的。因此，很少有人提出“课程应该是什么样”的问题并讨论之。

1. 教学是职业(profession)吗

在过去的 50 年中，教育者致力于争论教学是否是一种职业/专业。当教学经由传统

---

① Shirley N. Robards. Teaching As A Profession. College Teaching Methods & Styles Journal. May(4), 2008:18.

② Pratte, R., & Rury, J. L. (1991) Teachers, Professionalism, and Craft. Teachers College Record, 93. 59～72. EJ 438 554

③ Haberman, M. (1986) Licensing Teachers: Lessons from other Professions. Phi Delta Kappan, 67. P719～722. EJ 345 225; Burbules, N., & Densmore, K. (1991) The limits of making teaching a profession. Educational Policy, 5(1). P44～63. EJ 422 827.

④ Ross Brooker, Anne Clennett. Curriculum Knowledge and Understanding Change: Two Significant Discourses in Health and Physical Education Curriculum Making in Contemporary School Education. Paper Presented at the Australian Association for Research in Education Conference, Adelaide, November 2006:4.

⑤ Fullan, M. (1982) The Meaning of Educational Change. New York: Teachers College Press. P28.

⑥ Sparkes, A. C. (1991b) Exploring the Subjective Dimensions of Curriculum Change. In N. Armstrong and A. C. Sparkes(eds), Issues in Physical Education. London: Cassell. P32。

⑦ Brazee, E. N. and Capelluti, J. (1995) Dissolving Boundaries: Toward an Integrative Curriculum. Columbus, OH: National Middle School Association. P118。

观点的视角审视的时候,职业是由什么组成的问题就失去了某些关键标准。首先,教学通常被认为缺乏界定明确的、编撰的、可获得的知识基础。Goodlad 坚持认为,当有一个"潜在相关和强大的"知识基础的时候,教学就不是被编撰而是有用空间(it has not been codified and rendered useful),也一般让实践者难以达到。[①] 然而,根据特点与结构功能是判断一种教学是否是一种职业的关键,教学的重要特点之一就是为孩子提供真正的服务,教师的角色作用、教师教学运作的作用、教师改进教学的作用等都是"教育工作者"教学的重要功能。因此,教学是一种职业,学前教学也是一种职业,学前教学所具有的社会和文化功能是不言而喻的。

学前教学是一种技术性职业,这种技术性体现在幼儿教师的专业能力上。教师能力是课程改革的重要因素之一,教学专业化问题应该首先是教师专业化问题,教师的思想意识、观念价值、态度以及教学实践能力是教学专业化的关键,培训良好的教师、训练扎实过硬的教学技能是教学专业化的主要途径。斯巴克斯(Sparkes)在"技术能力"与"程序能力"之间作了区分,前者指教师执行物理能力,后者指将概念用于与实践能力有关的能力从而弥合理论与实践的差距。程序能力能使教师将困难的观念从"话语"的意识模式中含有的抽象观念转变到"实践"的意识模式内调解的现状。课程的改革需要教师对革新有个清晰的程序,因为改革中常常缺乏的是清晰的程序。他认为,"教师常常处于一种"假清晰"或"痛苦的不清晰"状态,而这两种状态对改变实践具有消极影响。[②] 弗兰进一步指出,"假清晰"是指教师认为他们已经改变了,"但其实仅仅是吸收了新实践的表面的东西";当不清晰的变革在不支持变革的主观意义发展的情况下尝试时,教师就会遭到"痛苦的不清晰"。[③] 研究已显示出教师的学科知识与计划和教学的过程之间的关系。在为学生开发课程中,教师更可能强调其懂得最多的领域而避免或不强调他们内容真实相对缺乏的领域,[④]教师的学科知识可能影响其利用学科课程的能力,[⑤]影响其建构新解释的能力或为学生开展活动的能力,[⑥]而教师的知识内容直接与所教的内容与怎样教这些内容相关,研究表明,为了课程实践中发生"真正的改变",教师必须要有与学科知识相关的专业发展机会。[⑦]

学前教学是一种道德职业。"教师"这个职业是社会赋予的神圣使命和责任,教师的

---

① Goodlad, J. I. (1990b) Teachers for our Nation's Schools. San Francisco: Jossey-Bass. ED 330 655.

② Sparkes, A. C. (1991b) Exploring the Subjective Dimensions of Curriculum Change. In N. Armstrong and A. C. Sparkes (eds), Issues in Physical Education. London: Cassell.

③ Fullan, M. (1982) The Meaning of Educational Change. New York: Teachers College Press. P28.

④ Carlsen, W. S. (1991) Subject Matter Knowledge and Science Teaching. In J. Brophy (ed), Advances in Research on Teaching, Volume 2: Teachers' Knowledge of Subject Matter as it Relates to their Teaching Practice. (Greenwich: JAI Press)

⑤ Gudmundsdottir, S. (1990) Values in Pedagogical Content Knowledge. Journal of Teacher Education, 41(3): 44—52.

⑥ Smith, D. C., and Neale, D. C. (1991) The Construction of Subject Matter Knowledge in Primary Science Teaching. In J. Brophy, Advances in Research on Teaching, Volume 2: Teachers' Knowledge of Subject Matter as it Relates to Their Teaching Practice. (Greenwich: JAI Press)

⑦ Penney, D., and Fox, B. (1997) At the Wheel or Back Seat Drivers? The Role of Teachers in Contemporary Curriculum Reform. Queensland Journal of Educational Research, 13(2): 14—27.

职业道德是一种道德，教师职业道德是一个教师的精神风貌的展现，其道德品质对幼儿的发展有密切关系。教学作为大显教师职业道德的重要领域。学前教学面临的对象是幼儿，他们的心智和行为都在形成之中，教师有责任像父母般地促进幼儿健康和心智与道德等多方面的全面成长。[①] 比如，要以宽容的心态对待每一个孩子，要像母亲那样爱孩子，在教育儿童时，"要给儿童一杯水，教师自己就要有一桶水"等等。教学是一种教育性职业，教师在教学中具有主体地位与作用，幼儿是其服务的对象。这就决定了学前教学要以育人或者说让幼儿文化成人为旨归。教学不是严格意义上的技术的/合理的、技术驱动的任务，[②]是一种服务性职业。

教学是一种自我管理职业。有人认为，缺少教学的职业，充分的自主权和自我管理就会消失。[③] 为了教学成为一个自我管理职业，就必须有一个"在能/将证明新入选者的实践能力的杰出实践者的指导下进行的结构归纳体验"。[④] Levine&Darling-Hammond 都将教师专业行为的关键要素看作是实践者形成的职业实践中商定标准的存在。教学的本质，教学进行的环境以及传统专业已成为职业的过程，使用教学专业化的传统模式不切实际、并不可取。[⑤] 总之，不管人们是否赞成，专业化是提高教师的条件及其教学的条件的最好的道路，与专业有关的几个关键特征从教学中消失了，这是显而易见的。课程革新需要教师将课程文件转化成课程实践，为了有效，这种转变需要教师对革新有一个"程序性清晰"，因为程序性清晰在革新教师中是很缺乏的，教师常常留有一种"错误清晰"或"痛苦的不清晰"状态，而这又对课程改革中的实践带来不利影响。

2.学校在教学专业化中的作用

学校中的课程改革是复杂的、动态的、非线性的、多层面的、多维度的社会活动，对参与改革过程中的人会产生不同的影响。学校课程的组织是课程空间（如学科领域或学习领域）和生活在此空间中的人（如教师）之间的相互作用。Ruth Danis 认为，"学校既是公共机构也是专业机构，社会、社区的更大价值在教育中比在其他职业中开始发挥更多坚持。成功的课程编制要求教师从事一种使陌生变熟悉的话语，因为新课程的意图与学校课程结构之间失谐(mismatch)。[⑥] 学前教师个人实践知识的发展的起点常是像教学大纲或框架这样的课程文件，这些是教师知识基础(Shulman，1987)的主要来源。文件体现了

---

① Cho-Yee To. Teaching as a Profession. http://sunzi. lib. hku. hk/hkjo/view/33/3300177. pdf. p71－73.

② Levine, M. (1988) Introduction. In M. Levine(Ed.), Professional Practice Schools: Building a Model (pp. 1－25) Washington, D. C.: American Federation of Teachers. ED 313 344.

③ Goodlad, J. I. (1990a) The Occupation of Teaching in Schools. In J. I. Goodlad, R. Soder, & K. A. Sirotnik (Eds.), The Moral Dimension of Teaching, (pp. 3－34) San Francisco: Jossey-Bass. ED 337 443.

④ Levine, M. (1988) Introduction. In M. Levine(Ed.), Professional Practice Schools: Building a Model(pp. 1～25) Washington, DC: American Federation of Teachers. ED 313 344

⑤ Fenstermacher, G. D. (1990) Some Moral Considerations on Teaching as a Profession. In J. I. Goodlad, R. Soder, & K. A. Sirotnik (Eds.), The Moral Dimension of Teaching, (pp. 130－151) San Francisco: Jossey-Bass. ED 337 443.

⑥ Brooker, R. (2001) A Distant Administration and the Construction of a Curriculum Making Discourse: Lessons from an Innovative Curriculum-making Project. Paper Submitted as a part of PhD Dissertation.

课程的意义并因此代表了课程的官方知识(Apple,1993)文本。[①] 这些文件也试图超越符号。在制定关于如何最好地使用课程材料的教学策略前,希望教师能够理解究竟要教什么并批判地理解要教的一套思想是什么,某观点如何与其他观点和其他学科中的观点相联系。这种理解是其他教学推理的前提:转变、教学、评价、反思和新的理解(Shulman,1987)。课程文件中所代表的信息有助于对教学设计、学习计划、实践作出明智决定从而建立一种结构,也为教师课程的话语提供了起点。[②]

专业发展学校是一个正常运作、示范性的公立学校,其主要功能有三个:学生成绩、教师上岗(induction)和改进实践。学校也经常与学区、大学、教师工会以及与实践者、研究者、一线教师一起工作,进行扩展专业的知识基础并培养未来教育实践者。其中很多人相信,专业发展学校在专业化教学普遍受到支持中的潜在重要因素是专业化与专业行为的"医学模式",即通过提供一个许多与传统专业有关的特征的环境来促进专业和教师专业化,但是结果是教学的消失。

第三节 游戏活动在学前教育课程与教学中的作用与运用

游戏在幼儿的学习中游戏意味着什么?游戏在学前课程中的地位和作用究竟怎样?游戏与教学是怎样的关系?……在学前课程中,这些问题的提出是研究学前课程的重要任务。

一、游戏活动在学前教育中的地位和作用

游戏是学前教育领域中的重要词汇,我国《幼儿园工作规程(试行)》第一次提出"以游戏为基本活动",对我国传统幼儿园教学具有颠覆性意义,意味着从以结构化的学科教学为基本活动转向以游戏为基本活动,确立了游戏在学前教育中的重要地位。早在150年前,福禄贝尔就已发展将游戏作为一种研究领域,建立以游戏作为学前教育的主要特点。[③]国际儿童教育协会(ACEI)认为,各个年龄段的儿童都需要游戏,并承认游戏在儿童生活中的重要作用。因为当今儿童经历着各个领域成功的压力,尊重、理解并倡导合法化游戏是所有儿童群体学习的重要路径,成人在与儿童一起工作时应用他们关于游戏的知识去指导其教育教学实践。[④]

美国ECEC课程中很少提到游戏,游戏是ECEC不同于正规教育。游戏经常被以一

① Ross Brooker,Anne Clennett. Curriculum Knowledge and Understanding Change:Two Significant Discourses in Health and Physical Education Curriculum Making in Contemporary School Education. Paper presented at the Australian Association for Research in Education Conference,Adelaide,November 2006:11.

② Behar,L. S. (1994)The Knowledge Base of Curriculum:an Empirical Analysis. (Lanham,MD:University Press of America)

③ Directorate for Education,OECD. Starting Strong Curricula and Pedagogies In Early Childhood Education and Care:Five Curriculum. 2004:28.

④ Joan Packer Isenberg and Nancy Quisenberry. Play:Essential for All Children. A Position Paper of the Association for Childhood Education International. http://www. acei. org/playpaper. htm

种非反思性的和理所当然的方式认为是允许幼儿在课程以外进行的东西。[①] 由于长期以来人们对幼儿学习始终集中于一个狭隘的理解。几乎没人不赞成,教育的主要目标是学生学习,教育者、家庭和决策者有责任使所有儿童都能学习。游戏是一种严肃行为,对幼儿的学习有强大的影响力,这种态度的转变能增加对目前低估的活动如休息、身体教育、艺术和丰富的个人性的成人—儿童交往的尊重程度。数十年的研究成果表明,从婴儿到成人的儿童发展、学习和最佳成长中,游戏在起关键作用。每个学前课程都应该处理游戏和学习之间的关系。游戏是内隐的知识世界。[②] 近年来,从对大脑的大量研究成果看,人们也十分强调游戏的重要性,游戏是幼儿发展的脚手架,是增加神经结构的工具,是所有儿童锻炼其后来生活中所需要的技能的方式。[③] 积极的大脑使学习与神经成永久性连接的关键,非积极的大脑不会使其成永久性神经连接。[④]

(一)游戏与幼儿游戏

游戏是儿童的第一心理需要,儿童从事、喜爱游戏几乎是与生俱来。游戏融合了多方面的发展潜能,可以切实地满足儿童发展的需要,并对于儿童的发展具有重要的价值。对儿童发展而言最理想的文化是富游戏文化。游戏是一种"富游戏文化",在这种文化中,充满了愉悦、自由、想象,儿童的游戏不会受到成人的无端压制。游戏对幼儿发展的意义是全方位的、整合性的,很多游戏活动的价值是指向幼儿发展的众多层面的。正是这种整合性,使游戏与幼儿的特定的学习能力、学习方式产生了一致。儿童的游戏是运动世界的游戏,是心智世界的游戏,还是情感世界的游戏。研究者认为,游戏中存在社会文化差异,但不能完全成功地去理解。[⑤] 游戏是无外在目的的活动,游戏的目的在于游戏本身;游戏是幼儿自发自主的活动,幼儿有极大的选择自由度;游戏是更注重过程的活动;游戏是幼儿已有经验的表现活动;游戏是幼儿体验积极情感的活动。游戏对幼儿的发展是全方位的,包括身体、认知、社会、情感等。可以说,游戏在幼儿的发展过程中,在学前教育的全过程中起着其他任何活动都无法取代的作用。这也就是说,游戏的作用、功能以及在幼儿生活与学习中的地位决定了学前课程从设计理念到实践的整个过程的形式和样态。

1988年,ACEI就立场声明(position statement),游戏是一个动态性的、积极性的、建构性的行为,是所有儿童健康成长、发展并跨年龄、跨领域、跨文化学习的重要的、整合性的一部分。[⑥] 游戏是一个动态的过程,当游戏变得更加变化多端和复杂时,游戏就发展了,

---

① Directorate for Education,OECD. Starting Strong Curricula and Pedagogies In Early Childhood Education and Care:Five Curriculum. 2004:28.

② Michael Polanyi. Play is Young Children's Journeys of Discovery of the World. 1966.

③ Joan Packer Isenberg and Nancy Quisenberry. Play: Essential for All Children. A Position Paper of the Association for Childhood Education International. http://www. acei. org/playpaper. htm

④ Jensen,E. (2000)Moving with the Brain in Mind. Educational Leadership,58(3),34—5. Jenson,B. J. , & Bullard,J. A. (2002)The Mud Center:Recapturing Childhood. Young Children,57(3):16—19.

⑤ Roopnarine,J. L. ,Shin, M. ,Donovan,B. ,& Suppal,P. (2000)Sociocultural Contexts of Dramatic play:Implications for Early Education. In K. A. Roskos & J. F. Christie (Eds.),Play and Literacy in Early Childhood (pp. 205—230)Mahwah,NJ:Lawrence Erlbaum.

⑥ Joan Packer Isenberg and Nancy Quisenberry. Play:Essential for All Children. A Position Paper of the Association for Childhood Education International. http://www. acei. org/playpaper. htm

发生变化了。这被认为是跨领域的学习和发展的关键推动者，反映了儿童生活的社会和文化背景。研究显示出游戏与幼儿学习之间的积极关系，并提出改进注意、规划技能、态度等方面的策略。游戏是幼儿的学习，幼儿通过游戏学习、生活并发展自己的各种能力。

游戏是学前教育中必需的，但游戏总是被其发生的物理环境所控制，是可获得的资源和成人的在场。游戏也是控制和支配成人与幼儿行为的必需的活动，游戏在幼儿教育中的中心地位是教育者的共识。对于幼儿教师来讲，游戏“几乎是一个神圣的概念”。在整个幼儿教育的游戏文献中，几乎所有的文献都一致认为游戏是愉快的、有趣的，是3～5岁幼儿十分愉悦的活动。[①] 但是，维果斯基则指出，将游戏定义为给幼儿带来快乐的活动是不准确的，有两个原因，一是，他认为幼儿参与其他活动可能也是愉悦的，但并不是游戏；二是，游戏内在和本身并不一定是愉悦的。实际上，福禄贝尔和蒙台梭利等人认为，游戏能给幼儿带来愉悦不是学前课程中需要游戏的原因，游戏是一个工具，幼儿经由它而开始学习——关于团结的道路，关于如何成人，关于如何发展智力和社会性。因而游戏是精神、道德、智力或社会等方面发展的手段。[②] 幼儿园项目也是基于幼儿学习和互动性幼儿游戏来教一些基本的学习技能。

（二）游戏与学前课程

1.学前课程与游戏在文化方面的共通性

从课程概念就可以看出，游戏在课程中地位的变化。如果把课程理解为“教学科目”，人们或者忽视游戏，对游戏放任自流；或者只重视游戏形式，忽视游戏实质；而把课程理解为实现学前教育目的的手段，为帮助幼儿获得有益的学习经验，促进其身心全面和谐发展的各种活动的总和，那么游戏既是课程的内容，亦是课程的实施途径。游戏既是过程又是产品，作为过程，游戏有助于个体理解技能、概念和性情；作为产品，游戏为幼儿提供理解技能、概念和性情的工具。[③] 游戏不仅是课程内容的一部分，具有本体性价值，而且也是学前课程实施的策略形式，具有工具性价值，游戏与学前课程以这样的必然性联系在一起，学前课程的编制从一定意义上说是一个广泛的游戏结构的展开，通过游戏、在游戏中进行学前课程的设计、实施与之相应的评价。[④] 同时，游戏中的社会文化差异不仅是体现在家长、教师和社会对游戏的态度上，而且体现在诸如幼儿可资利用的游戏空间量和时间量的变量上。幼儿游戏共同特征：内在动机和自我发起、重过程、非文字性和愉悦性、探究性和积极性、规则支配性。

2.游戏对幼儿的发展与学前课程的目标的一致性

“游戏在儿童教育领域中运用的历史表明，游戏一旦进入儿童教育领域，就不再是一种纯粹的自然活动，它受到教育价值观的规范，被打上了教育影响的烙印……”[⑤]游戏与学前各领域之间的关系紧密，有游戏的生活才是幼儿幸福、美好的生活，没有游戏的学前课

---

① Perry，R(1998)Play-based Preschool Curriculum. Brisbane：Queensland University of Technology. P1.

② Jo Ail Wood(2003)Governing Early Childhood Education through Play. Contemporary Issues in Early Childhood，Volum 4，Number3：286－299.

③ Fromberg，D. P. (2002) Play and Meaning in Early Childhood Education. Boston：Allyn & Bacon

④ 游戏、儿童与学前课程. http://www.gxpredu.com/XXLR1.ASP? ID=572

⑤ 刘炎著.儿童园游戏教学论[M].北京：中国社会出版社.1999：97.

程是没有发展前途的死的课程。幼儿园教育以游戏为基本活动，游戏是幼儿园课程的基本形式，也是整合幼儿学习各个领域的工具，它与课程和教学所要达到的幼儿发展目标是一致的。幼儿在学前阶段学习的各领域，如语言与艺术、数学与科学、身体发展与健康、社会化过程与人际交往等等，都与游戏有着天然的联系，都是在游戏中、通过游戏而获得知识、获得发展的。

游戏在学前教育课程中可以达到促进幼儿身体发展和认知发展、社会和情感发展。游戏常常包括了身体活动，它与儿童粗大动作与精细动作技能的发展和精炼以及他们的身体意识紧密相关。在幼儿大力气地、愉快地用其身体进行身体练习时，他们不约而同地完善和发展着技能，这使其感到有信心、安全和自信。[①] 证据也显示出游戏与认知发展之间的强大关系，游戏有助于幼儿的认知发展，也有助于幼儿的社会和情感发展。在所有的发展层级中，游戏能使幼儿感觉舒适并能通过下面这些控制他们的情感：(1)以接受的方式允许不能接受的情感的表达；(2)通过冲突性情感(conflicting feelings)提供机会工作。[②] 许多研究显示，幼儿与他人一起游戏给儿童与他人行为相匹配的行为的机会，也给了他们机会考虑与其观点不同的他人观点。因此，游戏给幼儿提供了丰富的经验、幼儿需要学习的社会技能；敏感于他人的需要和价值；处理排斥和优势；掌管自己的情绪；学习自我控制；与他人分享的权利和想法。

二、学前课程与游戏——课程游戏化

游戏蕴含了丰富的学前课程价值，它适宜于幼儿心理发展规律，也是课程的内容。没有游戏，幼儿就不可能实现真正的全面发展，也就无法实现学前课程价值。

(一)游戏是学前课程的中心[③]

改革开放20年以来，学前游戏理论与实践落差很大，游戏的开展过程中仍存在一些问题，那种轻视和忽视儿童游戏的游戏无用论倾向、盲目崇拜幼儿游戏神圣化的倾向、把游戏仅仅作为关注知识技能的手段的倾向等，都是将游戏本身所固有本质歪曲理解使然。例如，为游戏而游戏，在游戏环境的创设上追求高档精美而没起到相应的教育价值；教师没有把准备游戏环境的过程看作是幼儿游戏过程和学习的过程；幼儿在幼儿园游戏的时间很少；幼儿游戏的空间多在室内等等。罗素曾经说过："热爱游戏是幼小动物——不论是人类还是其他动物最显著的易于识别的特征。于幼儿而言，这种爱好是与通过装扮而带来的无穷乐趣形影相随的，游戏与装扮在儿童时期乃是生命攸关的需要，若要孩子幸福、健康，就必须为他提供玩耍和装扮的机会。"[④]

---

① Berk, L. (2002) Infants, Children, and Adolescents(4th ed.)Boston: Allyn & Bacon. Burns, S. M., & Brainerd, C. J. (1979) Effects of Constructive and Dramatic Play on Perspective Taking in very Young Children. Developmental Psychology, 15: 512－521.

② Creasey, G. L., Jarvis, P. A., & Berk, L. (1998) Play and Social Competence. In O. N. Saracho & B. Spodek (Eds.), Multiple Perspectives on Play in Early Childhood Education(pp. 116－143) Albany, NY: State University of New York Press.

③ Upper Saddle River, Udith Van Hoorn, N. J. Play at the Center of the Curriculum. Pearson Merrill/Prentice Hall, c2007.

④ 罗素著，杨汉麟译. 教育与美好生活[M]. 石家庄：河北人民出版社，1994：49.

游戏增强了幼儿各年龄、各文化和各领域的学习和发展，学前课程要以幼儿游戏为基本途径来展开，课程实施成为游戏或具有游戏特征等，即课程游戏化。课程游戏化所具有的特征是：游戏性、主体性、开放性和综合性，这要求游戏作为一种精神存在于课程之中，充分开发和利用游戏因素，使游戏精神在课程中体现。游戏在学前课程中所具有的学习性和发展性，使教师必须全面了解游戏如何增强所有儿童的学习和发展的研究基础，从这些知识基础，教师对儿童游戏提供合适的机会和时间，将能令人信服地去争论并作出适宜的决定。在与年龄有关的游戏行为知识背景中，我们应该考虑幼儿游戏的形式和功能，幼儿在不同年龄的游戏究竟如何的知识应该指导所有与幼儿一起工作的成人实践。有些人认为，游戏是琐碎的、简单的、甚至是浪费时间，其实，“游戏不是浪费时间，而是把时间花在了从先前经验建构新知上”。[①] 关于在不同年龄阶段典型的与年龄有关的游戏行为的信息，为理解不同形式的幼儿游戏、将有助于游戏形式开展的环境提供了一个有用的框架。

(二)学前课程游戏化

学前课程游戏化是指学前课程实施过程成为游戏或具有游戏性特征的过程。学前课程游戏化的基本特征首先是游戏性。要游戏就应该具有游戏性，这是游戏的本质特点，有游戏而无游戏性的游戏不是真正的游戏，只能说游戏性强与游戏性弱的区别。所谓游戏性，指的是幼儿在游戏中表现出来的愉悦性、主动性、创造性等主体性特征。学前课程关注课程的游戏性，体现幼儿的游戏性精神，教师要充分利用游戏因素，积极创造环境、提供材料，使课程在游戏氛围中进行，幼儿在游戏中学习。其次，幼儿园课程游戏化要体现幼儿的主体性和主动性。游戏原本就是一种主体性活动，幼儿在游戏中表现出来的自主性、积极性使幼儿主体意识、自主能力和创造能力得到最大程度的张扬，在与教师和同伴的交往中享受着充分的决定权和选择权，教师要尽量在课程中丰富幼儿的游戏种类和游戏机会，使幼儿学习的兴趣和需要、探索欲望等逐渐增强。再次，学前课程游戏化是要课程具有开放性和综合性。游戏与分科课程相比，游戏没有人为地划分领域，是综合性地、直接性地、整体性地进行，游戏是幼儿生活的反映。幼儿园课程回归幼儿生活、整体性、整合性地给予幼儿以教育影响是学前课程应始终坚持的逻辑，用游戏的精神和方式组织课程，在设计、内容、方法、资源等方面都应全方位地进行整合而使幼儿得到全面发展。

学前工作者(Preschool stakeholders)在分析课程模式时也必须力行谨慎，因为理论取向和活动推广可能被误解，例如，“游戏”在课程中的使用可能似乎预示着更多的儿童发起的项目。然而，游戏如何使用也需要审视以决定课堂将落在教师/儿童发起的连续性的地方。在连续性的末端，如果在用游戏，其唯一目的可能是奖励学习的完成情况。在结构学习游戏形式中的游戏在直接教学课堂中的日常活动中可能有一个更加突出的作用，但事实上可能只是一种一成不变的学习工作的变化。这种情况下的“游戏”仅关注的是实践技能和重复事实，没提供给幼儿机会参与抽象思维、问题解决或与同伴合作。[②]

---

① Piaget, J. (1962) Play, Dreams, and Imitation in Childhood. New York: W. W. Norton.

② DeVries, R. (2002) Play in the Early Education Curriculum: Four Interpretations. In R. DeVries B. Zan, C. Hildebrandt, R. Edmiaston, & C. Sales(Eds.), Developing Constructivist Early Childhood Education. New York: Teachers College Press.

所有教育者、家长和决策者都应该率先阐明儿童生活中的游戏经验，包括课程在内，承担强有力的宣传作用是至关重要，也是势在必行的。因此，强烈呼吁把合法化游戏作为学校和其他教育机构的适宜性活动。家长、教师在与儿童一起工作和学习时要完全理解游戏和游戏的不同形式，能够用这些知识去达到各种环境下对儿童来讲最好的东西。事实上，教育者、家长和决策者能够也应该：通过提供丰富的经验，包括各种学习材料、反馈、适宜水平的调涨和足够的处理信息的时间来最大化发挥脑的功能；重新思考和转化成人与儿童之间的关系本质和交流；认识、尊重和接受各种有意义和有价值的游戏变化；平衡工作和游戏以确保儿童从经过他们努力而获得内在动机、经验和纯粹的快乐中获益；通过尊重儿童的游戏选择、意识到游戏发生的文化环境并提供许多游戏选择来创造接受的氛围。

(三)学前课程游戏化的指导原则

1.游戏性体验与游戏精神贯穿于课程始终

幼儿喜欢游戏，因为游戏能满足心理快乐本能的需求，游戏具有一种精神在支撑着幼儿乐此不疲的工作和学习。游戏是身心合一的愉快活动，游戏具有行为层面的游戏和精神层面的游戏两个维度，而精神层面的游戏就是人们常说的游戏的精神在幼儿发展中的样态。游戏的精神是一种最富于儿童精神特质的心理状态，其基本的内涵就是愉快。从柏拉图到亚里士多德，从胡伊青加到伽达默尔，他们都十分重视游戏的价值。柏拉图赋予游戏以神圣性，康德和席勒则较早地肯定了游戏的自由内涵，胡伊青加把游戏作为理解人类所有文化的突破口，海德格尔期盼着“人诗意地栖息于大地”，而伽达默尔则将游戏与人的内在精神体验和经验结构转换紧紧相联。[①] 杜威认为，“游戏性是一种精神态度，游戏是这种态度的外部表现形式”。

学前课程游戏化并不是要学前课程都以游戏的方式表现出来，做个“游戏架势”，而是强调游戏精神在课程中的体现，教师、幼儿在课程中的体验及其之间的教学互动都以游戏精神渗透于其中，关注幼儿的主体地位，关注良好的环境的创设和材料的投放使幼儿与环境与材料积极互动。自由是游戏精神得以彰显的前提，孩子可以在游戏中摆脱各种束缚，具有无限的想象力和创造力，在游戏中他们能体验到生命的乐趣，这种追求身心愉悦的过程乃是游戏精神赋予幼儿的最为重要的心灵体验。游戏精神贯穿于教学之中，贯穿于幼儿的整个幼儿期，渗透于每个幼儿的生命中，幼儿不能尽情地游戏，也不可能专心学习，使幼儿内心结构和外显行为一致的结构是幼儿园情感态度和健康领域的一项值得注意的工作。如果缺失了游戏精神的释放与体验，幼儿园的一切教育都游离于幼儿的精神世界！

2.为所有儿童提供仔细计划了的课程并分类指导

虽然仔细计划，所有儿童都能通过游戏获得方式学习概念。学校计划项目应该认识到这个真理并建立幼儿发展的各个方面的相互关联。为了做到这个，教师和管理者应该确保在认知、身体、和课程的影响领域之间的平衡。游戏在达到这个平衡过程中发挥中心作用。专业人士应该帮助家长理解，结合游戏的课程加强了幼儿智力发展。值得注意的是，课程规划要通过游戏提供这种敏感性和技能发展。针对不同年龄段、不同文化背景的

---

① 郭晓明.论教学的游戏品格[J].湖南师范大学教育科学学报，2002(2).

幼儿游戏分类指导。例如，让婴儿与学步儿参与刺激他们感官和发展他们运动技能的活动，通过简单的非目标取向的重复性游戏积极探索物体，发展其能力。尽管没有与其他人玩，婴儿也能独自游戏或与玩物游戏。两个幼儿玩一个相似的玩具可能开展的是不相关的活动，他们只注意自己的需要，反映自我中心行为，没有规则的概念，但这类游戏有助于婴儿和学步儿的注意力、身体技能、社会能力以及智力的发展。①

又如，让学前幼儿相互与他人游戏、谈论共同的活动、相互借玩具等。他们没有明确的目的，也没有建立规则的努力(Parten，1932；Piaget，1962)。年龄稍大的幼儿能与同伴一起游戏并在活动中相互帮助，产生素材产品或追求某些目标。他们喜欢用物体建构和创造，扮演角色，用道具代替原物体。他们充满游戏性的“再演”事件(playfully re-enact events)、改变细节，以符合个人的要求和愿望。尽管他们可能模仿编撰的规则，但他们对规则的概念是个别性的，并没有要赢的企图。通过游戏，学前幼儿发展和精炼了运动技能，经历了掌握的愉悦，发展和运用了像数数、阅读、写作之类的基本学习技能。在小学，儿童与同伴进行正规与非正规游戏(如跳房子、跳绳、跳板和电脑游戏等)。游戏增强了身体的实力和协调，提炼了他们的社交技巧，并建立了像合作、竞争等概念，使其自我表现或向他人表现出他们自己的技能、才能和能力(Eifermann，1971；Goleman，1995；Kumar & Harizuka，1998；McCune & Zanes，2001)，②在逐渐成长过程中，儿童的游戏更加结构化。

3. 必须确保履行教师角色(也包括家长角色)

在培养幼儿游戏中成人有主要责任。幼儿成长中的重要他人一般是指教师和家长。幼儿教师在幼儿游戏中扮演着重要角色，如和幼儿一起共同准备和制作游戏材料、为幼儿创造良好的游戏空间和游戏环境、与幼儿一起进行游戏互动等等。通过与幼儿在游戏中的相互作用，幼儿教师与幼儿之间进行了情感的交流和对话。在传统的观念里，偶尔游戏时，教师的作用就是组织游戏、设定规则，并在游戏场面失控时，中断游戏或者说是随时控制游戏的进程。然而，教师的作用远非如此。

一般家长和教师提供刺激、态度和洞察，支持每个孩子的发展潜力。成人完全为最小幼儿们负责提供材料和与孩子一起游戏。当幼儿的注意力跨度和对世界的兴趣增加时，提供的材料和经验呈现新的意义。教师必须认识到每个孩子的需求，知道何时以及如何根据幼儿的兴趣匹配游戏材料和活动，他们需要知道什么时候提供新的材料，道具，或者一个想法以使游戏走向一个更具挑战性、令人满意的结束。教师还必须在自发游戏环境中观察幼儿、在关键时候给予干预。在某些环境中，幼儿将需要成人作为游戏情境中的角色模型。教师还必须知道在那些游戏情境中如何与幼儿一起游戏，然而保持了教师的领导和指导作用。发挥这些设置与儿童，有时，教师必须介入以检查和控制孩子的冲动，或帮助孩子用语言表达情感。

---

① McCune, L., & Zanes, M. (2001) Learning, Attention, and Play. In S. Golbeck(Ed.), Psychological Perspectives on Early Childhood education(pp. 92—106).

② Kumar S., & Harizuka, S. (1998) Cooperative Learning-based Approach and Development of Learning Awareness and Achievement in Mathematics in Elementary Schools. Psychological Reports, 82, 587 — 591. Langstaff, N., & Sproul, A. (1979) Exploring with clay. Olney, MD: Association for Childhood Education International.

三、学前教学游戏化

学前教学的前提是幼儿的学习，根据幼儿的学习来教学是学前教学中的一个重要使命。游戏与教学是学前教育实施的两种重要途径和手段，游戏是要顺应幼儿发展，而教学则将幼儿的发展纳入到呵护社会要求的轨道。学前教学游戏化就是将幼儿教育目标、内容和要求融入各种游戏之中，教师用游戏化的方法对幼儿进行教育，在愉快的游戏过程中让幼儿从中感知、积累有关知识和经验，培养幼儿的各种素质。在我国学前先驱陈鹤琴的幼儿园整个教学法体系中，游戏是整个教学法的具体化。陈鹤琴的整个教学法就是旨在把幼儿所应学习的东西整个地、有系统地去教幼儿学习。[①] 在教师眼里，游戏就是幼儿的最佳精神食粮，是教学中吸引幼儿注意力使之减少分心的最佳方式。[②] 同时，教师也通过游戏来评价幼儿的发展。

(一)基于游戏的学习(play-based learning)

游戏是幼儿的学习方式，是幼儿理解世界的方式，学习是求知的游戏，幼儿的游戏与学习密不可分，它们之间有着天然的联系，游戏潜藏着幼儿成长的需要和教育的契机。幼儿将“通过不断的游戏掌握其经验，这事实上是其整个生活圈中最密集的和最有成效的学习”。[③] 充足的和适宜的游戏经验给幼儿提供了很多发展的机会去掌握和发展认知技能、社会/情感以及身体机能，而且成人在仔细建构和计划课程中和学习环境中使用这些材料时起关键作用。游戏是一个强大的自然行为，有助于学前幼儿的学习和发展，成人教学的项目或课堂是不能代替幼儿在游戏中自己的观察、活动和直接获取的知识。

基于游戏的学习是发展积极学习的重要方法，因为积极学习意味着要以许多方式使用大脑，当幼儿游戏时，他们探索自然世界和社会世界；他们发展并练习了社会技能和语言技能，这比日常活动要更复杂得多；他们思考并表达其创造性；他们用语言回应经验；他们发展自我感和认同感等等。[④] 基于游戏的学习不是说幼儿仅仅是做他们每天喜欢做的事，而且强调要鼓励幼儿在游戏中表达他们自己的思想、表征他们的世界，以更好地理解。[⑤] 基于游戏的学习活动为幼儿学习各种不同技能和概念提供了多种方式，这些活动允许幼儿有学习相关技能的机会，让幼儿感觉到他们有能力学习。当孩子关心他们的能力是否充足时，他们不明白其学习，因为情绪驱动注意，创建意义，并建立自己的记忆途径。当他们能经历积极的、有意义的学习时，再用复杂、具有挑战性的和不同的材料；在一个安全、无威胁的环境内学习时，接收到准确的、及时的反馈时，孩子更可能有一种成功感。

幼儿成长的多样性、差异性，幼儿学习需要一个互动的平衡，使获得事实与文化所需的技能、信息成为幼儿自身的东西。幼儿对信息、新知识的掌握的主要途径就是游戏，积

---

① 北京市教育科学研究所:《陈鹤琴全集》(第二卷)[M].南京:江苏教育出版社,1989:115.

② Illinois Early Learning Project Tip Sheets: Across the Curriculum. [S. l.]: Distributed by ERIC Clearinghouse, 2003:8.

③ Frank, L. K. (1968) Play is valid. Childhood Education, 44:433－440.

④ Play-based learning. http://www.det.nt.gov.au/__data/assets/pdf_file/0015/960/play-based_learning.pdf.

⑤ Learning is Child's play. http://www.latrobe.vic.gov.au/WebFiles/Council%20Services/Family%20and%20Child/Learning%20is%20Child's%20Play.pdf

极的游戏对促进幼儿个人学习的意义。这种互动式循环帮助儿童以固有的激励方式理解他们的世界。[①] 当小孩看待个人有关事件时,他们的神经连接、扩散、情境、思想活动和技能成为他们的长期记忆的一部分,而无意义的概念。同时,游戏和游戏环境支持由积极情绪驱动的内在动机,像好奇之类的积极情绪可以促进动机,通过学习者的注意力集中于任务上,有助于学习和表现;像焦虑、恐惧、威胁、压力等消极情绪,一般来说减损动机。游戏是内在激发的,内在激励的,就他们的能力和成功的期望而言,学习者感觉到有趣的、与他们个人相关的、有意义的和适当的(Johnson et al,1999;Santrock,2003)。

(二)教学游戏化的教师指导原则与策略

随着幼教改革的深入,教学与游戏之间的界限模糊。有人认为,由于幼儿在游戏中获得的经验具有很大的不确定性,如果以游戏为基本活动,那么如何保证让幼儿获得我们想让他们获得的特定经验?例如,有人曾经对教师的游戏的价值认同方面进行了研究,涉及了以下两个问题:教师对游戏的价值认同究竟如何?游戏在幼儿园课程中的地位究竟如何?下面的案例会给我们一些思考。[②]

在一次对100多名幼儿园教师的集体口头调查中,在问到现在幼儿在幼儿园里游戏的时间比过去多了还是少了时,85%以上的教师回答"少了",其依据是过去有专门的分类游戏,而现在角色游戏和结构游戏都被安排到区角里去了,成了区角活动的一部分。教师们认为,幼儿的角色游戏和结构游戏水平不如以前了,因为区角活动中的角色游戏不能让幼儿自由地展开主题和情节,幼儿反映各自生活经验的自主表现被狭小的空间限制了;区角里的结构游戏材料和人数也都有限,以至于幼儿不能尽兴地搭建。至于为什么不专门安排角色游戏和结构游戏,教师们的回答是"没有时间"。因为一日生活中有主题活动、区角活动、教学活动、户外活动、生活活动等,专门的角色游戏和结构游戏似乎很难列入其中。对于主题活动与游戏是否有关,区角活动是不是游戏,教师们的回答就不再确定了。对于游戏在幼儿发展中的作用,所有教师都持肯定意见,但对于"玩"和"教"哪个对幼儿更有用,大部分教师认为"教"更有用。理由是"教"能让幼儿学到东西。能看到效果,而"玩"能否让幼儿学到东西很难确定。当问到"你对游戏和教学哪一个更用心"时,大部分教师回答对教学更用心,理由是教学容易把握,而对游戏则很难做到既不过度干预又不放任自流。

从上面的调查研究中可以看出,教师已经认同游戏对幼儿发展的价值,理解了游戏的本质,而对游戏价值的认同程度与对游戏的实际重视程度是不一致的。幼儿园游戏与教学仍然认为是一个彼此分离的两个方面,并对孰轻孰重,人们还是偏向教学的重要。也就是说,学前教学游戏化的现实阻碍不是学前机构的投入不足,不是游戏开展的质量较低,而是意识与行动存在着很大的偏差。对于幼儿园两类活动——游戏与教学而言,游戏是自发的,其本体是游戏,游戏是为教学服务的,教学的本体是教学,游戏只是手段。幼儿园主张通过保证自发游戏时间以及尽可能将教学游戏化来实现"以游戏为基本活动"。然

---

① McCune,L.,& Zanes,M.(2001)Learning,Attention,and Play. In S. Golbeck (Ed.),Psychological perspectives on Early Childhood Education(pp. 92-106)Mahwah,NJ:Lawrence Erlbaum.

② 幼儿园课程改革中的游戏实践分析. http://blog.sina.com.cn/s/blog_61e25b010100g1zz.html

而，纵观十多年来幼儿园的游戏实践，现实中教师最为关注的还是游戏化教学，幼儿园教研中教师关注的主要问题是教学而非游戏，或者是与教学目标的实现直接相关的游戏而非幼儿自发的游戏，主要是着力于区角活动和主题活动的游戏化形式。当前，在试图将游戏和教学结合的过程中，教师们又产生了主题活动与游戏如何联系、区角活动是不是游戏等问题。

教师可以通过以下指导原则和做法确保所有儿童最佳的学习和发展。

1. 教学中为所有儿童提供适宜的游戏活动和经验

世界通过游戏展现在幼儿面前，幼儿的创造性常在游戏中表现出来，幼儿在游戏中以自身为主体，积极参与游戏，各个方面都能得到良好的发展。因此，引导幼儿在游戏活动中积极学习就必须要能给幼儿提供适宜的游戏活动与经验。在学前教学中根据不同领域灵活地采用不同的游戏形式，也可以根据教学要求和幼儿兴趣需要适当选择自编自玩的游戏，如角色游戏、假装游戏、表演游戏、智力游戏、积木游戏、音乐游戏等，即使在同一个游戏活动中也可以穿插一些其他游戏以增加游戏的趣味性和复杂性，让幼儿不知不觉学到很多东西。

在教学活动中引入完整的游戏，使教学游戏化既是教学活动的内容，又是教学活动的途径，因此，用游戏来组织教学活动。教学游戏化在设计上有两种情况，一是整个教学活动就是一个完整的游戏，游戏在规定的时间段里可以反复进行，如故事游戏“老狼老狼几点了”、音乐游戏“找小猫”、科学游戏“吹泡泡”等；二是游戏在整个教学环节中的某个时间段出现，成为教学活动的一个环节或把某些游戏作为教学的结束环节以巩固知识与技能，增加幼儿的理解和记忆。

幼儿的游戏主要依靠游戏材料、器材和他们可获得的角色模型，早期接触适宜的游戏活动和材料是很重要的，能为儿童提供一个良好的基础。儿童需要很早就接触视觉和听觉方面的刺激。[①] 幼儿对颜色、形状、声音感兴趣，喜欢做配对、顺序和比较的桌上游戏，根据大小、颜色、形式很质地来归类的方式用这些材料做游戏。他们能认出不属于同类的东西。较大的幼儿通过功能进行归类。例如，在幼儿形塑物质的时候，粘土、沙、泥为各年龄段的幼儿提供机会去探索形式的变化；加水能使较小的幼儿观察物质的变化，较大的幼儿能建立和形成更复杂的形状。因此，应该提供很多机会让幼儿用这些物质探索和实验。幼儿对那些能帮助他们理解空间概念的材料很感兴趣，如积木和拼图。此外，茶杯、锅和罐等可以用沙或水填满以帮助幼儿发展体积感。大积木是设计公路或规划建筑的首选材料，积木能增进幼儿的想象。模仿性游戏对幼儿发展也很重要，幼儿需要机会去练习和打扮人们所熟悉的角色。

2. 游戏中为所有儿童提供安全、诱人的环境

教学游戏化中的环境创设是重要的一环。幼儿的游戏离不开材料，更离不开良好的游戏环境、环境中各个要素是否具有教育成分、是否有助于幼儿间的互动、是否有益于幼儿在“做”游戏的过程中建构知识等等问题很值得关注。所有的儿童都需要一个安全的、诱人的

---

① Murata, N. , & Maeda, J. (2002) Structured Play for Preschoolers with Developmental Delays. Early Childhood Education Journal, 29(4): 237－240.

游戏环境，选择安全的、耐用的游戏材料和游戏器材，同时还要考虑儿童的年龄特征、能力和文化背景。文化反省材料(Culturally reflective materials)帮助儿童了解社会和社区的民族价值观，必须在所有材料中避免定型观念，包括书籍。可以适应幼儿不同年龄和能力水平的设备和玩具应该更有用，由于发展差异，甚至在一岁幼儿的课堂中都是很好的。

提供适宜的、计划性的户外游戏环境。户外游戏与户内游戏存在很大差异。户外游戏环境允许吵闹、运动和更大的自由运用原材料，如水、沙、污泥和建筑材料。当具有挑战性的游戏场地的设备可资利用时，户外游戏为幼儿提供了增加身体活动的机会，也因此发展了肌肉的力量和协调。在为各年龄和各能力的幼儿设计计划、项目时应该提供户外游戏时间和学校放假时间。户外游戏能训练大肌肉，给幼儿提供机会扩展活动范围，这是户内不能或做到的。为了鼓励幼儿的好奇心和创造性，游戏场地的环境能允许幼儿探索、建构、攀爬、躲藏和到处移动。[①] 而像轮胎，木材，电线杆，铁路枕木，电缆线轴，废钢管，桶、盒子等材料可以用于建立起适合的游戏结构，儿童应该能在游戏场地上建立起临时结构物。较大幼儿建立要塞和模型应该有充足的工具和更少的限制。他们有很多机会攀爬绳索、梯子、网和树等。游戏场地应该包括滑梯区域、大沙地区域和挖掘区域。然而，天气可能会限制户外活动，因此应该计划游戏场地全年都能充分利用。如果空间允许的话，园艺和动物在幼儿的户外游戏活动中无疑是一个重要方面。如果可能的话，教室附近的游戏区域的地点允许道具和游戏能从一个区域向另一个区域自由移动。户外游戏也包括那些作为角色游戏特征的舒适的孔或空间(如房子、船、飞机)。

四、课程、教学与游戏三者的整合

游戏与学前课程和教学之间是一个有机整体的三个方面，尽管各自的概念、特点和任务可能有所差异，但“幼儿的发展”是联系它们三者的桥梁并使之仅仅联系在一起，不可分割。在学前教育中，没有无游戏的课程和教学，也没有无课程与教学的游戏。如果课程与教学中缺少游戏，那么幼儿的学习与生活是不幸福的；如果幼儿游戏中没有一定的教育因子，那么游戏是没有教育意义的。我们不能让人们形成一种错觉，即幼儿游戏就是一种松散、无人指导的“好耍”。它们三者是有机整合在一起的，必须这样。

教学从本质上来说是教师对幼儿学习活动有目的、有计划地指导。游戏作为幼儿的基本活动，是与幼儿年龄特点相适应的学习方式，在游戏活动中发生着大量的学习活动，因此应当被纳入教学指导的范围。由于幼儿身心发展和学习的特点，幼儿园教学应当渗透在幼儿园一日生活的各个环节之中，并以游戏为基本途径。教师组织与指导幼儿的游戏活动，目的是引发、支持与促进幼儿的学习活动。游戏不仅是幼儿园课程的重要组成部分和实施的重要途径，而且，游戏也具有生成课程的重要功能，根据幼儿在游戏活动中表现出来的学习兴趣与需要，教师可以构建新的课程，使课程自然生成于幼儿的游戏活动之中。因此，我们应该用整体的系统的观点看待幼儿园游戏、课程、教学之间的关系。

学前教育者很久以前就认识到游戏在幼儿发展中的中心地位，并为幼儿的结构化游戏和自发游戏提供机会。理论和研究都支持这种关系。游戏不仅是幼儿独特的学习其周

---

① McGinnis, J. L. (2002) Enriching Outdoor Environments. Young Children, 57(3). 28

围世界的方式,也是他们学习关于自身、学习如何融入世界的方式,建立在熟悉的知识和加深理解的基础上,通过反复循环学习所有幼儿都能理解、能做的所必需的东西。(Erikson,1963;Fromberg,1998,2002;Frost et al, 2001;Johnson et al,1999;Monighan-Nourot & Van Hoorn,1991;Piaget,1962)因此,游戏、课程、教学三者的整合是学前教育中的必然,而整合游戏、儿童发展与实践参考是学前课程与教学的重要途径、方法。[①]

阅读链接

1. Christie,J. (2001). Play as a Learning Medium. In S. Reifel (Ed.),Theory in Context and Out (Vol. 3,pp. 358—365). Westport,CT: Ablex.

2. Fromberg, D. P. (2002). Play and Meaning in Early Childhood Education. Boston: Allyn & Bacon.

3. Roopnarine,J. L. ,Shin, M. ,Donovan,B. ,& Suppal,P. (2000). Sociocultural Contexts of Dramatic Play,Implications for Early Education. In K. A. Roskos & J. F. Christie (Eds.), Play and Literacy in Early Childhood(pp. 205—230). Mahwah, NJ: Lawrence Erlbaum.

4. Ailwood. Governing Early Childhood Education through Play. Contemporary Issues in Early Childhood,Volume 4,Number 3,2003:286—299.

5. Harris,A. C. (1986). Child Development. New York: West Publishing.

6. Jensen,E. (2000). Moving with the Brain in Mind. Educational Leadership,58 (3):34 — 37. Jenson,B. J. & Bullard,J. A. (2002). The mud center: Recapturing childhood. Young Children, 57(3):16～19.

第四节 基于证据的学前课程与教学

学前课程与教学要遵循一定的科学依据或实证依据才能使课程与教学有信度和效度,也才能教好书,育好人。例如,学前课程是在教育学、心理学等对幼儿的大脑、身心发展规律等多方面的探索和研究的基础上提出的一定的课程理论和教学理论。

一、背景:基于标准教育运动

基于标准改革运动(standard-based reform movement)始于 1983 年的"基于结果的改

① Venn, Elizabeth Claire. Teaching and Learning in Preschool:Using Individually Appropriate Practices in Early Childhood Literacy Instruction / Elizabeth Claire Venn and Monica Dacy Jahn. Distributed by ERIC Clearinghouse, 2004:336.

革”(outcome-based reform)。以本杰明·布鲁姆(Bloom,B.)在著作《教育目标分类学》所提出的教育理念便成为基于标准运动的驱动力。除了在学术标准上给予规约,也鼓励学校、教师、儿童对儿童的学习和学业成绩更加负责。

标准是早期“基于结果的教育”发展而来的,基于标准的教育体制是为了计划、传递、指导和提高学习计划(academic programs)的过程,在这些学习计划中,清楚规定了的学习内容标准为教学和评估中的内容提供了基础。因此,基于标准的教育中的标准是帮助确保学生学习的重要东西,而不是让教科书指令课堂实践,超越传统的基于教科书或基于上课的教学,让学生学习是焦点,让学生的理解能力更高更深。可见,基于标准的教育主要是基于学生学习标准的达成,而不是遵照规则和章程来测量其成功。[①]

美国《国家处在危机之中》(A Nation at Risk)的著名报告则是现代标准运动的起源。报告高呼美国社会的教育基础现在正被逐渐升起的平庸浪潮所冲蚀,正威胁着国家和人民……随着对学前与幼儿园孩子学习标准的逐渐建立与完善,基于标准的教育已是美国公立教育的社会政治图景的明显的特征,教学标准(teaching the standards)是发展适宜性实践。[②] “不让一个孩子掉队”法案(NCLB)在2002年授权于美国幼儿教师,设法管理并强化学前教育的学术气氛。[③] 联邦政府又通过了Good Start,Grow Smart等法案,这些立法都强调早期教育质量并且是将国家的注意力聚焦于幼儿教育成功所需的“高质量”教师的重要性方面。可看出,从“国家处于危险之中,教育改革势在必行”的报告到老布什的“美国2000年目标”,再到“克林顿时代”的“2000年目标”,以及2001年小布什颁布的“不让一个孩子掉队”等法案都强调了联邦教育发展的目的和目标,地方以及州政府、专业组织、行业协会、学区也都在建立标准,都在支持建立高标准的必要性,表达了国家和人民对幼儿教育的关注以及对幼儿教师的期望。

基于标准的改革运动呼吁为所有在校学生提供清晰的、可测量的标准,而不是常模参照排名,一个基于标准的体系测量每个学生的具体标准,而不是测量学生与其他人相比表现得怎样。布什总统和国家官员就国家青少年的教育,准备于1989年在夏洛茨维尔发起的教育峰会建立起了六个在2000年要达到的教育目标;1990年国会建立了“国家教育目标小组”(NEGP),1991年国会建立了教育标准与测试国家委员会(NCEST)等等,这些目标与团体力求在各自领域建立标准,建立标准的主要原因是:标准用于明确期望、提高期望并提供一套统一的期望,即通过保持高的学术期望,而他就会在更高水平上表现出色。[④]所有的学生用同一标准进行比较,如果没有共同的标准,教师很难对每个学生作出评价。因此,基于标准的教育是有利于学生、教师,也有利于管理者、家长与其他纳税人。

我国基础教育的课程实施或教学主要存在三种形态:一是基于教师经验而进行的课

---

① A Standards-Based Education System. http://www.am.dodea.edu/ddessasc/aboutddess/standards/standards-based.html.

② Lisa S. Goldstein. Teaching the Standards is Developmentally Appropriate Practice:Strategies for Incorporating the Sociopolitical Dimension of DAP in Early Childhood Teaching. Early Childhood Educ J (2008) 36:253－260.

③ Stipek,D. (2006)No Child Left Behind Comes to Preschool. Elementary School Journal,106(5):455－465. doi10.1086/505440.

④ 谭敏,范怡红.西方当代全人教育思想探析[J].外国教育研究,2006(9).

程实施，二是基于文本或教材而进行的课程实施，三是基于课程标准的课程（教学）。[1] 从学前课程与教学的实践层面看，也同样是这三种形态。但实践中的学前课程实施（教学）更多是前两种，也就是说，学前教学要么是教师根据自己的已有教学经验教学，或者模仿别人的教学模式进行教学，或者是自己认为理所当然地该这样或那样地教学，要么就是教师根据学校所提供的教材或材料进行教学，即“教教材”。基于经验的教学前提是认为教师是教育内容的活的载体，教师具有的经验就是课程的内容，教师所具有的课程价值取向、儿童观与教育观等左右着学前课程实施的格局，教师的素养决定着教学的质量高低。但基于教师经验的教学存在很大的随意性和以个人反应为依据，没有学理上的审查。基于教材的教学是把教科书作为课程资源的唯一教学内容，是教师“教什么”和“怎么教”的依据，课程实施就是“教教材”。基于标准的课程实施是在“基于标准的运动”下关注教师应该将儿童教到什么程度，达到什么结果，而非关注“教学内容”是什么的问题，基于标准的教学强调对儿童学习结果的统一要求，教师教学具有方向感。学前课程在基础教育课程改革的影响下也走向“以目标的发展性、内容的丰富性、方法的多样性和评价的实践性”为特征的多元、开放的改革之路。从现代儿童发展观、学习观、课程观和教育观出发，以“儿童发展为本”为教育理念进行课程研究与改革，使幼儿成为课程的主体，使学前教育课程真正成为儿童的课程。

从以上学前课程实施的三种形态来看，各自在一定的社会时期都对教育产生过很大的影响，造就了很多人才。这是新世纪对优质幼儿教育追求的热切期望，更是每一个学前教育工作者应承担的责任。但是，我们从中也可以看出各自的缺陷和不足。“基于标准的教育运动”给我们提供了一个新的线索：学前课程与教学要在不断改革和发展中提高幼儿教育的质量并更多地为儿童个体自身可持续发展考虑的话，需要在课程实施（教学）中周全考虑，包括课程标准、教学目标、幼儿已有发展状况以及学前机构的实际情况等，在周全考虑的情况下依据一定的理论依据或已证明是好的课程与教学模式，实施基于证据的学前课程与教学，即学前课程与教学需要以证据为基础，以研究为基础。

二、基于证据的学前课程与教学的含义及意义

基于证据的课程与教学实践（evidence-based practice，EBP）（也叫有实证作为支持的实践，EST）是目前学前课程与教学的一种趋势，也将继续对学前课程与教学产生重要影响。学前教育要通过课程与教学来实现，经由课程与教学，幼儿得到预期的发展。学前课程要通过教学来实现。因此，本节将学前课程实施放在教学的范畴之下来考量。

（一）基于证据的学前课程与教学的含义

首先是基于证据的学前课程与教学目标（标准）。学前课程要成为一个基本课程（essential curriculum）、有效课程（effective curriculum）和伦理课程（ethical curriculum）是学前教育中应然诉求。[2] 基本课程是教师致力于帮助所有幼儿获得他们积极参与社会所必

---

① 崔允漷. 课程实施的新取向：基于课程标准的教学[J]. 教育研究，2009(1).

② Rebecca New，Sharon Palsha & Sharon Ritchie. A FirstSchool Framework for Curriculum and Instruction. P1—10. http://www.fpg.unc.edu/~firstschool/assets/1stSchoolBrief7.pdf.

需的知识与技能，包括从事日常活动的身体力量与协调、要求发展的社会与交流技能、与同伴和成人保持积极关系；有效课程是一个连续的动态协调过程，其间的物理环境、教学方法、学习与行为期望、内容逐渐地发生变化，也不断地对幼儿的学习需求和发展能力作出回应；伦理课程是基于正在进行的关于儿童兴趣和学习过程的研究以及与儿童家庭和其他利益相关者之间的相互尊重与互惠。基本课程是"课程知识"、"课程内容"等教什么的问题的集中体现，有效课程是"教学策略"、"教学方式方法"等怎么教的问题的集中体现，而要达到基本课程和有效课程，则需要伦理作为研究规约与道德约束。

其次是基于证据的学前课程与教学实践。当今世界的一个重要趋势就是教学实践强调以证据为基础，尤其是教学实践要以证据为基础。决定是否一个时间是基于证据的包括很多问题：研究应该考虑哪种类型的研究设计？有多少研究结果趋同的研究是必要的对实践是有效的这一问题充满信心？一个研究为了其结果有意义在方法严谨方面应该怎样？研究者认为多大程度的干预应该影响研究结果？……因此，研究基于证据的实践包括：对已收集的原始数据进行实践，看其是否有效；研究某个问题要充分利用科学基础研究的研究设计。

总的说来，教师应该首先是优先处理教学实践，这些实践要最可能地带给学生预期效果。尽管一些人声称，研究不能可靠地确定什么样的教育实践在学生方面产生预期的收益，但是，我们在实证假设下进行的，假设教育实践能给学生学习结果带来收益（Lloyd, Pullen, Tankersley & Lloyd, 2006）。[①] 人们普遍认为，一个温暖的、回应性的幼儿照顾和与幼儿发展相适应的学习环境可以为幼儿积极的、长远发展提供一个坚实的基础。因此，预防性的干预措施已经成功锁定了幼儿早期教育课程（early childhood education programs），以提高长期结果，如学校辍学率、失业率和犯罪率。[②] 有学者对35个早期教育实验的好处的元分析发现，一系列的社会和个人问题（如辍学率数组，福利的依赖率，失业率，犯罪行为率）降低，那些接受高质量学前教育的幼儿的学习成绩显著更高。[③] 然而，知道何时干预和知道如何进行干预不是一回事。如果社会是受益于幼儿期实施措施能够成功的知识，那么，以文件形式仔细地说明那些计划表现出了积极结果、建立关于执行的最佳方法的知识基础以及持续的成功计划（如基于证据的课程）是很重要的。

（二）基于证据的学前课程与教学的意义

基于证据的课程在过去的几十年中已从研究和政策视角得到了加强，花了很大努力去发展教育干预并显示了其有效性。[④] 基于证据的研究既可以为决策者提供政策依据、为

---

① Determining Evidence-based Practices in Special Education (Report) http://www.accessmylibrary.com/article-1G1-195672681/determining-evidence-based-practices.html. 2009-3-22 浏览.

② Conyers, L. M., Reynolds, A. J., & Ou, S. R. (2003) The Effect of Early Childhood Intervention and Subsequent Special Education Services: Findings from the Chicago Child-Parent Centers. Educational Evaluation and Policy Analysis. 25:75—95.

③ Gorey, K. M. (2001) Early Childhood Education: A meta-analytic affirmation of the short- and long term benefits of educational opportunity. School Psychology Quarterly, 16:9—30.

④ Rebecca M. Sanford DeRousie (2008) Making Changes That Last: Examining the Sustainability of an Evidence-based Preschool Curriculum. A Dissertation in The Pennsylvania State University.

研究者提供研究方法和研究成果、有助于教师教学有所依据和评价有所标准，也有助于人们更好地理解学前教育课程与教学的现状等。基于课程标准的课程教学是基于证据的课程与教学的一种形式，还需要更多的科学研究提供丰富的、翔实的依据和证据，服务于学前课程与教学，也从而为决策作出支持。

基于证据的研究能够弥合理论与实践之间的差距。改革的首要条件就是要改变人们固有的不合理的思想观念从而改变其教育教学行为。然而，我国长期以来形成的教育模式和教学思维，对课程与教学的实施起了一定的阻碍作用，教育实践者虽然在观念方面随着时代的发展和社会的进步发生了很大的改变，能够适应新课改的理念并运用到实践中去，但不可否认的是，理论与实践之间的差距仍然存在。以学前课程与教学为例，家长、教师以及社会很多人几乎都能认识到学前教育的重要性，都承认需要给幼儿自由、幸福的童年，鼓励幼儿游戏。但是，在实际的教学实践中，这种理念与行为之间存在一定的鸿沟，有时差距很大。从整个教育体制看，理论工作者和实践者之间也存在很大的差距，甚至冲突很大。例如，有的幼儿园教师认为，学前教育理论有何用，根本用不上。因此，他们不相信理论工作者的言论，而理论工作者则在“闭门造车”，建构与空想的理论没有一定的事实和数据来支撑，“空中楼阁”式理论建构，可望而不可及。因此，基于证据的学前课程与教学研究能够弥合这种理论与实践之间的差距，给教育研究带来福祉。国家层面、学校领导等都要积极鼓励并投入资金支持基于科学研究和基于证据研究的开展。

三、基于证据的学前课程与教学首先是以研究为基础的

学前课程与教学的理论与实践研究，要以基于证据的研究方式才能有实际意义。基于证据的实践最初是与医学有关，但后来被很多领域接受并采用。在教育学领域，基于证据的课程与教学首先是基于证据的研究方式。近年来，世界教育领域对教育研究方法问题、教育研究团队的组建问题开始重视，教育决策者对相关教育政策的定制也开始走向基于证据和数据为基础的趋势。基于证据的学前课程的理论基础涉及很多领域，包括学者们对有关幼儿各个发展领域的研究成果和实践以及一些国际认同的幼儿教育理念，如游戏在幼儿学习和发展中的作用、完整儿童、尊重语言和文化差异、加强并促进学前教育机构与社区和家庭的关系的重要性等等，即在已有研究成果及其经验的基础上进行证据收集、验证，进而实施的课程。换句话说，基于证据的学前课程首先是基于研究(research-based curriculum)的课程与教学。

基于证据的研究(evidence-based research)是指研究以事实和证据作为支撑，在此基础上所做的归纳、总结的研究陈述、模式或方式方法等。基于证据的研究首先是基于科学的研究(scientific-based research)。基于科学的研究涉及严格的、系统的和目标程序的运用以获得与教育相关活动和计划的可靠的、有效的知识。[①] 美国的“不让一个儿童掉队法案”(NCLBA)，国家研究理事会(NRC)等对基于科学的研究描述了一些具体细节特征，同时认为，有说服力的研究是用适宜的方法经验性地审查重要问题以确保研究结果的可再

---

① Scientifically Based Research. ERIC Digest 167 — APRIL 2003. http://eric. uoregon. edu/publications/digests/digest167. html.

生性和可运用性。[①] 因此，基于科学的研究包括的要素有：具有说服力、经验性、具有重要问题、适宜的研究方法、研究结果的可再生性和可运用性等。有人宣称，基于科学的研究用科学的知识基础将会代替“民间教育智慧”，还说，有理由相信，如果我们投资于教育课程和发展机制以鼓励基于证据的实践的话，我们将会看见进步和变革……[②]可见，科学研究被看作是提高教育和发展“起作用”的知识基础。

教育属于艺术也属于科学，应该说首先是属于科学的，这是教育本质属性的规约。科学知识来自人们的实践经验的总结，来源于实践又服务于实践，而且很多科学都是多学科的综合。学前教育理应属于科学，学前教育所依据的理论基础是心理学、哲学、卫生学、教育学等，他们都属于科学的一部分：教育心理学是展示学校中的教与学情境中的个体现象及其心理现象，并揭示学校教与学情境中个体的心理活动及其交互作用的运行机制和基本规律的科学；哲学是系统化理论化的世界观，是关于自然知识、社会知识、思维知识的概括和总结，是研究自然、社会和人类思维发展的最一般本质和规律的学问；学前卫生学是研究学前儿童的机体与其生活和学习环境之间的相互关系，研究促进学前儿童健康成长的卫生要求和卫生措施的制定，它是预防医学和教育学的交叉学科……总之，学前教育是以众多的理论基础为背景基础的多学科的综合。

以美国 LAMP 项目为例。联合国教科文组织(UNESCO)的统计研究所(NNESCO Institute for Statistics 简称 UIS)发起了一项发展“读写评估与监测项目”(Literacy Assessment and Monitoring Programme，简称 LAMP)作为主要努力以改进关于读写的现有统计机构并测量幼儿与成人的读写技能。LAMP 在方法论发展、国家能力发展和数据的可持续生产方面起到了引领作用。就方法论而言，LAMP 试图生产并证实用一种方法来测量不同语言和不同文化环境中的读写技能，同时也提供读写技能分配方面的信息和读写教育、与社会经济因素有关的潜在障碍，LAMP 考虑了每个参与国的文化经验；就国家能力发展而言，LAMP 通过与参与国家的合作，通过努力创造了一个人人都能相互学习的环境，这意味着依靠和信任现有专业知识和能力，培养最好的机制来支持国家发起此项目，国家与国家间的合作有利于个人也有利于国家能力；就数据的可持续生产而言，能力和强大方法工具的结合将导致一个对国家来说十分有意义的可持续的数据集，也将成为国际数据集的一部分。该项目的目的是给决策者提供一个清晰的观念，将使决策者满足那些生活在充满挑战的、变化的、复杂的世界中的公民的需要，决策者有机会在各个领域接触人们的日常生活，因而需要一个可持续发展的读写技能。

美国的“全国幼儿教育协会(NAEYC)”和“来自全国各教育部门的幼儿教育专家协会(NAECS/SDE)”于 2007 年发表联合声明，对适宜性课程和适宜性评价的定义并提供了有效性课程的指标，对 0～8 岁儿童的教育课程、课程评估以及项目评价方面建立有效的问

---

① National Research Council. Scientific Research in Education, edited by R. J. Shavelson and L. Towne. Committee on Scientific Principles for Educational Research. Washington, D. C. :National Academy Press, 2002. No Child Left Behind Act of 2001,Pub. I,No. 107－110,115 Stat. 1425(2002).

② Whitehurst,G. J. "Statement of Grover J. Whitehurst, Assistant Secretary for Research and Improvement, before the Senate Committee on Health, Education, Labor and Pensions. "Washington, D. C. : U. S. Department of Education,2002. Available online at http://www. ed. gov/offices/IES/speeches.

责体系，为决定课程和评估体系是否可能为幼儿产生了积极结果方面提供了清晰的指导策略。联合声明提出了学前创造性课程(The Creative Curriculum for Preschool)，该课程的提出是基于100多份科学研究成果，并把这些研究成果翻译成具体的教学策略以提高幼儿的读写和语言成就。[①] 这种课程是以科学为依据、以研究作为实验的课程模式，截至2007年，已完成的五项研究作为评价学前创造性课程的有效性问题，其中，Philliber研究协会对188位入学于14所保教中心的幼儿进行的评价发现，课堂接受创造性课程干预的幼儿各方面(认知、语言、动作、自助)收获比对同年龄、同样干预时间方面所期望的显著高很多。

四、基于证据的学前课程模式及其实践

学前教育教学实践也是基于证据为基础的。关注基于证据为基础的实践引起了对计划执行的质量的兴趣，如果计划执行不适宜的话，那么即使是最好的计划都不能产生积极的结果。然而，在早期教育领域内在执行方面没有做什么研究。因为早期教育环境在质量和类型上都很不相同，研究在这些环境内理解背景如何影响基于证据的早期计划的执行过程势在必行。很多科学证据显示，早期影响，无论是积极影响还是消极影响，在幼儿大脑发展及其终身健康中具有关键作用，哈佛大学儿童研究中心也有研究揭示了幼儿的“关系环境(environment of relationships)”对幼儿的第一个月和日后生活期间的大脑结构(brain architecture)具有关键影响。研究显示了幼儿与家长、幼儿照料者以及其他成人之间的互动在幼儿生活中的重要性，但新的证据表明了这种关系实际上塑造了幼儿大脑回路，并为以后发展结果，从学习表现和人际交往技能到身心健康方面奠定了基础。[②] 有些专门的应用研究中心，如美国的“基于证据的实践中心(The Center for Evidence-Based Practices (CEBP))”所实施的实践活动的目的和发起是旨在在早期干预中通过研究而进行的家庭儿童中心实践、准备基于实践的研究综合和生产出基于证据的产品等方式建立起研究与实践之间鸿沟的桥梁，进行早期教育并获得家长和家庭的支持。与此同时，该研究中心提供研究者和实践者合作的机会以确认并促进对由研究带来的实践的接受。[③] 从这些证据与数据的分析进行研究，从而指导如何实践。

学前课程总是以一定的研究证据作为基础的，而典型的是以具体发展理论或学习理论为基础的是课程模式(curriculum models)。了解课程模式的理论取向将有助于决定教学方法和教学内容是否符合与幼儿发展和学习有关的课程原理。例如，直接教学或教学课程是基于行为和社会学习理论，幼儿是通过观察和模仿他人来学习的；建构主义或互动课程(interactive curriculum)是基于建构主义理论，幼儿通过与成人、客体互动并在其自然环境与成人为其创造的环境里进行学习的；社会化或开放式课程(Socialization or open curriculum)是基于成熟理论(maturationist theroy)，在成人教养和刺激经验的支持下，幼

---

① The Creative Curriculum for Preschool: A Comprehensive, Integrated Curriculum and Assessment System. 2007 Teaching Strategies, Inc. p1 ~ 9. http://www. teachingstrategies. com/content/pageDocs/D _ CreativeCurriculum _ LTR305. pdf.

② Young Children Develope in an Environment of Relationships. Center on the Developing Child at Harvard University. http://developingchild. harvard. edu/topics/science_of_early_childhood/

③ Center for Evidence-Based Practices. http://www. evidencebasedpractices. org/

儿发育良好并由此而学习。[①] 以学前教育中的语言和读写教育为例，最近对此的研究提供了大量证据证明了学前语言教育的质量和早期读写教育经验的深远影响。[②] 这些研究证实了幼儿所需要学习的关键语言和读写技能、有助于这些技能发展的环境、支持后来学习成功的干预等在幼儿发展中的作用，同时这些证据也给学前课程、教师和课程开发者清晰的指导方案。因此，有人基于这些证据提出，在字母（我国就是指拼音）知识、语音意识（Phonological awareness）、文字意识（Print Awareness）和口语四个领域（areas）具有很强技能的幼儿最有可能成为成功的读者。那些统计显示对阅读结果有重要影响的有效干预，包括对声音和字母的教学，有助于幼儿对文字、阅读和与同伴分享书，也有益于教师指导口语教学。[③]

基于证据为基础的学前课程（evidence-based preschool curriculum）的执行和持续性与通常情况下的学前课程是不同的，前者是关注幼儿的学习结果，影响该类课程的因素很多；后者比较随意，没有一定证据和基础为支撑。大约过去的十年中，无论从研究还是从政策视角看，人们都一直在强调以证据为基础的课程计划的需求。联邦决策者不仅重视基于证据的课程实践，而且用与此相关的东西为指导重新发起一些项目，如 2002 年发起的"不让一个孩子掉队法案"（NCLBA），2002 年～2004 年发起的"好的开端种植智能（Good Start Grow Smart）"项目，同时，要求联邦投资于预防计划的钱应该花在"基于证据"的项目上。[④]

影响早期环境中的基于证据为基础的计划的持续性的因素很多，根据文献和研究假设，教师特征（如抑郁、自我效能、对工作地点的看法）、教师的经历（如教育、经历年限）和课堂环境的质量等将会影响课程的实施质量。[⑤] 例如 Head Start REDI 的基于证据为基础的综合性课程的影响因素主要就是 Head Start 学生的健康调整和入学准备方面的社会情感学习、语言或读写技能两个主要领域，社会情感领域旨在通过由课堂教师的课程实施来建立社会技能、情感知识和社会问题解决技能。跨多领域而选择这两个领域是帮助提高入学准备并得到广泛的经验研究的支持。[⑥] 坚持以证据为基础的学前课程并以读写（pre-literacy）和社会情感技能为目标是可能的，是对幼儿潜在的好处彰显出努力的价

---

① Preschool Curriculum Review Rubric and Planning Tool-In Support of Virginia's Foundation Blocks of Early Learning. http://www. doe. virginia. gov/VDOE/Instruction/Elem_M/preschool_rubric. pdf.

② Strickland, D. S. , & Shanahan, T. (march, 2004) Laying the Groundwork for Literacy. Educational Leadership (pp 74～77) Bowman, B. , Donovan, M. S. , & Burns, M. S. (Eds) (2000) Eager to learn: Education our Preschoolers. Washington, DC: National Academy Press. National Institute for Literacy. National Early Literacy Panel: Synthesizing the Scientific Research on Development of Early Literacy in Young Children (accessed 7/31/06. http://www. nifl. gov/partnershipforreading/family/ncfl/NELP2006Conference. pdf # xml = http://avs. nifl. gov/cgi－bin/tesix/webinator/search_site/sml. txt? query=NELP&prox=page&rorder=500&rprox=500&rdfreg=500&rwfreg=500&rlead=500&sufs=0&order=r&cq=7id=44 56bd244).

③ White Paper. Research-based Preschool Early Literacy Curriculum. Technology Transforming. 2006: 1－4.

④ Kellam, S. G. & Langevin, D. J. (2003) A Framework for Understanding "Evidence" in Prevention Research and Programs. Prevention Science, 4: 137－153.

⑤ Rebecca M. Sanford DeRousie. Making Changes That Last: Examining the Sustainability of an Evidence-based Preschool Curriculum. 2008 Doctoral Dissertation of The Pennsylvania State University. P17.

⑥ Rebecca M. Sanford DeRousie. Making Changes That Last: Examining the Sustainability of an Evidence-based Preschool Curriculum. 2008 Doctoral Dissertation of The Pennsylvania State University: 5～6.

值。[①] 另外，背景因素（如环境、培训和个人因素）也可能影响早期干预的持续性和革新，这些背景因素包括缺乏灵活资金、相对高质量的人员更替和相对薪金较低的工作人员等。早期教育计划，如学前、日照料和开端计划经常可能没有足够的资金来定期投资于新计划，因此，当选择了基于证据的计划后，该计划能一直容易地保持下去是很重要的。但是，关于持续性的研究，特别是关于早期干预是相当少的。

学前立法、学前相关政策的制定与出台都需要以科学的证据为基础，从这些研究数据和可行的分析结果来指导教育政策和实践。虽然联邦、州和地方各级课程决策者都认识到学前课程在幼儿学习和发展中的重要作用，但他们可能并不很理解高质量的学前课程是由什么构成。如果提供很多可用的课程模式，对于哪个课程模式适宜于幼儿的全面发展或对特定的3、4岁幼儿更有效等方面的混淆不清是能理解的。虽然早期教育领域推荐学前课程利用发展适宜性实践（DAPP），但是仍没有研究基础去证实、促进与提高任何单个课程模式是“最好”的课程。“没有最好的课程，只有更好的课程。”此外，还没有哪个州政府或联邦实体声明在其支柱的学前项目中只使用某个课程。[②]

仔细的计划将有助于灵活的、进步性的学习环境，其间幼儿个体地和集体性地都很高兴、安全、积极地参与学习进程的范围（a range of learning processes），成人与幼儿之间的互动质量支持并指导发展。计划课程并将课程付诸实践反映了许多因素的相互作用。下面是组成幼儿的一般教育经历，也是每个个体幼儿的特有经历的许多因素：幼儿个体方面（个人与社会发展，情感、身体与认知发展，特别的教育需求，兴趣和动机，以往的学习经验）；家长和监护人（期望、价值与态度、合作伙伴）；社会因素（家庭环境/各种背景、就业、当地社区设施和资源、住房、饮食、健康）；编制（establishment）；风气与原则（ethos and philosophy）（资源与学习环境，建筑、房间和地点的身体限制/机会，编制政策）；工作人员（期望，价值观与态度，合作伙伴，训练，自我发展，自我评价，灵活性，互动的质量，健康）；当前教育环境（current educational climate）（国家政策，国家趋向，地方政策—价值观、原则和程序，各种教育的哲学方法，预算，发展计划，表彰/问责制、自我评价，招生政策，有特殊需要幼儿的一体化，整合服务）；评估（下一步学习）。[③]

阅读链接

1. Early Reading First Effective, Research-Based Instruction for Pre-School Children.

http://georgewbush-whitehouse.archives.gov/infocus/education/teachers/sect2－2.pdf.

2. Goldstein, H. (1997)‘Methods in School Effectiveness Research’in School Effectiveness & School Improvement, 8(4): 369－395.

---

① Rebecca M. Sanford DeRousie. Making Changes That Last: Examining the Sustainability of an Evidence-based Preschool Curriculum. 2008 Doctoral Dissertation of The Pennsylvania State University: 98～99.

② Ellen Frede, Debra J. Ackerman. Preschool Curriculum Decision-making: Dimensions to Consider. March 2007, Issue 12: 1～9.

③ Partners in Learning [Electronic Resource]: 0～5 Curriculum Guidelines. Strathclyde Regional Council, Glasgow (Scotland): Distributed by ERIC Clearinghouse, 1994: 15－16.

□ 要点小结

1. 学前课程的含义、特点和框架。课程的含义是课程理论化过程的首要任务，学前课程从狭义上说即幼儿所学的东西或者说所教给幼儿的东西，从广义上说涉及学习过程(当幼儿学习时)和学习背景(幼儿何时学习、为何学习)的考虑。学前课程的特点与框架是课程目标导引下的对学前课程的理解和诠释，也是课程目标的具体化，是学前课程改革中应遵循的基本原则，也是课程模式开发与实践的基础。了解学前课程的特点就是了解学前幼儿的文化和学前机构的作用；了解学前课程的框架实质是在理解学前课程中要求学前幼儿应学习的领域和内容，是对幼儿学习的基本要求。

2. 教学是教学代理(a teaching agent)和一个/多个有意学习并适合学生学习知识的个人之间的一种相互作用、相互影响。学前教学的价值就是要使幼儿能积极参与学习的整个过程并从中学会如何独自解决问题，并获得新知，并能促进幼儿其他各方面的发展。学前教学决定即学前教学决策，与课程决定一样，属于学前课程与教学范围内的重要课题。教学决定不仅仅是教师在最初进行教学设计时所作的决定，更多地是指教师在教学的不断设计、实施——也就是在课程发展过程中所随时进行的日常教学决定。但是，学前教学不是"放羊"式的"为所欲为"，不是只有游戏而无教学，不是教学只有游戏性而无教育性，也不是幼儿想怎么被教，教师就怎么教，更不是忽视幼儿需求和兴趣，只有幼儿教师唱独台戏……因此，学前教学需要"专业化教学"。

3. 游戏是学前教育领域中的重要词汇，是幼儿园的基本活动，游戏是儿童的第一心理需要。游戏与学前课程的关系紧密，学前课程与游戏具有在文化方面的共通性、目标上的一致性。因此，学前课程应体现游戏化，游戏应成为学前课程的中心并给以孩子适宜的分类的指导；学前教学应体现游戏化，使幼儿的学习是在游戏中、通过游戏和为了游戏而进行的。总之，游戏、课程、教学三者是融合在一起的，不可分割。

4. 学前课程不是想当然，而是基于证据的理论与实践。基于证据的课程与教学实践是目前学前课程与教学的一种趋势，在基于标准改革运动中，随着对学前与幼儿园孩子学习标准的逐渐建立与完善，基于标准的教育已是美国公立教育的社会政治图景的明显的特征，教学标准是发展适宜性实践，它能够弥合理论与实践之间的差距。

□ 学业评价

1. 能够了解学前课程的含义、特点及其框架，区分学前课程与教学的联系与区别。

2. 能够了解学前教学决定与学前教学专业化问题及其实践。

3. 能在理论与实践中加深对游戏与课程、教学之间的关系，并能在实践中进行游戏指导。

4. 能理解基于证据的学前课程与教学的背景、含义、模式及其实践。

□ 学术动态

- 理清学前课程与教学的关系，课程、教学与游戏的关系，在幼儿园教育中的目的是什么。

• 如何进行学前课程决定与教学决定，其依据是什么，遵循哪些原则。

• 怎样理解学前课程与教学是基于证据的说法，国外的经验说明了什么，我国要进行基于证据的学前课程与教学实践需要作出哪些努力。

□ 参考书目

1. 朱家雄. 幼儿园课程[M]. 上海：华东师范大学出版社，2003.

2. D. P. 奥苏伯尔等著，佘星南、宋钧译. 教育心理学——认知观点[M]. 北京：人民教育出版社，1994.

3. Laura M. Justice Evidence-Based Practice, Response to Intervention, and the Prevention of Reading Difficulties, 2006.

4. J. Helen Perkins and Robert B. Cooter, Jr. Issues in Urban Literacy: Evidence-Based Literacy Education and the African American Child. The Reading Teacher, Vol. 59, No. 2(Oct., 2005): 194—198.

5. Rebecca M. Sanford DeRousie. Making Changes That Last: Examining the Sustainability of an Evidence-Based Preschool Curriculum, 2008.

6. Spodek, B. & Brown, P. C. (1993) Curriculum Alternatives in Early Childhood Education: A historical perspective. In B. Spodek(Ed.), Handbook of research on the education of Young Children(P91—104) New York: Macmillan. P91.

7. Laverne Warner, Judith Sower. Educating Young Children from Preschool through Primary Grades. Pearson. 2005: 202.

第七章

学前与小学的衔接

【本章知识结构图】

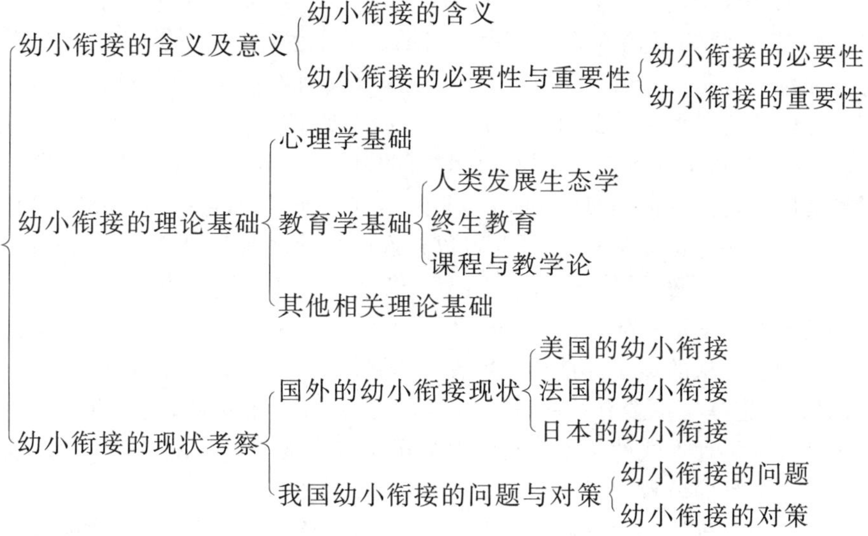

【学习目标】

1. 能够正确认识幼小衔接的含义及意义。

2. 能够从多角度分析幼小衔接的理论基础。

3. 能够运用幼小衔接的相关知识，针对当前幼小衔接工作中出现的问题，尝试提出解决策略。

幼小衔接问题是当前世界学前教育的核心问题之一，随着学前教育重要性的日益彰显，幼儿园教育与小学教育之间的衔接问题，也得到了世界各国的重视。幼儿园和小学是邻近的两个教育阶段，为了使幼儿获得健康的成长，能够从一个发展阶段顺利地过渡到下一个发展阶段，并取得良好的教育效果，衔接工作就显得特别重要。因此，幼小衔接工作的好坏直接影响着幼儿身心各方面的健康发展。

第一节 幼小衔接的含义及意义

一、幼小衔接的含义

西方国家的教育体系中，通常把幼儿园直至小学二年级的教育称为早期儿童教育（early childhood education）。在具体做法上，也是把幼儿教育与小学低年级教育结合起来：有的国家规定小学一年级学生在学前教育机构中学习；有的国家在小学中招收两年制幼儿班，或是开设小学预备班；也有的国家将学前两个年级与小学一年级单独设立为一个教育机构。

例如，在美国，儿童入学的年龄一般是5岁，美国儿童在5岁进入幼儿园学习，接受一年的教育后再转入小学学习。[①] 美国将幼儿园（kindergarten）看作是正式学校教育的开始。而“preschool”（可译为学前学校）则是“kindergarten”之前的非正式的学校教育。只有很少一部分儿童去“preschool”，更多的孩子待在家和父母在一起，由父母（主要是母亲）来承担相当于我国幼儿园大班前的早期教育。所以，当他们在讨论“transition”即“过渡”的时候，往往探讨的是从家庭教育到正规学校教育的过渡，或者从私人托幼机构进入设在小学内部的幼儿园的过渡。再如澳大利亚，幼儿入学有多种惯例，包括州与州之间和州之内。幼儿进入学校的法定年龄是6岁，幼儿可以在这个年龄之前开始接受学校教育，每个州对于入学年龄有不同的政策。小学招收程序可以分为三种不同的类型，包括对那些已满特定年龄的孩子在入学那一年（一月下旬）开始进行单独录取；另一种是对那些接近一个特定年龄（通常是5岁）的孩子进行持续招收，另外每一年还有2～3次的时间上与前面两种不冲突的招收，也是与年龄有关的，其中以第一种招收最受欢迎，但还没有一个研究非常明确地支持任何一种形式的招收。在澳大利亚大多数孩子一般在他们入学之前都受到一些保育或家庭之外的教育。[②]

澳大利亚学前教育机构的主要形式是学前班（在一些州称为幼儿园）。学前班为幼儿提供以游戏为主的学习活动，主要目的在于促进儿童的发展，为父母的养育提供帮助，同时为幼儿进入正式学习作准备。因此，在澳大利亚，学前班虽然是非义务教育机构，但却是幼儿在上小学之前先前学习的第一步，成为幼小衔接的重要环节。

这些国家与我国在早期教育方面有一个非常大的差异，就是很少用“幼小衔接”来表达“过渡”（transition）。因为，他们本来就是将早期教育这一阶段视为连续的。这些国家不但大部分公立的“学前学校”（preschool）或幼儿园（kindergarten）就附设在小学，而且教师也就是为这一连续的阶段而培养的。如在美国，年满5周岁的幼儿可以免费进入学区内小学附设的幼儿园就读，幼儿园与小学一、二年级形成“K－2”学制，是美国幼教的一大特色。此学制使幼儿园教师与小学教师在幼小衔接阶段。在课程设计、教学形式的选择

---

① 王善安，杨晓萍．美国P－k项目发展及其对我国学前教育的启示[J]．早期教育，2009(1)．

② 吴志勤，杨晓萍．影响幼儿适应小学生活的因素分析——澳大利亚一项研究的启示[J]．上海教育科研，2008(8)．

与环境创设上，能考虑幼儿身心发展的特质，提供许多相互观摩、协调与沟通的机会。①

而在我国，虽然幼儿园教育被认为是基础教育的重要组成部分，是我国学校教育和终生教育的奠基阶段。但是幼儿园与小学这两者大多分属于不同的教育机构，因此两者之间有着各不相同的教育教养目的和任务。由于不同的目的与内容以及其他一些因素的影响，幼儿从幼儿园进入小学时会有一定的坡度，这就会影响到幼儿进入小学的顺利过渡。为促成幼儿的顺利过渡，要求幼儿园与小学在幼儿过渡期作好衔接工作，以降低坡度。这种工作我们习惯上成为幼小衔接。幼儿教育与小学教育，是依据幼儿发展的不同水平实施教育影响的两个教育阶段。幼儿教育是小学教育的准备与基础，小学教育又是幼儿教育的继续和发展，它们既有区别又有联系。幼小衔接即幼儿园与小学之间在教育教养工作的内容上以及在实现这些内容的方法上互相联系。这一内涵有以下几个特征：第一，幼小衔接具有相互性。幼小衔接顾名思义指幼儿教育与小学教育之间的衔接，它是两个教育阶段共同的任务，不是某一个阶段的任务，也不是一个阶段向另一个阶段看齐、靠拢。因此，它要求两个教育阶段相互协调。第二，幼小衔接的整体性。教育机构的教育教养工作是一个整体，因此，幼小衔接不应仅仅片面追求在学科上和知识上的准备，衔接的重点还应放在儿童自身发展的准备程度上，如儿童身体素质、心理素质的准备。注重孩子知识的储备、行为能力的培养、良好习惯的养成、健康心态的培育、身体素质的锻炼等方面的全面训练和提升。另外，幼小衔接不应仅仅致力于教育教养工作内容上的衔接，还应注重教育方法上的衔接。

二、幼小衔接的必要性与重要性

教育中的衔接是指两个相邻的教育阶段之间的相互联系。幼儿园和小学是邻近的教育阶段，为了使儿童获得健康的成长，能够从一个发展阶段顺利地过渡到下一个发展阶段，并取得良好的教育效果，衔接工作就显得特别重要。

(一)幼小衔接的必要性

由于幼儿园和小学两个教育阶段的教育对象的身心发展水平不同，教育任务、要求、内容、途径和作息制度等方面也相应地各不相同。因此，进行幼儿园与小学之间的衔接工作是非常必要的。德国的哈克教授根据观察和研究指出，处于幼儿园和小学衔接阶段的儿童，通常存在着下列六个方面的断层问题：

1. 关系人的断层

孩子入学后，必须离开“第二个母亲”角色的关系——幼儿园教师，而去接受严格要求、学习期望高的小学教师，这使孩子感到压力和负担。首先，幼儿园教师与小学教师的教育观念不同。幼儿园每班是两教一保配备，每时每刻都有一位教师、一位保育员伴随左右，随时解决幼儿的困难，幼儿园教师往往在幼儿的学习生活中充当多种角色。幼儿教师不仅是一名教育者，而且要像孩子的慈母、知心姐姐和游戏伙伴，师生之间形成了和谐、亲密的气氛。而小学是一个班 5、6 位课任教师，一节课一轮换，课间往往无教师在班，学生

---

① 许艳．美国幼小衔接的经验及启示．[J]．早期教育，2009(6)．

一旦有了困难,只有自己解决。小学教师主要精力放在教学上,所以与幼儿园教师相比,对学生生活的关心机会较少,师生个别接触时间少,新入学的幼儿可能感到压抑和生疏。

2.学习方式的断层

幼儿园与小学在教育方面的差异主要体现在四个方面:第一,教育目标不一样。幼儿园的教育目标是保教结合,保教并重。而小学主要侧重于教育目标的实现,第二,教育内容不同。幼儿园的教育内容是全面的、启蒙性的,可以相对划分为健康、语言、社会、科学、艺术等五个领域。由于幼儿身心发展的阶段性特点,幼儿园的教育内容以孩子在生活中能接触到的感性经验为主,教育内容比较零碎、趣味性强;而小学以书本中的理性知识为主,知识系统性、抽象性较强,与幼儿园的教育内容相比,缺乏趣味性。第三,教育途径不同。幼儿园除上课外,还通过生活进行教育,生活是孩子学习的重要途径;而小学通常采用上课形式,教学是孩子学习的重要途径,通常不管孩子的生活。第四,教育方法不同。幼儿园教学具有直观性、趣味性和多样性的特点,是在玩中学,学中玩;而小学强调系统文化知识教育和读写、算术等基本技能的训练,这需要勤奋刻苦才能完成学习任务。幼儿园与小学教育方面的差异导致了幼儿学习方式的断层,小学中正规的科目学习方式与幼儿园的自由游戏、探索学习和发现学习方式有较大区别,孩子必须有适当的时间加以适应。

3.行为规范方面的断层

首先,幼儿园的生活制度与小学不一样。在幼儿园的一日活动中,休息、睡眠、吃饭、喝水、上厕所等生活活动和无意识的智力活动的时间比小学多;而大运动量的体力活动和需要意志力控制的有意识的智力活动则比小学少。如睡眠,幼儿园一般有2～2.5小时的午睡时间,且没有备用床铺。幼儿园生活环节花费的时间较多,而较正规的学习时间较少;小学则学习时间长,生活环节的时间短。另外,幼儿园与小学的学习制度也不同。幼儿园没有严格的接送时间,病、事假制度较为宽松,上、下课的时间也较自由;而小学以铃声为准,上学和放学、上课和下课,都有严格的时间限制,不准迟到、早退和旷课。幼儿园没有严格的学习任务,一般没有家庭作业和考试,上课形式多样,小孩活动较为自由,学习压力不大;而小学学习纪律严明,要求上课认真听讲,不准搞小动作,要求按时完成作业,有学业考试和考查,小学生的学习压力较大,竞争性强。

表7-1 大班幼儿与一年级小学生24小时活动量平均时间对比表

所在园校 平均时间	休息与睡眠 ①	一般生活活动 (不是明显的体力或智力活动) ②	明显的 体力活动 ③	自由轻松的 智力活动 ④	需要意志控制的智力活动 ⑤
大班幼儿	12小时	5小时29′	1小时14′	3小时33′	1小时24′
一年级小学生	9小时56′	4小时30′	1小时34′	2小时11′	5小时49′
差 数	减2小时04′	减59′	增20′	减1小时22′	增4小时25′

注:①休息与睡眠,包括晚上的睡眠和中午的休息。

②一般生活活动,包括起床、穿衣、梳洗、大小便、吃东西和闲谈等。

③明显的体力活动,包括需要消耗较多体力的运动,如体操、运动性游戏、与同伴一起追逐、奔跑、球类活动以及走较远的路等。

④自由轻松的智力活动，包括在无意识注意状态下接受知识、认识事物、解决问题等，如观看电影、电视、阅读图书、听故事、讨论问题等。

⑤需要意志控制的智力活动，包括在有意识注意的状态下进行的紧张智力活动，受纪律约束、要准确地完成的工作任务，如上课、作业和家庭辅导等。①

4.社会结构的断层

幼儿在幼儿园通常是坐在一张桌子的两侧，大家面对面，在学习和生活中，幼儿合作交流多，关系很密切。而小学的课堂布置通常是秧田式的格局，一人一张或两人一张桌子，上课一律面向黑板，个人的学习活动和独立作业多，集体合作活动的机会较少，同学之间的关系比较松散。因此，幼儿需要重新建立新的人际关系，结交新朋友，寻找自己在团体中的位置并为班级所认同。

5.期望水平的断层

家长和教师都会对上了学的孩子给予新的期望和压力，为了学业而减少了孩子游戏活动的时间等。

6.学习环境方面的断层

幼儿园的活动室，一般布置得美观、形象和富有儿童情趣，不仅有丰富的物质环境，而且包括和谐的心理环境。而小学教室只有桌椅，固定的座位对幼儿缺乏吸引力，而操场上的运动器械低年级享用机会较少，必然使幼儿感到枯燥。幼儿园与小学在教育和生活方面的差异，见下表(表 7-2)。

表 7-2　幼儿园与小学教育在各方面的差异

	幼儿园	小学
学习时间	每天集体教学时间为 2 小时左右，每节课最长不超过 30 分钟	每天集体教学时间 4～4.5 小时，每节课 40 分钟
学习内容	通过具体、形象、生动的教学形式向幼儿传授粗浅知识	有固定统一的教学大纲、教材，教学系统抽象严谨，有严格升留级制度
学习方式	以游戏活动为主要的学习形式，轻送愉快，没有压力	以上课为正规课业学习方式，课后有家庭作业
睡眠时间	除晚 8:30 到早 6:30 的睡眠外，还有 2 小时的午睡时间	由于接送等原因学校离家较远，幼儿早上需早起，中午基本无午睡时间
一日生活	动静搭配，舒张有弛，提倡保教结合，促进幼儿身心全面和谐发展	有严格的作息制度和生活制度，主要任务是学习，午餐、午睡要回家解决
师生关系	教师与幼儿始终在一起，及时解决、协调幼儿面临的困难	一学科一任职教师，有班主任和七、八位任职教师，幼儿遇到困难需自己解决

如上所述，从幼儿园过渡到小学，不仅是学习环境的转换，学习方式、人际交往、师幼关系、行为规范及社会期望等方面都发生了很大的变化，形成了一定的“坡度”，易发生“陡坡效应”，导致儿童学习兴趣低落、疲劳、厌学、焦虑、恐惧等“适应性障碍”。作为与小学相

① 黄人颂.学前教育学[M].北京：人民教育出版社，1989:332.

邻但又存在很大差异的学段，幼儿园“应与家庭、社区密切合作，与小学相互衔接”。[①]

(二)幼小衔接的重要性

儿童发展的规律表明，儿童身心发展是一个由低级到高级、由量变到质变连续发展的过程。在这个过程中，既有连贯性又有阶段性。因此，幼小衔接工作的实质就是在尊重幼儿身心发展阶段性的前提下，有效促进幼儿身心发展的连贯性。幼小衔接对于幼儿身心发展的重要性具体表现在以下几个方面：

1.有利于幼儿的生理发展

在幼儿园阶段和小学阶段，幼儿在机体器官和系统发展成熟的程度和技能方面有所不同。幼儿时期是幼儿生长发育的重要时期，同时其生长发育表现出明显的幼儿特点。幼儿时期肌肉发育特点之一是：肌肉发展具有不均衡性，大肌肉群的发育比小肌肉群早，而深层肌肉与小肌肉群发育较晚、较慢，特别是前臂的旋前圆肌、屈伸手指肌、屈趾肌等。所以，幼儿的手指动作不太协调，肌肉的控制能力差，常出差错，不适合做精细动作的练习，而手部完成精细动作是幼儿生长发育中十分重要的能力。例如，在运动机能方面，幼儿园的幼儿尤其是大班幼儿的大肌肉已经较为发达。幼儿会走、奔跑、跳跃、弯腰、下蹲，以及会用手、脚、身躯、投掷等基本动作并逐渐熟练和协调，但小肌肉动作仍不够灵活和准确。到小学以后，还要经过一个时期的发展和练习，才能迅速而准确地进行手工、书写等活动。此外，幼儿园阶段与小学阶段对于幼儿的生活常规、生活自理能力等方面的要求也是不同的。如果我们不重视这一阶段，不重视幼儿在生理方面的衔接问题，则幼儿身上往往会出现睡眠不足、身体疲劳、食欲不振、体重下降等现象。幼小衔接关注幼儿在这些方面发展的需求，采取积极措施提高幼儿在生理发展方面的适应性，有利于幼儿进入小学以后生理的良好发展。

2.有利于幼儿心理品质的发展

在心理品质方面，儿童的注意、感知、记忆的随意性，思维、语言能力、情感和意志的水平在不同阶段也都有鲜明的质的差别。因此，幼儿园的幼儿进入小学以后，同样面临心理发展的坡度问题。如幼儿期的有意注意处于发展的初级阶段，水平低，稳定性差，而且依赖成人的组织和引导。但进入小学以后，对于幼儿的有意注意的要求明显高于幼儿园。幼儿在小学课堂上必须长时间的、稳定的保持有意注意。幼儿园的幼儿在记忆方面，虽然有意识记也在不断发展，但仍以无意识记为主。但是进入小学以后，有意识记的要求明显高于幼儿园。有效的幼小衔接关注幼儿心理发展的各个方面，有利于幼儿心理持续性的发展。

3.有利于提高幼儿的社会适应性

幼儿的社会交往能力是社会性适应中极其重要的内容，它是儿童交往、学习、生活的基础和保证。在社会性的需要方面，幼儿园的儿童自主性逐渐增强，对同伴交往的需要日益迫切，能进行规则比较复杂、需要付出一定意志努力的活动。但集体意识、坚持性和自制力的进一步发展还要在小学阶段才能完成。影响儿童适应学校的相关因素是社会技能，包括合作、发起互动和自我控制，在同一个班里有一个好朋友也是一个重要因素。与

① 教育部基础教育司.幼儿园教育指导纲要(试行)解读(第二版)[M].南京：江苏教育出版社，2002:30.

同伴成功的互动,友好的同伴关系可以提高社会能力的发展,这对于学校之间的接轨也起着决定性的作用。然而现实中幼儿的社会适应性不容乐观。具体表现在:任务意识和完成任务能力差,没有形成应该做的事就必须完成的意识和想方设法去完成的能力;规则意识和遵守规则的能力差,不能适应进入小学后突然闯进的“符号世界、规则海洋”;独立意识与独立完成任务能力差,不能应付大量需要独立完成的课业和独自料理生活;人际交往能力弱,对于扩大了的生活范围和人际交往的群体缺乏适应能力。有效的幼小衔接工作培养幼儿的社会交往能力,关注幼儿社会性的需要,有利于提高幼儿的社会适应性。

4.有利于提高幼儿的学习适应性

从1990年到1994年,联合国儿童基金会和国家教委合作进行了历时五年的“幼儿园与小学衔接的研究”。研究表明:我国城乡广大地区普遍存在幼小衔接问题,其问题主要表现在儿童入学前在学习和社会性方面准备不足。其中学习不适应主要表现在读写和数学方面,而且相比知识准备来说智力准备不足。因此,有效的幼小衔接工作主要关注的是培养幼儿良好的学习习惯;培养幼儿的好奇心、对外部世界的兴趣和探索积极性等良好的非智力品质,重在学习主动性和学习能力的培养,有利于提高幼儿的学习适应性。

第二节　幼小衔接的理论基础

一、幼小衔接的心理学基础

(一)幼儿的身体动作发展

儿童发展心理学家认为儿童心理的发展是一个连续的过程,可以被分解为一个个小的不连贯的阶段。无论是可观察到的行为还是潜在的生物发展过程,都以一系列小的、互相关联的、可测定的数量增减的形式出现。心理发展的顺序是固定、呈阶梯形的。在各个年龄阶段,心理的发展有一定的秩序,并且可以作出预测。儿童的身心发展按照一定顺序展开,如身体发展是从头部到下肢、由中心到边缘。心理的发展也有一个从低级到高级、从简单到复杂、从不分化到逐渐分化的顺序。它既是相对稳定的,同时又可以随着社会生活和教育条件等文化背景的改变而有一定程度的可变性。

幼儿在4岁到8岁之间的身体动作发展特征基本相似。此阶段儿童的身体在许多方面都会发生变化,骨骼、肌肉、头围、脑容量在不断发展,神经系统的连结也不断加强,这些都是动作调节与复杂的脑部活动所必须具备的生理条件。

(二)幼儿的认知发展

皮亚杰认为,幼儿园与小学低年级学童正处于前运算期(2～6岁)与具体运算期(7～12岁)之间。前运算阶段儿童的认知开始出现象征(或符号)功能(如能凭借语言和各种示意手段来表征事物)。正是由于这种消除自身中心的过程和具备象征功能,才使得表象或思维的出现成为可能。但在这个阶段,儿童还不能形成正确的概念,他们的判断受直觉思维支配。例如,唯有当两根等长的小木棍两端放齐时才认为它们同样长;若把其中一根朝前移一些，就会认为它长一些。所以，在这个时期，儿童还没有运演的可逆性，因而也没有守恒性。皮亚杰认为，7～8岁这个年龄一般是儿童概念性工具的发展的一个决定性转折点。这一阶段儿童的思维已具有真正的运演性质。换言之，他们已具有运算的知识(operative knowledge)，这种知识涉及在一定程度上作出推论。

有研究者认为小学低年级儿童在认知发展上有三个转变：一是语言能力从口头语言发展到书面语言；二是认知能力从直觉性的思维转变为具体性思维；三是活动形式从游戏活动转变到正规学习以及掌握间接经验的活动。[①] 认知发展影响了儿童的思维、情感以及行为，在注意力的发展上，此阶段儿童易受外界环境的影响而分心，因此注意力集中的水平较低，不适合较长时间而又缺乏变化的课程与教学；注意力分配也较差，不适合同时学习过多的事物。[②] 所以，弹性地调整一年级儿童的上课时间，进行动静交错的教学方式，将有助于一年级学生在教室中的学习。[③]

(三)幼儿的情绪发展

儿童情绪发展理论表明，六七岁孩子的情绪是起伏不定的，他们已学会用社会可以接受的方式来表达情感，开始学习自我情绪控制，开始喜欢幽默、俚语或有趣的活动。情绪、情感的稳定性有了很大的增长。如：表现出对父母的爱、对幼儿园老师的依恋，在集体中热爱小朋友，爱做作业如画图；或喜欢讲故事，爱小动物等情感。由于环境需要而产生的情绪、情感开始发生和发展，表现在喜欢与成人一起，成人离开了，就很痛苦；受教育的影响，开始知道什么是好，什么是不好，还知道为什么好和不好，能主动帮助他人，照顾比他小的弟弟妹妹等，这意味着幼儿社会性情感中道德感、理智感、美感的形成。情绪、情感的调节能力比过去有了很大的进步，不像过去说哭就哭，说笑就笑，而是能有意地控制自己的情感外露(如疼痛后可忍住不哭)，同时，他们可以通过观察成人控制自己的感情，试着自己调节情绪。

七八岁的孩子受学校环境影响，开始形成新的气质，具备同情心、敏感但却无法接受批评。情绪的调节控制能力增强，冲动性减弱。情绪、情感的内容不断丰富，社会性成分不断增加。小学儿童情绪情感的发展由对个别事物产生的情绪、情感逐渐转化为对社会、对集体和对同伴的情感；由事物的外部特征引起情绪、情感转化为由事物的本质特征引起情感体验。高级情感进一步发展。随着年龄的增长和社会生活的拓展，小学生的社会性需要越来越丰富，这促进了高级情感的发展。由此可见，幼小衔接阶段的孩子正处于敏感的情绪辨别期与学习自我控制的情绪整合期，教师尤其需要注意个别差异，帮助孩子学习稳定情绪和情绪表达。

(四)幼儿的社会性发展

弗洛伊德认为童年社会性发展最重要的时期是五六岁，他称为潜伏期，潜伏期没有明显的性发展表现。这个阶段的特点是儿童失去对与性相联系的活动的兴趣，而把他们的能量集中在其他的事情上，例如学校的课业，良好的习惯，意识到男女间性别的差异，将自

---

① 游自达.从低年级儿童的心理发展谈学习指导[J].国教辅导，1996.36(2).

② 孙扶志.幼小衔接中课程与教学的问题与因应策略效果之研究[D].国立台湾师范大学博士论文，2003：8－65.

③ 杨晓萍，伍叶琴.教育的张力：基于幼小课程衔接的视角[J].学前教育研究，2007：7－8.

己局限在与自己同性的团体中，没有表现。这一阶段的幼儿对于竞争行为已有输赢的概念，进入小学一年级后，辨别性别角色的社会行为极为明显。七八岁儿童的友谊形式渐变，形成许多结构性较强的小团体，并产生归属感。在道德发展的层次上，科尔伯格认为这一阶段的幼儿处于前习俗水平（0～9岁），处在这一水平的儿童，其道德观念的特点是纯外在的。他们为了免受惩罚或获得奖励而顺从权威人物规定的行为准则。根据行为的直接后果和自身的利害关系判断好坏是非。因此在班级常规的训练上，适度的规律权威的建立，也要伴随相对功利的因势利导，多给孩子鼓励与赞赏，将有助于建立儿童的自信与自律。

(五)幼儿的语言发展

幼儿时期的语言发展的速度是非常惊人的。5岁幼儿言语器官已发育成熟，而且语音意识进一步发展，已经能意识到自己和别人语音中的问题，他们具备了正确发音的条件也有了说话清晰准确的愿望。在这一时期，在良好的环境教育下幼儿基本上都能正确发音。资料显示5岁幼儿词汇量有大幅度增加，而且质量上也有明显提高。他们不仅掌握了名词、动词、形容词、数量词，还开始掌握一些常用副词和连词，5岁幼儿不仅词汇量增加而且积极运用词汇，口头表达能力进一步发展。言语的连贯性增强，情境性减少，成人不再需要根据幼儿的表情、动作去推测幼儿的意思。非情境性言语和连贯性言语的发展使得幼儿能够独立地清楚地表达自己的思想情感。幼儿口头表达能力的发展一方面表现在以上口语形式的变化上，另一方面还反映在形式与内容的一致上。有的幼儿口若悬河，用词华丽，叙述流利，似乎能说会道。细究来，常离题太远，事物关系混乱，用词不恰当。这并不能说明幼儿口语表达能力强。语言文字智能发展水平高的儿童用词不一定华丽但较为贴切，能抓住事物的来龙去脉。

由上可知，幼儿的生理、认知、情绪、社会性、道德及语言等都是以持续且渐进的方式发展着，若把幼儿园教育与小学教育的教学形态加以分割为两个不同的阶段，将会使孩子突然因为学习情景的变化而不知所措，甚至产生学习适应不良。

二、幼小衔接的教育学基础

(一)人类发展生态学

人们认为，现代研究采取一种生态系统的取向是必不可少的，任何情况下的幼儿都无法独立于其他人，所以，必须对幼儿的幼儿园环境、家庭、小学环境三者之间的相互关系进行考虑。而且，每一种教育环境都受到外部因素的影响，这些外部因素对居于每个环境中的人不直接进行控制（Bourdieu，in Webb，Schirato& Danaher，2002），但是必须对他们作出解释。例如，一个小区中所具有的当地教育当局的政策、父母的就业情况、权力与任务意识等可能对教师的态度、原则、幸福感以及幼儿的态度、参与性、幸福感产生有意或无意的影响。

生态模式作为一种体系，认为幼儿、教师、家长可能在他们生活的共同经历和文化的背景下对衔接进行共同建构。处于教育衔接时期的儿童至少包括三个环境或称微观系统：家庭、幼儿园、小学。虽然每个环境中都有不断发展的个体，但是我们应该在看到单独的环境的同时也看到他们之间的关系。当事件在某个单独的环境中发生的时候，这些相互联系对幼儿来说是非常重要的。Bronfenbrenner(1989)认为，一个或多个微观系统的相互交叉又产生了中观系统(mesosystem)，中观系统表现了幼儿的衔接经验，因为这些系统是通过家庭与幼儿园、幼儿园与小学、小学与家庭的相互交叉产生。

中观系统中的相互关系是动态的和不断变化的。居于其中的个体正是通过他们真正的存在成为所发生的相互作用的一部分，在与其他人、环境的相互关系中也是处于积极地位。课堂中的人际关系、课程、教学受到环境的影响，反过来也影响环境。人们认为幼儿怎么学习是一种社会建构：不是成人强加给幼儿的机械的过程，而是每一个人潜在的经验对另一个人的影响。更精确地说是一种家庭发挥作用的边缘理论和家庭衔接模式所建议的方式(Campbell Clarlk，2000；Fthenakis，1998)。

第三层是外观系统，包括行为与事件，幼儿不参与这一系统中的衔接。尽管当地的教育政策、方案、社会福利、医疗保险、住房条件、父母的就业情况、当地小区的设施以及这些要素的重整，幼儿都不可能亲身经历，但所有这些都可能对幼儿产生深刻的影响。在对体系的解释中"共同作用"、"信息"都是非常重要的因素：这些因素赋予幼儿、家庭、教师以权力。而且，还有幼儿之间的各种交谈以及表现出来的文化，这些谈话和文化可能显著的不同，因而急切地需要它们，从而形成一种共同的语言以及对特别幼儿的相同的看法。

除去上面这些有关当地的影响之外，第四层是宏观系统。理论化的概念就是能产生更广泛地影响的事物，超出了幼儿、家庭、教育者的决定权，它将时刻产生强烈的影响。包括：政府部门的政策，社会、政治团体的影响，更广泛的文化的意义，意识形态，社会价值观，社会作为一个整体的权力与义务。这些环境超出了个体的行为和最接近的包围着的环境，但有直接的重要性。

如果系统的每个部分机能的有效的发挥必须依靠他们之间的相互联系，那么共同参与、交流、共同作用、信息的分享对于在环境内部或环境之间的成功地衔接是很重要的。幼儿、家庭、教师作用的不断增强可能导致衔接的增强(Dunlop，2003a，2003b)首先，幼儿从幼儿园大班进入小学一年级，不仅场所转换，角色也从"大班幼儿"转变为"小一学生"，幼儿生态上的转衔就自然出现了，因此，家庭、幼儿园与小学一年级这几个与此转衔有关的场所此时则必须采取必要的连接，以应对幼儿在面临角色与场所突然转换时所发生的不适应情形。与衔接有关的人、事、物包含学前教育机构、小学、家庭等三个场所内的人员与外部的教育单位、社区等其他场所内的人员，必须在衔接目标、策略等方面达成共识，且彼此需要在"相互信任"的基础上建立双向的良性沟通，并把幼儿的顺利发展作为衔接的目的。

其次，生态系统理论强调个体的发展除了会受到与其直接接触的场所及其内的人、事、物(即微观系统)的影响外，也会受到其未直接参与的场所与其内的人、事、物(即外部系统)的影响，及文化或次文化(即大系统)的影响。大班幼儿是正处于发展中的个体，幼儿所处的大班或家庭即为微观系统；而幼儿园与家庭的连结即属于中观系统；小学、政府(幼儿未直接参与)或学术机构的衔接态度与策略会对幼儿所处的幼儿园产生影响，故此时的小学与政府对幼儿来说属于外部系统，整个社会的儿童观、教育观、价值观就像一股无形的力量，推动着上述三个系统的运作，故可称此为大系统。[①]

(二)终生教育

“终生教育”这一术语自1965年在联合国教科文组织主持召开的成人教育促进国际会议期间，由联合国教科文组织成人教育局局长法国的保罗·朗格朗(Parl Lengrand)正式提出以来，短短数年，已经在世界各国广泛传播。终生教育这个概念包括教育的一切方面，包括其中的每一件事情，整体大于部分的总和，世界上没有一个非终生而非割裂开来的永恒的教育部分。换而言之，终生教育并不是一个教育体系，而是建立一个体系的全面的组织所根据的原则，这个原则又是贯穿在这个体系的每个部分的发展过程之中。”[②]对于终生教育比较普遍的看法是终生教育是：“人们在一生中所受到的各种培养的总和”，它指开始于人的生命之初，终止于人的生命之末，包括人发展的各个阶段及各个方面的教育活动。既包括纵向的一个人从婴儿到老年期各个不同发展阶段所受到的各级教育，也包括横向的从学校、家庭、社会各个不同领域受到的教育，其最终目的在于“维持和改善个人社会生活的质量”。

《幼儿园教育指导纲要(试行)》指出，幼儿教育是基础教育的组成部分，是学校教育和终生教育的起始阶段。幼儿教育应为幼儿的近期和终生发展奠定良好的素质基础。在终生教育思想被人们广泛接受后，人们普遍要求关注孩子的可持续发展，这就使得各个教育阶段的连续性备受关注。“幼小衔接”看上去是幼儿园和小学两个教育阶段的衔接问题，但幼儿教育和小学教育是基础教育的起始阶段，也是为终生教育奠定基石的阶段。进入小学是孩子正式学业生涯的开始，这个阶段所培养的基本学习能力、行为习惯和品格素养将不只是对初等教育这个阶段产生影响，而是对整个学校教育乃至整个人生教育产生影响。

因此当今越来越多的学者都强调要从终生教育的视野下来看待“幼小衔接”工作，应认识到孩子顺利进入并适应小学，不仅意味着“幼小衔接”的成功，更意味着整个学业生涯的良好开端，而一些重要的学习品质的形成更是为终生学习品质奠定了基础。在这种认识的影响下，幼儿园和小学都不应狭隘地理解“幼小衔接”的任务和目标，而是更关注于促进孩子的可持续性发展。终生学习需要学习者具备积极主动的学习态度和学习能力，具有独立学习和自我决策的能力。要以终生学习观为指导思想来做好“幼小衔接”工作，主张一定要认识到幼儿教育改革和小学教育改革是整个教育体系改革的奠基工程，认识到作为奠基工程改革产物的“幼小衔接”是整个终生教育体系的关键工程——是整个终生教育体系的开端。

(三)课程与教学论基础

1. 课程连续性的观点

“连续性”指的是两个系统间的连续状态。幼儿园课程衔接是幼小衔接的主要问题，

① Bronfenbrenner, U. The Ecology of Human Development. Cambridge, M. A.: Harvard University Press, 1979:97－123.

② 联合国教科文组织国际教育发展委员会，韦钰译. 学会生存——教育世界的今天和明天[M]. 北京：教育科学出版社，1996.

许多研究表明课程的不连贯会造成学习衔接上的困难。我国台湾学者陈伯璋等即对小学课程结构的问题进行过研究，认为目前课程在连贯性上，社会各界反映最多的是学前至小学阶段的衔接问题，以及科目纵向衔接问题。该研究认为幼儿园与小学一年级的课程衔接主要有两大问题：一为幼儿园课程统整与小学分科教学的差异，造成儿童学习适应困难；二是幼儿园与小学低年级课程有重叠或不连续现象。[①] 美国幼儿教育协会针对幼小课程的连续性，曾提出一项适用于学前教育与小学低年级教育的课程设计——"适宜课程方案"(Developmentally Appropriate Practice in Early Childhood Program)，即教师依照幼儿发展的特征与顺序来设计连续性的教学方案，包括适宜的课程设计、教学内容、教学方法与师生互动等策略。

2.教学连贯性的观点

在幼儿园阶段，幼儿以活动为主。而当进入小学以后，知识学习的比重增加，教师开始强调读写算等基本技能与日常生活规范、班级纪律等，对儿童发展的个别差异与行为适应问题就很难顾及，这种幼儿园与小学教学形态上的重大差异，在一定程度上造成了幼儿在学习上的不适应。因此，从教学连续性的观点看，适合幼儿发展的教学应符合四个条件：一是教学的重心应着重在促进幼儿智慧的成长而非在学科知识的学习上；二是教学需要考虑幼儿在知识、技能、情绪、社会性等方面的发展；三是在结构方面非正式课程要居多数；四是建立适合幼儿个体发展的系统教学。亦即强调幼儿园与小学的衔接在教学连贯性上要注意：重视知、情、意、行的整合，以幼儿已具备的生活经验为教学的基础，从知、情、意、行四个层面，以幼儿的发展为宗旨进行教学；重视幼儿学习经验的完整与问题解决能力的培养。

三、其他相关的理论基础

德国学者 Wilfried Griebel 和 Renate Niesel(2003)[②]认为压力理论(Lazarus & Folkman,1985)、生命历程中的关键生活事件(Filipp,1995)以及 Cowan 的家庭转变概念(1991)都适合研究教育体系中的过渡的多种需求。维果斯基的社会文化历史的心理发展理论也被研究者[③]用来理解儿童从幼儿园过渡到小学时出现不连贯的行为事件。维果斯基的观点认为，儿童的个别学习是一个整体，它是由儿童与环境中的物体和人相互作用组成的。学习根植于特殊的情境，学习是情境性的，这样一个系统的、情境的观点并没有把幼儿的学习看作是其认知结构的变化而是看作共同的社会知识的技能的学习，涉及共同的社会活动。除此之外，在研究教育体系中的过渡的文献[④]中还出现了符号互动理论

① 陈伯璋.九年一贯课程的理念与理论分析.见"九年一贯课程系列"研讨会论文集.台北师范学院，台北市：教研协会，1999：10－18.

② Wilfried Griebel & Renate Niesel.(2003)Successful Transitions: Social Competecies Help Pave the Way into Kindergarten and School, European Early Childhood Education Research Monograph. Series No. 1:25－33.

③ Stig Brostrom.(2003)Problems and Barriers in Children's Learning European When They Transit From Kindergarten to Kindergarten Class in School, Early Childhood Education Research Monograph. Series No. 1:51－65.

④ Inge Johansson.(2003)Trsnsition From School to After-school Day-Care: Interplay Between Formal and Informal Learning Processes, European Early Childhood Education Research Monograph. Series No. 1:109－118.

(Mead)和社会文化视角下的学习(Salvo)以及有研究者[1]应用扎根理论(Glaser 和 Strauss,1967)进行研究和资料分析。

第三节　幼小衔接的现状考察

一、国外幼小衔接的现状

(一)美国的幼小衔接

美国的幼儿教育主要是指对0～8岁儿童进行的教育。年满5周岁的幼儿可以免费进入学区内小学附设的幼儿园就读,幼儿园与小学一、二年级形成"K－2"学制,是美国幼教的一大特色。此学制使幼儿园教师与小学教师得以在幼小衔接阶段,在课程设计、教学形式的选择与环境创设上,能考虑幼儿身心发展的特质,提供许多相互观摩、协调与沟通的机会。[2] 此外,美国专门针对入园前儿童开展了P－k项目(Pre－Kindergarten program),在美国,儿童入学的年龄一般是5岁,美国儿童在5岁进入幼儿园学习,接受一年的教育后再转入小学学习。因此在美国,入园前儿童一般是指5岁以下的儿童。P－k项目是全面的早期教育政策的一部分,其目的是确保所有的儿童成功进入学校学习,它同样对儿童的家庭提供必要的帮助。虽然每个州的P－k项目都有所不同,但是它们都有以下几个共同的特点:项目的目的是致力于帮助学生成功进入学校以及作好入学准备;项目服务的对象是入园前儿童(5岁以下,一般是4岁儿童);项目的资金是由州政府资助;项目保证每周数天的儿童交互的学习经验的获得。[3]

当前,在美国很多州主要是按照梅菲尔德(Mayfield)的幼小衔接建议进行。梅菲尔德认为,幼儿从学前阶段跨入小学,由于阶段的差异将会造成经验衔接上的不连续,因此必须通过父母、教师、学校行政、政策制定者及关心幼儿的教育者等,共同参与幼小衔接的规划。当前美国主要注重以下方面的衔接:

1. 理念上的衔接

强调幼儿园与小学教育目标与课程方案必须有一贯的教育理念——以儿童为中心,适度考虑衔接阶段的发展与延续性,并且与父母或政策制定者进行沟通,通过亲子教育刊物或宣传手册,建立课程与教学衔接上的理念共识。

2. 课程衔接

注重幼小衔接的美国幼儿园课程一般以语言和数学为核心,同时包括科学、计算机、

---

① Christine Clarke & Pamela Sharpe. (2003) Transition from Press to Primary School: An Overview of the Personal Experiences of Children and Parents in Singapore, European Early Childhood Education Research Monograph. Series No. 1:15－23.

② 许艳.美国幼小衔接的经验及启示[J].早期教育,2009(6).

③ Anne Mitchell. Pre-kindergarten Programs in the States: Trends and Issues. Early Childhood Policy Research, 2001.

社会、艺术(音乐、舞蹈、美术、戏剧等)、运动等。语言课包括了听、说、读、写的全语言教育内容,甚至要求幼儿能拼写单词,并尝试写出自己说出的话,特别要说明的是,幼儿每天上学时必须上交一份作业,这份作业或是一句话,或是一幅绘画作品,或是围绕某一主体的记录等等,一般由助理教师(在班级只工作 1 个小时左右,负责作业批改和环境整理等协助工作)批改并展示出来。学科化的课程设置使得美国幼儿园明显地向小学倾斜,以帮助 5～6 岁幼儿逐渐了解、熟悉并逐步喜爱小学的学习生活。

3.发展上的衔接

幼儿园孩子与小学生在生理和心理发展上有着很大的差异,在课程与教学的设计上需要考虑每位幼儿在现有发展水平上的适宜发展。

4.物理环境的衔接

幼儿对周围环境是相当敏感的,跨越不同阶段,孩子也将面临环境由熟悉到陌生的改变,造成生理、心理适应上的问题,因此给儿童提供一个较为接近上一阶段的衔接环境,是一个重要的衔接关注点,当然,衔接的两阶段都能同在一所校园之中(类似于我国的小学附设幼儿园)的话,对幼儿造成的环境冲击将会降到最低,且更有利于两阶段在衔接课程与教学方案中教师间的沟通与协调。

5.组织制度的衔接

比如教学日数、课时数的规范及每节课时间的安排、师生比例等组织结构上的问题,尤其是幼儿园师幼比例低,幼儿有较多的机会与教师互动,而进入小学后,师生比例升高,势必造成幼儿与教师互动沟通、同伴关系建立上的困扰,从而造成学习与生活适应上的问题,因而这些方面的衔接很重要;另外,专业团体组织(全美幼儿教育协会、小学生家长协会等)也发挥了其在政策制定上的影响力,提供了合乎儿童需求的课程设计。如哈佛大学家庭研究计划团队在一篇研究报告中指出,目前美国几所较完善的幼小衔接专业机构,都在着重邀请家长参与幼儿的学习。所谓"幼小衔接期",泛指幼儿进入小学前家长、学校、幼儿所参与的活动,可视为是为帮助幼儿衔接前后学习环境所需付出的准备,对幼儿来说,最难适应的是突然有许多新的规定和弹性较少的常规得遵守。

6.教育行政上的衔接

主管幼儿园与小学的教育行政机构整合,通盘考虑师资培训政策与教师资格审查等。

(二)法国的幼小衔接

法国教育界普遍认为,幼儿教育对今后的教育起着至关重要的作用,是儿童今后学业成败的关键。儿童从幼儿学校进入小学,由于教育条件和生活环境的突然改变,必然要面对许多新的问题,开始新的人际交往,为了使儿童获得健康的成长,能够从一个发展阶段顺利地过渡到下一个发展阶段,并取得良好的教育效果,法国不论是在政策法律的颁布,教育目标的设置,还是在教师队伍的建设方面都作了很多的努力。法国是西方为数不多的把幼儿教育列入基础教育范畴的国家之一,其幼儿学校和小学同属于初等教育范畴。法国"幼小衔接"教育无论是在培养目标、课程计划,还是在评估标准上都是相互联系、不可分割的。它将幼儿教育和小学教育作为一个整体。同时,幼儿教育与小学教育在教学上的相互交叉,有利于学前儿童顺利进入小学。除此之外,法国政府还统一了幼儿学校与小学的监督视导工作,并规定母育学校教师与初等教育教师要接受同样培训。法国幼小衔接的具体措施如下：

1. 幼儿园附设于小学中

法国的母育学校是附设于小学中的，而且在法语中，母育学校和小学并称为 ecoleprimaire，两者浑然一体。法国的幼儿学校有公立的和私立的两种形式，这些学校都被称为"母育学校"。"母育学校"这个名称最早是在 1840 年由当时的教育部长卡尔诺提出来的，他要求把"托儿所"改称为"母育学校"。1881 年 8 月颁布的政府文件中对"母育学校"作出了如下的定义："母育学校"是初等教育的设施，那里的男女儿童将共同接受体、德、智全面发展的教育。母育学校则根据儿童年龄发展阶段来编班，这样母育学校就如同是一个大家庭，教师就像慈母一样关怀照顾着每一个孩子，而这些男女儿童也像是一家人一样聚集在母育学校中，一起游戏，一起生活，一起成长，过着和谐、整洁的生活。

法国的母育学校不同于我国的托儿所和幼儿园，它跟小学一样有具体的教学计划和时间安排(但不是强制性的)；其次它才是幼儿园，因为它的主要教学手段还是以游戏为主，儿童以"玩"为主。这在形式和内容上都有利于幼儿教育和小学教育的衔接。

2. 以"阶段"打破传统的年级概念

兴起于 20 世纪 90 年代的法国幼儿教育改革与初等教育改革是紧密联系的，新的改革尝试是打破传统的年级概念，在包括母育学校(法国的幼儿教育机构)和小学的整个初等教育中建立新的教学组织形式——"教学阶段"。这项改革把幼儿教育和小学教育合为一体，2～11 岁儿童的教育被分为三个连续的教学阶段，每个阶段一般由三个学年组成：一是启蒙学习阶段(2～5 岁)，包括母育学校的小班和中班；二是基础学习阶段(5～8 岁)，包括母育学校的大班和小学的前两年；三是深入学习阶段(8～11 岁)，包括小学的后三年。每个阶段根据学生的能力和水平组织教学。教学阶段的实验和改革的意义在于，重视学生的个体差异和幼小衔接，并以学生为中心组织教学。

从形式上看，这种打破年级概念的"教学阶段"制度相对于传统模式而言显得更复杂，但它更符合每个儿童的个性特征。其次，"教学阶段"制度有利于培养儿童的社会行为。学校是儿童最初获得社会经验和知识以及培养合作精神的场所，通过母育学校的五大活动课程能够让学生从小在一种比家庭更为复杂的学校体制中逐步找到自己的位置，并学会独立自主。最后，"教学阶段"制度有利于发挥和挖掘每一个阶段的教学小组中所有教师的能力和潜力，可以集中他们的集体智慧以共同搞好教学工作。总之，采取"教学阶段"这种新的教学制度，加强了母育学校和小学的二体化，促进了幼儿教育与小学教育的衔接。

3. 统一母育学校与小学的监督视导工作

1990 年，法国政府规定把母育学校与小学的监督视导工作合并起来，法国国民教育督学的主要职责为：第一，在一个省的范围内负责对小学、初中段的职业技术教育和学前教育机构的督察；第二，小学督学、技术教育督学、学徒教育督学和信息方向督学，督察初等教育、幼儿教育机构的教学、教育工作管理和评价教师及有关人员。因此，初等教育的视导员以及教育顾问都需要具有两个阶段的教育理论和实际经验，以利进一步做好母育学校与小学的衔接。[①]

---

① 杨敏，程斌. 法国"幼小衔接"的措施及其启示[J]. 早期教育，2008(6).

4. 母育学校教师与初等教育教师接受同样的培训

以法国国民教育部制定的小学教师职业能力参照表为例，它确定的小学教师的工作性质和范围为“小学教师是一门综合性的职业，教师应该有能力教授各个学科，并承担从幼儿园小班到小学中级 2 班(即小学的第五年)的教学工作，并认识到自己的职业在不断的发展之中”。同时，国民教育部对幼儿教师和初等教育教师的聘用考试的考试科目也是一样的，初试考法语和数学两项，录用考试有四项，即关于教育科学的口试(涉及教育哲学、儿童和青少年心理和生理发展、学习心理学和社会心理学等)、关于常识的笔试、关于语言、音乐或造型艺术的口试以及体育测试等。接受同样的专业训练，有利于实现母育学校教师与小学教师的互换，也是实施幼小衔接的重要举措。[①]

5. 增加男性教师比重

社会心理学认为，基因与环境相互作用，使个体的心理与行为在发展的早期就会出现明显的分化。外部环境中不同性别成人的影响是不容忽视的。受长期以来男性统治地位的影响，男性在认知、情感、意志、言语及个性等方面都表现出了较明显的心理行为优势。实践已经证明，男性特有的心理特点及行为方式对孩子有着独特的影响。此外，幼儿园男教师对幼儿性别意识的形成也会产生积极的影响。[②] 同时，由于法国小学男性教师所占的比例比母育学校高许多，为了实现母育学校与小学更好的衔接，法国特别鼓励男性进入幼教机构担任教师，以加大母育学校中男性教师的比重。

(三)日本的幼小衔接

日本把幼儿园与小学的衔接置于终生教育的背景下来考虑，近几年日本“幼小衔接”热潮的出现与终生教育思潮的影响也是分不开的。在终生教育思潮被日本社会和教育界接受以后，人们普遍要求关注儿童的可持续性发展。儿童发展的可持续性当然需要儿童受教育的连续性。文部科学省明确指出幼小衔接不是要幼儿园培养与小学特定学科内容直接连续的东西，而是培养儿童上小学后成为其生活、学习基础的东西。

1. 开设生活课

日本非常重视幼小课程方面的衔接。其中具有特色的是生活课的开设。日本文部科学省在 2002 年颁布的《教育指导要领》中明确要求在小学一至二年级的课程中增设一门新课——生活课。该课程最大的特点是综合探究性，让孩子对生活的各个方面进行多种多样的探究。生活课包含了原来小学课程中理科(以自然、地理、理化基础知识等为内容的课程)和社会科(以社会常识和技能为内容的课程)。其内容从和儿童有关的社会，自然以及儿童自身的三个角度来选择“生活课”。具体的课程展开，则以校为本，因地制宜。表面上看起来是对以前“科学课和社会课”的合并，但事实上“生活课”是一个综合性很强的新课程——在学习内容和学习方式上都类似于日本幼儿园教育中的“环境”领域(与我国幼儿园科学教育领域类似)，是一种以儿童的探究为核心的儿童主动学习和发展的课程。它注重让儿童学习与生活相关的各种初步的科学知识，让儿童形成初步的科学能力和科学态度，注重在探究活动中培养儿童发现问题、提出问题和解决问题的能力。生活课采取

---

① 杨敏，程斌. 法国“幼小衔接”的措施及其启示[J]. 早期教育，2008(6)

② 王艳芝，柴莉颖. 男教师进入学前教育的现实意义与可行性策略[J]. 学前教育研究，2008(2)

“合科指导”的方式，将游戏、动手操作、观察等方法引入课堂，与幼儿园以游戏为中心的“综合指导”方式相同，减少了幼儿入学后的不适应。

2.幼儿园教育和小学教育一体化

2004 年 5、6 月间，日本中央教育审议会在一份报告中提出将幼儿园教育和小学教育一体化的动议，并将这一动议称为“幼小一贯教育学校”计划。虽然这一计划目前还处于酝酿和讨论阶段，但日本文部科学省已决定从 2005 年开始试行、2006 年正式实行“幼小衔接推动班”制度，为未来推行“幼小一贯教育学校”计划作准备。日本文部科学省设想，幼儿园和小学应该是追求相同教育目的的共同体，“幼小一贯教育学校”的主要任务应定位于具有共同目的的共同体携手做一件共同的事情——促进儿童的可持续发展。也就是说，“幼小一贯教育学校”要在特定的幼儿园和小学之间建立紧密的合作关系，在尊重幼儿园和小学各自教育特点的前提下进行“一贯教育”，使原来“分而治之”的幼儿园教育和小学教育“一体化”，以有效消除幼儿园教育和小学教育之间的鸿沟，使幼儿园教育向小学教育自然过渡。在这种背景下，日本近几年在“幼小衔接”中特别重视让小学教师和幼儿园教师共同组织儿童的教育活动，让小学低年级学生和幼儿园 5 岁儿童一起进行各种各样的探究活动。①

日本的“幼小一贯教育学校”计划试图抛开幼儿园和小学“各自为政”的教育内容和教育组织形式，让两个学段共同为 3～12 岁的儿童编制教育课程、设计教育方法，使幼儿到小学生的过渡变成类似于幼儿从小班到中班和从中班到大班的过渡，或者类似于小学生从低一年级到高一年级的过渡。值得注意的是，幼儿园课程设计思路成了日本“幼小一贯教育学校”课程的基本思路——不是分科教学，而是领域活动；不是系统的知识教学，而是综合的探究学习。

3.开展经常性的交流与合作活动

日本以往的“幼小衔接”缺乏制度性与可持续性。以往的“幼小衔接”活动常常是在幼儿园幼儿进入小学之前、由幼儿园组织的、每年一次的参观小学活动，近几年来，日本非常注意使幼儿园和小学的合作关系成为长期的和经常性的合作关系，注意把幼儿园和小学之间这种长期的和经常性的合作关系落到教育活动的实处。日本幼儿园展开活动之时注重其连续化、互惠性和双方的交流。因此，他们会把幼儿园和小学建得很近，并由同一个人担任院长和校长这一职务，这更有利于活动的展开。

在幼儿园和小学经常性的交流与合作实践中，常见的有两种形式：其一是“幼儿园和小学联合组织”所开展的各种交流和合作活动；其二是幼儿园教师和小学教师有意识地增加交流和合作活动的频率。所谓“幼儿园和小学联合组织”是一个幼儿园和小学各派代表组建的定期沟通的委员会，委员会的委员们共同讨论交流和合作计划以及具体的实施策略，平等协商并友好解决双方合作中的困难。幼儿园教师和小学教师有意识地增加交流和合作活动的频率，则使得双方教师之间和儿童之间获得了更多相互接触和相互交往的机会，彼此之间的相互认识和相互理解得到了进一步增强。②

① 霍力岩.日本拟推行“幼小一贯学校”计划[J].幼儿教育(教师版)，2006(5).

② 霍力岩，木全晃子.日本“幼小衔接”热潮剖析[J].比较教育研究，2006(5).

4. 重视组织上的衔接

日本为推进衔接工作的展开，在教育组织上进行了六个方面的工作，以增进幼小相互教育的理解，进一步为从幼小教育的一贯性，改善改革教育课程。①幼小教职员合同研修；②组织幼儿园教师参加小学教师资格证的考试，幼小教职员相互职场体验研修；③开展幼小衔接模范市、町、村事业；④幼小衔接推进会议；⑤市、町、村幼儿教育主管课长会议；⑥幼小衔接调查研究委员会。例如：日本北九州市从昭和四五年开始组织“北九州市幼年期教育研究会”，集和小学及公、私立幼儿园的管理者和教谕，举行每年一度的“幼小教育交流会”和“研究大会”，并且将每年这个研究成果归纳到纲要上，发布于公、私立幼儿园和小学校。“幼小教育交流会”中通过幼小的管理者和教谕的实践，进行相互理解的先进性集团协议的方式。还在“研究大会”中交替进行公开保育，公开授课、实践发表、讲演等，相互参观，深化理解，进行合同研修。这有利于深刻理解各种教育的目的和特质等，也有利于教师之间的交流与合作。

二、我国幼小衔接的问题与对策

(一)幼小衔接中的问题

联合国儿童基金会与我国国家教委合作的《幼儿园与小学衔接研究》的调查表明，我国每年约有 2100 万～2500 万新生进入小学，他们中的许多人对小学的学习生活不适应，普遍感到上课时间长，作业多，心理压力大，精神负担重；部分学生还会出现身体疲劳，睡眠不足，食欲不振，体重下降等身体反应，不少学生学业失败率高，课堂违规行为多，自信心受挫，留恋幼儿园的生活，产生怕学、厌学情绪；有的孩子甚至想像爷爷奶奶一样“退休”，想当小动物，以便逃避学习，任性去玩。[①]

小学生出现上述这些情况的原因主要是：幼儿园和小学之间联系不够，因而造成了众多的脱节现象。幼儿园与小学教育之间差别过大，“坡度”过陡，幼儿自然会发生“陡坡效应”。

(二)幼儿园与小学衔接工作中的问题

为了解决幼儿园与小学衔接中的问题，使儿童更快地适应小学生活，我国的幼教工作者曾做过多种努力，也取得了一定的成绩，但还存在以下几个问题：

1. 盲目超前性

许多人以为，只要让幼儿提前学习小学一年级的教材，让幼儿学好拼音，学会识字、写字和算术，就可以减轻幼儿入学后的压力和负担，就为入小学作好了准备。有的幼儿园(包括学前班)甚至照小学的样子排出课程表，采用小学一年级的课本，让教师轮流给孩子正规上课，教学形式和方法均采用小学的做法。这样简单地照搬小学的一套，实际上是让幼儿提前进入小学，这不仅不能提高孩子的入学适应能力，反而会造成种种弊端，妨碍孩子应有的发展。

首先，“小学化倾向”不利于幼儿的身体发展。幼儿正处于长身体阶段，机体和神经系统都还比较弱。幼儿如果长时间地集中注意，大脑容易疲劳，会造成神经系统的伤害，并

---

① 林嘉绥. 幼小衔接中存在的问题及方针策略[J]. 启蒙，1996(6).

引起心理上变化，如表情呆板等。过早、过多的规范性学习还能导致幼儿近视、驼背、消瘦等身体不良症状产生。

其次，“小学化倾向”不利于幼儿的心理发展。过早地对幼儿实施小学教育超越了幼儿心理发展水平。幼儿心理活动的有意性较差，以机械记忆为主，抽象逻辑思维还处于萌芽状态。幼儿期的心理发展还不完善，还不具备系统学习的能力，若要幼儿学拼音、识字和做算术，幼儿只好花费大量的时间死记硬背，事倍功半，幼儿、家长和教师均很吃力。幼儿会对学习产生厌倦、畏惧情绪，从而会扼杀幼儿的学习积极性。

再次，“小学化倾向”对幼儿的全面发展不利。在幼儿阶段所进行的小学式教育，其实进行的只是单项智育，由于这种做法只重视单项智育或某种技能的发展，忽视了全面性发展的要求，结果，幼儿的非智力因素的发展被削弱了，其他各育的发展要求被忽视了，导致了幼儿身心发展的片面性。

第四，“小学化倾向”对幼儿的未来学习不利。在幼儿阶段儿童如果学过了小学课本上的知识，他们刚上小学一年级时，不用花多大力气就可以获得好成绩，由于重复教育，使这些儿童养成了不动脑、不思考、生记硬背的不良习惯。久而久之，幼儿极易养成不专心听课的习惯。而这种不良习惯会成为这些孩子学习的主要障碍。随着教学的推进，这些孩子会渐渐跟不上教学进度，由“高才生”变为“后进生”。

2. 单向性

不少幼儿园把幼小衔接当作一项重要工作来做，积极开展幼儿入学前的准备工作，无论是在教学要求、内容、方法还是作息时间方面都主动向小学靠拢，而大部分小学却无动于衷，不主动与幼儿园接触，也很少考虑初入学儿童的身心特点，造成了衔接工作的单向性。

3. 片面性

幼小衔接工作的片面化表现在重知识准备，轻能力培养，只关注儿童认识了多少字，会做多少算术题，不关心儿童的学习兴趣、学习习惯及学习能力，不关注孩子的独立生活能力、交往能力、挫折的承受能力等；只关注儿童的生理健康，忽视了儿童的心理健康。在非智力因素方面培养不够，致使孩子的身心素质不平衡。许多孩子的知识和智力能适应小学的学习，但存在体质弱、易生病、精力匮乏，社会交往能力差、个性不佳、自理能力不足、审美能力不强等问题。单就智育而言，其具体素质也不平衡。广义的非智力因素指人在智慧活动中，不直接参与认知过程的心理因素，包括需要、兴趣、动机、情感、意志、性格等方面。在学习中，非智力因素不直接参与认知过程，即在认知过程中，非智力因素不直接承担对机体内外信息的接受、加工、处理等任务；但直接制约认知过程，表现为它对认识过程的动力作用，定向和影响作用，维持和调节作用，以及弥补作用。在幼儿园，由于教师较多地从幼儿的年龄特点出发，从他们的兴趣出发，采用游戏形式组织教育教学活动，主要利用儿童的无意识注意。上小学后，需要儿童较多地进行有意识注意，同时要有明确的任务意识、规则意识、自制能力、坚持性、自我服务能力等，很多幼儿教师在这些方面都没有对幼儿进行有意识的培养。

4. 表面性

不少幼儿园的幼小衔接工作只停留在表面上。以为幼儿园与小学衔接就是让幼儿园大班在外部环境和条件上采取措施，让幼儿对小学生活有所了解。如：在幼儿园大班，课桌的摆放形式有所改变，课间时间延长，游戏时间、活动数量减少；组织幼儿多参观几次小学，到小学听课，与小学生共同活动；让幼儿教师与小学教师相互联系，相互听课；使幼儿园大班的环境、生活学习制度及要求逐渐向小学靠拢；开毕业典礼，赠送文具，欢送幼儿入小学等。这些活动是必要的，也是有效的，但是儿童的适应能力，有意注意的持久性，学习的主动性、积极性、自制力等常常被忽略了。

5. 突击性

衔接工作是一场持久战。从某种意义上说，衔接工作在幼儿一入园就开始了，整个幼儿教育时期都要为儿童小学和今后的成长做好最基本的全面的素质准备。而在大班，是要侧重做好儿童入小学的特殊准备，如通过游戏和绘画等活动培养儿童写字所需的基本功，熟悉田字格等。但大多数幼儿园在儿童将要入学的前半年才做衔接工作，在大班对幼儿进行相应的突击训练，这些做法是远远不够的。应该在儿童3、4岁刚入园时就逐步的培养其自理能力、交往能力、规则意识等和正确的姿势、良好的习惯等。如果在最后时期才进行强化训练，急于求成，会使儿童在生理、心理各方面压力骤然加大，难以适应，不但教育效果不佳，而且还使儿童对小学和未来的学习产生畏惧情绪。幼小衔接是长期的工作。

(三)幼小衔接中的合理对策

1. 坚持渐进性原则

在我国，近30年来的独生子女政策以及应试教育的激烈竞争，已导致家长和教师十分重视儿童的成材问题，于是就有了“不要让孩子输在起跑线上”的说法，对衔接幼儿园与小学的学习看得很重，甚至常常超前教育。儿童能力的发展和良好习惯的形成不是一蹴而就的，因此，衔接工作也不可能是一朝一夕可以完成的。为此，要将幼儿入学前应具备的各方面素质分解成不同层次、不同水平的教育目标，划分到不同阶段的教育中，依据幼儿身心发展的规律循序渐进地去完成。

2. 坚持双向性原则

儿童要为入学做好准备，学校也要为儿童做好准备。即国外学者所说的“有准备的幼儿园(School ready Kindergartens)”和“有准备的学校(Child ready Schools)”事实证明，双向衔接是解决幼小衔接问题的必由之路。在幼小衔接工作中，幼儿园与小学的双方配合与协作是不容忽视的环节。

儿童发展具有连续性，这决定了在衔接时期，幼小两阶段的特点同时并存，且相互交叉。为适应儿童的身心发展特点和规律，幼儿园和小学都要创设适合儿童发展的教育，要积极向对方靠拢，彼此沟通、相互衔接。双方既要保持各自的独立性、特殊性，又必须同时保持连续性，共同为儿童一生的发展创造最大的可能性。幼儿园教师与小学教师要多交流与沟通，共同研究教育理论，探讨教学方法，研究幼儿的心理状况。如让幼儿园大班逐渐向小学靠拢，在生活制度方面，逐渐减少休息、生活和游戏的时间，延长上课时间，增加上课节数，并开始记考勤，严格执行作息制度。在教学方面，逐渐减少感性知识教育内容，减少教学方法的直观性和游戏性，逐渐增加抽象理性知识的教育，多采取讲授法，加强上课纪律，并开始布置图画、手工、故事等方面的家庭作业。在师生关系方面，教师应逐渐放手让孩子自理和自由交往，让孩子学会用讨论法商议班上的事情，培养孩子的集体意识和管理班集体的能力。小学教育也应注意起点不能过高，应注意在幼儿园教育成果的基础上，促进孩子身心的和谐发展。在幼儿入小学初期，减少教学内容中抽象性的语言和符号，增加具体形象、有趣的内容；减少呆板式的上课，增加趣味性和活动性的教学方式。保持衔接工作的系统化、保证教育的连续性。这是幼小衔接工作的双向性原则，是幼小衔接工作得以顺利开展的基本保证。

3. 由重知识、技能向重兴趣、习惯和情感转变

在20世纪90年代初期，由联合国儿童基金会与国家教委开展了一次大规模的“幼儿园与小学衔接的研究”，这项研究指出，幼儿入学困难一般分为学习与社会性两大方面。学习适应困难主要表现在读写与数学两个方面，社会性适应困难主要表现在任务意识与完成任务的能力、规则意识与遵守规则的能力、独立意识与独立完成任务的能力以及人际交往的能力等方面(朱慕菊，1995)。

在以往的实践中，我们往往以解决幼儿学习适应方面的问题为主，较为重视读、写、算等方面的知识与技能传授。一位家长在参加一个“幼小衔接”的座谈会时很认真地做了笔记：语文课56个汉语拼音中要掌握47个；800～1000个识字量，会读报；古诗词光背没用，老师随便点一个字要读得出。[①] 诚然解决幼儿学习适应性也是有一定积极意义的，因为幼儿在进入小学后第一个面临的就是这些方面的困难，但是更为重要的社会性方面的适应问题往往就被忽略了。

为适应儿童的身心发展特点和规律，促进其健康成长。幼儿园和小学都要进行全面而系统的衔接教育。全面地看待幼小衔接工作，相互交流与合作，共同探讨和研究幼小衔接。儿童的发展既是阶段性的，又是连续性的，一个孩子绝不是在跨入小学的那一天，突然失去幼儿的特点，发展的连续性规律决定了两阶段的特点同时并存，且相互交叉，幼儿阶段的特点逐渐减弱。小学阶段的特点逐渐增强。因此幼小衔接不仅是知识、技能的衔接，也是情感、态度、能力方面的衔接；不仅有语文、数学能力的衔接，还要有规则意识、任务意识、社会交往等社会能力的衔接；既要考虑到生理内容的衔接，更要考虑到心理内容的衔接；既是智力的衔接，又是德智体美的衔接。只有这样才能使儿童身心发展和谐，这才是“幼小衔接”的正确导向。

4. 推行多方位的幼小衔接

幼小衔接工作不能只停留在表面，幼儿园和小学应利用各种资源，从多方位、多角度进行幼小衔接。

(1)加强三方沟通

幼儿园和小学应定期、不定期地开展幼小衔接知识讲座和交流会，学校和幼儿园的领导应充分发挥组织管理作用。做好各种保障措施。同时，幼儿园和小学可组织教师互相参观、观摩学习，深刻体会两个教育阶段的异同，将感性知识转化为实际操作。利用彼此的教育资源为幼儿顺利实现过渡，创设良好的物质和精神环境。既然儿童是幼小衔接工作中的主体。幼儿园和小学应多加强儿童之间的沟通，通过开展联谊会、运动会、游戏活动、牵手互助等活动。增进儿童之间的了解，发挥同伴群体的影响作用，激发幼儿向往小学的积极心理。幼小沟通不仅仅指幼儿园与小学的沟通，家长对幼小衔接的支持与合作也是非常重要的。有研究者认为，家长的“衔接观”在幼小衔接工作中起着重要的作用。

---

① 苏军. 别让“幼小衔接”走了样[R]. 文汇报，2009(3).

帮助家长更新、端正、树立正确的幼小衔接观念，是幼小衔接工作成功的首要保证。[①]

在幼儿从幼儿园过渡到小学的阶段中，最直接的参与者是家长，因此，帮助家长了解幼小衔接的要求和教育措施，掌握正确的家教方法是十分必要的。在实施幼小衔接工作时，幼儿园与小学均应将家庭作为“重要的合作伙伴”，应遵循“尊重、平等、合作”的原则，争取家长的理解、支持和主动参与，共同做好衔接工作。

(2)重视幼小课程衔接

幼小课程衔接是指幼儿园课程和小学课程之间的连续性、连贯性、持续性。它反映的是课程在“幼儿园——小学”这条轴线上的垂直向度/纵向联系。幼小课程衔接包括幼儿园和小学在课程目标、课程内容、课程组织与实施、课程评价 5 个方面的衔接。课程是学校教育的“心脏”，[②]搞好课程之间的衔接是实现教育衔接的一个重要方面，因此幼儿园与小学之间的衔接教育受到了世界各国教育界的普遍关注。

要搞好幼小课程衔接，必须从课程的目标、内容、组织、实施及评价等五方面入手，形成一个合理的课程衔接方式。一是课程目标小步子化。应将两个阶段的课程目标联系起来考虑，根据儿童的发展水平，以小步子化的方式逐步实现课程衔接，体现层次性和弹性化，让儿童逐渐适应从幼儿园到小学的过渡。二是课程内容生活化。应将儿童的生活经验作为课程内容，选择利于引导儿童从周围生活世界中发现、探究问题的内容，体现儿童所在的家庭、学校、社区文化，富有教育意义的内容。三是课程组织统整化。幼小衔接时期儿童心理发展的整体性特质与幼儿园和小学之间的“坡度”决定了幼小衔接中课程组织应统整化。四是课程实施活动化。课程实施中应让儿童先从外部形式的活动开始，在操作过程中促进儿童思维活动的发展，让儿童由直接感知转化为表象，进而构建初步抽象逻辑。应综合运用观察、操作、表述、游戏、小组讨论、户外活动等多种活泼生动的活动(教学)形式，调动儿童的多种感官，在活动中引起儿童内部心理活动——浓厚的兴趣、强烈的求知欲、体验探究的乐趣、积极乐观的情绪、主动的学习态度，使儿童通过亲身经历、实际操作与活动，获得认知、技能、情感态度与价值观等方面的发展。五是课程评价多元化。应以儿童的全面发展和持续发展为导向，多维度多视角关注幼小衔接时期儿童在学习活动中的主动建构，评价的主体、内容、标准、机制、方式等方面都应体现出多元化的理念。[③]

(3)优化教师专业素养

有研究发现：幼小教师对对方相关学科的知识和教育改革趋势以及教育科研知识的了解还比较肤浅，一半左右的幼小教师对对方的培养目标缺乏透彻理解，这势必会出现幼小教师在教学中的知识断层。在教育能力方面，幼儿教师表现较突出的能力依次为表达能力和教学设计能力、教育教学交往能力、反思能力，小学教师表现较突出的能力依次是表达能力、教育教学管理能力、反思能力和教学设计能力，而两者在创新能力、教学研究能力上的表现一般。[④]

---

① 陈臻. 幼小衔接需要家长的配合[J]. 山东教育，2002(5).

② 靳玉乐. 新课程改革的理念与创新[M]. 北京：人民教育出版社，2003. 前言.

③ 杨晓萍，伍叶琴. 教育的张力：基于幼小课程衔接的视角[J]. 学前教育研究，2008(7－8).

④ 尹芳. 新时期幼小衔接问题的调查与思考[J]. 早期教育，2008(6).

因此，我们有必要从教师专业素养入手，架起幼小教师衔接的桥梁。尤其是幼小教师要以积极的态度不断更新完善幼小两个阶段的教育教学知识和相应的专业能力。另外，幼小教师的职前教育要注意幼小两阶段教师素质的综合培养，职后教育则可以通过交流学习、互换岗位、共同开展教育活动等方式加强双方对彼此教育情境、教学安排等方面的学习，在实践中完善个人素质。

(4)搭建幼小衔接教研平台

美国的研究者和教育工作者密切合作，进行了大量的实证研究，不但进行了广泛的访谈、调查及测量，而且在此基础上积极进行教育干预，并对干预的效果进行了深入的实证研究，注重成果的进一步发展和提高。与国外相比，我国在幼小衔接上的研究还比较薄弱。尤其是实证研究较少，无法发挥教育研究对实践的指导作用。为此，有必要在幼儿园和小学之间搭建起幼小教研的平台，引导幼小教师在真实、鲜活的教育情境中，敏锐地捕捉衔接工作中出现的问题，通过共同的研究探索或在专家的指引下找到相应的解决措施，为幼小衔接工作的开展提供理论和实践支撑，从长远看，幼小之间的联手研究势必有利于幼小衔接的良性运行。使幼小衔接工作的开展更能体现针对性和有效性。注重实证研究，扎实推进研究工作。[①]

实证研究

美国40年儿童入学准备研究成果[②]

一、美国入学准备研究项目回顾

美国早期干预和入学准备研究项目最早开始于20世纪60年代中期，随着“向贫困宣战法案”和“1964年经济机会法案”逐渐兴起。影响最大的是提前开端计划项目，这个项目为年幼儿童和他们的家庭提供了一系列社会支持、卫生和教育服务。提前开端计划项目带出了很多项目，如卡罗莱纳州初学者项目和高瞻佩里学前学校项目。

卡罗莱纳州初学者项目主要是为有发展滞后可能性的低收入家庭儿童提供早期干预服务。这个项目对儿童发展的作用是令人吃惊的，并且这种作用具有可持续发展性。这些儿童在21岁以前的认知分数一直很高，在阅读和数学方面的成绩也很突出。参加这个项目的儿童的母亲也从中获益，比如她们提高了自己的教育水平，获得了很好的就业岗位等。高瞻佩里学前项目进行了40多年的纵向研究，在这个项目中，儿童不仅在教育和健康方面受益，而且也获得了终生学习和适应社会的能力。这些项目上的公共投入带来了巨大的个人收益，增加了国家税收，大大降低了参与者的犯罪率和领取失业保险的可能性。经济学家和教育学家都认为，用高质量的早期入学准备项目对儿童进行早期干预不仅有利于儿童个人和他(她)的家庭，对社会同样会产生经济效益，因为这些项目产生了强大的劳动力队伍，进而改善了所有公民的生活质量。

① 尹芳.新时期幼小衔接问题的调查与思考[J].早期教育，2008(6)

② 资料来源：张凤.美国40年儿童入学准备研究成果对我们的启示[J].学前教育(幼教版)，2010(5)(本书根据需要有所删减)

上世纪90年代早期，美国国家目标委员会提出了儿童入学准备的目标和这些项目的一些改进建议，从而推动了这些项目进行变革。入学准备领域的专家们认为，入学准备项目应该要关注到儿童发展的各个方面，包括心理发展、生理健康以及学业成就，而不仅仅是培养儿童的认知技能和读写能力。在这个含义广泛的“入学准备”概念的引导下，许多项目开始真正强调“入学准备”来支持儿童的早期发展和学业准备情况。

但是，让儿童参与高质量入学准备项目的阻力和挑战依然存在。卡耐基基金会在一份报告中详细阐述了许多孩子可能面临的导致学业失败的各种挑战。他们呼吁对教育系统进行改革，提出政府制定的政策要能更好地支持儿童，特别是生活贫困的儿童。尽管入学准备项目已经开展多年，但仍有儿童无法参与到那些明显能提高他们学业成就的项目中去。事实上，整个美国早期教育的平均质量非常一般。此外，大约有三分之一儿童接受的是不定时照看服务和家庭上门看护服务，这些儿童只能得到最基本的照看。而更为严重的是，有的看护服务根本达不到标准。因此，提供高质量的养育和教育，保证所有儿童在入学前做好准备是一个有着广泛影响的社会问题。

二、40年入学准备研究的发现和结论

1.神经系统科学的贡献。技术的进步使神经系统科学能够更好地解释神经中枢的发展，也让我们更容易理解大脑的发展对儿童整体发展和入学准备的影响。我们不但知道在儿童的成长中会有运动技能、语言获得发展等的关键期，也知道儿童最初几年的发展能影响未来的成功，因为只有在最初几年大脑结构及神经突触得到了充分发展，才能为儿童后来各种技能的获得建立基础，而缺乏早期经验或适宜刺激则会影响大脑神经突触的成长。脑科学研究的新进展表明，提供高质量的早期学习环境能有效刺激儿童的神经发展。

2.早期学习环境质量检验。40多年的研究充分证明，高质量的入学准备项目对儿童认知和语言发展有积极影响。大量的研究认为高质量的家庭和学前学校环境在提高儿童入学准备上的重要性，相反，恶劣的环境对儿童发展非常不利。

3.入学准备与处境不利儿童。高质量的学前教育项目能使儿童在认知和语言发展方面获益，而这种优越性对经济社会处境不利儿童的效果最为明显。降低贫困儿童在入学前的认知发展差距是获取教育机会公平的非常关键的方面。据报道，参与了高质量入学准备项目的儿童在数学、阅读及词汇方面取得了高成就。40多年的研究一直强调贫困和缺乏入学准备之间的关系。贫困对儿童的社会发展、身体健康和教育方面都能产生不利影响，但是，让儿童参与高质量入学准备项目，通过为儿童提供深入的、以儿童为中心的早期干预和广泛的家庭支持服务就能克服贫困带来的不利影响。

4.教师的质量和儿童入学准备。教师的质量，包括教师的资格、行为和教学经验，与儿童的发展显著相关。成本、质量和成果研究会报告说，可以通过师幼关系对儿童社会发展和行为表现做很好的预测。儿童健康和人类发展国家研究所的调查认为，教师的专业发展会提高教师与儿童的互动水平，包括在课堂里教师提供给儿童的社会支持。教师的指导、管理和监控在提高儿童社交和行为技能方面有持续的作用，而儿童的社交技能和行为表现有助于儿童更好地适应小学生活。

5. 需要努力的方向。在提高儿童入学准备能力上，哪些是更有效的技能和策略；质量一般，但关系到绝大多数儿童发展的早期养育项目对儿童发展的影响等都需要进一步的研究。此外，需要开展更多国际化和跨文化研究来检验文化价值上的差异；需要在第三世界和发展中国家进行更多研究，以拓展现在的研究基础，比如当资源有限时如何改善入学准备。同时，还需要通过研究来改善儿童的健康状况，扭转席卷发达国家的儿童肥胖现状。

□ 要点小结

1. 正确认识幼小衔接的含义。幼小衔接即幼儿园与小学之间在教育教养工作的内容上以及在实现这些内容的方法上互相联系。这一内涵有以下几个特征：第一，幼小衔接具有相互性。它是两个教育阶段共同的任务，不是某一个阶段的任务，也不是一个阶段向另一个阶段看齐、靠拢。第二，幼小衔接的整体性。教育机构的教育教养工作是一个整体，因此，幼小衔接不应仅仅片面追求在学科上和知识上的准备，衔接的重点还应放在儿童自身发展的准备程度上。另外，幼小衔接不应仅仅致力于教育教养工作内容上的衔接，还应注重教育方法上的衔接。

2. 明确幼小衔接的理论基础。幼儿的生理、认知、情绪、社会性、道德及语言等都是以持续且渐进的方式发展着，若把幼儿园教育与小学教育的教学形态分割为两个不同的阶段，将会使孩子突然因为学习情景的变化而不知所措，甚至产生学习适应不良。此外，人类发展生态学、终生教育、课程与教学论等相关理论也为幼小衔接提供了理论基础。

3. 盲目超前性、单向性、片面性、表面性、突击性是目前我国在幼小衔接工作中存在的几个主要问题。因此，我们必须坚持渐进性原则；坚持双向性原则；由重知识、技能向重兴趣、习惯和情感转变；推行多方位的幼小衔接。

□ 学业评价

1. 简述幼小衔接的含义及内涵。

2. 试述幼小衔接的理论基础 。

3. 选取一所幼儿园或小学一年级的班级进行研究，考察这所班级在幼小衔接方面主要存在哪些问题？并针对问题提出可行性策略。

□ 学术动态

• 幼小衔接研究的视角。通过梳理国外关于幼小衔接的研究视角，可以了解国外在这方面关注的问题与研究的内容，以及已获得的研究结论，从而可以大致把握国际上关于幼小衔接的研究趋势。国外关于幼小衔接研究的视角主要包括以下几个方面：儿童对入学的看法；家长和教师的观点与期望；儿童的个体背景对衔接的影响；过渡活动对衔接的影响以及儿童、家长和教师之间的关系对衔接的影响。

• 幼小衔接研究的方法。当前，国外针对幼小衔接研究的主要研究方法包括：访谈法与观察法；丹麦学者 Stig Brostrom(2003)在关于过渡活动的矛盾的研究中，选取4名儿童，2所幼儿园和2所学校(包括有3个学前班)作为案例研究。作者的所采用的研究方法基于现象学的哲学基础，应用人类学和人种学的方法，具体有参与式观察，非结构式自由访谈，更多是结构式的访谈①、问卷与量表。Christine Clarke 和 Pamela Sharpe(2003)在对入学前后家长与儿童的看法的研究中，作者进行了两个研究，第一个是研究父母对幼儿在幼儿园里学业和语言技能的获得以及入学后的应对技能的影响，第二个研究是调查儿童调整适应小学的认知、语言、社会的和情感的需求的能力。第一个研究用的是结构式访谈与问卷，主要是开放式的问题。第二个研究主要是等级量表的访谈。②

□ 参考书目

1. 黄人颂. 学前教育学[M]. 北京：人民教育出版社，1989.

2. 教育部基础教育司. 幼儿园教育指导纲要(试行)解读(第二版)[M]. 南京：江苏教育出版社，2002.

3. Bronfenbrenner, U. The Ecology of Human Development. Cambridge, M. A.: Harvard University Press，1979.

4. 联合国教科文组织国际教育发展委员会，韦钰译. 学会生存——教育世界的今天和明天[M]. 北京：教育科学出版社，1996.

5. 靳玉乐. 新课程改革的理念与创新[M]. 北京：人民教育出版社，2003.

① Stig Brostrom. (2003)Problems and Barriers in Children's Learning European When They Transit From Kindergarten to Kindergarten Class In School, Early Childhood Education Research Monograph. Series No. 1:51—65.

② Christine Clarke & Pamela Sharpe. (2003) Transition from Press to Primary School: An Overview of the Personal Experiences of Children and Parents in Singapore, European Early Childhood Education Research Monograph. Series No. 1:15—23.

第八章

学前教育机构与家庭、社区的合作

【本章知识结构图】

- 学前教育机构与家庭、社区教育的特点、功能和性质
  - 学前教育机构的特点、功能和性质
  - 家庭教育的特点、功能和性质
  - 社区教育特点
  - 社区教育功能
  - 社区教育性质
- 学前教育机构与家庭、社区合作的意义
  - 学前机构与家庭
    - 有利于充分发挥幼儿园的主导作用
    - 有利于充分发挥幼儿园家庭教育的优势
  - 学前机构与社区
    - 有利于在园和非在园孩子的学习
    - 有利于支持家长工作
    - 促进家长参与幼儿教育和社区服务
    - 提高社区服务质量、扩大服务范围
    - 提高社区居民的素质，改善社区风貌
- 学前教育机构与家庭、社区合作的方式方法
  - 学前教育机构与家庭合作的方法
    - 以幼儿为核心的家园合作方法
    - 以家庭为核心的家园合作方法
  - 学前教育机构与社区合作的方法
    - 请进来的方式
    - 走出去的方式
- 教师与家长、社区成员沟通的方法与技巧
  - 语言技巧
  - 思维技巧
  - 情绪技巧

【学习目标】

1. 能从多角度对学前教育机构与家庭、社区合作的意义、方式方法进行评述。
2. 能根据自己的理解举例说明学前教育机构、家庭以及社区对幼儿发展的重要作用。
3. 运用学前教育的价值原理，尝试提出能有效促进幼儿发展家园合作的方案。

第一节 学前机构教育、家庭教育和社区教育的性质、特点和功能

一、学前机构教育的性质、特点和功能

(一)学前机构教育的性质

学前机构教育是指专职的保教人员在固定的公共场所和设施环境中对儿童实施保教结合、具有制度化特征的实践活动。因此,学前机构教育具有公共性,工作人员具有一定的专业性,学前教育机构有一套相对稳定的管理机制和规章制度。

(二)学前教育机构的特点

1.学前机构教育是制度化的教育形式。学前教育机构是保教幼儿的专门场所,有专门的保教人员和专门的保教设施,学前教育机构中的幼儿教师一般取得了合格学历或经过了教育行政部门的业务考核,接受过系统的职业训练,他们的专职就是保教幼儿。相比非制度化的教育,它最具专业性。

2.学前机构教育的目的和内容比较稳定,幼儿教育的教育内容比较系统,幼儿教育方法一般以班级上课、小组活动与个人活动的教学方式进行。

3.学前机构教育的教学内容具有整合性、生活性和直接经验性特点。幼儿园教学的内容相对划分为健康、语言、社会、科学和艺术五个领域,幼儿园的领域不同于中小学教育的学科,每个领域都比中小学的学科宽泛得多。所以要把相关的知识囊括在一个相对大的领域之内。幼儿园教学内容不是以学科概念为核心组织起来的理论层次的知识体系,而是以表象或初级概念为基础和核心组织起来的经验层次的知识体系。幼儿园教学内容的逻辑体系比较松散,与生活实际紧密联系,以直接经验为主。

4.学前教育机构教学以游戏为基本活动。游戏是幼儿的天性,幼儿游戏蕴藏着发展的需要和教育的契机。幼儿园教学以游戏为基本活动是由幼儿活泼好动,容易被周围环境中的新异刺激所吸引,注意力容易转移和分散等身心发展特点决定的。因此,幼儿园教学以游戏为基本的活动形式正适应了幼儿的身心发展特点。

(三)学前机构教育的功能

1.学前机构教育对个体的功能

奠定婴幼儿各种能力发展的基础,促进婴幼儿身心和谐和个性发展的功能,具体来讲,它包括以下三个方面:

(1)学前机构教育对个体认知发展的功能。学前期是人的认知发展最迅速、最重要的时期,在人一生认识能力的发展中具有十分重要的奠基性作用。研究表明,婴幼儿具有巨大的学习潜力,每个儿童的早期发展中都存在关键期,但并不是每个儿童在关键期内都得到了应有的发展。儿童发展的“可能性”变为“现实性”及在关键期内得到应有的发展,均离不开早期教育。因此学前教育机构对儿童认知发展的功能在于根据儿童身心发展的特点,为儿童提供适宜的环境和适当的刺激,抓住儿童发展的关键期,在关键期内促进儿童

某一种能力得到充分的发展。

(2)学前机构教育对促进儿童情感和人格的健全发展，使儿童具有有效的社会化的功能。学前期是个体发展的启蒙期，儿童在这个时期所受的教育为其以后的终生发展起全面的、奠基性的作用，这就决定了学前教育的功能必须照顾儿童的全面发展。同时，学前期儿童爱探索，对任何事物都感到新奇，但又缺乏安全意识，这些都要求成人对孩子的精心照料和细心呵护。学前教育机构的保育功能除给儿童提供较好的物质环境、对儿童身体的照料外，还包括对儿童心灵的呵护。总之，学前教育机构对个体的功能，是要照顾完整儿童，帮助他健康地成长。

2.学前机构教育的社会功能

这是学前机构教育功能第二层面的内容。这一功能表现在学前教育对其他社会子系统的作用，包括人口、政治、经济、文化等方面。学前教育的社会功能首先表现在经济功能上。学前教育在提高劳动力的素质及促进社会经济发展上的作用越来越为人们重视。现代社会经济的增长证明了人力资本是经济增长的关键，教育是形成人力资本的重要因素，而学前教育更是形成人力资本的首要的关键因素。学前教育的经济功能不仅表现在提高劳动力素质上，还表现在通过解放妇女劳动力，直接促进社会经济发展上。由于妇女的传统角色定位及妇女和儿童的天然联系，在家庭中妇女担负着养育儿童的主要职责。学前教育机构的出现解除了妇女的后顾之忧，使他们有充沛的精力投入到工作和学习之中。

学前机构教育的政治功能主要表现在促进政治民主化上。学前期儿童可塑性强，接受新东西较快，同时他们生活经验少，掌握的知识也少，自我学习的能力较差，其成长在很大程度上受教育环境以及成人期待和社会期待的影响。家长和老师可通过游戏及其他儿童喜爱的形式，使儿童掌握民主、合作、分享等规则，从而培养儿童的社会适应能力。学前教育还可通过对“弱势儿童”的关注，给他们提供相应的照顾，从而在处境不利人群中消除贫困，促进社会民主的发展，维护社会的稳定

二、家庭教育的性质、特点和功能

(一)家庭教育的性质

家庭教育是指在家庭生活中，由家庭的长者(其中主要是父母)对其子女及年幼者实施的影响。这种教育实施的环境是家庭，教育者是家庭里的长者，受教育者是子女或年幼者。家庭教育有狭义和广义之分。狭义的家庭教育就是学前家庭教育，广义的家庭教育就是终生家庭教育。家庭教育属于非制度化的一种教育形式。

(二)家庭教育的特点

1.强烈的感染性。家庭教育是在家庭范围内家长对子女进行的教育。由于血缘关系及养育之故，家长对幼儿来说具有特殊的亲切感和信任感。孩子信其所亲，父母的情感对其感染力极强，父母的言传身教对其感化作用极大。孩子越小，父母在他们心目中的权威性越强，对他们的身心影响也就越大。

2.特殊的渗透性。家庭教育和家庭生活密不可分。家长往往在照管孩子的过程中相机而教，遇事则诲。家长的言行、家庭生活环境也是一种无形的教育力量，时时刻刻、事事

处处都能对孩子发生潜移默化的影响。

3.鲜明的针对性。父母养育孩子，与孩子长期共同生活，对孩子的了解一般比旁人要全面深刻得多。孩子信其父母，通常也愿意袒露心扉。这有利于家长对孩子因材施教，使其教育有鲜明的针对性。

4.天然的连续性。与专门的幼儿教育相比，家庭教育一般没有生活环境和教育者变动的情况，也没有鲜明的教育阶段、寒暑假和节假日，因而具有较强的连续性。在家庭中，家长可以按孩子的身心发展规律，循序渐进地提出要求，反复地教育和训练孩子，使其形成家长所期望的身心素质。

5.固有的继承性。每个家庭都有独特的生活方式、人际关系和氛围，甚至有家风和家业。家长总是期望固有的生活方式能顺利地延续下去，好的家风、家业后继有人，因而，幼儿的教育带有特殊的继承性。

家庭教育的优势是一般正常的家庭教育所拥有的优点，但并非每个家庭的教育必然会有以上五个优点。家长素质低下，家庭关系紧张，物质生活条件恶劣，家长的幼儿教育观点和行为不科学时，家庭教育的这些优势可能会打一定的折扣。我国当前的幼儿家庭教育还极不平衡，普遍存在着重智轻德、重学轻玩、重言教轻身行、过分疼爱、过度保护等问题。这些问题削弱了当前我国幼儿家庭教育的优势，如不及时纠正，就会有害于幼儿身心的和谐发展。托幼机构的家长工作就是要充分利用每个幼儿家庭的教育资源，充分挖掘、培养每个幼儿家长的教育能力，使每个家庭的幼儿教育达到较高的状态，让家庭教育的优势都得到充分的发挥。

(三)家庭教育的功能

1.品德培养

“人是教育的产物”，道德品质和良好习惯更有赖于后天培养，其中很大程度上是受家长的影响形成的。巴金说：“人各有志，但最要紧的是做人！”教育家叶圣陶先生始终从“教育兴国”的高度出发，主张教育的目标在于培养“合格的”、“健全的”、“有相当教育的”和“善于处理生活的”公民，极力倡导教育是要学生养成待人处事和工作的良好习惯，养成寻求知识和熟悉技能的良好习惯，养成保护并促进身体健康的良好习惯。如：热爱国家，关心他人，勤俭节约，礼貌诚笃，虚心自强，善于学习，勤劳操作等习惯。他认为教育的本质在于“把某些精要的东西化为自身的血肉，养成永久的习惯，终生以之，永远实践，这才对做人真有用处。而培养公民并非一日之功，打算培养公民，就一定要从儿童时代教育起来，如果你不首先培养活泼的儿童，你就绝不能教出聪明的人来”。

2.智力开发

关于什么是智力，心理学界至今尚无公认一致的概念，在我国，多数心理学工作者认为智力就是人们在获得知识以及运用知识解决实际问题过程中所表现出的稳定的个性心理特征。具体可分为抽象智力、机械智力和社会智力。而智育则要包括知识的学习和能力、技能的培养。智育的任务主要是在学校通过教育完成的。但在家庭生活中进行智力培养仍然有着不可低估的作用，特别是智力早期开发，主要依赖于父母的教育。

心理学研究表明，早在胎儿时期，儿童便开始感知声音和运动的节奏，这就是最初的学习。从出生开始，便通过感受器感知着外部世界，有意识地对儿童的视觉、听觉、运动等器官进行训练，就是智力的早期开发。而进一步的培养儿童的生活技能，如使用工具、徒步行走、说话等等，也都是在进行智育。有些家长认为，只有上学才能使孩子学习到基础知识与基本技能(即双基)，显然具有片面性。家庭教育的特殊功能，使孩子在家庭中获得大量的直接经验，这些本领有些是书本上学习不到的，而且通过各种媒体的传播，儿童向社会、向家人学习，使其智能具有了继承性。正如法国教育家哲学家卢梭所言："一个人体质的强弱以及存于体质的体力的大小，往往取决于他是在艰苦环境中成长起来的，抑或是在娇生惯养中成长起来的，而不是取决他的身体的先天禀赋。智力的强弱，也是一样。教育不仅能在受过教育的人和没受过教育的人之间造成差别，而且还随着所受教育程度不同而增大存在于前者之间的差别。因为一个巨人和一个矮人，在同一道路上行走，两人每走一步，彼此之间的距离必更为增大。"

3. 个性发展

个性是一个复杂的、多层次和多水平的系统，主要包括自我意识、个性倾向性和个性心理特征三个组成部分。人的个性特征在一定程度上决定了他是否具有对社会的良好适应能力，从而直接影响了个人成就的高低。在青少年时期，个性特征突出地表现在自我意识、品德的发展和世界观的初步形成等方面，家庭教育应着重从中学生的独立性、兴趣、创造力、合群性、意识品质、合群意识等方面加以培养。应该强调的是，在举校里，当一位教师面对一个班级全体学生时，他(她)会感到自己尽了心。可当他们面对学生中的任何一个人的时候，他们的内心常常充满歉意，因为他们在课堂上所说的每一句话往往都是针对所有学生的共性，只有当他们对学生中的某一个人时，他们才能发现个体差异。有许多学生，他们深深地渴望着能有独自面对老师的机会，他们渴望着老师对他们的内心能有更多的理解和了解。然而，许多教师往往只是注意海面的平静和蔚蓝，不愿再注意海面下暗流的涌动，而这海面下一个个更多彩的、需要二者都关注的世界，却往往留给了家长，这就是家庭教育在个性发展中的独特功能。家庭教育作为学校教育的补充，学校教育作为家庭教育的延续，更需要密切配合。性格不是一朝一夕所能形成的，要让孩子不断接受来自家庭、学校和社会的多种影响，并逐渐将这些影响内化为个体的意识，从而形成良好的个性心理品质。

三、社区教育的性质、特点和功能

(一)社区教育的性质

社区教育是指提高社区全体成员素质和生活质量以及实现社区发展的一种社区性的教育活动过程。学前社区教育当然是以社区全体学龄前儿童为对象实行的保教活动的过程。

(二)社区教育的特点

1. 任务的自主性。由社区教育的性质可知城市是以街道或居民委员会辖区；农村以乡或村为单位，形成各自特色，配合学前教育机构，解决本地家庭的需求。

2. 内容的实用性。创建符合本地文化特色的课程，利用当地社区教育资源，因地制宜，就地取材，进行多样化的教学活动。

3.方法的灵活性。更多进行个别教育、形象教育。为了达到教育效果,根据不同层次、不同需要、不同时段采用不同的教育方法。

4.管理的综合性。社区教育事业一般由当地党组织和政府牵头,由妇联和教育部门(或当地教育机构)具体负责组织工作和教学辅导、师资培训等;其他部门包括卫生保健、计划生育和司法部门等则是分工配合,给予帮助,当地事业和群众代表则积极支持、参与,在全社区形成“爱护儿童、教育儿童,为儿童做表率,为儿童办实事”的共识。

5.时间的无限性。社区教育没有对象限制,也没有时间限制。社区教育是终生教育的基础,是全方位提高居民素质的平台,只要需要,应随时随地进行,不分上班与下班,不分年老和年少。

(三)社区教育的功能

1.社区教育的经济功能

社区教育是社会生产发展到一定社会历史阶段的产物,它受一定社会经济生产规模、速度和水平的制约。社区教育同其他教育一样,是现代社会生产的有机组成部分,是发展社会生产力的必要条件,它同样发挥着把科学技术转化为社会生产能力,进行社会劳动力的再生产,提高劳动生产率和社会生产质量的作用。因而,它既是一种教育活动,也是一种经济活动。西方有些学者经过统计分析认为,美国当前国民经济总产值的平均增长额大约有 50%是由于改善劳动力教育训练水平和应用科学技术研究成果获得的;日本 1930 年～1955 年间国民收入增长部分约有 25%是由于增加教育投资而获得的。据我国一些企业调查研究,进行岗位培训和继续教育,每投资 1 元可产出经济效益 5～10 元。显而易见,教育投资与提高劳动生产率呈正相关关系。此外,科学技术转化为生产力主要通过教育,而社区教育也责无旁贷。所以说,社区教育具有经济功能。

2.社区教育的政治功能

社区教育的政治功能是由社区教育具有的社会生活属性所决定的。社区教育受一定的社会政治、经济制度制约,并在为巩固和改革发展一定的社会政治、经济制度和培养造就人方面起着重要作用。譬如,在社区教育中进行的爱国主义教育、艰苦奋斗以及社会公德教育、职业道德教育、遵纪守法教育、法制教育、诚信教育等。这些社区教育活动都具有为社会主义现代化建设培养有理想、有道德、有文化、有纪律的四有公民的政治功能。

3.社区教育的文化功能

社区教育的文化功能也称社区教育的人文功能。这里讲的文化主要指的是人类社会的科学、技术、文学、艺术、音乐、新闻、法律、道德、理想、信仰、风格和习俗等精神文明财富的总称。文化功能指的是社区教育在对这些文化内容的传播、提高和发展中所产生的作用。文化是人类社会生产和社会生活的产物,社区文化则是社区、社区生产和生活的历史积淀,社区文化传递的基本手段是通过教育活动。而社区教育恰恰具有把社区中人类社会创造的文化,进行选择、整理、研究、传递并能吸收、改造、创新和发展的功能。马克思曾说:“生产劳动同智育和体育相结合,它不仅是提高社会生产的一种方法,而且是造就全面发展的人的唯一的方法。”成年人是社会生产力的主要因素,又是社会成员的主体,而社区教育具有与社区生产、生活紧密结合的特征,其文化功能主要表现在促进社区成员身心全面和谐发展方面。即:使其思想素质、心理素质、身体素质、科学文化素质、劳动技能素质及价值观念、劳动态度、合作精神、创业意识等都获得全面和谐发展，而不是单一、片面的素质发展。这一点正体现出社区教育的文化功能。

4.社区教育的综合性功能

社区教育的这种整合性功能主要表现在两个方面：一是对社区中教育因素的全面整合；二是对各种教育因素的系统协调，形成合理结构，使其各种教育因素能够在社区教育中最大限度地发挥各自的作用。可以说，社区教育的这种特有的整合功能是其他任何一种教育都无法做到的。在开展社区教育中，这种特有的功能必将发挥极其重要的作用。社区教育通过其教育功能，可以满足社区里每个成员的各种教育需求，以实现劳动力的再生产和再提高，实现其文化程度和各种能力的再提高，进而实现发展社会生产力、繁荣社区经济的目的。同时，每个成员通过积极参与社区文化活动，还可以丰富其文化生活，充实其精神世界，提高其文明程度。

第二节　学前教育机构与家庭、社区合作的意义

什么是"合作"？《现代汉语词典》将其解释为："为了共同的目的一起工作或共同完成某项任务。"社会学家认为，合作是"人们在从事某一项工作时的联合行动"。合作是社会互动中，人与人、群体与群体之间为达到对互助各方都有某种益处的共同目标而彼此相互配合的一种联合行动。合作的特点是"通过共同努力达到共同的目标"。"合作"的双方或几方地位是平等的，没有主次之分。

所谓三者的合作是指学前教育机构、家庭和社区都把自己当作促进儿童发展的主体，三方积极主动地相互了解，相互配合，相互支持，通过三方互动共同促进儿童的身心发展。《幼儿园教育指导纲要（试行）》在总则中指出："幼儿园应与家庭、社区密切配合，与小学相互衔接，综合利用各种教育资源，共同为幼儿的发展创造良好的条件"。家庭是社区的细胞，社区是孩子日常生活、成长的地方。社区中蕴藏着丰富的学前教育资源，居住在社区里的每个家庭也需要接受科学育儿、教养儿童的知识。而家庭正是连接学前教育机构与社区的桥梁，它促使教育机构更好地向社区开放，并与社区有机地结合起来。只有在三者的紧密合作下，统一教育理念，实现资源共享，才能形成巨大的教育合力。

在《纲要》组织与实施中提出："家庭是幼儿园重要的合作伙伴。应本着尊重、平等、合作的原则，争取家长的理解、支持和主动参与，并积极支持帮助家长提高教育能力。"学前教育机构与家庭相互合作，既包括机构对家庭教育的引导和帮助，又包括家长对机构教师的支持配合以及在家庭教育中对机构教育及时的实施和补充。因此，学前教育机构与家庭、社区合作具有以下意义：

一、有利于学前机构教育的顺利开展

尽管学前机构教育对幼儿身心的发展起主导作用，但机构教育同家庭教育是一个不可分割的整体。家庭教育是否配合机构教育，在一定程度上决定了机构教育的主导作用发挥与否。当二者保持同步时、家长与保教人员密切配合时，机构教育的效果就能得到充

分地保持和扩充；反之，机构教育的效果就会被抵消，甚至会发生机构教育扭不过家庭教育，而被家庭教育牵着鼻子走的局面。

通过与家长沟通、合作，机构教师可以了解孩子的成长过程和在家的行为表现。“知子莫若父，知女莫如母。”孩子和父母能提供有关孩子的具体而可靠的资料，这有利于机构教师了解进而理解幼儿，并为对幼儿进行有针对性的教育打下基础。

通过与家长沟通、合作，机构教师可以吸取家长的教子经验和对幼儿教育的合理化建议；争取家长对幼儿教育工作的人、财、物、时、空等各个方面的支持和帮助；利用家庭教育的时间和空间，将幼儿教育延续扩展到每个幼儿家庭中；利用家庭教育资源，使每个幼儿家长都能成为得力的幼儿教育者，从而极大地增强幼儿教育的力量和有效性。

通过与家长沟通、合作，也可以充分发挥家长的督促和评估作用。幼儿家长是幼儿教育的最好见证人和评估者。幼儿家长对幼儿教育工作成绩的肯定和对幼儿教育的支持，有助于激发幼儿教师的职业幸福感和成就感，激发其为幼儿教育事业献身的意识。而幼儿家长对幼儿教育工作的合理建议，则反映了他对幼儿教育的殷切希望，也指明了幼儿教育应该努力的方向。

二、有利于促进幼儿家庭教育和社区教育的科学化

2004 年 2 月 26 日发布的《中共中央国务院关于进一步加强和改进未成年人思想道德建设的若干意见》中明确指出：“充分发挥各类家庭教育学术团体的作用，针对家庭教育中存在的突出问题，积极开展科学研究，为指导家庭教育工作提供理论支持和决策依据。”学前教育机构一面依托高等学校的学术优势，一面面对广大的家庭和社区，处在与高等学校与家庭和社区的学前教育机构可以把基础性的研究成果通过中介进行试验。如果学前教育研究的学术成果得到实践和验证，那么这些成果完全可以往家庭和社区推广和辐射。在今天迅猛变革的社会里，在我国的独生子女时代里，对于诸多的学前教育问题进行研究是十分紧迫和必要的。研究后的有价值的成果对家庭教育和社区教育有较好的指导作用。因此，学前教育机构可以利用自己的资源和优势来促进幼儿家庭教育和社区教育的科学化。

拓展阅读

受“儿童中心论”思想的影响，美国社会对儿童保护和教育参与意识比较强，社会对学前儿童的支持是全民性的，这为学前儿童社区教育的发展提供了比较好的基础。美国不仅有由政府机构、教育部门、俱乐部、企业、社团等合作参与的社区教育组织管理部门，有专职的社区教育行政管理部门，有专职的社区教育行政人员和社区教育工作者（简称社工），而且，社会名流、专家学者、地方绅士、学生家长等都普遍具有关注社区、贡献社区的思想，并提供行之有效的合理化建议。平时学校或者社区组织的各种儿童教育活动，都会引起社区民众的高度关注和广泛的支持。在美国，私人捐款设立教育基金、投资兴建社区公共教育设施、建立社区学校已成为一种风尚。

［资料来源］杨畅，王涪蓉．中美学前儿童社区教育特点比较[J]．考试周刊，2008(5)．

第三节　学前教育机构与家庭、社区合作的方式方法

一、学前教育机构与家庭合作的方式方法

苏联教育家苏霍姆林斯基认为，没有家庭教育的学校教育，和没有学校教育的家庭教育，都不可能培养人，这是极其细致而复杂的任务。现在，家园合作已贯穿于幼儿园教育的始终和幼儿园的日常生活之中。当然，有的幼儿园也开展了一些专门的家园合作活动。幼儿园（所）与家庭合作的方式方法是多种多样的，概括起来总共有以下几种形式：

（一）家庭访问策略

家访是保教人员到幼儿家庭进行调查访问，家访分为幼儿入园（所）前的家访和幼儿入园（所）后的家访两种。幼儿入园（所）后的家访又可分为常规性家访和重点家访两种。常规性家访是对全班幼儿家庭进行的定期的一般性家访。重点家访是对行为异常儿童、家庭教育不当的家庭进行的专题家访。

1.新生家访。在幼儿入园（所）前家访中，保教人员可向幼儿及其家长详细介绍托幼机构的情况，如园（所）的环境布置、作息制度、教育活动的一般特点、教职工情况等，使幼儿及其家长对托幼机构有初步了解。另外，保教人员还应详细了解幼儿及其家庭的情况，如幼儿的生活习惯、个性、知识、智力、身体等情况和幼儿家长的年龄、职业、文化程度、收入水平、兴趣爱好、家庭环境布置、人际关系、周边环境等。保教人员的第一次家访要注意唤起幼儿入园（所）的愿望、给幼儿及其家长留下亲切、和蔼、真诚、友好、公正而有原则的印象。

2.定期家访。幼儿园（所）后的常规性家访应该有计划、有步骤地进行，应面向全体家长。保教人员可通过常规性家访向家长介绍幼儿保教的阶段性目标、内容、方法、重点等，以取得家长的配合；向家长报告孩子在园（所）的总体表现，并逐步引导家长开展家庭教育工作。

3.重点家访。幼儿入园（所）后的重点家访分两种情况：一种是孩子有问题，另一种是家庭教育不当。当孩子有问题时，保教人员应向家长详细介绍问题的真实情况，既不隐瞒实情，也不夸大其辞。保教人员应指出问题的严重程度和症结，以引起家长的重视；但又要稳定家长情绪，与家长一起理智分析，共商对策。保教人员不能逃避教育的责任或过多指责孩子的不是，否则，易引起家长的反感。明智的保教人员往往能坦白承认自己对孩子行为问题应负的责任，在谈完孩子的众多优点之后，再有分寸地指出孩子的不足之处。当幼儿家庭环境不利或教育不当时，保教人员应向家长阐明家庭对孩子的重大影响，请家长为孩子的健康成长着想，理智地处理家庭问题，为孩子创造适宜的家庭环境。当家长家教方法不当时，保教人员应向家长宣传科学育儿的方式和方法。保教人员与家长探讨家庭教育问题时，应注意真诚相待，掌握好分寸。保教人员要找出家庭教育中的消极因素，查明家庭教育的困难，体谅家长的苦衷，并为家长提出合理实用的建议。

每次家访之前，保教人员应做好充分的准备。要拟好家访的计划，确定家访的目的、内容、谈话方式，预设家长的反应态度和可能提出的问题，并事先与家长约定时间。家访之后，保教人员应写家访记录，记录家访的印象和感觉，并作出总结分析，以供改进教法或作为下一次家访备忘之用。

(二)家长会

家长会(或者称作家长座谈会)是幼儿园(所)采用的最普遍的一种家园合作方式。家长会分为班级家长会和全园(所)家长会两种。

班级家长会是教师做好本班家长工作的有效方式。每学期开学、期末甚至每个月的开始或结束的时候都可以组织家长，召开家长会。会上一般由教师介绍本班幼儿近期发展的大体情况、本班近期的活动安排等，家长提出疑问并讨论。教师对本班幼儿比较熟悉，一般能非常自然地将幼儿的具体情况通过班级家长会告诉家长。

全园(所)家长会是在全园工作计划中确定的、由园(所)长主持、各班保教人员都应出席的一种家园合作方式。会议的目的在于使家长熟悉幼儿园(所)的各项工作进程，宣传学前教育知识，探讨幼儿园(所)的建设等，以提高幼儿园(所)的教育质量和家长的教育素质。全园家长会一般每学期定期举行1～2次，并在开学之初就要求计划好。每次召开家长会之前，要做好充分的准备工作，选好主题、时间和地点，并提前通知家长及保教人员。会议要求丰富具体，形式应生动活泼，适合家长情况，时间不宜过长。全园(所)家长会的内容应丰富多样，但是会议要有重点内容，并且应有会议记录。

(三)家长委员会

我国《幼儿园工作规程》规定幼儿园(所)应成立家长委员会。家长委员会，其成员由各个年龄班选出的1～2位家长代表组成，或者由全体家长推选的家长委员组成。

家长委员会的主要任务是：帮助家长了解幼儿园(所)的教育计划和要求，及时反映家长对幼儿园(所)的意见和建议，协助幼儿园(所)改进工作，提高教育质量；根据家长需求举行专题讨论会，组织家长交流家庭教育的经验；代表家长利益，参与幼儿园(所)管理，监督幼儿园(所)的财务和卫生保健工作；动员家长力量，参与幼儿园(所)重大问题的讨论和决策，参与幼儿园(所)的环境设施建设等。总之，家长委员会是家长和幼儿园(所)之间的桥梁，促进家园(所)合作，体现幼儿园(所)和家长的伙伴关系。

(四)家长开放日

幼儿园(所)邀请家长来园参观园(所)内幼儿的“一日活动”或“半日活动”，也可在特别节日邀请家长来参加幼儿园(所)的活动，增加家长对幼儿园(所)教育工作的感性认识。家长访问幼儿园(所)，可以是定期的也可以是不定期的。定期的家长开放日，是幼儿园(所)在全园工作计划中制定的“家长开放日”，也可以是分班制定的“家长开放日”。以每隔2～3个月进行一次为宜。幼儿园(所)也可以不定期对家长开放，把访问幼儿园(所)的主动权交给家长，让家长根据自己的时间和需要，作出选择和安排，再跟相关保教人员预约。家长访问幼儿园(所)，可以集体进行，也可以是个别进行。但是在整个家长开放时间中，园(所)长和教师要向家长说明不能分散幼儿的注意力，不能妨碍教师的正常工作，更不能代替教师去干涉幼儿的正常活动。

每次家长开放日结束后，幼儿园要征求家长对幼儿园（所）工作的意见，以便进一步完善幼儿园（所）工作。通过家长访问幼儿园（所），可使家长进一步认识到学前教育的科学性，学习先进的教育方法，耐心地顺应幼儿天性成长；让家长认识到幼儿教师工作的繁琐性和细致性，体验到教师的辛勤艰辛，更加尊重和理解幼儿教师。

（五）其他方式

家园合作的其他方式主要有家园共育宣传栏、家园共育小报、家园联系手册、家园网站等。

1. 家园共育宣传栏，是幼儿园（所）普遍采用的一种形式。园（所）方集体办栏或者是班级个别办栏，宣传栏一般设在园（所）内的主干道或班级的门口。宣传栏的内容主要包括如下三个方面：其一，介绍全园（所）或本班的工作计划和教育活动内容，如本月、本周的大型活动、课程、食谱等；其二，展览幼儿的作品，如幼儿的书画、手工作品；其三，宣传科学育儿的知识和技巧。宣传栏应注意语言通俗易懂、内容科学、排版清新活泼，并要定期更换。

2. 家园联系手册，适用于与不易见面的家长联系，寄宿制幼儿园尤其需要利用这种形式增强家园合作。在家园联系手册上，教师向家长介绍幼儿园的情况，幼儿在幼儿园的表现以及家长配合的事项，家长向教师反映幼儿在家的情况等。正确利用家园联系手册，可以让家长和园（所）之间有良好的沟通渠道，便于双方对幼儿进行一致的教育。

3. 家园共育小报，幼儿园聘请家长和教师作为业余编辑，自写自编，及时反映幼儿园、家庭的新闻事件，刊登幼儿、家长、教师的作品，介绍家长的教育经验，反映家长意见等。

4. 家园网站，幼儿园可以利用现代科技建设家园共育网站及短信平台，促进家园沟通合作。通过幼儿园网站介绍幼儿园的情况，通报相关信息，介绍科学的家庭教育知识，开辟网上 BBS，让家长快捷迅速地发表自己的观点和建议等。同时，也可以组建家长 QQ 群与家长交流，及时告知家长相关信息。利用现代网络，幼儿园可以非常快捷地与家长建立起良好的联系与合作。

总之，幼儿园与家庭的合作方法是多种多样的。幼儿园要从本园的实际情况出发，灵活运用这些方式方法，才能促进幼儿园与家庭的联系，保证幼儿园与家庭在教育上的一致性，共同完成对学前儿童的教育任务。

二、学前教育机构与社区合作的方式方法

幼儿园是社区中重要的教育机构，它与社区的发展息息相关，与社区合作是其良好发展的必然要求。幼儿园与社区要利用各自的优势，密切联系并合作，其合作方式主要有以下两类：

（一）请进来的方式——社区为学前教育机构服务

幼儿园根据自身教育的需要利用社区资源。利用社区的自然环境、人文景观、各类娱乐文化设施和人力资源，尤其是社区的服务与社区人员和家长共同合作，开展形式多样的教育活动，把“社区引入幼儿园”，让社区成为幼儿进行实景化探索、学习的重要场所。

1. 社区人力资源进幼儿园

利用社区人力资源的独特才能，提高学前教育的丰富性。幼儿园可以邀请社区工作者来园演示自己的特殊工作，如请消防队员向幼儿展示扑灭大火的技艺，请清洁工人讲环保的重要性和方法，请园艺工人教授养花草的技术，请工厂的工人讲机器操作的技术，请农民讲种植的艰辛和现代的种植技术等等，以增长幼儿的见识。

2. 社区物质资源进幼儿园

幼儿园可在社区寻找和利用教育所需的玩教具材料和场所，以扩大幼儿的生活和学习空间，丰富幼儿的社会知识和自然知识。如幼儿园向社区借一些体育器材开展体育活动，借用社区的图书或玩具开展大型活动。

3. 社区精神文明进幼儿园

利用社区开展活动和日常发生的事情对幼儿进行教育活动。如社区树新风活动、节日活动、募捐、帮助孤寡老人和贫困孤儿等，都具有教育的意义，让幼儿在这样耳濡目染的社区氛围中感受到社区的精神风貌，对与幼儿的价值观等形成有积极的影响。

(二)走出去的方式——学前教育机构为社区服务

幼儿园与社区携手，共同为社区提供便民教育和服务。幼儿园要充分利用社区的基础设施，教师可以带领幼儿到街道、广场、新村、小区去散步和参观，让幼儿认识自己生活的社区。除此之外，当前我国这种社区活动形式主要有如下几种：

1. 社区家长学校

家长学校是对在家庭里承担幼儿抚养责任的家长进行系统教育和训练的学校。幼儿园辅助社区举办家长学校，可以聘请幼儿保健专家、幼儿心理专家、幼儿教育专家，有目的、有计划地向家长传授保育、教育幼儿方面的知识和技能。为使家长学校规范化、制度化，幼儿园可聘请当地德高望重者来担任名誉校长，建立以家长代表为主体，幼儿园保教人员和社区负责人参与的三结合校务委员会；校务委员会各成员分工负责，各司其职；每学期召开 2～3 次校务会议，制定活动计划，安排活动内容，选择活动形式等。

家长学校的教育内容要根据家庭教育的需要和家长的现状来确定。开课形式可以是专题讲座，也可以是科学育儿报告；可以分年龄分班举办，也可以按兴趣特长班来实行；可以是定期的讲课，也可以是不定期的活动。不管是哪种活动形式，都要有适合的时间和地点，内容丰富且深浅适宜，而且要注意培养家长学校的积极参加者或讲座的忠实支持者，使家长学校或讲座能坚持下去。

2. 家庭教育咨询

家庭教育咨询是家长就家庭教育问题咨询、寻求良策的一种有效途径。咨询可采取家长直接来事务所提问的方式，也可以用电话取得联系。咨询即可随时进行，也可定期进行。根据家长的需要，社区可定期举办家庭教育咨询的活动现场咨询，或者成立家庭教育事务所聘请多方人士(如幼儿园教师)来值日答疑。咨询活动开展之前，应向家长通报咨询时间、地点、参加咨询的人员等，以便家长有选择地来进行咨询。咨询时，咨询人员应热情真诚，富有耐心和同情心，能仔细倾听家长的倾诉，并做适当地开导。对家长提出的某些带有隐私性的问题，咨询人员应遵守保密的原则。

家庭教育咨询还应建立相关档案，把家长的提问以及咨询人员的建议等内容记录在档案中，保存原始资料，以便在以后的追踪咨询中，了解家长和幼儿更真实的发展状况，提高家庭教育咨询的服务质量。

3.社区玩具图书馆

幼儿园利用社区的公共文化设施与社区进行合作，积极为社区的学前教育工作服务。社区提供公共文化设施的教育功能，比如社区的活动室，创办社区玩具图书馆。玩具图书馆分为玩具室和图书室，玩具和图书来自于社区居民的捐赠或社区的购买。幼儿园的保教人员可以利用节假日在社区玩具图书馆负责管理和组织工作，带领社区幼儿积极参与到玩耍和阅读的活动中来。另外，社区玩具图书馆还可以对社区的残疾幼儿进行特别照顾，比如送玩具和图书上门，邀请残疾幼儿一起参加游戏等。

4.社区兴趣班

社区的幼儿教师可以充分发挥自己的优势，积极为社区服务，促进社区的发展。比如幼儿教师可以长期利用节假日，为社区居民举办幼儿教育班、英语班、美术班、舞蹈班、科学班等。开设的这些兴趣班可以定期或不定期举办教学成果展览，与社区居民进行交流，或利用节假日举办相关主题活动、鼓励社区居民参与，丰富社区的文化娱乐生活。

其实学前教育机构与家庭、社区的合作方法也没有特别明显的区分界线，以上的方法可以在各种合作方式中都运用到。

【国外剪影】

许多国家都制定了以社区为依托的学前教育方案。

德国已形成两种典型的教育方案。(1)家庭助手方案：社区青年服务部、慈善机构把经过培训的社会工作者组织起来，分派到一些特殊家庭里去工作，每周义务为家庭服务5～10个小时，帮助父母掌握教养孩子的基本知识和技能。(2)家庭互助方案：社区把家庭联合起来，结成对子，互相帮助，共同提高教育孩子的艺术。

以色列社区极为重视对不同年龄儿童的家长进行分层指导，以提高指导的效率。(1)指导1～3岁儿童家长的方案：社区挑选、推荐专业协调员和专职家访员，经培训后上岗；每个协调员统管几个家访员，每个家访员负责指导十几个家庭的家长。家访员第一年每周都要去家访，第二年每两周去家访一次，旨在帮助父母认识到游戏对儿童发展的重要性，学会和孩子一起游戏。家访员还要帮助家长成立互助小组，每半个月活动一次，在小组内交流育儿经验。(2)指导3～6岁儿童家长的方案：教育部组织专家编写了两年使用的教材，每年九册，每册配有亲子活动方案，每项活动持续几分钟。社区专职家访员协助家长使用教材。家访员每两周对社会处境不利的家庭进行一次访问，向父母传递宗教知识，帮助父母构建家庭教育环境，提高父母的教育水平。家访员还鼓励家庭成立友好小组，每半个月活动一次，探讨教养孩子的问题。

印度以社区为中介教育学前儿童的方案主要有两种，(1)母亲教育孩子的方案：社区工作者对母亲进行专门培训，教给母亲保育教育儿童的基础知识和基本技能，使母亲能更好地发挥出自身独特的教育作用，促进孩子身心的健康发展。(2)大孩子帮助小孩子的方案：由于许多父母要外出工作，照料弟弟妹妹的任务落在哥哥姐姐的身上，社区工作者就对年长儿童进行简单的培训，使他们拥有一点儿健康、卫生、营养、游戏、歌舞等方面的常识及技能，能更好地关爱、帮助年幼儿童。

第四节 教师与家长、社区成员沟通的方法与技巧

幼儿园(所)教师与家长和社区成员进行沟通是一项重要的工作内容,要获得满意的沟通效果,在沟通的过程中运用正确的科学的沟通方法及技巧至关重要。否则,即使用心良苦,也将难以取得良好的效果。

一、语言技巧

语言是人际沟通最重要的工具,掌握沟通的语言技巧,是提高管理者沟通能力的一个重要基础条件。

(一)通俗

教师应尽可能用一些通俗易懂的语言,让家长或社区成员能领会到所要表达的意思。令人不知所云的语言,只会加重双方沟通的难度。教师在与幼儿家长或社区成员沟通时,应尽量多用形象化的语言,尤其是在教师向家长传授教育方法的时候,可以通过打比方、举例子等方法,只有这样才能让家长更快速地理解到教师所表达的内容,才能更准确地按照教师的意见去指导幼儿。

(二)准确

措词要准确,分析问题有理有据。这不仅可以提高与家长沟通的效率,同时也可以彰显教师过硬的专业水平。

(三)语音语调

根据幼儿认知发展尚不成熟这一特点,教师在和幼儿沟通时,语速应适当放慢,在和家长沟通时,语速尚可调整至正常。对于幼儿的缺点,教师应带着鼓励的语气与之交流。

二、思维技巧

沟通的过程,同时也是思维的过程。幼儿园(所)在沟通的过程中,选择怎样的沟通内容、方法,预达到怎样的沟通效果等,这些都需要应用沟通的思维技巧。

(一)思维跟着问题

在沟通过程中,思维伴随沟通的问题转。这样,教师与家长的沟通效率就会大幅提高,不断地针对问题、解决问题。尤其当教师同时面对着很多家长,如果没有高效率的交流,很难达到与每一个幼儿以及幼儿家长交流的效果。

(二)先思考后沟通

在沟通前,应周密思考、确定沟通的主题、思路、方式等,以提高沟通的质量。尤其对于幼儿教师,只有多观察,多总结,多和幼儿及其家长交流,才能更全面地把握每个幼儿的情况。在做沟通前,幼儿教师应根据平时观察到、记录到以及曾经交流过程中所了解到的情况,为此次沟通提供线索和帮助。

三、情绪技巧

沟通渗透着情绪，培育良好的情绪，掌握沟通的情绪技巧，这是提高沟通质量的一个重要因素。

（一）热情

对参与沟通事务表现出极大的热情，乐于同别人交流思想，研讨问题，虚心向他人学习。幼儿教师的热情不仅可以温暖幼儿及其家长，同时也可以调动他们的积极性。

（二）耐心

要学会倾听，不要随意打断别人的讲话。耐心的倾听不仅可以从对方叙述中获得更多的相关信息，同时也可以帮助对方释放情绪。幼儿教师的耐心不仅要体现在教育幼儿的过程中，在与家长沟通过程中所体现的耐心也相当重要。

（三）开朗

在沟通过程中，对持否定或反对意见者要抱以理解、宽容的态度，尤其是幼儿教师，开朗的性格不仅可以感染到对方，同时也有助于化解尴尬和争端。

热点导读

在以色列，社区极为重视对不同年龄儿童的家长进行分层指导，以提高指导的效率：(1)指导1～3岁儿童家长的方案：社区挑选、推荐专业协调员和专职家访员，经培训后上岗；每个协调员统管几个家访员，每个家访员负责指导十几个家庭的家长；家访员第一年每周都要去家访，第二年每两周去家访一次，旨在帮助父母认识到游戏对儿童发展的重要性，学会和孩子一起游戏；家访员还要帮助家长成立互助小组，每半个月活动一次，在小组内交流育儿经验；低价优质的服务，受到了家长们的热烈欢迎。(2)指导3～6岁儿童家长的方案：为保证指导的质量，教育部组织专家编写了两年使用的教材，每年九册，每册配有亲子活动方案，每项活动持续几分钟；社区专职家访员协助家长完成教材；家访员每两周对社会处境不利的家庭进行一次访问，向父母传递保教知识，帮助父母构建家庭教育环境，提高父母的教育水平；家访员还鼓励家庭成立友好小组，每半个月活动一次，探讨教养孩子的问题；价廉质优的服务，得到了家长们的响应和拥护。

［资料来源］http://www.9ye.com,2009.2.23.

□ 要点小结

1. 重视家庭教育在对学龄前儿童身心发展过程中的重要作用，鼓励家长在道德认识、道德情感、道德动机、道德行为等方面比较全面、循序渐进地培养和评价孩子。通过日常行为培养日常生活技能，使家长了解到大量的直接经验是书本上学习不到的，良好的家庭教育是儿童早期智力开发与训练的基础。

2. 必须认识到尽管幼儿教育对幼儿身心的发展起主导作用，但幼儿教育同家庭教育

(包括社会教育)是一个有机的整体。幼儿教育主导作用的发挥状况在一定程度上取决于家庭教育与其配合的状况。当家庭教育与幼儿教育保持同步,家长与保教人员密切配合时,幼儿教育的效果就能得到充分地保持和扩充。

3. 家园合作已贯穿幼儿园教育的始终以及幼儿园的日常生活之中。多种形式的家园合作活动可以根据社区以及家庭的特点同时兼顾合作的目的积极开展。同时,在幼儿园与家庭(包括社区)合作的同时,要兼顾效率与利益的统一,运用多种方式方法与技巧,进一步促进家园合作更有成效地开展。

□ 学业评价

1. 基于所学的理论知识,说说学前教育机构、家庭以及社区教育都有哪些不同点?

2. 根据所学的理论知识自编问卷,访问所在辖区社区居民,了解当前社区教育存在的不足并提出家园合作的建议。

3. 家园合作过程中,有哪些能够有效促进合作的沟通技巧?

□ 学术动态

• 学前教育机构与社区的沟通和结合,正在被越来越多的国家政府重视。

日本1990年《幼稚园教育要领》指出:"幼儿的生活以家庭为主逐渐扩大到社区社会。因此,要注意幼稚园同家庭的联系。幼稚园的生活要同家庭、社区生活保持密切联系,以利于幼儿的成长。"

巴西政府于1993年制定了《全国全面关心儿童和青少年计划》,强调家庭和社区直接参与儿童和青少年的教育。

德国1995年,政府开始推行婴儿读书计划,免费向9个月大的婴儿赠送一个礼包(内有故事书、童话诗和图书证),鼓励父母到国家婴儿图书馆去借阅图书,培养儿童对图书的喜爱,提高儿童未来的读写能力和遵纪守法的自觉性。

泰国政府要求各地从实际出发,因地制宜,发展社区教育,现已形成从中央政府到社区发展部再到乡村儿童发展委员会共同保教儿童的网络,社区的人力、物力、财力资源都得到了充分的运用,每个儿童都成了社区的一员。

• 我国不仅是各种教育政策法规愈趋突出和强调学前教育同家庭、社区教育的结合沟通,并在行动上大力推进。1998年,教育部基教司组织哈尔滨、沈阳、青岛、广州等9个城市进行了以社区学前教育发展和管理机制为重点的试点工作。上海市1999年出台的《有关推进上海市0～6岁学前教育管理体制改革的若干意见》,依法管理,初步形成了0～6岁学前教育整体、系统、科学的管理一体化格局,又于2001年开展国家哲学社会科学规划"十五"重点课题《0～6岁婴幼儿早期关心与发展的研究》,社区学前教育社会化的探索走在了前列,广州、青岛等地也较早启动了以社区为基础的面向0～6岁的科学育儿项目,北京随后也启动了此工作,2001年6月通过全国第一部学前教育地方性法规——《北京市学前教育条例》,将北京人受教育的法定年龄从0～6岁向下延伸至0岁,标志着社会教育理念的重大突破。

□ 参考书目

1. 卢乐山. 学前教育原理[M]. 北京：北京师范大学出版社，1991.
2. 黄人颂. 学前教育学[M]. 北京：人民教育出版社，2000.
3. 陈帼眉，刘焱. 学前教育新论[M]. 北京：北京大学出版社，1996.
4. 刘晓东，卢乐珍等. 学前教育学[M]. 江苏：江苏教育出版社，2004.
5. 蔡迎旗. 学前教育概论[M]. 上海：华东师范大学出版社，2006.

后记

学前教育展望:未来学前教育发展的走向

一、21世纪对中国学前教育的要求

联合国教科文组织《学会学习》报告中指出,“教育在历史上第一次为一个尚未存在的社会培养新人,我们必须学会通过对未来的预测来把握教育发展的趋势。”“教育的使命是替一个未知的世界培养未知的儿童,环境的压力要求教育工作者们刻苦思考,并在这种思考中构成一幅未来的蓝图。”[①]今天的幼儿,是21世纪的主人。时代对未来人才的要求,是学前教育不可回避的挑战。

(一)世界科学技术发展日新月异,各学科领域相互渗透、相互联系和依赖加强,任何学科都难以单独发展。比如航空航天、医学、生物工程、环境保护等等,都需要各学科协同合作,这就要求培养具有厚实知识基础和能够适应各种新变化的智力,并且是一专多能,善于学习、工作和组织管理的综合性人才。这种人才需要在早期开始奠基。

(二)国际贸易和经济冲破了国界、地界、文化、宗教和种族的分界,人际交往空前扩展。电信革命、计算机技术的运用和普及,把人们之间的距离大大缩短,信息传递大大加快。新世纪的人,为了生存与发展,必须学会交往,学会处理人际关系的原则、手段和方法。这种能力更需要从早期开始培养。

(三)家庭规模的小型化趋势。现代时代家庭结构模式虽然多样化,而核心家庭(父母加一个孩子)将成为主要模式。家庭规模小型化给学前教育带来了新特点、新问题。

(四)中国的基本国情是:人口多、底子薄、耕地少,人均资源相对不足,社会经济发展水平不平衡。十几年的事实证明,独生子女的家庭条件也容易使孩子养成诸如任性、自私、娇气等不良个性特征。加强独生子女教育,需从婴幼儿时期开始,这是中国国情向学前教育提出的要求。

(五)父母都希望自己的孩子好,这是人类的共同心理。父母一般也希望自己的孩子长得好,为未来良好的发展打下基础。如何面对家长“望子成龙”的心理。

---

① 联合国教科文组织报告:学会学习[M].北京:教育科学出版社,1996:36.

(六)幼儿园是我国幼儿教育的主要渠道和主体形式。关于提高幼儿园教育质量的问题,可以说是幼教工作所面临的一个永恒的问题。

现代科学研究成果向我们表明,幼儿教育是个体接受教育的起点,是教育的奠基工程,是基础的基础,因为小学教育、中学教育和其他各级各类教育的结构都是在这个基础上建立的。《学会生存》中早就指出,幼儿教育是"任何教育政策和文化政策的先决条件",是"教育策略的主要目标之一。"[①]综观当代外国幼儿教育的发展情况,其特点可以概括为:儿童的早期教育日益受到重视;学前教育趋于普及,起始年龄向下延伸;入小学的年龄有所提前;幼儿教育职能有所扩大;对幼儿教育的认识有了质的飞跃;一个幼儿教育新局面正在形成。而当代关于儿童的研究表明:幼儿是所有儿童发展的关键时期,是终生教育不可逾越的阶段。因此,各国政府或幼儿教育的专业组织在上世纪八九十年代纷纷推出新的幼儿教育纲要或幼儿教育教学计划,着手进行幼儿教育的改革。

二、我国学前教育发展的走向

自20世纪80年代以来,加强学前教育成为世界未来教育的主要目标之一。许多国家把学前教育作为整个教育的基础,并依据教育学、心理学、生理学和保健学等方面取得的科研成果,尝试新的改革,以促进本国学前教育的发展。学前教育逐步被纳入义务教育和终生教育体系,在学前教育的目标、制度、内容、方式和方法等方面,都出现一些新的趋势。下面探讨我国学前教育发展的趋向。

(一)全人发展的学前教育

全球幼儿教育从上世纪80年代初开始,对上世纪60年代和70年代以"智力开发"代替幼儿教育的倾向进行了反思。1985年在日本召开的"日、美、欧幼儿教育、保育会议"批评了幼儿教育中将幼儿的发展等同于智力发展的错误倾向,呼吁教育从"智育中心"转向促进幼儿富有个性的全面发展。从80年代中期开始,各国开始重视幼儿全面发展的教育,强调幼儿教育的目的是培养"完整儿童"。

全人教育认为教育不是单纯的社会统治的工具,人不是经济利益驱动下的机械个体。教育应更注重人的内在,如情感、创造力、想象力、同情心、好奇心等,尤其要注重自我实现。全人教育不贬低物质的重要性,不否认社会存在的价值,但它认为教育的过程不仅仅是知识的传递与技能的训练,更应关注人的内在情感体验与人格的全面培养。[②] 因此,在幼儿教育主要是满足幼儿发展需要,还是满足社会对幼儿教育需要的教育目的问题上,全人发展的幼儿教育偏重的是个人价值但又不忽视社会价值。

全人发展强调幼儿的全面发展,注重使幼儿成为完整的人,成为有尊严和价值的个

---

① 学会生存[M].上海:上海译文出版社,1979:252.

② 谭敏,范怡红.西方当代全人教育思想探析[J].上海:外国教育研究,2006(9).

体，为幼儿的终生发展奠定基础；认为幼儿教育应该包括身体、知识、技能、道德、智力、精神、灵魂、创造性等方面的内容，以促进幼儿的全面发展。全人教育强调幼儿主动学习的幼儿教育过程，重视整合的幼儿教育方法和途径。

(二)婴幼儿教育一体化的学前教育

婴幼儿教育一体化既是对“学前教育”本义的回归，又是对当代学前教育发展趋势的呼应。从“学前教育”的基本含义看，目前国内是指对初生至6、7岁学龄前儿童进行的教育。就学前教育的一般本义而言，它不仅包括对3～6岁儿童的“幼儿教育”，而且涵盖了0岁至小学入学前的整个年龄阶段。随着教育改革的深入和世界人才竞争和教育竞争的日趋激烈，教育改革的重心下移，儿童的早期教育受到重视，已成为全民教育运动的重要支柱之一。

婴幼儿教育一体化的科学依据：近年来脑科学、心理学和教育等领域的大量研究表明，婴幼儿教育一体化是充分开发儿童潜能，确保婴幼儿身心健康、充分发展的必然要求。

首先，各方面的科学研究都证明，长期为教育界忽略的人类出生最初三年的教育，对人的一生的身心发展具有极为重要的意义。科学研究表明婴幼儿在成长的每一个阶段都有自身的特征和价值，为发展提供了不可重复的唯一机会。而早期教育的疏忽或失误，往往是以后难以弥补和纠正的。婴幼儿阶段是人的一生中生长和发展最迅速、变化最大的阶段。专家指出：人生的头三年胜过以后发展的各个阶段，胜过3岁以后到死亡的总和。脑科学研究告诉我们，人类大脑在婴儿期呈现出快速发育的特征。人脑的重量在出生后的第六个月达到成年期的50%，第二年达到75%，第五年达到90%；大脑神经系统的网络化过程主要发生在生命的头三年。同时，心理学证明，出生1个月的新生儿，心理已经发生，1～3岁的婴儿，高级的心理过程逐渐出现，是各种心理活动发展齐全的时期；每一个婴儿都具有极大的发展潜能，婴幼儿实际要比人们通常所确信的具有更大的智力优势。早期科学有效的教育，可以加速心理发育过程，影响心理发展方向，提高心理发育水平及影响非智力因素等。早期良好的教育可以极大地开发婴幼儿的智力，教育从0岁开始正在被愈来愈多的人所接受。

其次，0～6岁这一人生的初始阶段，是一个相对完整的年龄阶段，有必要实施整体性的教育影响。这一阶段儿童的身体、智力、情感和社会性逐步产生和建立起来，是他们未来成长的最初奠基时期。成长最快的阶段是在儿童出生后的最初四年中，包括生理、语言和智力各方面。而在加强0～3岁婴儿期教育的同时，将婴幼儿教育的两大阶段进行整合，根据0～3岁和3～6岁儿童的不同发展需要，有目的、有计划地分别施以不同的、互相衔接的教育，则更是“优质高效”的学前教育所要求的。另外，大多家庭的教养教育状况不容乐观：大多家庭把婴幼儿交给老人或保姆照管；年轻父母缺乏必要的教养知识和正确的教育方法；重养轻教，教育意识淡薄；家庭中代际差异及教养态度中的冲突增多；亲子活动的时间空间缺失严重等等。所有这些现象都需要必须重视加强0～3岁婴幼儿的教育、管理,积极探索0～6岁的婴幼儿教育,为素质教育全面推进,提高全民素质打下坚实的基础。

随着人口出生率的降低,幼教机构为了适应社会的发展,除了采取小班化教育措施外,采取婴幼儿混合编班可能是21世纪幼教组织的发展趋势,有利于异龄儿童、同龄儿童间学会相互关心、交往和学会生存的基本方式。

(三)幼儿园、家庭、社区合作共育的学前教育

幼儿园、家庭和社区不仅是幼儿活动的重要场所,更是幼儿教育过程中的重要因素,三者的相互配合形成教育合力,才能发挥最大的作用。自20世纪80年代以来,我国幼儿教育不再仅仅局限于幼儿园,社区及家庭的参与越来越受到重视。时至今日,开展并促进幼儿园——家庭——社区的合作,已经成为当前及今后我国幼儿教育发展的一个趋势。

幼教机构、家庭和社区的共同合作,是构建有中国特色的幼儿教育的重要条件。陈鹤琴早在上世纪二三十年代就明确提出幼儿园应与家庭密切结合,“协助家庭教养幼稚儿童,并谋家庭教育的改进”,其实质在于以幼儿园指导家庭教养工作。新中国成立之后,要求“幼儿家庭教育和幼儿园教育密切配合:教养员一方面应帮助家长正确地进行家庭教育,一方面应从家庭方面了解幼儿的环境、性格和家长对幼儿的要求,以便改进业务”。由此可见,幼儿园教育为主体,家庭教育受幼儿园教育的指导和影响为辅。到上世纪80年代以后,要求幼儿园主动与幼儿家庭配合,共同承担教育幼儿的任务,建立幼儿园与家长联系的制度,“幼儿园应认真分析、吸收家长对幼儿园教育与管理工作的意见与建议”。随着幼教机构改革,幼儿教育从福利性向社会公益性事业发展的过程中,家长参与幼儿园管理的主动意识和责任感逐渐增强,希望与教师一起承担育儿任务,是20世纪90年代以后逐渐发展起来的新型家园关系。另一方面,随着计划生育政策的推行,幼儿园教育逐渐成为独生子女的幼教机构,家长对幼儿的高期望促使其关注和主动参与幼儿园教育工作,家长的自觉意识增强,幼儿家长迫切希望成为幼儿园的合作伙伴,加强两者的平等互助合作,共同为幼儿创建一致的、和谐的育儿环境,是其发展趋势。

同时,随着社会经济发展,各地区的差异显著。要求形成具有地方特色的幼教体系,是社会发展的必然趋势。随着我国经济和社会改革的深入,给予地方更多的管理自主权,《国务院办公厅转发国家教委等部门关于明确幼儿教育事业领导职责的分工的通知》等文件明确指出:“主要依靠部门、单位和集体、个人等方面的力量发展幼儿教育事业,实行地方负责,分级管理”,这为幼儿园社区化提供了法律保障。

并且,随着“教育产业化”的推进;作为培养知识创新人才摇篮的幼教,是社会主义建设的基础工程,其战略地位决定了它将成为社区投资的热点之一:通过社区、企业与家长共同参与幼教管理,形成新型的、开放的幼教系统,21世纪幼教的发展趋势。

幼儿园——家庭——社区的合作,顺应了现代教育思想,它从纵的方面寻求教育的连续性和一贯性,从横的方面寻求影响幼儿发展的各教育因素的密切配合,使幼儿教育摆脱

局限于幼儿园的孤立状态，以更直接的方式服务于幼儿发展，并为其自身发展提供了广阔的前景。

(四)多元化的学前教育

多元文化教育是当今世界教育的一个热门话题。联合国教科文组织21世纪教育委员会认为，教育的使命就是教学生懂得人类的多样性。同时，还要教他们认识到地球上的所有人之间具有相似性而且相互依存。同时，建议从幼儿时期开始，教育机构就应利用各种机会来进行这种教育。多元文化教育实际上包括两个组成部分。一是国内，二是国际。就国内而言，多元文化教育即在多民族的各种文化共存的国家社会背景之下，允许和保障各民族的文化共同平等发展，以丰富整个国家文化的教育。这是一国以内为了解各民族文化而实施的多元文化教育或跨文化教育。它的目的或中心在于满足少数民族儿童的需要，促进民族团结。从国际上讲，是要加强全球观念的培养。一方面，世界文化多元并存，各国文化有其独特价值。文化多元主义强调尊重异文化，鼓励各种文化之间的相互交流，以促进世界和平。另一方面，今天的人类面临着许多共同的问题，如环境污染、贫困、人口过剩、艾滋病及其他疾病的蔓延等。这些问题的解决需要世界性的合作，而这种合作的前提是要求人类对多元文化有深刻的理解。

为适应未来世界各国之间联系和交往日益频繁的趋势，各国普遍重视多元文化教育、全球教育或国际理解教育。教育家们提倡在婴幼儿教育阶段，就应开始多元文化教育。教师应尽量保证所使用的教具(玩具、音乐、书籍等)能反映多元文化的要求。此外，在组织各种教学活动时，也应尽量使用具有不同文化和民族特色的图片等。教师应教育儿童尊重所有的人及其文化，尊重来自不同文化背景中的儿童，促使他们同来自不同文化背景中的人们愉快交往。

(五)教师素质不断提高的学前教育

中国学前教育改革在实践层面上出现的种种问题，与师资水平有很大的关系。可以说，在一定程度上，师资水平已经成了决定未来幼稚教育改革成败的关键因素，这是因为，幼稚教育改革所追求的目标最终是要通过教师教育行为的转变才能得以体现。当今，越来越多的人认识到应将幼稚园教师看成一种专门的职业，通过职前教育和职后继续教育，特别是通过对教育实践的反思，以提高师资水平。

1. 现代化的教育观。教育观念是人们对于教育活动认识的结晶，它既集中反映教育现实的变化，又深刻地影响着教育现实的存在。什么是现代化的幼儿教育观念？所谓现代化的幼儿教育观念就是现代人们对幼儿教育的根本看法和态度。它涉及幼儿教育的价值观、目的观、课程观、教学观、评价观等观念。21世纪的幼儿教育应让幼儿“学会生活”、“学会学习”、“学会关心”。特别应帮助儿童关心社会、国家的经济和生态利益，关心全球的生活条件，关心他人、关心家庭、朋友和同伴，关心其他物种(包括动物和植物)，关心真理、知识、学习及关心自己和自己的健康。未来的幼儿教育课程逐步趋向整体化、综合化，它将更加注重教育内容的相互联系、教育方法和手段的综合使用,更加追求整体利益。现代的教育评价将更加全面、系统,评价的重心将放在幼儿发展方面。幼儿教师只有用现代化的教育观念指导教育实践活动,才能实现 21 世纪的教育目标。

2.科学的儿童观。现代化的教育观念是以现代化的儿童观念为其出发点的。因此,21 世纪的幼儿教师必须树立科学的儿童观。我们应该怎样看待未来的儿童?未来的儿童应是什么样的儿童?科学的儿童观主要应包含以下几方面内容:(1)儿童是一个社会的人,他们具有一切基本的人权。(2)儿童是正在发展的人。儿童有充分的发展潜能,而且存在发展的个别差异,教师应遵循其身心发展规律,承认个体差异,充分发掘其潜能。(3)儿童是独立的人,应有主动活动、自由活动和充分活动的机会和权利。(4)儿童是完整的人,除了健全的身体外,还有丰富的精神世界,必须高度重视其在身体、认识、品德、情感、个性等方面的全面发展。教师只有科学地认识儿童,才能正确对待儿童,才能使儿童真正得到健康成长。

3.发展的眼光和强烈的未来意识。幼儿教育的对象是未来世界的主人,幼儿教师必须用发展的眼光来培养人才,要用未来社会的标准来培养今天的孩子,应该具有强烈的未来意识,因此前瞻性的战略目光对 21 世纪的幼儿教师来说尤为重要。未来意识主要包括环境意识、竞争意识、国际意识、全球意识等。

4.较高的教育技能。在现实中,我们常常看到这样一种现象:一些幼儿教师能歌善舞却缺乏应有的能有效地促进幼儿身心和谐发展的教育技能,在幼儿师资培训过程中往往也是忽视了有关教育技能的培养。而教育技能对于一个幼儿教师来说更为重要。新世纪的幼儿教师应充分重视教育技能问题,并通过各种途径加以提高。教育技能主要包括了解幼儿、创设环境、组织教育活动、与幼儿和家长的交往等技能。

5.健全的人格。乌申斯基曾强调:“在教育工作中,一切都应以教师的人格为依据,因为,教育力量只能从人格的活的源泉中产生出来,任何规章制度,任何人为的机关,无论想得如何巧妙,都不能代替教育事业中教师人格的作用。”可见,教师的人格作用不容忽视,尤其是幼儿阶段的孩子,他们正处在个性形成时期,可塑性最大、模仿性最强而且教师在他们心目中具有相当高的威信,幼儿教师的人格对幼儿的作用尤为重要、尤其明显。21 世纪的幼儿不仅要有强壮的身体,而且要拥有健康的心理。这就要求幼儿教师必须具有健全的人格特征。(1)教师要性格开朗,进取心强,人际关系协调;(2)教师必须能有效地适应变化着的社会生活环境;(3)教师对幼儿身心健康、潜能发挥能产生积极有效的影响。如果幼儿教师不具备这些特征,那么幼儿的心理健康势必受到的影响,在一定程度上也将影响 21 世纪所需人才的培养。

除此之外,21 世纪的幼儿教师还应具有较强的教育科研能力。教育科学研究能力是把教育科研知识运用于教育科研各步骤中的实际操作能力,主要包括选题能力、查阅文献能力、取样能力、运用科研方法的能力、整理分析资料的能力和撰写报告的能力。教育科研能力是教师素质的一个重要方面,科研能力的提高不仅有利于提高教师的自身素质,而且还可以提高幼儿教育活动的质量，使幼儿得到更大的益处，从而培养出更多21世纪的合格人才。

我们相信，21世纪的中国将会逐步出现一支受过高等教育的学前教育师资队伍。具有近现代文化素养、具有一定的科学精神、具有系统的学前教育基本理论修养，经过扎实的教育技术培训的新型师资队伍，对于提高我国的学前教育的水平，对于奠定整个民族良好素质的基础，都将发挥重要的作用。

总之，世界学前教育改革不断深入，我国学前教育的发展方兴未艾。

内容简介

本书是“教育部 财政部高等学校特色专业教材建设·教育学”系列丛书中的一个分册。本书全面阐述了学前教育的基本概念、基本命题、基本历史线索，向读者展现出学前教育学比较完整的理论框架，使读者对学前教育学的理论体系有一个较全面的了解。本书在每一章开始均有“本章知识结构图”“学习目标”等，在每章结束部分还设置了“要点小结”“学业评价”“学术动态”“参考书目”等栏目，有利于教师组织教学，也便于学生检查自己的学习效果。在书中还引入了大量“拓展阅读”内容，大大扩展了学习者的视野。

本书适合作为高等学校教育学本科层次教材，也可供广大相关专业研究人员用作参考资料。

图书在版编目(CIP)数据

学前教育学 / 杨晓萍，李静主编. —重庆 ：西南师范大学出版社，2011.8

教育部 财政部高等学校特色专业教材建设·教育学

ISBN 978-7-5621-5389-4

Ⅰ. ①学… Ⅱ. ①杨… ②李… Ⅲ. ①学前教育－教育理论－高等学校－教材 Ⅳ. ①G610

中国版本图书馆 CIP 数据核字(2011)第 151653 号

教育部 财政部高等学校特色专业教材建设·教育学

学前教育学

XUEQIAN JIAOYUXUE

杨晓萍 李 静 主编

责任编辑：张浩宇
责任校对：王莉娟
封面设计：雷 桥 梅木子
排 版：重庆大雅数码印刷有限公司·陈智慧
出版、发行：西南师范大学出版社
（重庆·北碚 邮编：400715
网址：www.xscbs.com）
印 刷：重庆紫石东南印务有限公司
幅面尺寸：185mm×260mm
印 张：15.5
字 数：400 千字
版 次：2011 年 12 月第 1 版
印 次：2020 年 3 月第 5 次印刷
书 号：ISBN 978-7-5621-5389-4

定 价：42.00 元